크립토애셋,
암호자산 시대가 온다

CRYPTOASSETS

The Innovative Investor's Guide to Bitcoin and Beyond

by Chris Burniske, Jack Tatar

크립토애셋,
암호자산 시대가 온다

CRYPTOASSETS

크리스 버니스크 · 잭 타터 지음 | 고영훈 옮김

비즈 BIZPAPER
페이퍼

이 책에 쏟아진 찬사

금융시장의 원리와 실상에 관심 있는 사람이라면 이제 크립토애셋을 알아야 한다. 크리스와 잭은 이 신세계를 훌륭하게 설명해냈다.

해리 마코위츠(노벨 경제학상 수상, '포트폴리오 이론' 창시자)

이 책은 크립토애셋을 대단히 간결하게 설명한다. 금융의 방향을 이해하고 싶다면 이 책을 꼭 읽어라.

발라지 스리니바산(21닷코 설립자 및 CEO, 실리콘밸리 벤처캐피털 앤드리슨호로비츠 이사회 파트너)

이 책은 인터넷이 등장한 이후 가장 큰 투자 기회에 대해 중요한 가이드 역할을 하고 있다. 곧장 활용할 수 있는 유용한 정보로 가득한 이 책은 크립토애셋의 열렬한 지지자와 자본시장 투자자 모두가 반드시 읽어야 할 책이다.

아서 래퍼(래퍼어소시에이츠 의장, 레이건 대통령 경제정책 자문위원, 래퍼 곡선 창시자)

새로운 탈중앙 경제로 빠르게 나아가고 있는 지금, 이 책은 다음 세계를 규정할 자산 투자에 관해 조리 있는 논리와 새로운 과학으로 아주 중요한 설명을 해냈다.

마이클 케이시(MIT 미디어랩 디지털커런시 이니셔티브 수석 자문, 《비트코인 현상, 블록체인 2.0》 공저자)

광범위하면서도 명쾌한 이 책은 크립토애셋이 2세대 인터넷으로 불리는 블록체인의 근간을 이루며, 혁신적 투자자에게 한 세대에 한 번뿐인 기회를 제공한다는 주장을 대단히 설득력 있게 입증해 보인다. 금융과 비즈니스의 미래를 이해하고 싶은 사람이라면 누구든 읽어야 한다.

역사상 가장 뛰어난 발명품 중 하나가 될 블록체인 기술은 바퀴와 인터넷이 과거에 그랬듯이 모든 걸 바꿀지도 모른다. 이 책은 블록체인과 그 속에서 구현되는 크립토애셋에 대한 이해를 돕는다. 당신이 재무 컨설턴트라면 고객 상담을 더 잘할 수 있도록 도와줄 것이다.

투자자는 항상 포트폴리오를 다각화할 새로운 자산을 찾고 있다. 따라서 크립토애셋의 등장은 투자자에게 새로운 기회를 제공하고 있다. 크리스와 잭은 포트폴리오 투자 측면에서 처음으로 크립토애셋을 자세히 분석해주었다.

이 책은 근본적으로 새로운 투자 시대에 때맞춰 소개하는 결정적인 안내서다. 이 시대 최고의 기회인 크립토애셋 투자를 위해 알아야 할 모든 것을 설명해준다. 크립토애셋은 하향식 승자독식제의 인터넷을 안전하고 풍부하며 신뢰할 수 있는 자산, 모두를 가능성 있는 승자로 만드는 기회로 바꾸고 있다.

암호화폐와 크립토컴퓨팅의 성장과 중요성은 상업용 인터넷과 웹이 초기 성장하던 때에 필적하며, 이들이 가져올 기술 혁명과 경제 혁명은 인터넷 초기 단계보다 훨씬 더 큰 의미가 있을 것이다. 이 책은 기술과 금융 부문에서 이 눈부신 발견을 소개하는 뛰어난 책이며, 복잡하고 쉽지 않은 주제를 용기 있게 알고자 하는 이들에게 엄청난 정보를 전달하고 있다.

제레미 올레어(서클 설립자 겸 CEO)

크립토애셋에 대해 대단히 조사를 잘했고 요즘처럼 긴박하게 움직이는 상황에 시기적절한 책이다. 우리 산업에 대한 기본 지식이 이러한 양질의 선구적 이론과 통찰로 계속해서 확장되고 있어 기쁘다.

비니 링햄(시빅 CEO, 비트코인재단 이사회 위원)

비트코인이 등장한 이후로 왜 비트코인과 기타 크립토애셋이 가치를 가지는지 사람들은 궁금해하고 있다. 이 책의 저자들은 기술에 대한 깊은 이해와 금융에서 쌓은 탄탄한 경험을 반영하는 날카롭고 자세한 분석으로 가장 설득력 있는 이유를 제시한다. 경험 있는 암호화폐 투자자뿐 아니라 초보 투자자도 이 실용적인 안내서에서 새로운 통찰과 실용적인 정보를 발견할 것이다.

로라 신(〈포브스〉 선임 에디터, 〈언체인드〉 발행인)

이 책은 디지털 경제의 새로운 분야를 다룬 대단히 흥미로운 안내서다. 저자들은 흥미로운 역사적 사례를 많이 알려준다. 각 프로젝트 이면에 존재하는 팀들과 재능 있는 이들에게 주목한 점은 그보다 훨씬 값어치가 크다.

크리스티안 카탈리니(MIT 경영대학 교수)

이 책은 급성장하고 있는 새로운 자산 클래스의 펀더멘털과 향후 방향을 이해하려는 투자자는 물론, 금융 서비스업에 종사하는 모든 임직원이 꼭 읽어야 할 책이다. 수십억 달러 규모인 이 새로운 분야의 주요 권위자 두 사람이 현재까지 나온 책 가운데 암호화폐에 관해 가장 광범위하게 다뤘다.

샌드라 로(CME그룹 디지털화 부문 전임 책임자)

업계를 선도하는 스타 이론가 크리스와 잭이 크립토애셋 평가를 위해 심도 있고 풍부한 틀을 제시했다. 급속도로 성장하고 있는 크립토애셋에 대해 독자들이 지적 자극을 받고 이해하기 쉽도록 역사적 맥락과 가치평가 틀을 설명하고 있다.

스펜서 보가트(블록체인캐피털연구 책임자 겸 매니징 디렉터)

저자들은 새롭게 떠오른 이 자산 클래스를 분석하고 보다 잘 이해할 수 있도록 전하는 중요한 역할을 앞서서 하고 있다. 그들은 자신들의 경험과 지식을 독자들이 쉽게 소화할 수 있도록 한 권의 책으로 압축해냈다.

데이비드 키니츠키(피델리티연구소 혁신연구 부사장)

특별한 지식이 없는 초심자들에게 암호화폐는 위험과 함정이 곳곳에 도사린 세계다. 준비 없이 이 새로운 세계에 발을 딛는 모험을 해서는 안 된다. 이 책은 비트코인과 알트코인에 대한 풍부한 사례를 들려줌으로써 우리의 이해를 돕는다. 이 흥미진진한 세계를 탐험하는 데 필요한 모든 것을 제시하고 있다.

존 매커피(매커피어소시에이츠 설립자)

빈틈없고 균형 잡혀 있으며 읽기 쉽다. 크립토애셋 포트폴리오를 구축하길 원하는 이들에게 이 책을 권한다.

리이언 셀키스(디지털커런시그룹 선임 투자 디렉터, 코인데스크 매니징 디렉터)

21세기 가장 중요한 새 자산 클래스를 진지하게 이해하고 평가하려는 투자 전문가라면 반드시 읽어야 할 책이다. 저자들은 새 시대의 투자 기회를 대가답게 광범위하고 유려하게 설명한다.

캐서린 우드(ARK투자매니지먼트 설립자 겸 CIO)

수량적 분석과 제1의 기본 원칙을 드물게 조화시켰다. 독창적인 내용과 통찰력으로 가득하다.

애덤 화이트(코인베이스 부사장, GDAX 총책임자)

거의 모든 것이 디지털화되어가는 세상에서 음악 등 창작물의 가치를 포함해 어마어마한 양의 가치가 블록체인을 통해 순식간에 안전하게 전송되고 있다. 이 책은 다양하고 참신한 실제 사례, 기본 가치를 통해 기술에 대한 지식이 없는 이들도 블록체인을 이해할 수 있도록 돕는다. 인터넷 혁신의 '넥스트 웨이브'에 대한 첫 번째 원칙으로 삼을 만한 현실적 접근법을 찾고 있다면 꼭 읽어야 할 책이다.

제시 월든(미디어체인연구소 설립자, 스포티파이블록체인 책임자)

크리스와 잭은 크립토애셋의 미래를 지금 이 순간 보여준다. 이들의 전망은 예리하고 직관력이 있다. 다음 시대의 부와 가치 창출을 이해하려면 반드시 읽어야 한다.

윌리엄 무가야(버추얼캐피털벤처 제너럴 파트너, 《비즈니스 블록체인》 저자)

스탠포드에서 공부한 젊은 블록체인 분석가이자 투자자인 크리스 버니스크는 재정설계 전문가인 잭 타터와 함께 팀을 이뤄, 현재 가장 빠르고 흥미진진하게 성장하고 있는 자산 클래스를 이해하도록 돕는다. 이들 자산은 이미 엄청난 수익을 내고 있고 전체 시장은 1,000억 달러에 달한다. 이 규모는 1년 전의 10배이며 4년 전의 100배에 이르는 수치다. 크리스와 잭은 이들 투자 수단을 '크립토애셋'으로 통칭하며 어떻게 기술이 발생했는지, 해결하려는 문제는 무엇인지, 기술과 인터넷이 과거에 그랬던 것처럼 벤처캐피털뿐 아니라 투자 자체에 어떤 극적인 영향을 미칠지에 대해 탄탄한 지식과 설명을 제공한다. 이 책을 읽지 않고서 당신의 포트폴리오를 조정하려 하지 마라.

마이클 터핀(트랜스폼그룹 설립자, 코인어젠다 창립위원, 비트엔젤스 설립자)

크립토애셋 분야는 기하급수적으로 성장해왔지만 그 잠재력이 완전히 실현되려면 현실 세계와 보다 광범위하게 통합되어야 한다. 저자들은 일관된 목표와 명쾌한 설명으로 자산 클래스로서 크립토애셋에 대해 자세히 설명한다. 기관 투자가들이 이 획기적인 기회를 채택하는 데 영향을 미칠 것이다.

제니퍼 주 스콧(레이디언파트너스 설립 파트너, 월드이코노믹포럼 미래블록체인위원회 회원)

이 책은 등장한 지 얼마 되지 않았지만 급속도로 성장하고 있는 블록체인의 모든 것을 개괄적으로 안내해준다. 이 산업 분야, 자산 클래스, 전체 개념은 우리로 하여금 오늘날의 화폐, 신용, 업무 기능과 같은 추상적인 개념을 다시 한 번 곰곰이 생각하게 한다. 또한 우리가 마주하고 있는 혁신이 어떻게 내일의 경제를 완전히 바꿔낼지도 숙고하게 한다. 특정 프로토콜과 프로젝트에 대해 깊이 알아보고자 할 때 필요한 기초 지식부터 새로이 등장한 이들 자산의 실용적 투자 지식까지, 저자들은 복잡한 주제들에 대한 전문 지식과 오랜 경험을 우리와 공유하고 있다. 내가 크립토 토끼굴로 깊이깊이 빠져들면서 참고해야 할 리소스 중 하나로 이들을 꼽는 이유다.

알렉스 서나보그(코인데스크리서치 애널리스트, 론모어 공동설립자)

이 책은 암호화폐가 등장한 시기부터 최근 단계에 이르기까지 이 새로운 자산 클래스의 과거, 현재, 미래에 대해 다룬다. 읽기 어려운 책이 아니면서도 비트코인, 블록체인의 효용과 위험 요소를 이해하는 데 필요한 사항을 자세히 나눈다. 급성장하고 있는 이 분야를 다룬 이 책을 투자자들에게 적극 추천한다.

팻 볼랜드(CNBC, CBC, BNN 전임 비즈니스 에디터)

이 책은 크립토의 모든 것을 다룬 성경과 같다. 초보자든 전문가든 이 책을 읽은 이들은 전체 생태계를 한층 더 깊이 이해하게 될 것이다.

그레그 로젠(박스그룹 회장)

저자들은 크립토애셋의 기원, 진화에 대해 전체적인 관점과 분석을 제시한다. 크립토애셋의 짧지만 밀도 높은 역사를 살펴보고, 크립토애셋의 가치 분석 방법을 이야기하며, 잠재력 있는 크립토애셋을 식별해준다. 크립토애셋이 어떻게 미래 사회를 만들어내고 가치를 창출할지에 관해 이해하고 투자하길 원하는 이들에게 이 책을 추천하고 싶다.
루이스 쿠엔데(아라곤 및 스탬퍼리 공동설립자)

블록체인 산업에서 일하는 우리는 타당한 자산 클래스로서 암호화폐의 등장이 불가피하리라는 점을 오래전에 인식하고 있었다. 하지만 전통 투자자들의 인식은 느렸다. 크리스는 새롭게 등장한 이 자산 클래스에 전문적으로 집중한 첫 애널리스트이고, 잭은 그 중요성을 처음 강조한 금융 저널리스트 중한 사람이다. 수년간 크리스는 월가의 엄격한 분석 방법을 암호화폐에 도입하려 노력해왔고, 잭은 전 세계 독자들에게 암호화폐의 장점을 발 빠르게 알려왔다. 이들은 이 책을 통해 왜 모든 투자자가 비트코인과 이더리움 등 블록체인 기반 암호화폐를 포트폴리오에 포함해야 하는지 설명하면서, 올바르게 투자할 수 있도록 이들 토큰의 분석 방법을 제시한다. 이는 지금까지 누구도 하지 않았던 설명이다.
트래비스 셰어(디지털커런시그룹 투자 준회원)

크리스와 잭은 우리 세대의 《월가에서 배우는 랜덤워크 투자전략》을 썼다. 크립토애셋 붐에 참여해 수익을 얻길 바란다면 꼭 읽어야 할 책이다.
패트릭 아참부(코인데스크 엔지니어링 부사장, 론모어 공동설립자)

저자들은 블록체인이 고급 칵테일 파티장에서 화제가 되기 훨씬 전부터 블록체인 분야에서 활동해왔다. 지난 수년간 이 분야가 진화해온 양상에 대해 우리는 함께 웃고 경이로워했다. 새로이 등장한 1,000억 달러 규모의 금융시장과, 이것이 가져온 혼란과 가능성을 설명한 책으로 최적의 시기에 출간되었다. 저자들은 투자에 필요한 기술적 분석과 시장 분석뿐 아니라 새로운 기술에 도전하는 사람들의 정신과 열정을 담아냈다. 놀라운 기술의 탄생을 묘사함으로써 길이 남을 관점을 보여준다.
피터 커비(팩텀 공동설립자 겸 CEO)

저자들은 초보자를 이해하기 쉽게 안내하는 한편 노련한 투자자의 흥미를 자극하는 내용을 모두 담아내는 매우 어려운 작업을 해냈다. 크립토애셋에 관해 강의할 때 학생들에게 반드시 읽히도록 할 것이다.

스티븐 맥키언(오레곤대학교 재무학 교수)

토큰을 기반으로 한 펀딩이 자리를 잡고 있다. 이 책은 이제껏 나온 책 가운데 크립토애셋에 대한 최적의 가치평가 방법을 제시하고 있다. 암호화폐공개에 대한 기초 지식과 잠재적 충격을 제시하며, 이 분야를 처음 접한 이들을 포함하여 나와 같은 전문가들에게도 통찰력 있는 지식을 전해준다. 크립토애셋에 대한 책을 열심히 섭렵하고 있는 독자들에게 이 책을 추천한다.

폴 베라디타키트(판테라캐피털 파트너)

저자들은 내가 사람들에게 크립토애셋에 대해 쉽게 대답해주고 추천할 수 있는 책을 창조했다!

아리 폴(블록타워캐피털 CIO)

전자화폐인 크립토애셋이 주류로 이동해가는 진화 과정을 다룬 독창적인 책이다. 이 새로운 혁신 기술의 모든 것과 잠재력, 전통 금융과의 접점을 나눈다. 저자들은 각자의 분야에서 얻은 풍부한 지식과 여러 학문 분야의 방법론을 가져와 이 새롭고 흥분되는 분야를 분석하는 데 신기원을 이뤄냈다.

찰리 헤이터(크립토컴페어 공동설립자 겸 CEO)

이 책은 역작이다. 저자들은 업계에서 쌓은 경험을 활용해 복잡할 뿐만 아니라 계속 진화하고 있는 이 주제를 간결하고 유익하게 안내하여, 투자자들로 하여금 이 새로운 자산 클래스에 적용된 첨단 기술을 이해할 수 있도록 해준다. 이 책은 앞으로 수년간 이 분야에 들어오는 소매 투자자들에게 진입점 역할을 할 것이다.

피터 고르시라(코인데스크 소프트웨어 엔지니어, 론모어 공동설립자)

디지털 자산 발행이 웹사이트 제작만큼 쉬워지는 세상에서 알갱이와 쭉정이를 구분할 수 있는 방법을 포괄적으로 안내하는 책이다.
데미안 브레너(제플린솔루션 공동설립자 겸 CEO)

글로벌 금융시장의 거대한 변환, 다음 진화 단계에 접어드는 이때 매우 필요한데도 좀처럼 드문 책이 나왔다. 크립토애셋과 전자화폐에 대한 기본적인 이해를 도울 뿐만 아니라 크립토애셋의 미래에 대한 평가와 참여를 위해 참고문헌 역할을 해준다. 새로운 자산 클래스가 등장했고, 이 책이 결정적인 지침서다.
론 콰란타(월스트리트블록체인연합 의장)

이 책은 매우 이해하기 쉬우며 포괄적이어서 어떤 투자자도 쉽게 읽을 수 있다. 이 책의 장점 중 하나는 초보자와 전문가 모두에게 매우 유용하다는 점이다.
제러드 하웨인 지단스키(오스트레일리아 블록체인연합 설립위원회 회원)

저자들은 크립토애셋의 세계를 설명할 뿐 아니라 투자 방법틀까지 제공하는 책을 썼다. 이로써 이 책은 인터넷 이후 가장 큰 투자 기회의 한 부분이 되었다.
네드 스콧(스팀잇 설립자 겸 CEO)

이 책은 암호화폐 세계를 체계적이고 지적으로 소개한다. 이 책은 금융의 고전적인 가격 모델을 크립토애셋 가치평가에 적용하는, 쉽지 않은 일을 했다. 이로써 독자들은 흥미진진한 이 새로운 자산 클래스에 대해 남들보다 유리한 출발을 할 수 있다.
알레시오 사레토(텍사스대학교 댈러스캠퍼스 금융학과 조교수)

크립토애셋의 작동 방식을 알고자 한다면 안드레아스 안토노풀로스의 《비트코인, 블록체인과 금융의 혁신》을 읽어라. 하지만 이 새로운 자산 클래스에 왜 투자해야 하고 어떻게 투자해야 하는지를 알고 싶다면 이 책을 읽어라.

트론 블랙(메디시벤처 투자자 겸 개발자)

새로운 기술과 금융 상품은 일반적으로 받아들여지는 금융 세계를 향해 꿈틀대며 나아가지만 대부분 초라하게 실패한다. 하지만 암호화폐 블록체인 기술은 성공했고, 계속해서 비즈니스 방식에 영향을 미칠 것이다. 저자들은 이 새로운 자산 클래스에 대해 알아야 할 것들을 놀랍도록 포괄적으로 설명해준다.

더글러스 골드스타인(공인재무설계사, 《부자 왕Rich as a King》 저자)

이 책은 코인부터 토큰과 상품까지 다양한 크립토애셋 투자 수단을 설명하면서 투자 분석의 툴을 제시한다. 초보자와 전문가 그리고 비즈니스 리더가 크립토애셋 투자의 길로 들어설 때 최고의 시작점이라 할 수 있다.

론 코츠먼(볼트인포메이션사이언스 전임 CEO, 크립토애셋 엔젤 투자자)

이 책은 새로운 자산 클래스에 대한 모든 것을 배울 수 있는 원스톱 숍이다. 요동치는 시장을 헤쳐 나가기 위해 필요한 크립토애셋의 흥미진진한 역사, 기본 가치평가 적용 방법, 실용적인 정보들을 알려준다.

매튜 고에츠(블록타워캐피털 CEO)

투자자들은 항상 차세대 투자 대상을 찾고 있다. 새로 등장한 기술에 관심 있는 이들과 블록체인에 대해 이미 알고 있는 이들을 위해 저자들은 모든 방법을 동원해 설명하고 있다. 블록체인의 기원부터 작동 방법, 미래까지 독자들은 투자 가능성에 대해 흥미진진하게 느낄 것이다.

톰 스제이키(테라사이클 설립자 겸 CEO)

변화하고 있는 자산과 기술의 흐름에 대한 최신 정보를 알고자 하는 재무상담사라면 반드시 읽어야 할 책이다. 혁신적인 고객이 크립토애셋에 대해 상담하러 오기에 앞서 상담사는 크립토애셋에 대해 잘 알고 있는 편이 현명할 것이다.

프레드 파이(3iQ코퍼레이션 CEO)

중앙 관리자 없이 디지털 분산원장의 유효성을 검증하는 기술은 어떤 변화를 가져올까? 시간이 흘러야 알게 될 것이다. 하지만 그때까지 기다릴 수 없다면 이 책을 읽어라. 훌륭한 출발점이 되어줄 것이다.

프랑수아 가덴(리타이어먼트인컴인더스트리어소시에이션 의장 겸 상임 이사)

크립토애셋에 대한 가장 완벽하고 유익한 정보를 담고 있다. 저자들은 빠르게 변하는 크립토애셋과 기반 기술의 복잡한 세계를 이해하기 쉽게 설명해준다. 크립토애셋과 기반 기술은 우리 세대의 가장 중요한 혁신 이상이 될 것이다.

라이언 랜슬롯(《비트코인 거래는 무엇인가? *What's the Deal with Bitcoins?*》 공저자)

비트코인의 네트워크 효과와 혁신의 물결을 올바로 이해하려면 반드시 읽어야 할 책이다. 비즈니스 모델을 바꾸고 있는 분산 생태계를 만드는 데 중요한 역할을 한 사람들의 커뮤니티를 이해할 수 있다.

크리스티나 돌란(인슈어엑스 공동설립자 겸 COO)

블록체인이 열어젖힌 크립토 거래와 금융기술 혁신은 인터넷 독립출판과 블로깅이 미디어 제국에 미친 영향을 금융계에도 미칠 것이다. 이러한 힘의 이동은 불가피하다. 더 이상 강력한 힘을 가진 기관이 자본 배분을 관리할 필요가 없으며, 이들 기관은 부패하고 무모하다는 점이 입증되었다. 규제는 변화 기회를 놓치게 한다. 저자들은 이들 새로운 크립토애셋의 가치를 평가할 툴을 전해준다. 이 책을 통해 최고의 자산 조정 기회와 힘을 얻게 될 것이다.

패트릭 번(오버스톡 CEO)

글 쓰는 법을 알려주신 아버지와
할 수 있다는 것을 믿게 해주신 어머니께
크리스 버니스크

나의 미래인 에릭과 그레이스에게
잭 타터

추천의 말 1

크리스틴 라가르드 IMF 총재가 비트코인을 비롯한 크립토애셋이 그다지 멀지 않은 미래에 주류가 될 수 있다고 암시했다. 그녀는 자신의 블로그에서 금융권과 규제 당국자들이 열린 마음으로 새로운 기술에 접근해야 한다고 말했다. 물론 '비트코인은 사기다'라는 주장이 앞으로도 지속될 것이다. 그러나 가격은 언젠가 0원이 될 거라는 버블 경고를 비웃기라도 하듯 비트코인과 암호화폐들의 가격은 장기적으로 상승 추세를 보여준다.

비트코인이 사기가 아니고 블록체인 기술이 유망하다는 주장에 납득되었다고 하더라도 선뜻 투자를 시작할 엄두는 나지 않는다. 넘어야 할 산이 또 하나 있기 때문이다. 비트코인보다 더 좋은 코인들이 계속 나올 것이며 이미 나오기도 했다고 한다. 비트코인을 어느 정도는 모방했으나 그보다 빠르고 기능도 많은 코인들 때문에 비트코인의 미래는 불확실해 보인다. 이 논리는 현재 존재하는 모든 코인에 해당하므로 어떤 코인의 미래도 불확실한 셈이다. 크립토애셋의 시대가 와서 유망한 종목들로 통폐합될 때까지 관망하는 게 나을 수도 있다. 그러나 수익은 위험에 비례하기 마련이므로 불확실성이 없어졌을 때 과연 고성능 투자 기회가 남아 있을지도 의심스럽다.

이 책은 이런 고민으로 주저하고 있는 이들을 위해 쓰였다고 해도 과언이 아니다. 저자들은 다양한 코인들의 속성을 소개한다. 또 새로운 토큰이 나올 때 눈여겨봐야 할 체크리스트도 제시한다. 그렇지만 이 책은 백과사전식으로 정보를 나열한 개론서가 아니다. '혁신적 투자자'라는 뚜렷한 독자층을 염두에 두고 분명한 문제의식과 관점을 일러준다. 혁신적 투자자는 위험이라면 무조건 회피하고 보는 이들이나 대박의 꿈에 취해 '이번에는 다르다'는 주문을 외우는 무모한 투기꾼들과 구별된다. 새로운 기술과 산업에 열린 마음으로 접근하되 꼼꼼하게 공부한 후 신중하게 움직이는 투자자들이다. 이 책은 크립토애셋이라는 우주를 여행할 혁신적 투자자들을 위한 여행 안내서인 셈이다.

저자들은 무모한 투자를 말리지만 한편으로는 비트코인 투자의 위험성이 과대평가되었다는 사실을 실증적으로 입증한다. 10만 달러의 금액을 70퍼센트의 주식과 30퍼센트의 채권으로 보유하는 유형의 투자자가 단지 1퍼센트를 비트코인에 투자하는 것만으로도 4년 동안 2만 달러를 더 벌어들일 수 있다. 이 시뮬레이션이 1년 동안 10배가 넘게 올랐던 2017년의 상승장을 포함하지 않았다는 사실이 더욱 놀랍다. 위험 대비 수익률을 수치화한 샤프지수로 보았을 때 비트코인은 위험을 감수할 만한 보상을 제공한다. 페이스북 주식에 비해서도 성적이 좋다.

저자들은 투자 분야에서 쌓은 경력에서 우러나오는 통찰력 있는 분석 기법들을 동원해서 비트코인과 크립토애셋에 대한 정량적 분석을 시도한다. 크립토애셋에 대한 궁금증을 해결하기 위해 이 책을 잡은 독자들은 혁신적 투자자가 얼마나 다양한 도구를 활용해 투자 대상을 검토하는지를 엿볼 수 있다.

저자들이 비트코인에 대한 지표들을 많이 사용하는 이유는 비트코인 데이터가 장기간 축적되었기 때문이지 비트코인 맥시멀리스트(비트코인으로 암호화폐가 통합된다고 주장하는 이들)라서가 아니다. 오히려 저자들은 다양한 코인의 속성을 심도 있게 소개하고 있기 때문에 독자들은 주요 코인들 간의 역학 관계에 대한 통찰을 얻을 수 있다.

블록체인은 지금 이 시간에도 수많은 크립토애셋을 쏟아내는 중이다. 크립토애셋에 대한 저자들의 세심한 분류에도 불구하고 이 범주를 뛰어넘는 새로운 시도가 앞으로도 계속될 것이다. 채권이나 주식, 부동산과 같이 전통적인 투자 자산들과는 유사성이 거의 없기 때문에 사람들은 새로운 형태의 자산을 어떤 유형으로 규정하고 어떤 기법으로 분석할지 갈피를 잡기 어렵다. 그러거나 말거나 이 신종 자산들로 글로벌 투자가 몰리고 있으므로 먼저 이해한 투자자와 기업들은 남들이 보고도 따지 못하는 열매를 비교적 쉽게 거두어들일 수 있다. 낯설다는 이유로 외면하는 데 따르는 위험이 이미 감당할 수 없을 만큼 커졌다고 보아야 한다. 어디서부터 시작할지 엄두가 나지 않을 때 사람들은 점쟁이들의 예언에 기대고 싶어진다. 무조건 사야 한다거나 투자하면 절대로 안 된다는 단순한 말들이 혼란 가운데 놓인 이들에게는 매력적으로 들린다.

만약 이 수준을 뛰어넘어야 한다고 생각한다면, 또 눈에 보이지 않는 이면의 원리를 이해하고 나서 행동해야만 후회할 일이 없다는 걸 믿는 독자라면 이 책이 필요하다. 그것도 단 한 권만으로 어느 수준 이상의 식견을 확보할 수 있으며, 주변의 혁신적 투자자들에게도 점쟁이와는 다른 맥락을 짚어줄 수 있으려면 당장은 이 책 말고 다른 대안이 없다고 말할 수 있다.

오태민(《비트코인은 강했다》《스마트 콘트랙 : 신뢰혁명》 저자, 크립토비트코인연구소장)

┅ 추천의 말 2

비트코인을 처음 알게 되었을 때, 나는 비트코인이 실패할 거라고 확신했다. 20여 년간 의심 많은 트레이더로서 쌓은 경험과 몇몇 기사에 근거해 CNBC의 〈패스트 머니Fast Money〉에서 비트코인이 살아남지 못할 거라고 자신 있게 (지금은 후회하지만) 주장했다. 도대체 비트코인이 어떻게 지속될 수 있단 말인가? 어떤 뚜렷한 실체의 지원도 없고 중앙은행도 없다. 세금으로 낼 수도 없으며 사용을 강제할 군대도 없다. 게다가 변동성이 매우 심하고 평판도 좋지 않다. 이 모든 것이 비트코인의 조기 사망을 분명히 가리키고 있었다. 하지만 결국 내 경력을 통틀어 이보다 더 틀린 말을 한 적은 없었다.

CNBC 기록보관소 어딘가에는 내가 이 '마법 같은 인터넷 화폐'

에 이의를 제기하는 비디오가 있다. 당신이 이 글을 읽고서 그 비디오를 보게 된다면 마땅히 그럴 만한 가치가 있다고 생각하고 당장 없애버리길 바란다. 그런 무지한 시절을 거쳐 나는 비트코인과 그 기반 기술인 블록체인이 이메일이 우체국을 대체했듯 금융 서비스에 혁신을 가져올 잠재력이 있음을 이해하게 되었다.

일단 블록체인 기술이 파괴력을 가지고 있다는 점을 깨달은 뒤로는 같은 생각을 공유하는 사람들을 찾기 시작했다. 크리스 버니스크는 월스트리트블록체인연합 첫 파티에서 만났다. 블록체인에 기반을 둔 자산, 즉 크립토애셋이 투자자들의 새로운 자산 클래스로 부상할 잠재력을 가졌다는 점에 우리 두 사람 다 주목하고 있었다. 당시에는 극소수 사람들만이 비트코인의 잠재력을 알아봤는데 크리스가 그중 한 사람이었다. 그가 보기 드문 리더십과 비전을 지닌 인물이라는 사실을 나는 분명히 알 수 있었다.

잭 타터는 은퇴설계 분야에서 20년 넘게 일해온 전문가로, 크립토애셋 분야에 필요한 금융 및 투자에 대한 지식을 제공한다. 신기술은 혼란스럽고 두려울 수 있지만, 잭은 복잡한 이 주제를 쉽게 이해하도록 풀어내는 특별한 능력이 있다. 이 책은 이들의 시각이 조화를 이뤄 크립토애셋에 대해 알고 싶어 하는 이들의 궁금증을 해결해주고, 이 주제에 처음 다가서는 이들의 주의를 사로잡는다.

독자들은 크리스와 잭이 제시하는 비전뿐 아니라 깊이 있는 지식을 통해서도 도움을 받을 것이다. 전자화폐에 투자하는 헤지펀드 매니저로서 나는 이 자산 클래스의 투자 가능성을 끊임없이 연구하고 있고, 문제에 봉착할 때면 크리스 버니스크를 제일 먼저 찾는다. 내가 비밀스럽게 도움을 청하던 정보원이 노출된다는 사실이 못내 아쉽긴 하다. 비트코인에 대한 글을 쓴 최초의 저널리스트 중 한 사람인 잭의 경험이 더해져 그 위력이 한층 배가되었다. 이 두 저자가 당신의 정보 공급원이 되길 바란다.

이 책의 미덕은 글로벌 금융위기의 잿더미 속에서 나타난 비트코인의 탄생 이야기부터 전통적 투자 포트폴리오를 다각화하는 역할에 이르기까지 독자들에게 포괄적인 설명을 제시한다는 점이다. 블록체인 기술에 대해 알고자 하는 이들은 이 기술에 동력을 공급하는 아키텍처에 대한 간결하고 명쾌한 설명에 흥분할 것이다. 나와 같은 금융가들에게는 역사상 있어온 투자 거품에 대한 이야기가 도움이 될 것이다. 크리스와 잭은 금융의 역사가 알려주는 교훈을 크립토애셋 투자 분야에 기교 있게 적용한다. 블록체인 기술이 전통 금융시장의 구조를 파괴하고 있긴 하지만, 인간의 독특한 특성인 두려움과 탐욕은 크립토애셋에서 보금자리를 발견할 수 있고 또 발견할 것이다. 다행히도 크리스와 잭은 투자 거품이 발생하는 상황에서 주의해야 할 지식과 툴을 제공한다.

이 지식으로 무장한 독자들은 12장과 13장에서 소개하는 가치 평가 틀을 사용해 가장 유망한 크립토애셋을 찾아낼 수 있을 것이다. 크립토애셋에 대한 가치평가는 전통적 투자와는 다르게 이루어진다. 수익과 현금 유동성을 분석하지 않는다. 따라서 이들 자산의 장점을 평가하려는 이들은 어려움을 겪는다. 크리스와 잭은 네트워크 효과와 탈중앙화된 개발자들에 기반을 둔 크립토애셋을 적절히 가치평가하는 데 획기적인 방법을 제시한다. 크립토애셋 투자를 조금이라도 생각해본 사람이라면 이 장을 꼭 읽어보라.

블록체인 혁명의 놀라운 결과 중 하나는 크립토애셋이 파괴적 혁신 모델을 다시 파괴하는 방식이다. 크리스와 잭이 설명한 바와 같이, 벤처캐피털 비즈니스 모델은 암호화폐공개Initial Coin Offering(ICO)를 포함한 크라우드펀딩에 자리를 내주고 있다. 크립토애셋은 코드로 만들어지고 소유권이 쉽게 추적되고 전달되기 때문에 스타트업의 자금 조달 툴로 사용될 수 있다. 지난 2년간 벤처 투자자들을 우회해 이 방법으로 스타트업 자본을 조달한 사업가들이 물결을 이뤘다.

새로운 모델이 늘 그렇듯 적법성과 지속 가능성에 대한 의문은 남지만, '먼저 저지르고 나서 용서를 구하자'라는 실리콘밸리의 정신은 금융시장에 다가가는 방법을 찾아냈다. 벤처캐피털부터 자본시장에 이르기까지 자금 조달에 정통한 전문가들은 이 새로운 자금 조달 방법에 시선이 갈 것이며 심지어 다소 두렵게 느껴질 것이다.

나는 《비트코인 빅뱅Bitcoin Big Bang》의 마지막 장 〈당신이 비즈니스에 대해 알고 있는 모든 것은 잘못되었다Everything You Know About Business Is Wrong〉에서 크리스와 잭이 밝힌 내용, 즉 자본이 모이고 유통되는 방식의 획기적인 발전에 대한 내용을 개괄적으로 설명했다. 스스로 자금을 조달하는 탈중앙 조직들은 글로벌 경제에 새로이 등장한 종으로서, 우리가 비즈니스에 대해 알고 있는 모든 것을 바꾸고 있다. 탈중앙 조직에 대한 연료로서 크립토애셋은 조직도를 바꿀 뿐 아니라 인센티브 구조도 재정비한다.

이들 새로운 조직은 소프트웨어 발전 방식을 바꾸고 있다. 크립토애셋은 인터넷이 발전하는 동안 매우 유용했던 가치 창조 구조를 바꿔냈다. 이른바 두꺼운fat 이들 프로토콜(컴퓨터와 컴퓨터 사이에서 데이터를 원활히 주고받기 위해 약속한 여러 가지 규약을 뜻한다. 16장에서 자세히 설명한다—옮긴이)은 애플리케이션이 그에 기초해 가치를 창출하고 얻는 독립적인 펀딩 개발 플랫폼이다. 이는 사회적으로 유용한 프로젝트들을 구축하도록 개발자들에게 보상해주는 오픈소스 프로젝트에서 완전히 새로운 패러다임이다.

내가 금융계에서 일하기 시작했을 때, 인터넷은 트레이딩 책상 끝에 자리 잡은 컴퓨터 속의 무엇이었다. 당시에는 아마존, 이베이, 구글이 없었다. 하지만 5년 만에 이들 회사는 세상을 바꿨다. 새파란 신참 트레이더였던 나는 나이가 어리고 경험이 부족해서 인터넷이 한 세대에 단 한 번뿐인 투자 기회라는 사실을 눈치 채지 못했다. 블록체인을 발견하기 전까지는 일생에 또 다른 기하급수적 투자 기회를 보지 못할 거라 믿었었다. 블록체인은 금융 역사에서 일어난 가장 중요한 혁신 중 하나다. 블록체인은 자본의 거래와 유통 방법, 기업 조직을 변화시키고 있다. 여러분 모두가 이 책을 읽고 인터넷 이후에 등장한 가장 큰 투자 기회를 움켜쥐길 바란다.

브라이언 켈리(CNBC 기고가, 디지털자산투자회사 BKCM 대표)

⸙ 저자의 말

2016년 12월, 우리가 이 책을 쓰기 시작했을 때 비트코인은 700달러데, 이더는 7달러데였다. 크립토애셋cryptoasset*의 총 네트워크 가치는 100억 달러가 조금 넘었다. 집필하는 몇 달간 비트코인은 4,000달러를 넘어섰고 이더는 400달러, 크립토애셋의 총 네트워크 가치는 1,000억 달러를 넘었다. 크립토애셋은 소수의 사람만 아는 웹사이트에서 열광적으로 논의되는 주요 주제가 되었다.

집필 여정을 시작하면서 우리는 단연코 세상에서 가장 빠르게 움직이는 시장을 다루는 일이 결코 쉽지 않다는 사실을 깨달았다. 주식시장이 1년 사이에도 오르락내리락 바뀌듯이 이들 암호화폐 시장은 단 하루에도 그만큼 오르락내리락 바뀌었다. 그 와중에 우리는 "이 시장의 전반적인 상황을 파악하려면 무엇을 읽어야 하는 가?"라는 질문을 반복해서 듣게 되었다. 2017년 초중반을 지나면서 시세가 계속 오르자 이 질문은 단순 반복을 넘어 아우성이 되었다. 하지만 정보 채널은 여전히 바뀌지 않고 레딧, 트위터, 텔레그램, 슬랙, 미디엄, 뉴스 사이트 등 여기저기 산재해 있었다.

멈추지 않고 끊임없이 움직이는 크립토애셋 시장의 전체 그림을 담아내기가 어렵다는 것을 우리는 잘 알고 있다. 하지만 이 책이 비트코인을 비롯해 크립토애셋의 역사, 기술, 시장과의 역학관계를 포괄적으로 조망해줄 것이라 믿는다. 시장은 지금 이 순간에도 변화하고 있지만 그럼에도 가능한 한 변하지 않을 기초 지식과 방법론을 제시해줌으로써 책으로서의 가치를 보존할 수 있도록 집필했다. 독자 여러분이 이 책을 읽을 때쯤이면 어떤 크립토애셋 가격은

● (편집자 주) 저자들이 이 책에서 사용하는 용어 '크립토애셋cryptoasset'은 통상 '암호화폐cryptocurrency' 또는 '알트코인altcoin'이라 불려온 전자화폐를 뜻한다. 하지만 이들 용어가 이 책에서 다룰 크립토애셋의 미래에 대한 논의를 제한할 뿐만 아니라 이 분야에 새롭게 진입하는 이들을 혼란스럽게 한다는 판단하에 저자들은 크립토애셋이라는 용어를 선호한다. 현재 가상화폐, 암호화폐라 불리는 것들을 크립토애셋이라고 이해해도 무방하지만 시중에 나와 있는 800여 가지의 모든 암호화폐가 화폐로서 가치를 갖는 것은 아니라는 점을 염두에 둘 때, 저자들이 특별히 크립토애셋이라 지칭하는 것들을 일별할 필요가 있다. 블록체인 기술과 시장이 결합하여 웹 3.0을 만들어내면서 화폐뿐 아니라 잘 정제된 디지털 상품과 서비스를 제공하는 탈중앙화 현상이 생겨나고 있다. 이런 시점에서 어떤 암호화폐가 자산가치를 갖는지를 판단하는 일은 이 책의 주요 과제가 될 것이다. 암호화폐, 암호상품cryptocommodity, 암호토큰cryptotoken 등 각각의 용어와 함의는 이 책의 4~5장에서 확인할 수 있다.

머나먼 과거처럼 느껴질 수도 있고 일부 크립토애셋 업체는 자신들의 이야기를 다뤄주지 않았다고 불만을 터뜨릴지도 모른다. 우리는 가격 변화를 비롯해 모든 이야기를 전부 다룰 수도 없거니와 그러려고 했다면 이 책을 결코 출간하지 못했을 것이다.

　모두가 함께 공부하고 경험할 수 있도록 이 책이 이해의 출발점과 도구가 되기를 바랄 뿐이다. 여전히 우리는 앞으로 써나갈 역사의 시발점에 서 있다.

⌐ 들어가는 말

지난 수십 년간 미래 예측에 관한 책과 TV 프로그램, 영화가 쏟아
져 나왔다. 처음에는 많은 예측이 황당무계한 것으로 받아들여졌
지만 〈스타트렉〉이 보여준 몇 가지 예측은 그다지 기이한 것이 아
니라는 점이 증명되었다. 휴대용 통신기는 현재의 스마트폰이 되
었고, 개인용 접속 영상 출력장치는 태블릿이 됐으며, 통합 번역기
는 다양한 통역 앱으로 거듭났다. 미국 소설가 에드워드 벨라미가
수수께끼 같은 제목을 붙인 1887년 작 《돌이켜보면 *Looking Backward*》
은 직불카드와 신용카드를 예측했고, 영화 〈2001년 스페이스 오
디세이〉는 소셜 미디어 형태를 상상했는데, 이것들은 곧 현실화되
었다. 미래학자 앨빈 토플러의 《미래의 충격》은 우리 사회를 뒤흔

들 기하급수적 변화를 예측해서 1970년대에 독자들을 사로잡았는데, "지금과 21세기 사이에 채 30년도 되지 않아 평범하고 정상적인 수백만 명의 사람들이 미래와의 갑작스런 충격에 직면할 것"이라고 경고했다. 토플러는 이런 미래가 "너무 짧은 기간에 너무 많은 변화를 겪게 함으로써 사람들에게 엄청나게 충격적인 스트레스를 주고 방향 상실을 야기할 것"이라고 예측했다.

기하급수적 변화는 이제 유행어가 됐지만 기하급수 곡선이 가진 힘은 거의 고려되지 않고 있다. 매년 전년보다 큰 변화가 수반될 것이다. 이 개념은 과거의 변화 속도만큼만 미래가 변화하는 선형 변화율과 전혀 다르다(〈그림 1.1〉). 두 곡선은 변화 초기 단계에는 유사해 보이지만 기하급수 곡선은 때로는 급격할 정도로 빠르게 굴곡을 이루며 차별화된다.

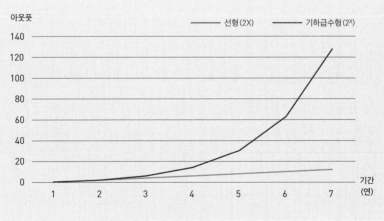

〈그림 1.1〉 기하급수적 변화율 vs 선형 변화율

〈그림 1.1〉을 보면 1년의 선형 변화와 기하급수적 변화는 정확히 같은 값을 보인다. 2년째에도 같다가 7년이 되면 기하급수적 변화율이 같은 기간 선형 변화의 거의 10배로 증가한다. 우리는 다음 해 또는 그다음 해까지 변화율이 대략 동일할 것이라는 간단한 가정, 즉 선형적인 세계관으로 계획을 짠다. 초기 변화 단계에는 동일하나 기하급수 곡선이 하키 스틱처럼 휘기 시작하면 달라지기 시작한다. 불행하게도 대부분의 투자 포트폴리오가 과거의 고정 지수가 미래의 투자를 인도하는 선형적 세계관에 따라 관리되고 있다. 기하급수적 변화 시대에 이보다 더 근시안적이고 잠재적으로 위험한 것은 없다.

인터넷은 세상을 되돌릴 수 없을 만큼 변화시켰고, 개발자들이 인터넷에 연결된 플랫폼을 만들어냄에 따라 계속해서 세상을 바꾸고 있다. 지금까지는 월드와이드웹WWW이 인터넷의 근본 성격을 최대한 활용한 최고의 메타 응용 프로그램(응용 프로그램에 대한 응용 프로그램―옮긴이)이다. 47억 300만 페이지에 해당하는 웹 색인은 전 세계 인구 한 명당 거의 한 페이지에 해당하는 분량이다.[1]

인터넷은 1990년대와 관련이 깊다. 영국의 과학기술자 팀 버너스 리가 유럽입자물리연구소CERN에서 사용할 정보 관리 시스템을 만들던 중 월드와이드웹 개념을 우연히 발견하면서 시작되었다. 컴퓨터공학자 마크 앤드리슨은 최초의 상용 웹브라우저를 만들었고 이것이 나중에 넷스케이프Netscape로 발전했다. 버너스 리와 앤드리슨의 업적이 주류 기술업계가 인터넷을 채택하는 데 핵심 역할을 하긴 했지만, 웹과 웹브라우징 능력은 인터넷을 기반으로 만들어진 첫 번째 킬러 앱killer app(오랜 기간 시장을 지배하고 있던 경쟁자를 압도하는 소프트웨어, 시장에 나오자마자 기존의 사회 구조나 산업을 변화시키고 시장을 재편하는 것은 물론 완전히 새로운 범주를 형성하는 위력적 기술이나 서비스—옮긴이)으로서 인터넷 자체와 혼동해서는 안 된다. 우리는 여전히 인터넷의 잠재력을 활용하고 인터넷을 기반으로 한 메타 응용 프로그램을 구축하는 초기 단계에 있다.

인터넷은 1960년대 초 미국에 대한 핵 공격에 안전하게 작동할 강력한 통신망을 구축하기 위해 처음 구상되었다. 인터넷 창시자 중 하나인 폴 배런에 따르면 강력한 안정성을 이뤄낼 열쇠는 탈중앙화decentralization였다.[2] 조지프 릭라이더는 '은하 컴퓨터 네트워크 Intergalactic Computer Network'라는 개념을 설파하며 미군을 위한 신기술을 연구 개발하는 미국방위고등연구계획국DARPA 동료들에게 그 중요성을 이해시키려 했다.[3] MIT대 교수인 레너드 클라인록은 인터넷의 이론적 기반을 세운 패킷 스위칭packet switching 기술을 연구하고 있었으며 훗날 이 주제를 다룬 최초의 책인《통신망 Communication Nets》을 펴낸다. 아이러니하게도 이들 초기 연구자들은 모두 세상을 연결하는 수단을 연구하고 있었는데도 서로를 알지 못했다.

하지만 그들의 꿈은 실현되었다. 매일 35억 이상의 구글 검색이 이루어지고,[4] 187억 개의 문자 메시지(매일 600억 개의 메시지가 생성되는 왓츠앱과 페이스북 메신저를 포함하지 않고서도)[5]와 2,690억 개의 이메일이 오간다.[6] 하지만 흥미롭게도 인터넷은 시간이 지날수록 중앙집중화되어 '고도로 지속 가능한 시스템highly survivable system'이라는 인터넷의 본래 개념을 잠재적으로 위협하고 있다.

인간의 창의력은 종종 가장 필요한 순간에 깨어난다. 지금이 바로 그런 순간이다. 탈집중화라는 인터넷의 근본정신으로 되돌아간 새로운 기술이 등장한 것이다. 컴퓨터 기반의 거래 인프라에 혁신을 가져올 블록체인 기술이 그 주인공이다. 1초에 수백만 패킷(전송되는 데이터 단위 ―옮긴이)의 정보가 인터넷을 통해 인간과 기계 사이의 거래를 가능하게 하는 블록체인 기술은 거래비용, 보안성, 소유권에 대해 다시 생각하게 한다.

블록체인 기술은 비트코인에서 생겨났다. 비트코인이 블록체인 기술을 낳은 것이다. 대문자 B로 시작하는 '비트코인Bitcoin'은 프로그램이 가능한 화폐인 소문자 b로 시작하는 '비트코인bitcoin'을 담은 플랫폼이다. 이 플랫폼의 근간을 이루는 기술이 블록체인이라 불리는 디지털 분산원장이다. 2009년 1월, 비트코인은 블록체인을 최초로 구현하며 세상에 나왔다.

이후로 많은 사람이 오픈소스 소프트웨어인 비트코인을 다운받아 블록체인을 연구한 뒤 비트코인을 넘어서는 블록체인을 내놓았다. 블록체인 기술은 이제 증기기관, 전기, 머신러닝에 버금가는 범용 기술로 받아들여지고 있다.

2016년 3월 〈하버드 비즈니스 리뷰〉에서 돈 탭스콧과 알렉스 탭스콧은 "다음 수십 년간 비즈니스 판도를 가장 크게 바꿀 기술은 소셜 네트워크도 빅데이터도 클라우드도 로봇공학도 심지어 인공

지능도 아닌, 비트코인 같은 전자화폐를 탄생시킨 블록체인이다"
라고 말했다.[7]

기존 산업계, 특히 금융 서비스 부문은 블록체인에 내재해 있는
창조적 파괴력을 인지하고 있으며, 새로운 시장의 성장을 이끌 승
자가 출현해 탈중개화로 인한 이득을 챙길 것이라는 점을 알고 있
다. 많은 스타트업이 "당신의 마진이 나에게는 기회다"라고 말한
아마존의 제프 베조스처럼 이 중개인들을 주시하며 기회를 노리고
있다.[8]

기존 금융계가 블록체인 기술을 채택하지 않으면 비트코인과 블
록체인 기술은 핸드폰이 전신주를 무너뜨렸듯이 은행을 무너뜨릴
수도 있다. 거의 모든 세계적 은행, 거래소, 자산관리 회사, 금융 서
비스 회사가 블록체인 컨소시엄에 참여해서 혁신적 파괴자에게 투
자하고 있거나 블록체인 기술팀을 자체적으로 꾸리고 있다. 제이
피모건, 골드먼삭스, 시티뱅크, 뉴욕증권거래소, 나스닥, 산탄데르
은행, 영국 바클레이은행, 스위스 투자금융그룹 UBS, 남아공 리저
브은행, 도쿄 미쓰비시은행, 미즈호은행, 중국 초상은행, 오스트레
일리아 증권거래소가 대표적이다.

금융업계는 블록체인 기술이 현금 없는 세상, 다시 말해 지폐도
실제 은행도 중앙집중적 통화 정책도 필요 없는 세상을 열고 있다
는 사실을 알고 있다. 이런 세상에서 가치는 중앙집중적 권위가 필
요 없는 시스템에서 가상으로 매겨지고 탈중앙적이고 민주적인
방식으로 관리된다. 우리가 일생 동안 모은 서축도, 그것을 물려받

을 우리 후손의 돈도 모두 1과 0이라는 숫자만으로 이뤄진 완전한 무형의 형태일 것이며, 전체 시스템에 컴퓨터와 스마트폰으로 접속할 것이다.

기술 제공업체는 이런 급격한 변화의 낌새를 알아차리고 있으며 마이크로소프트와 IBM이 주로 혁신을 주도하고 있다. 마이크로소프트는 클라우드 플랫폼인 애저Azure를 기반으로 한 서비스형 블록체인BaaS을 제공하고 있다. 마이크로소프트의 기술전략 디렉터인 말리 그레이는 다음과 같이 말한다. "우리도 원하지만 솔직히 말해서 고객들이 모든 블록체인에 접근하길 원합니다. 블록체인은 모든 것을 할 수 있어요. 비트코인을 하드포크hard fork(기존 블록체인과 호환되지 않는 새로운 블록체인에서 다른 종류의 크립토애셋을 만드는 것 — 옮긴이) 할 수도 있고, 이런 천재적인 개념 때문에 사람들이 사용해보고 싶어 합니다. 우리는 어떤 장벽도 만들고 싶지 않습니다. 모두에게 개방되어 있어요. 우리는 가장 작은 회사까지도 배려합니다."[9]

인터넷과 월드와이드웹은 우리의 삶과 상호작용 방식을 바꿔놓았다. 그뿐 아니라 그것에 기반을 두고 기업을 시작한 혁신가와 이들 기업에 투자한 사람들 가운데 백만장자를 탄생시켰다. 구글 기업공개Initial Public Offering (IPO) 시 선견지명으로 주식을 샀던 이들은 계속 보유했다면 2016년 8월 기준 1,800퍼센트의 주가 상승을, 아마존 기업공개 시 주식을 매수한 이들은 1,827퍼센트의 주가 상승을 누렸을 것이다.[10]

블록체인 아키텍처와 네이티브 애셋^{native asset}(블록체인 아키텍처를 모태로 한 자산—옮긴이)은 인터넷 인프라를 활용하는 차세대 메타 응용 프로그램이 돼가고 있다. 이들은 이미 글로벌 통화, 월드 컴퓨터, 탈중앙 소셜 네트워크 등의 서비스를 제공하고 있다.

네이티브 애셋은 암호화폐^{cryptocurrency} 또는 알트코인^{altcoin}으로 불려왔다. 하지만 우리는 크립토애셋^{cryptoasset}(암호자산)이라는 용어를 선호하여 이 책에서 암호화폐를 크립토애셋이라 부를 것이다. 암호화폐와 알트코인이라는 용어는 크립토애셋 경제에서 일어나는 혁신의 일부만 전달한다. 현재 사용되고 있는 800개 크립토애셋이 모두 화폐인 것은 아니다. 우리는 블록체인이 기술과 시장을 결합해 웹 3.0(시맨틱 웹 기술로 컴퓨터가 정보 자원의 뜻을 이해하고 논리적인 추론까지 할 수 있는 지능형 웹 기술을 말한다. 웹 1.0은 사용자가 신문이나 방송처럼 정보를 일방적으로 받았다면 웹 2.0은 참여, 공유, 개방의 플랫폼을 기반으로 정보를 함께 제작하고 공유한다. 웹 3.0은 개인화, 지능화된 웹으로 진화하여 개인이 중심에서 모든 것을 판단하고 추론하는 것을 목표로 한다—옮긴이)을 만들어내면서 화폐뿐 아니라 상품, 잘 정제된 전자상품과 서비스를 제공하는 탈중앙화 현상을 목격하고 있다.

지금은 블록체인 기술의 생명이 움트는 단계라서 아직 어느 책도 투자 관점에서 퍼블릭 블록체인과 블록체인 기반 암호자산만 따로 집중해서 다루지는 않았다. 투자자들은 기회를 알아채고 도전적인 상황을 기회로 활용하는 동시에 자신을 보호하기 위해 준비할 필요가 있는 변화의 시기에 놓여 있다.

투자자들은 엄청난 규모의 혁신 앞에서 수익 추구 열기에 휩싸여 지나치게 낙관할 수 있다. 일찍이 인터넷의 잠재력을 본 투자자들은 엄청나게 충격적인 닷컴 버블에 직면했었다. 북스어밀리언Books-A-Million(미국 제2의 대형서점 체인—옮긴이)의 주식은 단지 웹사이트를 업데이트했다는 발표만으로 한 주에 1,000퍼센트 이상 솟구쳤다. 그 후에 주가는 추락했고 상장 폐지되어 개인 소유의 기업이 되었다. 펫츠닷컴, 월드컴, 웹밴을 비롯해 인터넷을 기반으로 잘나가던 다른 기업들은 파산해서[11] 현재 이들 기업의 주식은 남아있지 않다.

특정 크립토애셋이 북스어밀리언과 같은 길을 걸을지, 아니면 살아남을지는 지켜봐야 한다. 하지만 이 중 몇몇이 최고의 승자가 될 것임은 분명하다. 투자자는 이 창조적 파괴를 활용하기로 나선 기업과 블록체인 기반 자산 모두에 대해 크립토애셋이라는 새로운 투자 테마를 분석해서 궁극적으로 수익을 거둘 전략이 필요하다. 이 책의 목표는 단순히 미래를 예측하는 데 있지 않고 다양한 미래의 모습에 투자자들이 준비할 수 있도록 돕는 데 있다.

가장 널리 알려진 크립토애셋인 비트코인은 계속해서 롤러코스터를 타고 있다. 만약 누군가가 2009년 10월 비트코인에 100달러를 투지했다면 지금 1억 달러가 넘는 돈을 벌었을 것이다. 2013년 11월 비트코인에 100달러를 투자했다면 2015년 1월에 85퍼센트의 하락을 견뎌내야 했을 것이다. 전 세계적으로 연결된 시장에서 끊임없이 흘러 다니는 800개가 넘는 크립토애셋을 고려하면

800가지의 서로 다른 이야기들이 있는 셈이다. 2016년 말, 상위 50개의 크립토애셋은 다음과 같다.

비트코인Bitcoin, 이더리움Ethereum, 리플Ripple, 라이트코인Litecoin, 모네로Monero, 이더리움 클래식Ethereum Classic, 대시Dash, 메이드세이프코인MaidSafeCoin, 넴NEM, 어거Augur, 스팀Steem, 아이코노미Iconomi, 도지코인Dogecoin, 팩톰Factom, 웨이브스Waves, 스텔라루멘스Stellar Lumens, 디직스다오DigixDAO, 제트캐시Zcash, 리스크Lisk, 제닉스코인Xenixcoin, 이디나코인E-Dinar Coin, 스위스코인Swiscoin, 게임크레디트GameCredits, 아더Ardor, 비트셰어BitShares, 로모코인LoMoCoin, 바이트코인Bytecoin, 이머코인Emercoin, 앤트셰어AntShares, 굴든Gulden, 골렘Golem, 테더Tether, 셰도우캐시ShadowCash, 싸우럼Xaurum, 스토리지코인Storjcoin, 스트라티스Stratis, 앤엑스티Nxt, 피어코인Peercoin, 아이오코인I/O Coin, 루비코인Rubycoin, 비트크리스털Bitcrystals, 싱귤러디비SingularDTV, 기운더파티Counterparty, 아고라스토큰Agoras Tokens, 시아코인Siacoin, 와이비코인YbCoin, 비트코인다크BitcoinDark, 시스코인SysCoin, 팟코인PotCoin, 글로벌커런시리저브Global Currency Reserve.12

이 책은 다수의 크립토애셋을 다룬 최초의 책일 것이다. 많은 크립토애셋이 주류 레이더망에 포착되지 않았을 뿐 비트코인 못지않게 큰 기회를 가져올 수 있다.

무엇이 크립토애셋이고, 왜 고려해야 하는지, 어떻게 투자할 것인지를 안내하는 이 책을 통해 현명한 투자자들이 혁신적 투자자로 변모하길 바란다. 벤저민 그레이엄의 《현명한 투자자》는 가치투자를 다룬 중요한 책으로, 워런 버핏은 "역사상 최고의 투자서"로 꼽았다.[13] 그 책에서 그레이엄이 투자자들에게 성공적으로 가르쳤던 일부만큼이라도 우리가 기여하기를 바라지만 목표는 아주 비슷하다. 우리는 그레이엄이 살았던 시대에는 존재하지 않았던 자산 클래스에 집중하기로 했으며, 이 자산 클래스는 시간이 흐를수록 기존 포트폴리오를 파괴할 기하급수적 변화에 맞서 방지책 역할을 할 것이다.

그레이엄이 쓴 책의 핵심 중 하나는 투자자가 시장의 비정상적인 움직임에 좌우되지 않고 투자의 내재가치에 집중할 것을 항상 상기시켰다는 점이다. 그가 투자자로 하여금 기본 분석에 기초한 투자 결정 도구로 무장할 것을 목표로 한 것과 같이, 우리는 포트폴리오에 크립토애셋을 추가할 것을 고려하고 있는 혁신적 투자자들이 그와 같은 무장을 하길 바란다.

이 책은 최신의 확실한 정보로 일확천금을 이루게 해주는 책이 아니다. 좀 더 정확히 말하면 크립토애셋의 역사, 일반 투자 전략, 금융 투기의 역사를 포함한 기타 맥락들 속에서 이 새로운 자산 클래스에 대한 기초를 다잡아주는 책이다. 크립토애셋에 대한 관심을 실행에 옮기고 전체 재무 목표와 포트폴리오 전략을 고려해 크립토애셋을 검토한 투자자라면 우리가 말하는 '혁신적 투자자'로 거듭날 것이다.

우리는 투자에 입문하는 사람과 전문가 모두를 위해 이 책을 썼다. 우선 크립토애셋이 무엇인지를 살핀 후, 왜 그것을 고려해야 하는지, 또 어떻게 다가갈(투자할) 것인지, 세 파트로 구성했다. 1부에서는 크립토애셋의 기술과 역사를 간결하게 설명하고 이 새로운 자산 클래스asset class(유사한 경제적 특성을 가지고 시장에서 비슷하게 움직이는 일련의 자산. 자산군이라고도 한다—옮긴이)에 대한 기초 지식을 제공한다. 2부에서는 왜 포트폴리오 관리가 중요한지, 왜 완전히 새로운 이 자산 클래스가 엄청난 기회인 동시에 위험한지를 깊이 있게 살펴본다. 3부에서는 취득, 보관, 세금, 규제 등 실제 투자에서 수반되는 사항, 이 새로운 자산의 장점을 탐색하기 위한 틀 등 포트폴리오에 크립토애셋을 자산으로 추가하려면 어떻게 접근할 것인지를 자세히 설명한다.

크립토애셋의 세상은 때로 공상과학처럼 느껴질지 모른다. 인터넷이 처음 등장했을 때처럼 말이다. 변화는 많은 사람들에게 두려움을 불러일으킨다. 우리는 그 점을 이해한다. 하지만 변화는 기회가 되기도 하므로 독자 여러분이 크립토애셋 세계에서 누릴 수 있는 가능성을 제대로 인식하고 이해한 뒤 행동하길 바란다.

미래는 필연적으로 오늘이 된다. 기하급수적 변화는 사라지지 않을 것이다. 이 책은 혁신적 투자자가 잘 헤쳐 나가고 성공할 수 있도록 도울 것이다. 자, 그럼 시작해보자.

contents

이 책에 쏟아진 찬사 » 4
추천의 말 1 - 오태민(크립토비트코인연구소장) » 16
추천의 말 2 - 브라이언 켈리(디지털자산투자회사 BKCM 대표) » 20
저자의 말 » 25
들어가는 말 » 28

1부

크립토애셋이란
무엇인가

1장 · 비트코인과 2008년 금융위기 » 47

사토시 나카모토는 누구인가 · 2008년 금융위기 · 비트코인의 탄생 · 대안 금융 시스템 · 비트코인이 창조한 세계

2장 · 비트코인과 블록체인 기술 » 60

비트코인 블록체인의 작동 원리 · 비트코인 생태계를 개인용 컴퓨터에 비유한 다면? · 프라이빗 블록체인 vs 퍼블릭 블록체인

3장 · 비트코인 말고 블록체인 » 76

초기 비트코인 · 비트코인 말고 블록체인만 주장하는 사람들 · 블록체인 기술의 범용화 · 블록체인 기술의 다섯 가지 발전 단계

4장 · 크립토애셋의 종류 » 92

암호화폐, 암호상품, 암호토큰 • 끝없이 진화하는 화폐 • 비트코인이 경이로운
이유 • 알트코인의 탄생 • 대시, 모네로, 제트캐시의 프라이버시 경쟁

5장 · 암호상품과 암호토큰 » 127

이더리움 월드 컴퓨터에 숨은 아이디어 • 이더리움 순조롭게 출항하기 • 분산
앱 플랫폼으로 기능하는 이더리움 • 분산앱과 암호토큰의 시대 • 다오의 흥
망 • 미래 예측을 위한 탈중앙 플랫폼 • 암호상품과 암호토큰의 성장

2부

왜 지금
크립토애셋이 중요한가

6장 · 포트폴리오 관리에서 대체자산이 중요한 이유 » 157

현대 포트폴리오 이론 • 전통적 자산 배분 • 부상하는 대체투자 • 혁신적 투자
자를 위한 대체투자

7장 · 21세기 가장 강력한 대체자산 » 177

비트코인의 최초 가격 • 절대수익 • 변동성 • 샤프지수 • 자산들의 상관관계 •
포트폴리오의 다양화 묘책

8장 · 새로운 자산 클래스로 부상하는 크립토애셋 » 213

자산 클래스란 무엇인가 • 자산 클래스를 구별하는 기준 • 자산 클래스로서 크
립토애셋의 경제적 특성

9장 · 크립토애셋 시장은 어떻게 성장하고 있는가 » 235

증가하는 비트코인 거래량 · 증가하는 다른 크립토애셋 거래량 · 크립토애셋 시장에 미치는 외부 규제 · 크립토애셋 성장 신호 1 : 거래쌍 다양화 · 크립토애셋 성장 신호 2 : 변동성 감소 · 크립토애셋과 연동하는 자본시장

10장 · 이번은 다르다고 생각하는 투기의 군중심리 » 258

군중심리에 휩쓸리는 투기꾼들 · 이번은 다르다 vs 이번도 다르지 않다

11장 · 크립토애셋은 폰지 사기와 어떻게 다른가 » 284

폰지 사기란 무엇인가 · 자산 발행인이 유포한 허위 정보를 식별하는 법 · 역사적 매점 사례가 들려주는 교훈

3부

어떻게 크립토애셋에 다가갈 것인가

12장 · 투자 수단으로서 크립토애셋, 어떻게 평가할 것인가 » 311

백서에서 시작하라 · 탈중앙화 우위 요소를 따져라 · 크립토애셋의 가치를 평가하라 · 커뮤니티와 개발자를 조사하라 · 디지털 형제들과의 관계를 따져라 · 발행 모델을 검토하라

13장 · 크립토애셋 네트워크를 평가하는 기술적 방법 » 335

채굴자 · 소프트웨어 개발자 · 지원 기업 · 사용자 · 크립토애셋 기본 분석 요약 · 크립토애셋 기술 분석 방법

14장 · 크립토애셋 투자를 위한 기초 지식 : 채굴, 거래소, 지갑 » 375

채굴 · 거래소와 장외거래 · 보관 방법 : 핫 월렛과 콜드 스토리지 · 거래소 보관 시 유의점 · 지갑 종류 · 많은 선택, 같은 원리 : 종류는 다양해도 원리는 동일하다

15장 · 비트코인 상장지수펀드의 미래 » 407

비트코인 투자회사 · 비트코인 상장지수펀드와 윙클보스 상장지수펀드의 경쟁 · 상장지수증권 · 상장지수상품 · 크립토애셋 가격은 어떻게 정해지는가 · 크립토애셋 재무상담 시 유의점 · 크립토애셋 투자의 향방

16장 · 암호화폐공개란 무엇이며 왜 중요한가 » 434

오래된 투자 방법 · 오래된 자금유치 방법 · 스타트업 펀딩이라는 새로운 방법 · 크립토애셋과 스타트업의 차이 · 암호화폐공개로 크립토애셋 출시하기 · 엔젤 투자자와 초기 투자자

17장 · 블록체인 혁명 시대에 포트폴리오를 어떻게 정비할 것인가 » 459

기하급수적으로 증가하는 블록체인 기술 · 금융과 블록체인 기술 · 파괴적 기술 앞에서 생존하기 위한 세 가지 전략 · 여전히 커다란 기회가 기다리고 있다 · 크립토애셋은 자산인가 상품인가 : 과세 문제

18장 · 투자의 미래는 크립토애셋에 있다 » 483

밀레니얼 세대의 투자 · 지금 크립토애셋은 골디록스 시기에 있다 · 꾸준히 학습하는 혁신적 투자자가 되라

크립토애셋 추천 사이트 » 493
크립토애셋 그림 자료 » 496
주 » 501

1부

크립토애셋이란
무엇인가

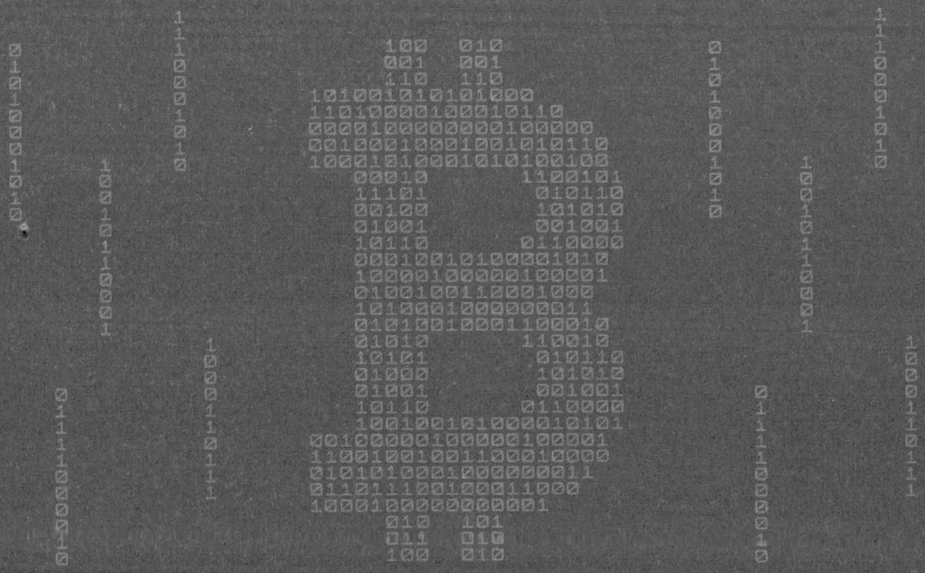

비트코인과
2008년 금융위기

2008년, 비트코인은 무너져버린 월가의 잿더미에서 불사조처럼 나타났다. 2008년 8월부터 10월까지 4개월간 예기치 않은 일들이 연달아 일어났다. 비트코인 도메인bitcoin.org이 등록됐고, 리먼브라더스가 미국 역사상 가장 큰 규모로 파산 신청을 했으며, 뱅크오브아메리카가 메릴린치를 500억 달러에 인수했고, 미국 정부가 7,000억 달러 규모의 부실 자산 매입 프로그램Troubled Assets Relief Program(TARP)을 조성했으며, 사토시 나카모토Satoshi Nakamoto가 블록체인 기술의 원리와 비트코인의 토대를 세운 논문을 발표했다.[1]

한편에서 금융 체계가 붕괴하는 가운데 다른 한편에서 비트코인이 생겨난 것은 그냥 넘길 일이 아니다. 금융위기는 글로벌 경제에 수조 달러의 손실을 입히고 거대 금융기관과 일반 대중 간의 신뢰를 무너뜨렸다.[2] 그런 가운데 비트코인은 인간의 도덕이 아닌 컴퓨터의 이성적 계산에 의존해 월가의 욕망이 개입할 여지를 차단하는 토대를 마련하며 탈중앙 자금 이체 신뢰 시스템을 제공했다.

사토시 나카모토는 누구인가

지금까지 사토시가 누구이고 실체가 무엇인지 알려지지 않았으므로 편의상 사토시를 '그'라고 지칭하도록 하자. 사토시가 남자인지 여자인지 복수의 인물인지는 여전히 알려져 있지 않다. 'P2P 파운데이션P2P Foundation(그가 비트코인을 발전시키며 교류한 비영리 P2P 연구 조직)'에 올린 프로필에는 자신이 일본에서 살고 있는 37세 남성이라고 소개하고 있다.[3]

하지만 사람들은 여러 근거로 그가 일본 외에 영국, 북미, 중남미, 카리브해 등지에서 거주했다고 믿고 있다. 영국에서 살았다는 근거로 그의 완벽한 영국식 표현을 꼽는 사람들이 있는가 하면,[4] 어떤 이들은 그의 포스팅 시간대가 북미의 동부나 중부 시간대를 나타낸다고 지적한다.[5] 사토시 나카모토가 누구인지에 대한 궁금증을 풀기 위해 미디어들이 열띤 취재를 벌이자 가짜 사토시들이 제법 등장했다. 2016년 5월에는 호주에서 크레이그 라이트라는 사람이 자신을 사토시라고 주장해, 사실이 아님이 밝혀지기 전 잠시

〈이코노미스트〉[6]와 〈와이어드〉[7]의 시선을 사로잡았다.[8]

사토시의 거주 국가가 5개 대륙에 이른다는 점은 그가 단일 인물이 아닌 복수의 인물일 가능성도 암시한다. 암호학, 컴퓨터공학, 경제학, 심리학 등 다양한 분야에 능통해서 그가 한 사람이 아닐 것이라는 가정도 있다. 그렇다면 '그들'은 과연 누구일까? 이에 대한 미스터리는 아직까지 풀리지 않았지만, 사토시가 커져가는 금융시장의 불안정성을 분명히 알고 있었다는 점만은 확실하다.

2008년 금융위기

거대 금융기관들에게 2008년은 천천히 전개되는 악몽이었다. 그해 3월, 월가의 주요 금융기관에서 베어스턴스가 첫 번째로 악령의 뒤를 마지못해 따랐다. 85년간 금융시상의 모든 풍파글 이겨웠던 베어스턴스는 주택시장이 급락하면서 몰락을 피할 수 없었다. 3월 16일 제이피모건체이스는 1년 전 주당 170달러의 약 1퍼센트 가격인 주당 2달러에 베어스턴스를 인수했다.[9] 미연방준비은행은 거래를 촉진하고자 290억 달러에 베어스턴스의 부실자산을 인수하는 데 동의했다.[10] 하지만 인수 한 달 후, 모건스탠리와 골드먼삭스 CEO인 존 맥과 로이드 블랭크페인이 주택시장 위기는 단기적인 것이며 곧 해결될 것이라고 주주들에게 말해 혼란을 초래했다.[11]

위기의 주요 원인은 상환 능력이 없는 사람들에게까지 무책임하게 대출된 서브프라임 모기지(비우량 주택담보대출)였다. 역사적으로 은행은 대출 시 대출인의 상환을 보장받고 싶어 한다. 하지만 서브프라임 모기지의 경우 대출이 이뤄지면 여러 대출이 종류별로 묶이거나 증권화되어 '다단계채권 모기지담보부증권collateralized mortgage obligations(CMOs)'으로 알려진 복잡한 금융 상품으로 변했다. 모기지담보부증권은 금융시장에서 다른 투자자에게 빠르게 위험을 떠넘기며 팔렸다. 투자자들은 위험이 분산돼 보여서 위험은 낮은 반면 높은 수익을 안겨준다는 약속에 현혹되었다.

모기지담보부증권이 가진 위험이 얼마나 심각하며 파급 효과가 큰지를 월가 경영진을 포함해 대부분의 사람들은 깨닫지 못하고 있었다. 모기지담보부증권이 아날로그 시스템과 디지털 시스템이 혼합된 낡은 금융 제도에 기반을 둔 복잡한 금융 상품이라는 데도 부분적인 원인이 있었다. 전자 문서화가 완벽히 이뤄지지 않아 위험을 정량화하기가 어려웠고, 모기지담보부증권이 정확히 무엇으로 구성돼 있는지 쉽게 알기가 힘들었다. 게다가 모기지담보부증권이 전 세계로 퍼져나가면서 갑자기 글로벌 투자자들이 미국 주택담보대출에 복잡하게 얽히게 되었다.[12] 2008년 여름, 재정 투명성은 떨어지지만 사태가 악화되는 것을 막으려 미연방준비은행이 지원할 것이라는 기대에 고무되어, 리먼브라더스 CEO인 리처드 펄드는 "우리는 이제 파산하지 않는다"[13]라고 주장했다.

월가 금융시장의 경영진들이 다가오는 폭풍을 알아차리지 못한 가운데, 사토시 나카모토는 비트코인 개념을 구체화하기에 바

빴다. 2008년 8월 18일, 비트코인 공식 사이트 도메인이 등록되었다.[14] 단일 인물이든 복수 인물이든 간에 한 가지 분명한 사실은 사토시가 미리 완성시켰다면 모기지담보부증권의 불투명성을 분명히 개선해줄 만한 기술을 개발하고 있었다는 점이다. 블록체인이 가진 분산성, 투명성, 변경 불가능성으로 인해 각기 다른 모기지담보부증권으로 발행되고 묶인 각 주택담보대출은 각 블록체인에 기록될 수 있었을 것이다. 따라서 구매자들은 모기지담보부증권 소유권 기록과 모기지담보부증권 안의 각 모기지 현황을 파악할 수 있었을 것이다. 하지만 안타깝게도 2008년 당시 시스템들은 서로 이질적이어서 온라인으로 연결돼 있다 해도 비용이 비싸 효과적으로 연결되지 못했다.

2008년 9월 10일 수요일 아침, 리처드 펄드와 경영진은 여름에 펄드가 호언장담했던 것과는 완전히 다른 현실을 마주했다. 경영신은 53억 달러 규모의 부실자산 상각과 39억 달러의 분기 손실에 대해 성난 애널리스트들에게 설명하느라 고전했다.[15] 모임은 돌연 끝나버려서 애널리스트들은 리먼브라더스가 제시하는 납득하기 힘든 조치를 받아들일 수밖에 없었다. 성난 주식시장은 이미 하루 전에 리먼브라더스 주가를 45퍼센트 끌어내렸고 수요일에는 7퍼센트 더 떨어뜨렸다.[16]

이틀 후인 금요일 오후, 메릴린치, 모건스탠리, 골드먼삭스 CEO들은 미연방준비은행 의장, 미 재무장관, 뉴욕연방준비은행 총재와 함께 뉴욕연방준비은행에서 회동을 가졌다. 이날 오후 모임의 주제는 리먼브라더스 처리 방안이었다. 상황이 위태로워졌다는 점은 분명했다. 처음에는 바클레이와 뱅크오브아메리카 중 하나가 리먼브라더스를 구제할 듯이 보였지만 그 가능성은 빠르게 사라졌다.

토요일, 뉴욕연방준비은행에 다시 모인 자리에서 메릴린치의 CEO인 존 테인은 불안한 생각이 들었다. 리먼브라더스의 상황을 브리핑하는 자리에서 그는 자신의 회사 또한 비슷한 위기에 가까이 다가섰다는 사실을 깨달았다. "다음 주 금요일 여기 앉아 있는 사람은 저일 수도 있습니다"[17]라고 그는 말했다. 테인은 메릴린치를 인수할 적임자를 빠르게 찾아 나섰고, 리먼브라더스 구매 협상에 이미 나선 뱅크오브아메리카가 가장 유력한 대상이었다. 메릴린치와 뱅크오브아메리카가 비밀리에 협상을 진척하는 가운데 리먼브라더스는 유일한 적임자로 바클레이를 꼽았다.

9월 14일 일요일, 바클레이는 리먼브라더스 인수 거래에 대한 주주 승인을 거칠 준비가 돼 있었다. 미국 또는 영국 정부가 며칠간 거래 잔액을 보증해주기만 하면 되었다. 바클레이가 최종 승인을 받기 위해 주주총회를 열기에 충분한 시간이었다. 하지만 어느 정부도 나서려 하지 않았고, 거래 가능성이 사라지기 시작했다. 아시아 주식시장이 열리기 단 몇 시간 전, 미국 정부는 리먼브라더스에게 남은 단 한 가지 옵션, 파산을 제안했다.

로펌 웨일, 고셜앤맨지스Weil, Gotshal & Manges 소속의 파산 전문 변호사 하비 밀러는 목요일 밤부터 이 최악의 파산 시나리오 기초 작업을 조용히 진행하고 있었다. 미연방준비은행 고위 책임자가 밀러에게 리먼브라더스가 곧 파산 보호를 신청할지 여부를 물어보자 그는 "리먼브라더스의 파산은 금융의 아마겟돈을 야기할 겁니다"라고 대답했다.

리먼브라더스가 파산 보호 신청을 하면 리먼과 거래한 금융회사들 또한 수십억 달러를 잃게 돼 파산 도미노 현상이 일어날 가능성이 있었다.

그날 밤 뱅크오브아메리카는 500억 달러에 메릴린치를 인수했고, 몇 시간 후인 월요일 이른 아침 리먼브라더스는 파산 보호 신청을 하면서 미국 역사상 가장 큰 파산 기록을 세웠다. 포목점으로 시작해 미국 4위 투자 은행으로 발전한 164년 역사의 회사가 사라진 것이었다. 한 시대가 저무는 신호였다.[18]

리먼브라더스의 파산과 메릴린치의 인수는 단지 시작일 뿐이었다. 화요일, 미연방준비은행은 뉴욕연방준비은행을 통해 AIG에 850억 달러를 지원하도록 승인했다. 미국에서 가장 큰 보험회사인 AIG는 넘어질 듯 위태로이 서 있었다.[19] 9월 중순의 지평선 너머로 더 짙은 먹구름이 월가와 글로벌 금융시장을 향해 다가오고 있었다.

비트코인의 탄생

6주 반이 지난 2008년 10월 31일, 사토시는 지금뿐 아니라 앞으로 나올 모든 블록체인의 기원이 될 비트코인 백서를 발표했다. 사토시는 백서 결론 부분에서 "우리는 신용에 의존하지 않는 전자 거래 시스템을 제시한다"[20]라고 밝혔다.

백서를 발표할 무렵 그는 이미 전체 시스템을 코딩한 상태였다. "내가 모든 문제를 해결할 수 있을 거라는 확신이 들기 전에 모든 코딩을 마쳐야 했다. 그러고 나서 백서를 썼다."[21] 추정컨대 사토시는 2006년 말쯤 비트코인의 틀을 구상하기 시작하고 2007년 5월쯤에 코딩을 시작했을 가능성이 크다. 이 기간 동안 여러 규제 기관이 미국 주택시장이 지나치게 과열되어 힘들어질 것이라고 보기 시작했다.[22] 사토시가 가진 광범위한 지식으로 볼 때 글로벌 금융시장의 흐름과 무관하게 비트코인 작업을 했을 것이라고 보기는 어렵다.

백서를 발표한 다음 날, 사토시는 '암호학 메일링 목록'에 백서 링크를 건 이메일을 보냈다.[23] 메일을 받아본 이들은 암호학 및 암호학의 잠재적 응용 작업과 관련 있는 사람들이었다. 사토시의 이메일은 이후 일련의 반응을 불러일으켰다.

2008년 11월 7일 금요일, 그를 지지하는 열정적인 사람들이 늘어가는 가운데 사토시는 "암호화 기술로 모든 정치적 문제를 해결하기는 어렵겠지만……주요 무기 경쟁 싸움에서 승리해 몇 년간 자유로운 새 영토를 얻어낼 수 있을 것이다. 정부는 냅스터Napster와 같은 중앙 통제 관리 네트워크의 목을 베는 일을 잘한다. 하지만 그누텔라Gnutella와 토르Tor 같은 순수한 P2P 네트워크는 잘 견디고 있는 것 같다"24라는 답장을 이들에게 보냈다. 이 글로 보아 사토시는 기존 정부와 금융 체제에 매끄럽게 편입하려고 비트코인을 만든 것이 아니라 분권화된 대중이 관리하는, 하향식 통제가 없는 대안 체제를 만든 것이 분명했다. 이런 분산적 자율성은 네트워크의 각 노드가 공유 프로토콜로 다른 에이전트와 통신하는 자율적 에이전트였던 초기 인터넷의 기반이 되기도 했다.

11월 9일, 비트코인 프로젝트는 오픈소스 소프트웨어 개발을 지원하는 〈소스포지SourceForge.net〉에 등록되었다. 11월 17일, 늘어나는 문의와 관심에 응해 사토시는 암호학 메일링 목록에 "나는 구현과 관련한 이 모든 문의에 참고할 수 있도록 가능한 한 서둘러 소스 코드를 공개할 것이다"25라고 써서 보냈다.

이후 월가가 계속해서 무너지는 몇 달간 사토시는 조용했다. 2008년 미국의 긴급경제안정화법은 리먼브라더스의 파산 후 뒤따른 붕괴를 거의 개선하지 못했다. 10월 3일 의회가 통과시키고 조지 부시 대통령이 사인한 이 법은 7,000억 달러 규모의 부실 자산 매입 프로그램을 조성했다. 이 프로그램으로 미국 정부는 AIG, 제너럴모터스, 크라이슬러와 같은 거대 기업뿐 아니라 수백 개 은행의 우선주를 취득했다. 공짜로 주식을 얻은 것은 아니었다. 쓰러져 가는 공룡들을 안정시키기 위해 5,500억 달러가 투입되었다.26

공개 네트워크로서 비트코인의 생명을 여는 순간에 사토시는 자신이 글로벌 금융 시스템의 결함에 주목하고 있음을 분명히 밝혔다. 비트코인 블록체인에 최초의 블록 정보를 기록하면서 "타임, 2009년 1월 3일, 은행에 대한 두 번째 구제금융에 내몰린 영국 재무부장관"[27]이라는 문구를 넣었다. 더 많은 은행이 파산하지 않도록 영국 정부가 지원할 가능성에 대해 영국 〈타임〉지가 내건 헤드라인 문구였다.[28] 사람들은 모두가 자유로이 볼 수 있고 디지털 역사에서 영원히 지워지지 않을, 변경 불가능하고 투명한 정보를 기록하는 것이 블록체인 기술을 가장 강력하게 사용하는 사례임을 오랜 세월이 흐른 후 깨달을 것이었다. 사토시가 은행 구제금융에 대한 기록을 넣어 이 기능을 처음 사용한 것으로 보아, 2008년 금융위기로 드러난 기존 금융 시스템의 결함을 사람들이 망각하지 않도록 하는 데 관심이 있었음이 분명했다.

대안 금융 시스템

가슴 아픈 이 문구를 넣은 지 9일 후, 사토시 나카모토와 초기 비트코인 주창자이자 개발자인 핼 피니 사이에서 비트코인을 사용한 역사상 첫 거래가 발생했다. 9개월 후 코인당 0.08센트 또는 달러당 1,309 비트코인의 최초 교환 가격이 정해졌다.[29] 당시 비트코인을 1달러에 샀다면 2017년 초에는 100만 달러가 넘는 가치가 됐을 것이다. 이는 기술 혁신이 가치를 급속도를 증가시킨다는 사실을 다시 한 번 확인해준다.

당시 사토시의 글들을 잘 살펴보면 전면적인 대체까지는 아니더라도 대안 금융 시스템을 제공하는 데 집착한 것이 더욱 분명해진다. 네트워크가 1개월 이상 작동된 후 사토시는 비트코인에 대해 다음과 같이 설명했다. "모든 것이 신뢰 대신 암호화 증명 방식에 기초하기 때문에 비트코인은 중앙 서버나 신뢰 기관 없이 완전히 분권화되어 있다……. 나는 지금 우리가 분권화된 비신뢰 기반 시스템을 처음으로 시도하고 있다고 생각한다."[30]

2010년 12월 5일, 주요 신용카드 네트워크가 사용자들의 위키리크스 후원을 막자, 사토시는 위키리크스 측에게 비트코인을 지불 수단으로 인정하지 말아달라고 호소하는 인간적 면모를 보였다. "안 돼요, 우리는 준비가 안 됐습니다. 소프트웨어가 계속 강화될 수 있도록 프로젝트가 서서히 성장해야 합니다. 위키리크스가 비트코인을 사용하지 말기를 호소합니다. 비트코인은 초기 단계의 작은 베타 커뮤니티입니다. 적은 돈밖에 얻지 못할 것입니다. 위키리크스가 가져올 열기가 초기 단계에 있는 우리를 태워 없애버릴 겁니다"라는 글을 남겼다.[31]

그 후 사토시는 사라졌다. 그가 비트코인을 위해 사라졌다고 생각하는 시각도 있다. 현 금융 시스템을 대체할 가능성이 큰 기술을 만든 창시자는 결국 힘을 가진 정부와 민간 부문의 분노를 부르게 마련이다. '단일 상애 시점a single point of failure (SPOF)'(시스템을 구성하는 요소 중에 작동하지 않으면 전체 시스템이 중단되는 요소—옮긴이)을 겪으며 비트코인의 머리격인 사토시는 공중으로 사라졌다. 그가 사라진 자리에는 수천 개의 액세스 포인트와 수백만 명의 사용자가 생겨났다.

반면 월가는 많은 장애 지점을 겪었다. 사태가 진정되고 보니 미국 정부가 애초 7,000억 달러로 계획했던 부실 자산 매입 프로그램 자금이 훨씬 초과해 있었다. 금융기관에 대한 믿음을 회복시키기 위해 약속한 12조 2,000억 달러는 말할 것도 없고 총 2조 5,000억 달러가 이 프로그램에 투입되었다.[32]

모두가 아는 바와 같이 월가는 값비싼 죽음을 경험하고 있었다. 그러나 비트코인이 탄생하는 데는 세상이 치러야 할 비용이 들지 않았다. 비트코인은 오픈소스 기술로 태어나 엄마 없는 아기처럼 세상에 버려졌다. 글로벌 금융 시스템이 더 건강했더라면 비트코인을 지원할 커뮤니티가 작았을 테지만, 그 반대였던 환경이 결과적으로 현재와 같이 억세고 성미 고약한 걸음마 단계의 아기를 길러냈다.

비트코인이 창조한 세계

사토시가 사라진 이후, 비트코인은 기존 글로벌 금융 시스템과 과학기술 시스템을 재고시키며 일대 전환을 가져왔다. 이더리움, 라이트코인, 모네로, 제트캐시와 같이 비트코인에서 파생해 나간 무수한 크립토애셋이 만들어졌고, 모든 크립토애셋이 사토시가 세상에 선물한 블록체인 기술을 이용했다. 동시에 여러 금융회사와 기술기업이 블록체인 기술을 수용해 많은 혁신 기술이 개화하는 가운데, 혁신적 투자자에게 최적의 조건인 '혼돈 속의 기회'가 조성되었다. 이제부터 블록체인 기술, 비트코인, 크립토애셋, 투자 기회처에 대한 이해를 다질 것이다.

2

비트코인과
블록체인 기술

우선 용어들을 살펴보자. 비트코인Bitcoin, 비트코인 블록체인Bitcoin blockchain, 소문자 b로 시작하는 비트코인bitcoin, 블록체인 기술block-chain technology, 그리고 연관되어 있지만 뚜렷이 구분되는 기타 개념들 간의 차이를 명확히 해둘 때가 되었다. 이 용어들은 무척 낯설어서 처음에는 알아듣기가 힘들다. 그래서 안타깝게도 많은 사람들이 이해하려는 시도 자체를 포기하고 이 세계에 다가서지 못한다. 비트코인 또는 블록체인 기술을 응용한 프로그램에 관해 이야기가 오갈 때 낯선 용어가 자주 사용되다 보니 이 분야를 뚫고 들어가기가 힘들어 보이지만, 실은 그렇지 않다. 핵심 개념을 분명히 이해하려는 결연한 노력만 있다면 블록체인 기술을 이용하는 많은 응용 프로그램에 관해 쉽게 이야기할 수 있을 것이다.

대문자 B로 시작하는 비트코인Bitcoin은 소프트웨어로서 소문자 b로 시작하는 화폐 비트코인bitcoin을 유통하고 관리한다.

- 비트코인Bitcoin = 소프트웨어
- 비트코인bitcoin = 화폐

이 책에서는 비트코인 하면 대개 대문자 B의 비트코인을 가리킨다. 비트코인은 블록체인 태동의 기원이 된다. 비트코인 블록체인이 참고할 점이 가장 많아서 흔히들 새로 만들어진 블록체인을 비트코인 블록체인과 비교한다. 따라서 비트코인의 기본 사항을 이해하는 일은 대단히 중요하다.

비트코인을 정말로 이해하고자 한다면 비트코인이 온라인 폰지 사기 범죄(신규 투자자의 돈으로 기존 투자자에게 배당금을 주는 금융 사기 수법으로 다단계 사기라고도 한다―옮긴이)의 수단으로 사용된다는 식의 의심과 편견을 뛰어넘어야 한다. 미디어는 이런 진부한 이야기를 계속해서 만들어내고 있다. 그런데 2016년 7월, 런던정치경제대학, 독일 중앙은행 분데스방크, 위스콘신대학교 매디슨캠퍼스 연구자들은 〈비트코인 경제의 진화The Evolution of the Bitcoin Economy〉라는 논문을 발표했다. 권위 있는 이 세 기관에서 성장 잠재력이 없는 비도덕적 통화 때문에 자신들의 명성을 손상하면서까지 시간을 낭비하지는 않았을 것이다.

연구자들은 이 논문에서 비트코인 블록체인과 그 안에서 이뤄지는 거래에 대해 실시한 광범위한 분석을 설명하고 있다. 다음은 그들의 연구 결과를 요약한 것이다.

우리는 이 논문에서 비트코인 신원identity의 최소 단위, 즉 개별 주소를 함께 모아 우리가 '초은하 집단'이라고 부르는 기업체와 비슷한 것으로 분류한다. 이 집단은 대개 익명으로 남아 있지만, 2009년부터 2015년까지 관찰되는 바와 같이 특정 거래 유형 몇 가지를 분석함으로써 많은 집단을 특정 업종의 결과라고 간주한다. 그런 다음 그들 사이에서 이뤄진 지불 관계 네트워크 맵을 추출해서 만들고 각 업종에서 발견되는 거래 행동을 분석한다. 마지막으로 비트코인 경제가 성장하고 성숙함에 따라 발전하는 세 가지 뚜렷한 유형을 식별한다. 초기는 프로토타입 단계다. 두 번째 단계는 '범죄' 산업(도박, 암시장 등)이 상당 부분 차지한다. 세 번째 단계는 '범죄'에서 멀어져 뚜렷하게 합법적인 사업을 향해 가는 급격한 발전을 보인다.[1]

분명 비트코인을 가장 빨리 사용한 이들 중에는 범죄자들이 있었다. 하지만 이들은 법의 허점을 찌르기 위해 종종 신기술을 유용한 도구로 사용하므로 블록체인과 같은 획기적 기술도 마찬가지로 이용한 것이다. 우리는 앞으로 비트코인을 비롯해 크립토애셋과 관련한 특정 위험 요소를 본격적으로 알아볼 예정이지만, 통화로서의 비트코인이 불법적인 재화와 서비스에 대한 지불 수단으로만 사용되는 것을 뛰어넘어서 진화해왔다는 사실은 분명하다. 100여 건 이상의 미디어 기사가 비트코인의 생명이 끝났다고 선언했지만,[2] 매번 그 기사들이 틀렸음이 증명돼왔다.

기술 발전이라는 보다 넓은 주제로 중립적으로 생각해보면 비트코인은 핵심 기술 트렌드의 최적 지점에 놓여 있다. 예를 들어 사람들이 '피어 투 피어Peer to Peer'(이하 P2P로 약칭—옮긴이) 방식으로 연결돼 지리적 또는 사회경제적 출신에 상관없이 개인들 각자에게 힘이 실리고 서로 이어지면서 세상은 점점 더 실시간으로 연결되고 있다. 비트코인은 이 주제 틀에 맞다. 비트코인은 며칠씩 걸리는 글로벌 거래를 한 시간 안에 처리한다. 우버, 에어비앤비, 렌딩클럽(P2P 대출업체—옮긴이)이 해당 분야에서 수십억 달러 규모의 기업으로 성장할 수 있었던 P2P 방식과 동일하게 운영된다. 비트코인은 개인들 누구나 은행이 될 수 있게 하여 은행을 이용하지 못하는 전 세계 사람들에게 혜택을 주고 풀뿌리 운동에 통제권을 쥐어준다.

하지만 단언컨대 비트코인은 우버, 에어비앤비, 렌딩클럽보다 더 인상적인 결과를 이뤄냈다. 이들 기업은 P2P 방식 이전에 행해지던 선례가 있었고 이해하기 쉬운 서비스를 탈중앙화했다. 모든 사람은 자신을 공항에 태워다줄 친구가 있거나, 다른 나라에 사는 친척 집에 머무르거나, 부모에게 돈을 빌리거나 할 수 있다. 하향식 권력이 없는 화폐의 탈중앙화를 위해서는 공유된 지불 수단과 가치 저장 수단이 국제적으로 수용되어야 한다.

통화는 거래를 용이하게 해줘서 과거의 물물교환과 욕구의 '이

중부합^{double coincidence of wants}'(물물교환 당사자 간 교환 대상이 서로 원하
던 것으로 일치하는 상태—옮긴이)으로부터 한 발 나아가도록 했다. 통
화는 시간을 거듭하며 더 편리하게 사용되는 쪽으로 진화해오면서
지금의 지폐 형태가 만들어졌다. 본질적으로 지폐는 가치를 가지고
있다고 모두가 생각한다는 사실을 제외하면 실제로는 가치가 거의
없어서, 정부는 지폐가 재정적 의무를 다할 것이라고 인정되도록 해
야 한다. 그런 의미에서 지폐는 유용하게 표시된 공유 가치다. 자유
주의자들은 지폐 자체는 가치가 거의 없다는 생각으로 되돌아가, 지
폐를 두고 가치에 대해 '유용하게 공유된 환상'이라고 말할 것이다.
비트코인은 물질적인 실체가 없고 보호해줄 하향식 권력이 없다는
점만 제외하면 공유된 가치 표현과 유사하다. 이러한 장애물에도 불
구하고 비트코인이 기능할 수 있게끔 하는 수학의 정확성은 비트코
인을 발전시키고 수십억 달러의 가치를 보유할 수 있도록 했다.

비트코인 블록체인의 작동 원리

비트코인 소프트웨어는 비트코인 블록체인 구축 기능을 가지고 있
으며, 사용자의 대변과 차변에 속한 각각의 누 계정에 기록하는 디
지털 원장으로 생각할 수 있다. 이런 의미에서 비트코인 블록체인
은 비트코인 소프트웨어가 만든 통화로서 비트코인의 흐름을 기록
하는 데이터베이스다. 디지털 원장이 특별한 이유는 무엇일까?

비트코인 블록체인은 분산적이고, 암호화되어 있고, 변경 불가능하며, 생태계를 동기화하기 위해 '작업 증명Proof-of-Work'을 사용하는 데이터베이스다. 이 용어들이 테크노배블Technobabble(보통 사람들은 이해하기 어려운 과학 용어, 또는 잡담거리―옮긴이)일까? 물론이다. 하지만 이해할 수 없는 테크노배블일까? 그렇지 않다.

분산성

분산성distributed은 컴퓨터가 비트코인 블록체인을 유지하고 접근하는 방식을 말한다. 내부 정보 접근을 엄격하게 통제하는 대부분의 데이터베이스와 달리, 세상 어떤 컴퓨터도 비트코인 블록체인에 접근할 수 있다. 비트코인 블록체인의 이런 특성은 글로벌 통화로서의 비트코인에 필수적이다. 어디서든 누구나가 다른 계정 간의 대변과 차변 기록을 보기 위해 비트코인 블록체인을 사용할 수 있으므로 국제적으로 신뢰 시스템이 만들어진다. 모든 것이 투명해서 모두가 평평한 운동장에 설 수 있다.

암호화

비트코인 블록체인에 기록된 모든 거래는 비트코인을 보내려는 사람이 실제로 비트코인을 소유하고 있는지를 입증할 수 있도록 암호화돼야 한다. 또한 암호화기법은 비트코인 블록체인에 거래가 추가되는 방식에 적용된다. 거래는 한 번에 하나씩 추가되는 대신 '블록block'(덩어리, 뭉음―옮긴이)으로 함께 '사슬로 묶이므로chained'

'블록체인blockchain'이라 불린다. 작업 증명 과정에 대해서는 곧이어 자세하게 살펴볼 텐데, 지금 간단히 알아야 할 것은 다음과 같다. 비트코인 블록체인을 구축하는 컴퓨터들은 암호화기법을 통해 수학적 신뢰로 이뤄진 자동 시스템 안에서 공동으로 작업할 수 있다. 거래가 비트코인 블록체인에서 확인되는지 여부에 대한 주관성이란 존재할 수 없다. 단지 수학이기 때문이다. 암호화기법에 대해서 보다 깊게 알아보고 싶다면 사이먼 싱이 저술한 《비밀의 언어Code Book》를 적극 추천한다.

암호학이란 무엇인가?

암호학Cryptography(또는 암호화기법)은 언뜻 듣기에 위기감이 느껴지는 단어지만 안전한 의사소통을 위한 기술 또는 학문을 말한다. 암호화기법은 대상 수신인이 의도된 목적에 맞게 그 정보를 이해하고 사용할 수 있도록 정보를 취해서 변환하는 작업을 뜻한다. 메시지 변환 과정은 암호화encryption, 해독은 복호화decryption라고 하며 복잡한 수학 기법을 통해 이루어진다.

암호학은 정보를 보내려는 쪽이 그 정보를 해독하거나 조작하려고 시도하는 측과 맞서 그런 시도를 안전하게 방지하고자 싸우는 전쟁터다. 최근에 암호학은 예컨대 비트코인에서 사용되는 암호화기법의 상당 부분을 차지하는 공개키public key 암호화기법처럼 정보의 소유 증명과 같은 응용 프로그램 등으로 진화했다.

암호화 기술은 수세기 동안 사용돼왔다. 줄리어스 시저는 전쟁 기간 동안 장군들에게 자신의 계획을 알려주기 위해 간단한 암호화 기법을 사용했다. 그는 서신을 쓸 때 알파벳 순서상 세 번째 뒤에 나오는 철자를 사용하는 서신을 보내곤 했다. 예컨대 ABC를 사용하는 대신 DEF로 썼고, 장군들은 그 문자들을 해독해 시저가 의도한 메시지를 이해했다. 당연히 이런 형태의 암호화는 안전하지 못해서 그리 오래 가지 않았다.[3]

보다 최근의 사례는 2차 세계대전 당시 영국 암호학자들이 독일 나치 정부가 '이니그마 머신'이라 불리는 암호장치로 암호 메시지를 해독하는 내용을 다룬 영화 〈이미테이션 게임〉에서 찾아볼 수 있다. 머신러닝과 인공지능 분야의 선각자인 앨런 튜링은 영국 암호팀 소속으로 '이니그마' 암호를 풀어 독일군의 전략을 결정적으로 약화시켜 전쟁이 끝나도록 하는 데 주요한 기여를 했다.

암호학은 우리 삶에서 없어서는 안 될 부분이 되어가고 있다. 비밀번호를 눌러서 신용카드를 결제하고 왓츠앱(메신저 애플리케이션—옮긴이)을 사용하는 매 순간, 우리는 암호학의 이점을 누리고 있다. 암호학이 없었다면 범죄자가 민감한 정보를 훔쳐서 악용하기가 쉬웠을 것이다. 암호화기법은 대상 사용자만이 정보를 사용할 수 있도록 한다.

변경 불가능성

암호로 거래를 증명할 수 있는 전 세계에 분산된 컴퓨터와 비트코인 블록체인 구축이 결합돼 변경 불가능한immutable 데이터베이스가 만들어진다. 이는 비트코인 블록체인을 구축하는 컴퓨터들이 단지 추가 전용append only 방식으로만 구축할 수 있음을 의미한다. 추가 전용이란 정보가 비트코인 블록체인에 추가될 수만 있지 삭제될 수는 없음을 뜻한다.

디지털 화강암에 식각飾刻된 감사 추적audit trail(데이터 처리 시스템의 각 단계를 원기록에서 출력까지, 또는 거꾸로 거슬러 추적할 수 있는 기록 또는 수단—옮긴이)인 셈이다. 정보가 비트코인 블록체인에서 일단 확인되면 영구화되며 삭제될 수 없다. 변경 불가능성은 쉽게 삭제 가능한 디지털 세계에서는 흔치 않은 속성으로, 시간이 흐를수록 비트코인의 가치를 더 높여줄 특성이 될 것이다.

작업 증명

앞의 세 가지 속성이 가치가 있긴 하지만 그중 어느 것도 새로이 등장한 것은 아니다. 작업 증명Proof-of-work(PoW)은 분산성, 암호학, 변경 불가능한 데이터베이스라는 개념을 함께 연결하며, 분산된 컴퓨터들이 일련의 거래가 비트코인 블록체인에 추가되는 데 동의하는 방식을 말한다. 좀 더 구체적으로 설명하자면, 작업 증명은 거래가 블록으로 묶이는 방식과 이들 블록이 함께 연결되어 비트코인 블록체인을 만들어내는 방식과 관련 있다.

컴퓨터(또는 채굴기miner라 불리는)는 비트코인 블록체인에 거래 블록을 추가할 특권을 얻으려면 다른 컴퓨터와 경쟁하기 위한 작업 증명을 사용하는데, 이것이 거래가 확인되는 방식이다. 채굴기가 블록을 추가할 때마다 비트코인을 얻게 되는데 이것이 수위를 차지하기 위해 경쟁하는 이유다.

재정적 보상을 차지하기 위한 경쟁은 비트코인 블록체인을 안전하게 유지해준다. 비트코인 블록체인을 바꾸려는 불순한 의도를 가진 이가 있다면 작업 증명을 수행하기 위해 필요한 기계에 수억 달러를 투자한 전 세계 채굴자들과 경쟁해야 할 것이다. 채굴자들은 암호화 퍼즐을 풀기 위한 솔루션을 찾고자 경쟁하면서 거래 블록을 비트코인 블록체인에 추가하게 된다.

암호화 퍼즐을 푸는 해법에는 시간, 제안된 거래에 대한 요약, 이전 블록의 신원, '논스nonce'라 불리는 변수 등 네 가지 변수가 결합돼 있나.

논스란 암호화 해시 함수를 통해서 다른 세 변수와 결합할 때 높은 난이도 기준에 맞는 해시값을 만들어내는 난수random number, 亂數 (정의된 범위 내에서 무작위로 추출된 수—옮긴이)를 말한다. 이 기준을 충족시키는 난이도는 역동적으로 조정되는 매개변수에 따라 결정되기 때문에 한 채굴기가 대략 10분마다 수학 퍼즐을 풀어낸다. 이 모든 것을 이해하기가 버겁게 느껴질 수도 있다. 처음에는 모두가 그렇게 느끼는 법이다. 이 과정에 대해 우리는 4장에서 더 자세히 다룬 것이며 14장에서는 한층 더 심도 있게 다룰 예정이다.

작업 증명 과정 중 가장 중요한 부분은 네 가지 변수 중 하나가 이전 블록의 신원이라는 점이다. 이전 블록은 그 블록이 생성될 당시 블록이 가지고 있는 거래들, 이전 블록 전 블록의 신원, 그 블록의 논스를 지닌다. 이 논리를 계속 따라간다면 혁신적 투자자는 비트코인 블록체인에 있는 모든 개개의 블록이 함께 연결된다는 점을 이해하게 될 것이다. 그 결과, 수년 전에 만들어졌어도 지난 블록에 있는 정보는 그 이후에 만들어진 블록 모두를 바꾸지 않고서는 바뀔 수 없다. 변경시키려는 시도는 분산된 채굴자들이 거부할 것이며 이런 속성이 비트코인 블록체인과 그 안에서 이뤄지는 거래를 변경 불가능하게 한다.

채굴자는 새 블록을 생성한 대가로 새로 주조된 비트코인과 각 거래에 대한 수수료를 받는데, 이를 코인베이스 트랜잭션coinbase transaction이라고 한다. 코인베이스 트랜잭션은 통화 공급상 새 비트코인을 천천히 발행하는데, 이에 대해서는 나중에 더 설명할 것이다.

비트코인 생태계를
개인용 컴퓨터에 비유한다면?

3장에서 논의할 블록체인 기술 응용 프로그램을 미리 이해하는 차원에서 다음 〈그림 2.1〉과 같은 비유를 들어보겠다. 비트코인을 개

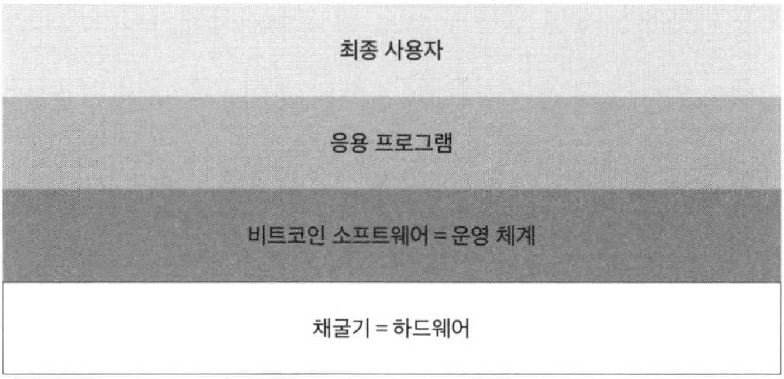

| 최종 사용자 |
| 응용 프로그램 |
| 비트코인 소프트웨어 = 운영 체계 |
| 채굴기 = 하드웨어 |

〈그림 2.1〉 하드웨어, 운영 체계, 응용 프로그램, 최종 사용자에 비유한 비트코인

인용 컴퓨터와 비교하여 하드웨어, 운영 체계, 응용 프로그램, 사용자 집합으로 개념을 잡아보면 도움이 된다.

증명 과정으로 비트코인 블록체인을 구축하는 채굴기는 하드웨어, 개인용 컴퓨터로서 맥북 프로 하드웨어에 비유할 수 있다. 하드웨어는 운영 체계OS를 구동하는데, 비트코인이 경우 운영 체계는 오픈소스 소프트웨어로 나머지 모든 것이 잘 움직일 수 있도록 한다. 클라우드의 기초 운영 체계인 리눅스가 자발적으로 참여하는 개발자들에 의해 유지되듯이 오픈소스 소프트웨어도 자발적인 개발자들에 의해 개발된다. 사파리가 애플 운영 체계에서 구동하는 응용 프로그램이듯, 하드웨어와 운영 체계의 결합 외에도 응용 프로그램이 있다. 응용 프로그램은 비트코인 운영 체계와 연결돼, 필요에 따라 비트코인 블록체인과 정보를 주고받는다. 마지막으로 응용 프로그램과 연결된 최종 사용자가 있는데, 사용자는 응용 프로그램을 사용할 줄만 알면 되므로 언젠가는 사용자들이 하드웨어와 소프트웨어에 대한 개념을 알지 못하게 될 때도 있을 것이다.

프라이빗 블록체인 vs 퍼블릭 블록체인

블록체인을 지원하는 하드웨어를 소유할 수 있는 독립체entity에는 대략 프라이빗(사설)과 퍼블릭(공용) 두 가지가 있다. 퍼블릭 블록체인Public Blockchain과 프라이빗 블록체인Private Blockchain의 차이는 인터넷과 인트라넷의 차이와 유사한 점이 있다. 인터넷은 공공재다. 누구나 사용할 수 있으며, 게이트키퍼(수문장)가 없다. 반면 인트라넷은 사설 정보를 보내기 위해 기업체나 컨소시엄이 사용하는 울타리 있는 정원walled garden(인터넷과 같이 공개된 환경이 아니라 사적으로 통제된 환경에서 존재하는 콘텐츠나 서비스—옮긴이)이다. 퍼블릭 블록체인은 인터넷과 유사한 반면에 프라이빗 블록체인은 인트라넷과 같다. 오늘날 두 가지 모두 유용하지만 인트라넷에 비해 인터넷이 훨씬 큰 가치를 만들어낸다는 데는 이견이 없다. 공공 인터넷은 결코 신뢰할 수 없다고 기존 업체들이 1980년대와 90년대에 소리 높여 외쳤음에도 말이다. 역사는 공공 네트워크의 편이다. 역사는 그대로 반복하지는 않지만 종종 운율이 맞는 부분은 있다(이 금언은 대문호 마크 트웨인의 말로 전해지는데 실제 출처는 분명치 않다).[4]

중요한 차이는 어떻게 독립체가 네트워크에 접근하느냐로 압축된다. 블록체인은 커뮤니티 구성원들이 동기화를 유지할 수 있도록 암호학과 합의 과정을 사용하는 분산된 컴퓨터 시스템에 의해 만들어진다는 점을 기억해보자. 블록체인은 따로 떨어져 있으면 쓸모가 없다. 그런 블록체인을 사용할 바에야 중앙화된 데이터베이스를 이용하는 것이 낫다. 블록체인을 구축하는 컴퓨터 커뮤니티는 퍼블릭 또는 프라이빗이며, 흔히 무허가형permissionless 또는 허가형permissioned 으로 불린다.

비트코인은 퍼블릭 시스템이다. 적절한 하드웨어와 소프트웨어를 가진 사람이면 누구나 비트코인 네트워크에 연결해서 그 안의 정보에 접근할 수 있다. 입구에서 아이디ID를 체크하는 경비원은 없다. 그보다 네트워크에 참여함으로써 더 많은 수익을 얻을 수 있다고 느끼면 독립체가 비트코인 블록체인 구축에 참여하기 위해 더 많은 하드웨어를 사는 등 경제적 균형이 이뤄진다. 퍼블릭 블록체인의 경우로는 이더리움, 라이트코인, 모네로, 제트캐시 등이 있다(4~5장에서 더 자세히 설명할 것이다).

반면에 프라이빗 시스템은 현관에 문지기를 둔다. 적합한 허가를 받은 독립체만 네트워크의 일원이 될 수 있다. 이러한 프라이빗 시스템은 비트코인이 생겨난 후 기업들이 비트코인 블록체인의 유용성을 깨달았지만 대중 독립체들 사이에 정보가 공개되는 것이 불편하거나 법적으로 허용되지 않으면서 만들어졌다.

지금까지 프라이빗 블록체인을 가장 널리 수용해온 것은 금융 서비스 분야다. Y2K(밀레니엄) 버그에 대한 대비 이후 대대적인 정비가 없었던 IT 아키텍처를 업데이트하기 위한 방편으로 말이다. 금융 서비스 분야 내에서 주도권을 유지하기 위해 기존 업체들은 주로 프라이빗 블록체인을 솔루션으로 채택했다. 프라이빗 블록체인은 솔루션으로서 장점이 있는 동시에 혁신적인 기술로서 규모 큰 비밀 독립체들로 하여금 정보와 우수 운영 사례를 공유하면서 더욱 협업하도록 하고 있다. 궁극적으로는 최종 소비자에 대한 서비스 비용을 낮출 것이라는 일부 주장도 있다.5 우리는 현재 구현되고 있는 프라이빗 블록체인이 개방형 네트워크 추세로 인해 시간이 흐를수록 중앙집권적 최강자 위치를 서서히 무너뜨릴 것으로 본다. 이것은 탈중앙화 및 퍼블릭 블록체인 사용의 첫 걸음이기도 하다.

프라이빗 블록체인에 대한 잠재적 응용은 금융 서비스 산업을 훨씬 넘어선다. 사용 사례를 통해 안전 거래에 특화된 시스템이라는 사실이 명백히 드러나서 은행과 그 밖의 금융 중개업체가 프라이빗 블록체인 기술을 가장 빨리 채택했다. 금융 서비스 산업을 넘어 음악산업, 부동산업, 보험업, 의료업, 통신업, 여론조사, 공급망, 자선단체, 총기 추적, 법 집행, 정부 등 기타 많은 산업 분야가 블록체인 기술 적용을 모색하고 있다.6

이 책 전반에 걸쳐 우리는 퍼블릭 블록체인과 그것에 기반을 둔 네이티브 애셋인 '크립토애셋'에 집중할 것이다. 혁신적 투자자를 위한 최고의 기회가 크립토애셋에 있다고 믿기 때문이다. 때때로 크립토애셋은 모태가 되는 블록체인과 동일한 이름을 갖지만 다른 대문자를 사용한다. 예컨대 비트코인 블록체인의 네이티브 애셋은 '비트코인', 이더리움 블록체인의 네이티브 애셋은 '이더', 라이트코인 블록체인의 네이티브 애셋은 '라이트코인'으로 불린다.

여러 퍼블릭 블록체인은 서로 뚜렷하게 다르다. 일부 초기 비트코인 커뮤니티 멤버는 블록체인이라고 부를 수 있으려면 아주 명확한 기준에 부합해야 하며, 특히 모든 블록체인은 예외 없이 합의 수단으로 작업 증명을 사용해야 한다고들 말한다. 우리는 이러 배타적인 세계관에 동의하지 않는다. 지분 증명Proof-of-Stake(PoS), 존재 증명Proof-of-Existence, 경과 시간 증명Proof-of-Elapsed time 등 여러 가지 흥미로운 합의 체계가 개발되고 있기 때문이다. 머신러닝이 한 종류만 있는 것이 아니라 기호주의자, 연결주의자, 진화주의자, 베이스주의자, 유추주의자의 머신러닝이 있듯이 블록체인 기술도 다양한 종류가 있다.《마스터 알고리즘》[7]에서 페드로 도밍고스는 때로 격렬하게 맞붙었던 이 모든 진영이 언젠가는 합쳐질 것이라고 가정한다. 블록체인 기술에서도 같은 일이 벌어질 가능성이 크다. 이 가치 분산 데이터베이스가 정말 혁신적이라면 상호 호환되고 서로 가치를 인정할 수 있어야 할 것이다.

3

비트코인 말고
블록체인

퍼블릭 블록체인과 프라이빗 블록체인을 구분하면서, 우리는 혁신적 투자자라면 알아야 할 '이론의 여지가 있는 영역'으로 들어왔다. 이 두 가지 블록체인과 각 블록체인을 지지하는 진영 사이는 견해 차이로 말미암아 긴장으로 가득하다. 과도한 일반화이긴 하지만 프라이빗 블록체인은 각 산업계에서 기존 강자들의 지지를 받는 반면, 퍼블릭 블록체인은 파괴적 혁신 기업disruptor들의 지지를 받고 있다.

혁신적 투자자가 크립토애셋에 접근하기 위해 알아야 할 일반적 상황을 전체적으로 파악하려면 다음을 이해해야 한다. 블록체인이 단 하나의 블록체인이었던 비트코인 블록체인을 넘어서 어떻게 퍼블릭 블록체인과 프라이빗 블록체인으로 진화해왔는지를 말이다. 그렇지 않고 비트코인이 더 이상 중요하지 않다거나 그 위치를 뺏겼다는 이야기를 듣게 될 경우 투자자는 혼란에 빠질 수도 있다. 어느 쪽 주장도 진실은 아니지만 그럼에도 그런 주장을 하는 동기와 이론적 근거를 이해하고 있다면 도움이 될 것이다.

초기 비트코인

앞서 1장에서 살펴보았듯이, 2010년 12월 5일 사토시는 비트코인이 아직 초기 단계라서 공격에 취약하니 위키리크스에게 비트코인으로 기부되는 돈을 받지 말라고 간곡히 요청한 바 있다. 비트코인 블록체인이 세상에 나온 지 약 2년이 지난 시점의 일로, 비트코인이 조용히 컴퓨터만 파고드는 샌님 같은 삶을 살고 있을 때였다. 하지만 비트코인이 막 변모하려던 참이었다.

사토시가 간곡히 부탁한 시점에서 몇 개월 지나, 비트코인을 유명하게 만든 소프트웨어 응용 프로그램이 출시되었다. 2011년 2월, '실크로드Silk Road'는 무엇이든 거래할 수 있는 탈중앙 암시장을 제공하기 시작했고 지불 수단으로 비트코인을 사용했다. 말 그대로 실크로드에서는 무엇이든 구할 수 있었다. 블로그 미디어인 〈고커Gawker〉는 2011년 6월 "상상할 수 있는 모든 약물을 살 수 있는 언더그라운드 웹사이트"[1]라는 기사에서 이에 대해 간결하게 설명했다. 비트코인과 그 개발팀이 승인하지 않은 일이었다는 사실도 중요하지만 분명 비트코인이 또 하나의 악명을 쌓게 된 사례였다. 실크로드는 자신들의 플랫폼 위에 응용 프로그램을 구축해 단지 이 새로운 탈중앙 전자화폐의 덕을 보았을 뿐이었다.

〈고커〉의 기사는 〈그림 3.1〉에서 보듯이 비트코인에 대한 구글 검색을 처음으로 급증하게 했고, 일주일 사이에 비트코인 가격을 약 10달러에서 30달러로 끌어올렸다.[2] 하지만 〈고커〉의 기사로 인한 가격 급등은 이후 2013년 3월에서 4월까지 약 한 달 사이에 증가한 전 세계 구글 검색량 및 30달러에서 230달러로 거의 8배 증가한 가격과 비교하면 빛을 잃는다. 비트코인의 수요를 이끌어낸 동력은 〈고커〉의 기사로 인한 급등보다 더 불투명했다. 그럼에도 많은 이들이 키프로스공화국의 구제금융 사태와 그로 인한 시민들

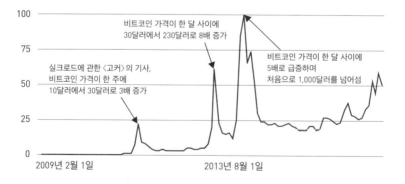

〈그림 3.1〉 '비트코인'에 대한 구글 검색 급증

출처 : 구글 검색 스크린숏

의 예금 대량 인출을 수요 급등의 주요 동력으로 지목했다. 비트코인이 정부의 통제를 벗어나 있다는 사실에 많은 관심이 쏟아졌고, 이로 인해 비트코인 보유자들은 추후에 일어날 수요 급등에도 면역력이 생기게 되었다. 2013년 3월 25일 〈블룸버그〉는 "비트코인이 글로벌 경제의 마지막 안전한 피난처가 될 수도 있다"라는 시선 끄는 제목의 기사를 실었다.[3]

2013년 봄도 눈에 띄긴 하지만, 앞으로 비트코인이 세계적인 주목을 받으며 열게 될 화려한 개막식의 시사회에 불과했다. 정식 개막식은 6개월 후인 2013년 11월이었다. 중국에서 비트코인 수요가 늘어나고, 이 혁신 기술에 대한 미국 상원의 관심이 결합되어 비트코인 가격이 1,000달러를 돌파하며 성층권을 뚫고 올라가자 세계 언론이 대서특필하기 시작했다.[4]

구글 검색 트렌드의 유용성

구글 검색 트렌드(http://trends.google.com)는 세간의 관심사를 파악할 수 있는 유용한 지표다. 혁신적 투자자는 구글 검색 트렌드에서 사람들이 각양각색의 주제를 검색하는 패턴을 살펴볼 수 있다. 지리적 위치로 검색 트렌드를 알아보는 옵션도 있으며, 어디서 관심이 급증하는지 차트를 볼 수 있고 어떤 관련 주제가 증가 추세인지 알 수 있다. 예컨대 '비트코인'을 치면 투자자는 작년 또는 지난 5년간의 구글 검색 트렌드를 볼 수 있고, 사용자 지정 범위로도 볼 수 있으며, 나이지리아와 인도가 어떻게 다른지 알아볼 수 있다. 전 세계 사람들의 생각을 알 수 있는 대단히 흥미로운 창이므로 크립토 애셋을 넘어 다양한 주제에 대해 이 검색 툴을 사용해보길 권한다.

이 당시 비트코인 가격이 급등하자 중국인민은행은 "비트코인은 실제 통화가 아니다"[5]라고 발표하며 즉각적인 비트코인 사용 금지령을 시행했다. 중국의 결정, 실크로드 창립자 로스 울브리치[6]의 FBI 검거, 곧 이어 당시 가장 큰 거래소였던 마운트곡스Mt. Gox[7]의 파산은 정부와 법 집행의 엄중 단속에도 불구하고 비트코인이 장기적으로 존립 가능할지와 관련해 비트코인 투자자들의 신경을 곤두서게 만들었다.[8] 그 이후 비트코인 가격은 2014년 내내 하락하다가 2015년에 바닥을 찍고 오래도록 불안정한 모습을 보이면서, 새로운 개념에 이끌린 초기 얼리어답터들을 의기소침하게 만들었다.

비트코인 가격이 하락하는 와중에도 비트코인 개발자들은 비트코인 프로토콜을 개선하고 응용 프로그램을 구축해나갔다. 이 기간 동안 비트코인 기반 기술에 대한 논의에 탄력이 붙어, 초기 비트코이너bitcoiner[9]들은 비트코인이 중요한 이유가 탈중앙 통화라는 점뿐만 아니라 아키텍처 지원 측면도 있기 때문이라고 역설했다. 비트코인을 지원하는 기술에 대한 이러한 강조는 언론의 대서특필로 관심을 갖게 된 많은 개발회사와 기업체가 비트코인에 대해 알아보기 시작한 바로 그때 생겨났다. 분명 어떤 움직임이 일어나고 있었고, 이 기술을 처음 접한 사람들은 무슨 일이 벌어지고 있는지 알아내려고 했다.

비트코인 기술의 파괴적 잠재력을 옹호하고 설명하는 비트코이너들, 급격히 하락한 비트코인 가격, 비트코인 기술의 실체를 알아보려는 새로운 참가자, 이 세 가지 요소가 비트코인이 앞으로 써나갈 이야기를 크게 변화시켰다. 새 참가자들은 자신들이 블록체인 기술을 사용하길 원하는 방식으로만 비트코인의 필요성을 바라본 것은 아니었다. 2014년 내내 비트코인 가격이 지속적으로 하락하면서 자신들의 믿음을 재확인할 필요성을 느꼈다. 하지만 비트코이너에게는 언제나 '비트코인과 블록체인'이었다.

자산으로서 비트코인은 비트코인 블록체인을 확보하고 기반으로 삼으려는 채굴자, 개발자, 기업체, 사용자 등 참가자들의 생태계를 북돋웠고, 교환 수단과 가치 저장 수단으로서의 서비스를 세상에 제공했다.

비트코인의 기반 기술에 대해 이러한 검토가 이뤄지는 가운데 두 가지 움직임이 블록체인 기술 분야에서 폭발했다. 우선 이더리움과 같은 새로운 퍼블릭 블록체인을 지원하는 크립토애셋이 급증했다. 새로 나타난 퍼블릭 블록체인은 비트코인 영역 밖의 유용성을 제공했다. 예컨대 이더리움의 목표는 탈중앙 세계 컴퓨터로서 역할을 수행하는 것이었다면, 비트코인은 탈중앙 통화를 목표로 했다. 이러한 다양성은 일부 크립토애셋들이 경쟁하면서 참가자 사이에 긴장을 조성했다. 하지만 이것은 비트코인과 두 번째 동향 사이의 긴장과는 전혀 달랐다.

두 번째 움직임은 비트코인이나 다른 크립토애셋이 블록체인 기술에서 가치를 창출할 필요가 있는지, 의문을 던지는 과정에서 폭발했다. 혁신적 투자자라면 비트코인과 다른 크립토애셋이 안전한 작동을 구현할 필요가 없다고 일각에서 주장하는 이유를 이해해야 한다. 따라서 우리는 이 두 번째 움직임에 대해 더 살펴볼 것이다. 프라이빗 블록체인의 세계에 대해 알아보도록 하자.

사토시는 '블록체인'에 대해 말한 적이 없다

사토시는 '블록체인'이라는 단어 자체를 2008년에 펴낸 백서에서 언급한 적이 없다. 당시 니치 공동체Niche Community(특정 시장을 목표로 하는 공동체—옮긴이) 안에서 이 단어를 대중화한 것은 초기 비트코인 회사들이었다. 예컨대 잘 알려진 비트코인 지갑10 서비스업체인 블록체인인포blockchain.info는 2011년 8월에 서비스를 시작했다. 반면에 사토시는 시스템을 말할 때 '작업 증명 체인proof-of-work chain'이라 불렀다. 그가 블록체인에 가장 근접하게 말한 것은 '블록이 연결된다' 또는 '블록들의 연결chain of blocks'과 같은 표현이었다.

사토시가 '작업 증명'이라는 말을 '체인' 바로 앞에 놓아서, 초기 비트코이너들은 대부분 블록체인이라는 용어를 작업 증명 기반일 때만 사용되어야 한다고 확신했다. 작업 증명은 비트코인 블록체인을 구축하는 모든 컴퓨터가 구축 방식에 있어서 동기화를 유지하는 메커니즘이라는 것을 기억하자.

비트코인 말고
블록체인만 주장하는 사람들

영국 중앙은행인 영란은행BOE은 2014년 3분기 보고서에서 "전자화폐의 주요 혁신 기술은 은행과 같은 중재자 없이 완전히 탈중앙화된 방식으로 결제 시스템이 운영되는 '분산원장'이다"라고 밝혔다.[11] 영란은행은 블록체인 기술에서 나온 자산이 아닌 기술 자체를 강조하며 크립토애셋이 필요한지에 대해서는 미결 문제로 남겨뒀다.

2015년 4월 비트코인 컨퍼런스에서[12] 오랫동안 비트코인을 사용해온 사람들은 월가 사람들이 얼마나 참석했는지에 대해 의견을 주고받았다. 비트코인은 여전히 비트코이너 사이에서 왕이었지만 그들에게는 '비트코인이 아니라 블록체인'이라는 이단적 믿음이 커져가고 있었다.

비트코인과 별개로 '블록체인'이라는 용어는 2015년 가을, 유력 금융 전문지 두 곳이 블록체인이라는 개념을 촉진시키면서 북미 지역에서 보다 널리 사용되기 시작했다. 먼저 〈블룸버그마켓〉은 "블라이스 매스터스는 블록체인이 모든 것을 바꾼다고 금융계에 말한다. 신용부도스와프CDS를 세상에 선보이는 데 기여했던 은행가는 이번에는 비트코인에 동력을 공급하는 암호code로 다시 금융을 뒤집길 원한다"라는 제목의 기사를 실었다.[13] '비트코인에 동력을 공급하는 암호'를 강조한 이 기사는 네이티브 애셋의 필요성에 대해서는 점잖게 이의를 제기하며 기반 기술인 블록체인을 강조했다. 매스터스는 금융 서비스업계에서 존경받는 인물로 금융혁신의 대명사로 통했다. 그녀는 제이피모건체이스의 글로벌 상품시장 책임자 자리를 떠나 당시 디지털애셋홀딩스라는 잘 알려지지 않은 회사에 합류했는데, 블록체인 기술이 더 이상 비즈니스 세계의 변방에 머물러 있지 않을 것이라 믿었기 때문이다. 기사에서 모든 이의 주목을 끈 매스터스의 발언은 다음과 같다. "1990년대에 인터넷의 발전을 진지하게 받아들여야 했듯이 이 기술에 대해서도 진지하게 생각해야 한다. 블록체인은 돈을 보내주는 이메일 같은 것이다."

2015년 10월 31일 〈이코노미스트〉 표지에 "신뢰 머신The Trust Machine"이라는 기사가 실렸다. 이 기사는 비트코인에 경의를 표한 것이었지만, 보다 광범위하게 적용 가능한 '비트코인을 움직이는 기

술'에 초점을 두어 '블록체인'이라는 용어를 기사 전반에 걸쳐 사용
했다.[14]

　매스터스와 〈블룸버그마켓〉과 짝을 이뤄 〈이코노미스트〉가 블
록체인 기술에 대한 관심을 급증시키자 '블록체인'에 대한 전 세계
구글 검색량이 계속 상승했고, 지금까지도 여전히 검색량 증가 추
세에 있다. 〈블룸버그마켓〉과 〈이코노미스트〉의 기사가 발표된 직
후인 2015년 10월 18일에서 11월 1일 사이 2주간, '블록체인'에 대
한 전 세계 구글 검색량은 70퍼센트 증가했다(〈그림 3.2〉).

　매스터스는 금융 서비스 내에서 사용하는 블록체인 기술로서 프
라이빗 블록체인에 중점을 두고 있다. 프라이빗 블록체인은 비트

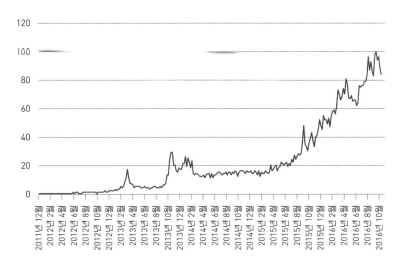

〈그림 3.2〉 '블록체인'에 대한 전 세계 구글 검색 트렌드 증가

출처 : 구글 검색 트렌드

코인 블록체인과 매우 다르다. 프라이빗 블록체인은 네이티브 애셋이 필요 없다. 주로 배타적 보안 유지를 통해 네트워크 접근을 엄격히 통제하므로 블록체인을 지원하는 컴퓨터의 역할이 다르다.[15] 외부 공격을 걱정할 필요가 없으므로(컴퓨터들은 방화벽이 있는 상태에서 작동하고 확인된 독립체와 협력하므로) 탄탄한 채굴자 네트워크를 증가시키기 위해 인센티브를 제공하는 네이티브 애셋이 굳이 필요치 않다.

프라이빗 블록체인은 보통 기존의 프로세스를 더 빠르고 효율적으로 만드는 데 사용되므로 소프트웨어를 기술적으로 만들고 컴퓨터를 유지 관리하는 독립체에 보상을 한다. 다시 말해서 비용 절감 속에서 가치 창출이 이뤄지고, 컴퓨터를 소유한 독립체는 비용 절감이라는 이득을 얻는다. 독립체는 작업에 대한 보상으로 퍼블릭 블록체인 경우와 같이 네이티브 애셋으로 대가를 받을 필요가 없다.

반면에 전 세계에서 자발적으로 참여하는 채굴자들에게 인센티브를 제공하는 비트코인은 사정이 다르다. 비트코인 거래를 검증하고 보증하는 채굴기mining machine로 자본을 배치하려면 작업 대가로 채굴자에게 지불할 네이티브 애셋이 필요하다. 네이티브 애셋은 정확히 탈중앙 방식으로 상향식 서비스 지원을 구축한다. 퍼블릭 블록체인은 데이터베이스라기보다는 전 세계에 분신돼 있는 디지털 서비스를 조정하는 상향식 시스템 아키텍처system architecture(전자·정보·통신 분야의 대규모 시스템 개발 과정에서 도출된 개념으로, 시스템의 목적과 이용자의 요구 사항을 기초로 하는 전체 시스템 골격을 말한다—옮간이)라 할 수 있다. 시간이 흐르면서 채굴자에게 주어지는 보상은 새 비트코인을 발행하는 방식에서 거래수수료를 지불하는 방식으로 이동할 것이고, 세계적으로 채굴이 충분히 많아지면 거래수수료 또한 채굴자에게 지불하기에 충분해질 것이다.

프라이빗 블록체인을 열성적으로 지지하는 이들은 비트코인과 같은 네이티브 애셋이 부적절하다고 깊게 믿고 있다. 네이티브 자산은 아키텍처에서 분리될 수 있고 가장 뛰어난 기술은 온전히 유지될 수 있다고 생각한다. 이들이 추구하는 사용 사례의 경우에는 맞는 말이다. 하지만 퍼블릭 블록체인의 경우에는 그렇지 않다. 데이터베이스 형태로 사용하고 있는 많은 기술을 업데이트하기 위해 블록체인 기술을 모색하게 된 기업체들은 대부분 프라이빗 블록체인을 선택한다. 금융 서비스 기업들이 초기에 이런 생각으로 프라이빗 블록체인을 채택했다.

네이티브 애셋은 필요한가? 이런 의문 제기는 크립토애셋의 가치를 대단히 높게 평가하는 공동체를 당연히 격노하게 한다. 퍼블릭 블록체인 주창자들은 프라이빗 블록체인의 움직임이 블록체인 기술의 정신을 타락시킨다고 믿으므로 그에 따른 긴장 또한 존재한다. 예컨대 매스터스의 디지털애셋홀딩스는 기존 금융 서비스의 성격을 탈중앙화하고 민주화하는 것을 목표로 하는 대신, 기존 금융 서비스 회사를 돕는 것을 목표로 한다. 그럼으로써 기존 강자가 현 질서를 파괴하려는 저항 세력에 맞서 싸우도록 한다.

블록체인 기술의 범용화

우리는 블록체인 기술의 응용 가능성이 무궁무진하다고 믿는다. 하지만 이 생각이 배타적인 세계관의 결과라고 생각하지 않는다. 대신에 우리는 비트코인 블록체인이 현존하는 가장 중요한 블록체인이며, 비트코인을 뛰어넘는 새로운 범용 기술을 낳았다고 믿는다.

범용 기술은 파급력이 커서 결국 모든 소비자와 기업체에 영향을 미친다. 시간이 지날수록 기술적 측면은 발전하면서 비용은 지속적으로 하락한다. 범용 기술의 가장 중요한 점은 미래 혁신 기술의 토대가 되는 플랫폼이라는 것이다. 증기기관, 전기, 내연기관, 정보기술이 대표적인 예다.[16] 우리는 범용 기술 목록에 블록체인 기술이 추가되길 바란다. 이런 생각이 지나치게 느껴질지도 모르지만, 그만큼 우리 앞에 놓인 혁신의 규모가 크다.

범용 기술로서 블록체인 기술에는 많은 산업에 깊은 영향을 미칠 프라이빗 블록체인과 기세 좋게 성장하고 있는 비트코인을 포함한 퍼블릭 블록체인이 있다. 프라이빗 블록체인은 대중에게 투자 가능한 완전히 새로운 투자 클래스를 내주지 않았으므로, 퍼블릭 블록체인과 네이티브 애셋이 혁신적 투자자들에게 가장 직질한 영역이다.

블록체인 기술의 다섯 가지 발전 단계

블록체인 기술이 계속해서 잘 발전해나가고 있고 앞으로도 수년간 계속 그럴 것이라는 점이 이제 혁신적 투자들에게 명확해졌을 것이다. 매력적인 기술은 다양한 관점을 가진 사람들을 끌어들이고 기술의 경계를 무너뜨릴 중력을 가지고 있다.

유력 정보기술 연구 및 자문회사인 가트너[17]는 매년 〈신기술 하이프 사이클 보고서Hype Cycle for Emerging Technologies〉를 발표한다. 이 보고서는 새롭게 출현한 기술이 어떻게 마인드 셰어mind share(상품 브랜드에 대한 고객의 인지, 특정 기술 및 제품에 대해 공유하고 있는 생각—옮긴이)를 쌓으면서 진화하는지 그 방식을 주요하게 다룬다. 이 보고서는 기술 성장의 단계를 다음과 같이 다섯 가지로 구분한다.[18]

- 혁신 기술 촉발 Innovation Trigger
- 부풀려진 기대의 정점 Peak of Inflated Expectations
- 환멸 단계 Trough of Disillusionment
- 계몽 단계 Slope of Enlightenment
- 생산성 안정 단계 Plateau of Productivity

1단계는 혁신 기술이 세상에 나오는 '혁신 기술 촉발' 단계다. 초기에 비트코인이 눈에 띄지 않았듯, 그리 눈에 띄지는 않아도 혁신 기술에 대한 소문이 퍼져나가고 기대가 증가한다. 시간이 흐르면서 속삭임에 탄력이 붙어 2단계 '부풀려진 기대의 정점'으로 향하며 소리가 점점 커지고 최고조에 이른다. 정점이란 원천 기술original technology의 정의를 둘러싼 혼란의 정점을 뜻한다. 사람들은 종종 낙관적으로 그 기술을 자신이 아는 모든 것에 적용하기 때문이다. 어떤 기술도 만병통치약이 될 수는 없다.

회사가 아이디어라는 싹을 틔우고 현실로 옮겨 개념 증명proof-of-concept(기존 시장에 없었던 신기술을 도입하기 전에 이를 검증하기 위해 사용하는 것—옮긴이)부터 시작해 보다 큰 규모로 구현해감에 따라, 새로운 파괴적 혁신 기술을 구현하는 일이 기대치보다 훨씬 어렵다는 점이 현실로 드러나게 된다. 신기술은 다른 많은 시스템과 통합되어야 한다. 그러려면 광범위한 재설계redesign가 요구된다. 직원과 소비자도 계속 유지해야 한다. 만족할 만한 결과물을 더는 기대할 수 없다는 실망감이 터져 나온다. 이런 여러 어려움이 기술을 서서히 환멸 단계로 밀어낸다.

많은 기업이 포기하고 일부 기업이 제품 개발에 전념하는 가운데 기술은 다시 부상한다. 초기의 어리석었던 시도들과 달리 지속적인 개선과 생산성을 보여준다. 시간이 지나면서 기술은 성숙해지고, 궁극적으로 다른 기술을 구축할 수 있는 기반을 제공하는 생산성 안정 단계로 접어들어 안정적인 플랫폼이 된다.

블록체인 기술이 현재 가트너의 하이프 사이클 중 어느 단계로 귀결될지 예상하기는 어렵지만(뒤돌아보면 늘 쉬운 법이다), 비트코인은 환멸 단계에서 벗어나고 있고 프라이빗 블록체인 기술은 부풀려진 기대의 정점 단계에서 하강하고 있다고 본다. 프라이빗 블록체인 기술은 다오DAO 해킹이 일어나기 직전인 2016년 여름에 부풀려진 기대의 정점 단계에 이르렀다(다오 해킹에 대해서는 5장에서 자세히 다룰 것이다).

비트코인을 포함한 크립토애셋은 기술 촉발 단계와 환멸 단계 사이에 다양하게 자리한다. 각 크립토애셋이 비트코인 등장 이후 각기 다른 시점에 등장했고 여전히 새로운 크립토애셋이 등장하고 있다. 블록체인이 보여줄 미래는 대단히 기대되고, 긴장은 고조되고 있으며, 혁신적 투자자에게는 기회가 열려 있다고 요약할 수 있겠다. 이제 현존하는 다양한 크립토애셋을 살펴보자.

4

크립토애셋의
종류

앞에서 살펴본 바와 같이 비트코인은 크립토애셋 혁명에 불을 붙였고, 비트코인의 성공은 네이티브 애셋을 가진 수많은 퍼블릭 블록체인의 탄생으로 이어졌다. 우리는 이 크립토애셋들을 비트코인의 '디지털 형제digital siblings'라고 부를 것이다. 2017년 3월 기준으로 크립토애셋은 800가지가 넘게 존재하고, 모든 크립토애셋의 총 네트워크 가치[1]는 240억 달러가 넘었다.[2] 비트코인이 170억 달러로 다른 크립토애셋과 큰 차이를 보이며 가장 큰 네트워크 가치를 가지고 있고 거래도 가장 많다. 크립토애셋 총 네트워크 가치 가운데 거의 70퍼센트를 차지한다. 그다음으로는 40억 달러가 넘는 이더리움의 이더다. 수치는 계속 크게 변하고 있다. 크립토애셋은 빠르게 움직이고 있다.

크립토애셋에 대한 투자 환경이 비트코인을 넘어 점점 더 확대됨에 따라 혁신적 투자자는 잠재적 투자 기회를 식별할 수 있도록 '디지털 형제'의 역사적 맥락과 분류, 적용 가능성을 이해해야 한다. 이를 위해 우리는 누가 어떤 과정을 통해 주목받는 크립토애셋을 만들게 되었는지를 살펴보려 한다. 이 과정을 통해서 향후 등장할 크립토애셋을 검토할 때 필요한, 혁신적 투자자를 위한 지침들을 자세히 소개하겠다.

암호화폐, 암호상품, 암호토큰

크립토애셋은 통상 암호화폐cryptocurrency라고 불린다. 우리는 암호화폐라는 용어가 이 책에서 논의할 크립토애셋의 미래를 제안하고 이 분야에 새롭게 진입하는 이들을 혼란스럽게 한다고 생각한다. 그리고 우리는 대부분의 크립토애셋을 화폐로 분류하지 않는다. 오히려 디지털 원자재를 공급하는 암호상품cryptocommodity이나 완제품 형태의 디지털 상품과 서비스를 공급하는 암호토큰cryptotoken으로 분류할 수 있다.

화폐는 세 가지 명확한 목적을 수행한다. 교환 수단, 가치 저장 수단, 계산 단위(가치 척도) 수단. 화폐 그 자체로는 내재적 가치가 거의 없다. 예를 들면 지갑에 담긴 지폐는 프린터 용지만큼이나 가치가 거의 없다. 대신 지폐는 가상의 가치를 지닌다. 사회에 의해 충분히 공유되고 정부에 의해 승인되면 비로소 가치를 갖게 돼, 재화와 용역을 사는 데 쓰이거나 구매를 위한 가치 저장 수단으로 기능하거나 가치를 측정하는 데 사용된다.

한편 상품은 광범위한 분야로 흔히 완제품에 투입되는 원자재 구성 요소로 간주된다. 예를 들어 석유, 밀, 구리는 모두 일반적인 상품이다. 하지만 상품이 반드시 물리적인 형태여야 한다는 가정은 경제의 전 부문에서 대단히 의미 있게 발생하고 있는 '오프라인에서 온라인으로offline to online(O2O)'(온라인으로 뛰어드는 오프라인 회사—옮긴이)의 전환을 간과하는 것이다. 점점 더 디지털화되고 있는 세상에서 컴퓨팅 성능, 스토리지 용량 및 네트워크 대역폭 같은 디지털 상품이 존재하는 것은 당연하다.

컴퓨팅computing(컴퓨터를 가동하고 사용하는 것뿐 아니라 컴퓨터 기술 자원을 개발하고 사용하는 모든 활동—옮긴이), 스토리지 및 대역폭은 아직 원자재로 널리 언급되고 있지 않지만 분명 물리적 원자재와 마찬가지로 중요한 구성 요소다. 블록체인 네트워크를 통해 공급되므로 분명히 '암호상품'으로 정의할 수 있다.

암호화폐와 암호상품 외에 미디어, 소셜 네트워크, 게임 등과 같이 블록체인 네트워크를 통해 공급되는 '완제품' 디지털 상품과 서비스는 '암호토큰'으로 분류된다. 화폐와 원자재가 경제에 연료를 공급하여 완제품과 서비스를 창출하는 물리적 세계와 마찬가지로, 디지털 세계에서도 암호화폐와 암호상품이 제공하는 인프라가 모여 앞서 말한 완제품 디지털 상품과 서비스를 지원한다. 단 암호토큰은 초기 개발 단계에 있다. 암호토큰이 안정적으로 작동하려면 먼저 암호화폐와 암호상품 인프라가 강력히 구축돼야 되므로, 크립토애셋 중 가장 마지막으로 견인력을 확보할 것이다.

요컨대 인류 역사에 화폐, 상품, 완제품과 서비스가 있어왔듯이 블록체인 아키텍처라는 멋진 신세계가 암호화폐, 암호상품, 암호토큰을 통해 보다 명확히 드러날 것이다. 블록체인 아키텍처는 분산된 방식과 시장 지향적 방식으로 화폐, 상품, 서비스라는 모든 형태의 디지털 자원을 공급하는 데 도움을 준다.

4장에서는 현재 가장 중요한 크립토애셋인 비트코인, 라이트코인, 리플, 모네로, 대시, 제트캐시에 대해 알아보고, 5장에서는 암호상품과 암호토큰의 세계를 살펴보겠다. 이더리움이 출시되면서 가속화된 암호토큰의 발전, 이더리움이 탈중앙 월드 컴퓨터로서 갖는 가치제안value proposition을 알아본다. 이더리움은 두 번째 규모의 네트워크 가치를 가진 크립토애셋이라는 점 외에도 이더리움 네트워크를 창의적으로 활용하는 다른 많은 크립토애셋을 낳았다.

모든 크립토애셋을 다루기는 현실적으로 불가능하다. 따라서 우리는 혁신적 투자자가 보다 폭넓은 관점을 얻을 수 있을 만한 크립토애셋에 중점을 둘 것이다. 여기서 미처 다루지 못한 크립토애셋을 만든 기업가와 개발자들에게는 사과의 말씀을 드린다. 이 책을 집필하는 도중에도 여러 놀라운 프로젝트가 만들어졌는데, 만약 우리가 그것들을 모두 반영하려 했다면 이 책은 결코 완성되지 못했을 것이다. 다른 크립토애셋에 대해서도 알아볼 수 있도록 이 책 마지막 부분에 추천 사이트를 정리해놓았다.

끝없이 진화하는 화폐

분권화되고 비공개된 전자화폐는 비트코인보다 수십 년 앞서 추구되어왔다. 비트코인과 디지털 형제들은 수세기에 걸쳐 폭넓게 진화해온 통화의 역사에서 한 부분을 차지할 뿐이다. 통화는 부정확할 수밖에 없는 물물교환의 속성을 완화하고자 해결책으로 제시되었다. 수세기 동안 물질적 가치를 지닌 금속 동전이 통화로서 역할을 해왔다. 불환화폐(금, 은 등 본위화폐와 태환이 불가능한 화폐—옮긴이)는 금속 동전을 넘어서는 혁신적 상품으로 수송이 훨씬 용이했지만, 그 가치는 오롯이 정부가 승인하고 법정통화(통화의 원활한 유통을 기하기 위하여 법률상 강제 통용력이 부여된 통화로 법화라고도 함—옮긴이)로 지정될 때 생겨났다. 우리는 물리적으로 표시되지 않은 화폐가 진화의 다음 단계이며, 인터넷이 연결된 세상에서는 불가피한 단계라고 본다.

인터넷에 기초한 혁신이 힘을 얻으면서 안전한 형태의 디지털 결제가 필요하다는 인식도 힘을 얻었다. 비트코인의 가장 유명한 원형 중 하나는 디지캐시DigiCash라는 회사가 개척했다. 이 회사는 크립토애셋 역사상 가장 유명한 암호전문가 중 한 사람인 데이비드 차움이 이끌고 있다. 마크 앤드리슨이 넷스케이프를 설립하기에 앞서 차움은 1993년에 이캐시e-Cash라는 디지털 결제 시스템을 개발했다. 이 시스템에서는 금액에 관계없이 인터넷을 통한 안전한 익명 결제가 가능했다.3

분명 차움이 회사를 이끈 시기는 1990년대 중반에서 후반까지 이어진 기술 붐을 감안하면 그보다 더 좋을 수는 없었다. 그가 이끄는 디지캐시에도 누구나 알 만한 회사로 성장시켜줄 여러 번의 성장 기회가 찾아왔다. 하지만 차움은 천재 기술자로 널리 인정받았을 뿐 사업가로서의 면모는 많이 부족했다. 빌 게이츠는 이캐시를 윈도우 95에 통합할 것을 차움에게 제안했다. 통합되면 이캐시는 윈도우 95와 함께 즉시 전 세계에 배포되었을 것이다. 그런데 풍문에 의하면 차움은 1억 달러에 달하는 이 제안을 거절했다. 이와 비슷하게 넷스케이프가 교섭을 제안했지만 차움은 이 기회 또한 살리지 못했다. 1996년에는 비자카드가 4,000만 달러를 투자하려 했으나 차움이 7,500만 달러를 요구하면서 협상이 결렬되었다 (우리가 참고한 보고서들 내용이 맞다면 이캐시의 잠재적 가치가 떨어지고 있음이 분명하다).[4]

모든 것이 잘되었더라면 디지캐시의 이캐시는 모든 웹 브라우저에 쉽게 통합되었을 것이고, 신용카드 온라인 결제가 필요 없어지면서 세계적인 인터넷 결제 방법으로 사용됐을 것이다. 안타깝게도 그릇된 판단으로 말미암아 결국 디지캐시는 1998년에 파산을 선언했다. 디지캐시가 비록 유명회사는 되지 못했지만 그곳에서 잠시 일했던 두 사람, '스마트 계약smart contract'을 탄생시킨 닉 재보와 제트캐시 설립자인 주코 윌콕스를 포함한 일부 사람들이 앞으로의 이야기에 곧 등장할 것이다.[5]

이캐시 이후로도 이골드e-gold나 카르마Karma와 같이 전자화폐, 결제 시스템, 가치 저장에 대해서 비슷한 시도들이 이루어졌다. 이골드는 범죄에 이용되어 FBI의 조사를 받았다.[6] 반면 카르마는 주류로 채택된 적이 전혀 없었다.[7] 인터넷 머니라는 새로운 형태는 현재 IT업계의 거물이 된 피터 틸과 일론 머스크의 관심을 끌었다. 두 사람 모두 페이팔PayPal 창립에 관여했다. 카르마를 제외하고 디지털 머니에 대한 이러한 시도들은 한 가지 문제가 있었는데 바로 완전히 탈중앙화되지 않은 방식이었다는 점이다. 어떻게든 중앙집권화된 독립체에 의존했기 때문에 부패의 여지가 있었고 공격의 대상이 되는 약점을 드러냈다.

비트코인이 경이로운 이유

비트코인의 가장 경이로운 측면 중 하나는 탈중앙 방식으로 지원을 이끌어낸 것이다. 이런 방법을 처음 사용한 통화로서의 중요성과 어려움은 아무리 강조해도 지나치지 않다. 사람들은 비트코인이 어떻게 작동하는지를 이해하기 전까지는 비트코인이 통화로서 가치가 없다고 주장하는 경우가 많았다. 과거의 통화와 달리 비트코인은 보거나 만지거나 냄새를 맡을 수 있는 것이 아니기 때문이다.

지폐는 그것에 가치가 있다고 사회 구성원들이 상호 합의하기 때문에 가치를 가진다. 정부가 개입하면 사회 구성원들이 이에 동의하는 것이 훨씬 더 쉬워진다. 어떤 화폐를 정부의 지원 없이 그리고 물리적인 형태 없이 가치를 부여해 통화로 사용될 수 있도록 국제 사회의 동의를 이끌어내는 것은 화폐 역사에서 이뤄는 가장 중요한 성취 중 하나다.

비트코인이 출시되었을 때 비트코인에는 아무런 가치가 없었다. 비트코인으로는 아무것노 구매할 수 없었기 내문이다. 최초의 사용자들과 지지자들은 비트코인의 가치를 주관적으로 매겼다. 비트코인이 컴퓨터공학과 게임이론의 매력적인 실험이었기 때문이다. 비트코인 블록체인이 '머니 오버 인터넷 프로토콜MoIP'(돈을 IP로 전달하는 것—옮긴이)[8]의 믿을 만한 촉진제로서 유용하다는 점이 증명되면서 비트코인을 사용하는 사례가 구축되기 시작했다. 전자상거래(이커머스) 촉진, 송금, 기업 간 글로벌 결제 등이 현재 사용되고 있는 사례다.

초기 사용 사례가 발전해나감과 동시에 투자자들은 미래의 사용 사례가 어떤 모습일지, 그리고 이런 사용 사례에 얼마나 많은 비트코인이 필요할지를 추측하기 시작했다. 사용 사례가 훨씬 나아지리라는 기대로 비트코인을 구매하는 투자자와 현재의 사용 사례가 함께 어우러지면서 비트코인의 시장 수요를 창출하고 있었다. 구매자는 얼마를 지불할 용의가 있고(입찰), 판매자는 얼마를 받고 기꺼이 제품을 내어줄 것인가(호가)? 다른 시장과 마찬가지로 입찰 가격과 호가가 만나는 곳에서 가격이 책정된다.

수학적 방법으로 책정된 비트코인 공급

비트코인의 가치를 떠받치는 핵심 중 하나는 발행 모델이다. 2장에서 채굴자(비트코인 블록체인을 구축하는 컴퓨터를 운영하는 사람들)들이 거래 블록을 추가할 때마다 보상을 받는다고 언급한 바 있다. 채굴자는 각 블록에 포함된 코인베이스 트랜잭션coinbase transaction(새로운 블록이 생성될 때 블록 보디에 최초로 기록되는 거래 정보)에 의해 만들어진 새로운 비트코인을 지급받는다.[9] 비트코인이 발행되기 시작하고 첫 4년 동안 코인베이스 트랜잭션은 50 비트코인을 운 좋은 채굴자에게 발행했다. 이 작업 증명 과정의 난이도는 2주마다 자동으로 재조정되었다. 블록 사이를 옮겨 가는 시간은 평균 10분을 유지하도록 했다.[10] 다시 말해 10분마다 50개의 새로운 비트코인이 발행되었고, 아웃풋 시간을 10분으로 유지하기 위해 비트코인 소프트웨어가 난이도를 증가 또는 감소시켰다.

비트코인이 유통된 첫 해에는 시간당 300 비트코인(블록당 10분씩, 50 비트코인이 발행됨), 하루 7,200 비트코인, 연간 260만 비트코인이 발행되었다.

과거 진화의 역사를 돌아보면 인간이 무언가를 가치 있는 것으로 인식하게 되는 주요 원동력은 바로 희소성이다. 사토시는 매년 260만 개의 비트코인을 일정하게 발행할 수 없다는 점을 알고 있었다. 그렇게 발행하면 희귀성이라는 가치가 사라져버리기 때문이다. 따라서 사토시는 한 블록당 10분씩 21만 개의 블록이 생성되는 데 4년이 걸리도록 설정했다. 이 프로그램에 따르면 코인베이스 트랜잭션[11]에서 발행하는 비트코인의 양이 절반으로 줄어든다. 이것을 '블록 보상 반감기block reward halving', 즉 '반감기halving'라고 한다.

2012년 11월 28일 첫 번째 블록 보상 반감기에서 블록당 50 비트코인에서 25 비트코인으로 줄어들었고, 2016년 7월 9일 두 번째 반감기에서는 25 비트코인에서 12.5 비트코인으로 줄어들었다. 세 번째 반감기는 그 날짜로부터 4년 후인 2020년 7월이 될 것이다.[12]

지금까지는 〈그림 4.1〉과 같이 비트코인의 공급 일정이 다소 선형적으로 보인다.

그러나 보다 장기적인 관점에서 보면 비트코인의 공급 궤적은 전혀 선형이 아니다. 〈그림 4.2〉를 보면 0.5퍼센트 미만의 연간 공급 통화 팽창률로 2020년 말이면 공급 궤적이 수평 점근선이 된다. 다시 말해 사토시는 얼리어답터들의 지원을 충분히 얻고자 초기에 비트코인을 가장 많이 발행 보상해주고, 그렇게 함으로써 네트워크가 사용하기에 충분한 자금 기반을 마련했다. 사토시는 시간이 지나면서 비트코인이 성공한다면 비트코인의 달러 가치가 증가할 것이며, 따라서 지지자들에게 여전히 보상을 해주면서도 발행률을 낮출 수 있으리라는 점을 알았다.

장기적으로 볼 때 비트코인이 세계 경제 내에서 매우 견고해지기 때문에 지속적인 지지를 얻기 위해 새로운 비트코인을 발행할 필요가 없다고 판단한 것이다. 장기적으로 채굴자들은 높은 거래량의 수수료를 통해 거래 처리 및 네트워크 공고화에 대한 보상을 받을 것이다.

흔히들 2140년이면 비트코인 공급이 2,100만 개의 유닛에서 최고치를 기록할 것이라고 말한다. 공급 단위는 매 4년마다 계속 반으로 줄어들게 된다. 2017년 1월 1일 기준으로 이미 책정된 비트코인 총 공급량의 76.6퍼센트가 발행됐고,[13] 다음 블록 보상 반감기인 2020년이 되면 책정된 비트코인 총 공급량의 87.5퍼센트가 발행돼 있을 것이다. 2100년이 지나 몇 년 후면 총 공급량은 사실

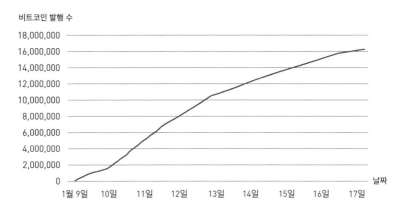

〈그림 4.1〉 비트코인 공급 스케줄(단기적 관점)

출처 : 블록체인인포

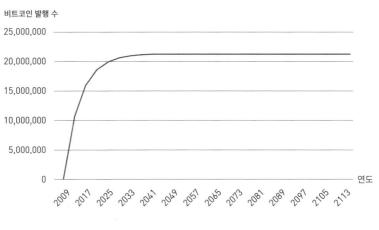

〈그림 4.2〉 비트코인 공급 스케줄(장기적 관점)

상 2,100만 비트코인에 달하는 20,999,999 비트코인에 이를 것이다. 많은 사람들이 비트코인을 디지털 골드로 생각하는 이유는 바로 이처럼 희소하게 책정된 공급 스케줄 때문이다.[14]

알트코인의 탄생

출시된 지 2년 만에 비트코인은 완전히 분산된 최초의 암호화폐라는 점이 분명해졌다. 하지만 충분히 만족스럽지 못한 측면도 있었다. 예컨대 소비자가 송금 버튼을 언제 누르느냐에 따라 비트코인 블록체인에 거래가 추가되는데, 이때 비트코인에서 블록을 생성하는 데 보통 10분의 시간이 소요된다. 그런데 때로 10분을 넘는 경우가 발생한 것이다.

종종 이런 지연은 소비자보다 판매자에게 더 큰 문제였다. 판매자가 상품을 내보내거나 서비스를 하기 전에 지불되었다는 사실을 알아야 하기 때문이다. 어떤 이들은 작업 증명 과정에서 사용되는 비트코인의 해시 함수에 대해 걱정했다. 이 해시 함수에 특화된 하드웨어를 만들게 되면 채굴 네트워크의 중앙집중화가 증가될 수 있기 때문이다. 분산된 통화의 경우, 거래를 처리하는 기계의 중앙집중 증가는 우려되는 부분이다. 다행히도 비트코인 프로토콜은 오픈소스 소프트웨어다. 이는 개발자들이 소스 코드 전체를 내려받을 수 있고 그들이 가장 필요로 하는 부분을 수정할 수 있음을 의미한다. 업데이트된 소프트웨어가 준비되면 개발자들은 비트코인이 원래 출시되었던 것과 비슷한 방식으로 소프트웨어를 출시했다. 새로운 소프트웨어는 비트코인과 유사하게 작동했지만 그것을 유지할 자체 개발자들, 하드웨어를 공급할 채굴자들, 새 네이티브 애셋의 차변과 대변을 추적하기 위한 별도의 블록체인이 있어야 했다.

오픈소스 소프트웨어와 독창적인 프로그래머들이 만나면서 다른 많은 암호화폐가 만들어졌다. 이렇듯 비트코인을 약간 변경한 코인을 알트코인altcoins이라고 한다.

비트코인의 첫 번째 디지털 형제, 네임코인

네임코인Namecoin15은 비트코인에서 첫 번째로 갈라져 나온 특별한 의미가 있는 코인이다. 흥미롭게도 새로운 화폐가 만들어졌다기보다는 블록체인의 변경 불가능성이 두드러지게 활용되었다(변경 불가능성에 대해서는 다음 장에서 더 많이 다룰 예정이다). 네임코인 웹사이트는 '닷비트.bit' 도메인(닷컴.com 도메인이 아니라)이며, 닷비트 도메인으로 등록된 사이트들은 보안성과 검열에 저항력을 보인다.16

네임코인은 비트디엔에스BitDNS(DNS는 모든 웹 주소를 처리하는 도메인 명명 서비스를 말한다)를 다룬 2010년 비트코인토크Bitcointalk 포럼에서 처음 소개되었다.17 2013년에 네임아이디NameID라는 서비스가 출시되었는데, 이 서비스는 네임코인 신원을 가진 웹사이트에 대한 접근과 제작을 가능하게 하는 네임코인 블록체인을 사용한다.

네임코인은 자체로 DNS 서비스의 역할을 하며, 사용자에게 더 많은 제어 권한과 개인 정보를 제공한다. 인터넷 주소 관리 기구ICANN와 같은 정부 통제 서비스를 통해 웹사이트가 등록되는 전형적인 방식과는 대조적으로, 네임코인 사이트는 네임코인 네트워크에 속한 각 컴퓨터들의 서비스를 통해 등록된다. 이를 통해 보안성, 개인 정보 보호, 속도가 향상된다. 닷비트 사이트를 소유하려면 네임코인이라는 네이티브 애셋이 필요하다.

라이트코인

2011년에는 소량의 알트코인이 출시되었다. 이 중 라이트코인Lite-coin이 가장 먼저 출시되었는데, 오늘날까지도 중요한 가치를 유지하고 있다. 이 암호화폐는 MIT 대학원을 졸업하고 구글에서 소프트웨어 엔지니어로 일하고 있던 찰리 리가 개발했다. 리는 비트코인을 알게 되자 그 힘을 빠르게 파악했고, 비트코인을 채굴하면서 비트코인 변형 모델을 만들어보기로 했다. 2011년 9월에 페어브릭스Fairbrix를 출시했다가 실패한 후, 10월에 라이트코인 출시를 다시 시도했다.[18]

라이트코인은 비트코인을 두 가지 측면에서 개선시키고자 했다. 첫째, 블록 생성 시간이 비트코인보다 4배나 빠른 2.5분을 유지하면서 소비자의 결제를 소비자보다 더 빨리 확인해야 하는 판매자에게 필요하게끔 했다.

둘째, 작업 프로세스에서 다른 해시 함수를 사용했다. 블록 해싱 알고리즘block hashing algorithm으로 알려진 해시 함수를 사용함으로써 일반인이 채굴 과정에 접근하기가 좀 더 쉬워졌다. 비트코인 채굴 초창기에 개인 컴퓨터의 핵심 칩인 중앙처리장치CPU를 사용해서 사실상 채굴 용도로만 컴퓨터를 사용해야 했던 때와 비교하면 의미 있는 발전이었다. 2010년 그래픽카드GPU의 효율성이 크게 개선되자 사람들이 채굴 과정을 위해 기존 컴퓨터의 그래픽카드를 사용하기 시작했다.

리를 포함한 많은 이들이 '아식ASIC'이라 불리는 더욱 특화된 채굴 전용 장비로 전환되리라는 것을 예측했다. 아식은 맞춤 제작 및 특수 설계된 컴퓨터를 필요로 했다. 결과적으로 리는 취미 삼아 채굴하는 일반인의 가정용 컴퓨터 수준을 넘어 비트코인 채굴이 폭발적으로 증가하리라는 것을 정확히 예견했다.

리는 P2P 방식을 유지해주고, 고가의 전문 채굴기가 없어도 채굴할 수 있게 해주는 코인을 만들길 원했다. 경쟁 우위를 확보하고자 그는 메모리 집약석이고 아식과 같은 특수 칩에 저항성을 가진 스크립트라는 블록 해싱 알고리즘을 라이트코인에 사용하여 이를 해결했다.

이 두 가지 수정tweak을 제외하고는 라이트코인의 많은 부분이 비트코인과 비슷했다.

혁신적 투자자라면 라이트코인 블록이 비트코인의 4배 속도로 발행되면 총 발행량이 비트코인의 4배가 되리라는 점을 깨달았을 것이다. 정확히 그렇다. 라이트코인이 고정된 8,400만 개의 유닛에 수렴되는 반면, 비트코인은 그것의 4분의 1에 해당하는 2,100만 개에 수렴된다.[19] 리는 비트코인 반감기의 특성 역시 수정했다. 따라서 반감기는 비트코인의 21만 개와 다르게 84만 블록에서 일어난다. 이로 인해 〈그림 4.3〉에서 보듯 라이트코인은 비트코인과 유사하면서도 보다 큰 공급 궤적을 그리게 된다. 특히 연간 공급 통화 팽창률은 암호화폐가 발행되기 시작한 이후 연도 수에서 정확히 같다.

만약 비슷한 규모의 시장에서 비트코인과 라이트코인이 둘 다 사용되고 있고 따라서 두 코인이 같은 크기의 네트워크 가치를 가지고 있다고 한다면, 라이트코인 한 개는 비트코인 한 개의 4분의 1만큼의 가치를 가질 것이다. 발행된 코인이 4배 많기 때문이다. 여기서 한 가지 반드시 기억해야 할 것이 있다. 모든 크립토애셋의 공급 일정이 다르기 때문에 자산의 잠재적 가격 상승을 알아내고

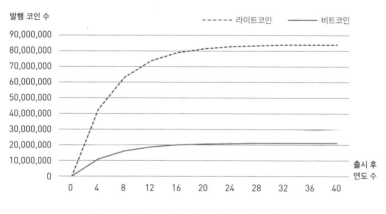

〈그림 4.3〉 라이트코인과 비트코인의 공급 스케줄 비교

자 한다면 각 크립토애셋의 가격을 직접 비교해서는 안 된다는 점이다.

라이트코인 네트워크는 종종 비트코인 소프트웨어 업데이트의 시험장으로 사용된다. 라이트코인이 비트코인보다 빨리 발행된다는 점에서 비트코인에 비해 화폐 가치를 적게 가지고 있기 때문이다. 또한 라이트코인은 다른 크립토애셋의 기반으로도 사용되고 있다. 2017년 초 라이트코인은 네트워크 가치 측면에서 네 번째로 큰 크립토애셋이었다.[20]

리플

리플Ripple은 2004년에 캐나다 브리티시컬럼비아 주 밴쿠버에 사는 웹 개발자 라이언 푸거가 만든 암호화폐다. 이 프로젝트는 사실 사토시와 비트코인이 등장하기 전부터 시작되었다.[21] 푸거는 커뮤니티가 신뢰 사슬로 연결된 화폐 시스템을 만들고자 했다. 예컨대 앨리스가 밥을 믿고 밥이 캔디스를 믿고 캔디스가 데이브를 믿는다면, 앨리스는 가치를 밥에게 처음으로 이전함으로써 자신이 알지 못하는 데이브에게 돈을 보낼 수 있다. 밥은 같은 가치를 캔디스에게 이전하고 캔디스는 그 가치를 가지고 있다가 데이브의 계좌에 돈을 넣어주는 것이다. 이 개념에 의하면 결제가 신뢰 사슬을 기반으로 네트워크를 통해 '파급ripple' 될 수 있다. 푸거는 이를 리플페이RipplePay라고 불렀다.

리플페이는 사용자가 4,000명으로 성상하는 동안[22] 비트코인처럼 열광적으로 환영받지는 않았다. 2012년 8월, 금융 혁신가로 알려진 크리스 라슨과 제드 맥칼럽이 푸거에게 만남을 제안했다. 라슨은 온라인 주택자금대출 서비스를 제공한 최초의 회사 중 하나인 이론E-Loan, 그리고 P2P 대출 분야의 선두 주자인 프라스퍼Prosper를 설립한 인물이었고,[23] 맥칼럽은 당시 세계에서 가장 큰 규모의 암호화폐 거래소 마운트곡스를 설립한 인물이었다.

푸거는 그들과의 동업을 발표하며 다음과 같이 말했다. "만약 누군가가 세계적인 규모로 리플 개념을 발전시킬 수 있다면, 그럴 수 있다고 믿습니다. 그 시스템은 비트코인 스타일의 블록체인에 기초합니다. 지난 수년간 우리가 흥미로운 가능성으로 논의했던 것과 같이 말이죠. 하지만 채굴자 없는 합의 메커니즘으로 즉시 거래가 확인되도록 한다는 점이 새롭습니다."

흥미롭게도 푸거는 2012년 11월에 레딧Reddit과 비슷한 사이트인 비트코인 전용 커뮤니케이션 채널 '비트코인토크bitcointalk.org'에 다음과 같은 제목의 글을 남겼다. "리플은 비트코인 킬러일까요? 아니면 비트코인을 보완해주는 것일까요? 마운트곡스의 설립자가 리플을 출시할 것입니다."[24] 그때가 특정 신흥 코인이 비트코인 킬러가 될 것인지를 묻는 마지막은 아니었다.

일마 지나지 않아 2013닌 봄에 라슨과 맥칼럽의 회사가 오픈고인OpenCoin이라는 이름의 리플 프로토콜을 개발했고, 앤드리슨호로비츠를 비롯한 유명 벤처 투자사로부터 자금을 확보했다.[25] 세계에서 가장 존경받는 벤처캐피털 회사 중 하나가 암호화폐의 실행 가능성을 인정하는 표시를 내보였다는 점에서 주목할 만한 발전이었다. 오픈코인은 나중에 리플랩스Ripple Labs로 회사 이름을 바꿨다.

리플의 기술은 몇 가지가 새로웠다. 먼저 채굴자가 없었다. 대신에 보다 광범위한 유효성 검사기validator 분산 네트워크의 동기화를 유지하기 위해서, 신뢰할 수 있는 서브 네트워크에 의존하는 합의 알고리즘을 이용했다. 이 방법은 어떤 혁신적 투자자라도 혼란스럽게 할 만했다. 중요한 것은 리플의 합의 알고리즘이 일종의 신뢰에 의존했다는 점이다. 이는 누구나 믿지 못할 사람이 될 수 있다고 가정한 비트코인의 작업 증명 설계와는 크게 달랐다.

리플은 또한 사용자를 위해 신뢰할 수 있는 게이트웨이들을 종점end point으로 사용했다. 이들 게이트웨이는 기존 법정통화를 포함한 모든 종류의 자산에 대해 입출금을 처리할 수 있었다. 이는 푸거의 신뢰 사슬을 기반으로 했지만 세계적 규모로 다양한 자산에 대해 확대된 점이 달랐다. 리플의 네트워크를 통해 거래 경로를 설정하는routing 것은 인터넷을 통해 연결된 서버들 사이에서 통신 상태를 테스트하며 정보 패킷을 보내는 것과 같다.

사용자들이 이런 게이트웨이에 의존하고 싶어 하지 않을 경우, 리플의 네이티브 암호화폐인 리플ripples을 사용할 수 있다. 리플은 보통 'XRP'로 약칭한다. XRP는 신뢰할 수 있는 연결체가 없는 리플 네트워크에서 두 개의 종점을 연결하는 데 사용되었다.

하지만 좋은 의도로 생겨난 개념인데도 불구하고 이 부분은 논쟁의 여지가 있다. 채굴 과정이 없었기 때문에 XRP를 유동할 수단이 없었다. 대신에 1,000억 개의 XRP 유닛이 만들어져 리플랩스(당시에는 오픈코인이었다)가 초기에 보유했다. 처음과 같이 지금도 여전히 이 모든 XRP를 촉진 목적으로 공급하고 유통할 계획이 있지만, 대부분의 XRP는 여전히 리플랩스의 통제하에 놓여 있다.

이는 여러 암호화폐 커뮤니티가 리플 프로토콜을 불신하게 되는 결과를 낳았다. 나중에 이더리움을 만들기 위해 오픈코인을 떠난 비탈릭 부테린은 그 전인 2013년 2월 〈비트코인 매거진Bitcoin Magazine〉에 다음과 같이 썼다. "오픈코인은 화폐 유통을 하려면 자신들에게 신뢰를 보내고 있는 커뮤니티들에게 확신을 줘야 하는 힘든 과제에 직면할 수도 있습니다."[26]

코인캡Coincap과 같은 코인 시세 제공 사이트는 XRP의 총 공급량을 리플이 말한 1,000억 개로 소개하지 않고,[27] 지금까지 대중에게 유통된 37억 개가 조금 넘는 수만 나타내고 있다.[28] 혁신적 투자자는 새로운 암호화폐의 경우 언제 누구에게 어떻게 유통될 것인지를 이해해야 한다(12장에서 더 설명할 것이다). 만약 핵심 커뮤니티가 유통이 불공평하다고 느낀다면 해당 암호화폐의 성장을 영원히 방해하는 결과가 초래될지도 모른다.

이후 리플은 일반인을 위한 거래 메커니즘에서 중심을 옮겨, 은행이 네트워크를 통해 실시간 국제 결제를 실행하는 데 쓰이고 있다.[29] 은행에 집중한 것은 리플의 강점으로 작용한다. 리플이 외환 결제 제휴은행을 다시 생각하게 만드는 신속한 지불 시스템을 목표로 하면서도 여전히 은행에 적합한 신뢰를 요구하기 때문이다.

도지코인

2013년 12월 8일에 다소 코믹한 암호화폐가 도지코인dogecoin이라는 이름으로 등장했다. 비트코인 가격이 최고치 1,242달러를 기록한 지 2주가 되지 않았을 때였다.[30] 도지코인은 〈와이어드〉 잡지가 2013년의 '올해의 밈'[31]으로 꼽은 개인 도지doge의 이름을 차용해 출시되었다.[32] 도지는 독백 자막을 단 이모티콘으로 인기를 끈 시바견이다.

도지코인은 처음에 농담처럼 시작됐다. 암호화폐의 열렬한 지지자로 어도비 시드니 지사 마케팅 부서에서 일하고 있던 잭슨 파머가 "도지코인에 투자하라. 도지코인은 차세대 대박 상품이다"라는 트윗을 올렸다.[33] 잭슨의 트윗은 새로운 크립토애셋의 출시를 열망하던 오리건 주 포틀랜드의 개발자 빌리 마커스의 관심을 끌었다. "'이거 정말 재밌는데'라고 말하고 나서는, '이 코인을 만들어야겠어'라고 말했어요"라고 마커스는 당시의 느낌을 전한다.[34]

마커스는 라이트코인의 코드를 이용해 도지코인을 만들어 비트코인에서 한 단계 더 분리했다. 라이트코인이 비트코인이 낳은 아이였다면 도지코인은 비트코인의 손자였다. 주목할 만한 변화는 도지코인이 비트코인이나 심지어는 라이트코인보다도 훨씬 더 많은 양의 코인을 발행할 계획을 가지고 있었다는 점이다. 1년 반 후에 1,000억 개의 도지코인을 유통시킨다는 계획이었다.[35] 도지코인이 최대 공급량에 도달하면 비트코인보다 거의 5,000배의 코인을 갖게 되는 것이었다.

마커스의 팀은 이후 매년 약 50억 개의 코인을 발행하기로 결정했다. 이로 인해 통화량이 점점 축소하는 비트코인과 라이트코인과는 공급 일정이 크게 달랐다. 도지코인은 주로 인터넷 정보 수집가들 사이에서 관심을 끌었다. 공급 일정은 도지코인 한 개 가격을 원래 의도한 사용 사례에 적합하도록 1센트로 유지하고 있다. 파머는 초기 인터뷰에서 다음과 같이 밝혔다.

> 도지는 스스로를 심각하게 생각하지 않아요. 부자가 될 수 있을까, 걱정하는 사람들이 사용하지 않아요. (…) 감사 또는 칭찬을 나누기 위해 쓰이죠.[36]

도지코인이 당시 다른 암호화폐와 달랐던 또 한 가지는 파머의 마케팅이었다. 도지코인 커뮤니티는 자메이카의 봅슬레이 팀이 올림픽에 출전할 수 있도록 5만 달러를 모금했다. 또한 탤러디가 경주장에서 도지코인 로고의 옷을 입은 나스카NASCAR(전미스톡자동차경주협회) 경주 선수를 후원하기 위해 5만 5,000달러를 모금했다. 그리고 케냐의 클린 워터 프로젝트를 후원하기 위해 트위터를 통해 도지포워터Doge4Water 기금을 모았다.[37]

도지코인은 농담처럼 생겨났지만 매우 인기 있는 인터넷 밈과 그것의 가벼운 기원, 그리고 매끄러운 마케팅으로 인해 급속히 증가하여 도지코인의 네트워크 가치는 출시 후 7주 만에 700만 달러로 증가했다.[38] 하지만 오래 지속되지는 않았다. 2017년 3월 현재, 네트워크 가치는 2,000만 달러를 약간 상회하는 수준으로 떨어졌다.

2013년 1월, 13달러였던 비트코인 가격이 12월 초에 1,000달러를 넘었다는 것에 비하면 크립토애셋과 대중문화의 이 기이한 결합은 놀라운 일이 아니다.[39] 우리가 혁신적 투자자에게 충분한 자산 실사 후 투자하라고 강조한다 해도 도지코인 사용자 커뮤니티의 힘과 열정은 무시할 수 없다. 도지코인은 단점도 있지만 계속해서 존재하고 있고, 인터넷 시대에 커뮤니티의 지원을 받는 암호화폐에 대해 귀중한 경험을 안겨주었다.

아이슬란드의 국가 암호화폐, 오로라코인

오로라코인을 만든 이도 익명의 사토시와 마찬가지로 발두르 오딘슨Baldur Friggjar Óðinsson이라는 가상의 이름을 가졌다. 발두르는 라이트코인 코드에 기초해 오로라코인을 만들었고, 아이슬란드 국민 모두에게 오로라코인의 50퍼센트를 제공할 목적으로 무상 배포하기로 결정했다. 이런 배포를 통해 국가적으로 암호화폐 사용이 활성화될 것이라 희망했다.

발두르의 핵심 계획은 정부의 국가 신분 증명 시스템에 접근하려는 것이었고, 이것은 투기자들로 하여금 오로라코인이 아이슬란드 정부의 후원을 받았다고 잘못 믿도록 만들었다. 무상 배포를 기대한

투기꾼들은 오로라코인에 10억 달러 이상의 네트워크 가치가 있을 것이라고 산정했다.[40]

무상 배포가 시작된 2014년 3월 25일 즈음에는 투기 세력들이 어느 정도 진정되었고, 오로라코인은 1억 달러가 조금 넘는 네트워크 가치를 유지하고 있었다. 그 달 말, 오로라코인을 받은 시민들이 이윤을 얻기 위해 거래소에 팔아넘기기 시작하자 네트워크 가치가 2,000만 달러 미만이 되었다.[41] 가격이 하락하면서 이 새로운 암호화폐에 대한 신뢰와 열의도 사라졌다. 오로라코인을 받아주는 소매상도 드물어 곧 '실패한 실험'으로 간주되었다.[42] 오로라코인을 만든 이가 저지른 사기라고 생각되기도 했다. 오늘날까지 오로라코인은 한 나라에서 널리 사용하려는 원대한 계획을 가진 독보적 암호화폐로 여겨지고 있다.

그럼에도 오로라코인은 계속해서 사용되고 있고 몇몇 아이슬란드 개발자들은 그 구상과 기술을 되살리려 하고 있다. 2016년 오로라코인의 귀환을 알리는 광고들이 아이슬란드의 수도 레이캬비크 전역에 등장하기 시작했다. 그 결과 아이슬란드 맥주를 오로라코인으로 구매할 수 있었고,[43] 여러 소매점들이 이 암호화폐를 활용하기 시작했다. 그 후 이이슬린드 총리가 '파나마 페이퍼'(조세 회피처 폭로 자료—옮긴이) 스캔들이 터져 사임하는 일이 벌어졌다.[44] 이는 해적당 Pirate Party으로 알려진 정당의 인기 상승으로 이어졌는데, 이 정당은 암호화폐에 대해 우호적인 견해를 가지고 있었다.45 갑자기 아이슬란드가 오로라코인의 잠재력과 국가 암호화폐로서의 역할을 재검토하리라는 추측46이 나왔다.47 오로라코인에 대한 사회 내 수용이 증가하고 정치가 변화함에 따라 아이슬란드의 암호화폐가 어떻게 전개될지 지켜보는 일은 흥미로울 것이다.

오로라코인 이야기는 투자자와 개발자 모두가 주의해서 들어야 할 이야기다. 크립토애셋이 사용된 대단히 강력하고 흥미로운 사례였지만 영향을 미치고자 했던 대중에게 가치를 제공하는 데는 실패하기도 했다. 아이슬란드인들은 암호화폐에 대한 교육과 활용 수단도 없이 암호화폐를 받았다. 당연히 크립토애셋의 가치는 붕괴되었고 대부분의 사람들은 오로라코인이 죽었다고 생각했다. 다만 암호화폐는 완전히 사라지는 일이 드물며, 개발팀이 앞으로의 방향을 찾을 수 있다면 오로라코인은 흥미롭게 전개될 수도 있을 것이다.

대시, 모네로, 제트캐시의 프라이버시 경쟁

라이트코인, 리플, 도지코인은 암호화폐가 갖춰야 할 요소를 모두 가졌지만 초기 비트코인 주창자들이 갈망했던 프라이버시는 제공하지 못했다. 비트코인이 익명의 지불 네트워크라는 생각도 잘못된 것이다. 비트코인 거래는 익명으로 이루어지지만 제3자가 모든 거래를 볼 수 있기 때문에 참여자가 누군지를 정확히 알고 싶어 하는 사람은 많은 정보를 볼 수 있다. 따라서 위법 활동을 목적으로 통화를 사용하려는 사람은 비트코인보다 현금을 사용하는 편이 훨씬 낫다. 비트코인은 모든 거래에서 비트코인 블록체인에 지울 수 없는 디지털 자국을 남긴다.

현재 주목할 만한 세 가지 암호화폐가 프라이버시와 익명성을 우선 목표로 두고 있다. 출시 순서는 대시, 모네로, 제트캐시다. 이 세 가지가 추구하는 가치는 각기 다르다. 모네로는 지속적인 운영 기록, 확실한 암호화, 건전한 발행 모델을 가지고 있어서 혁신적 투자자에게 가장 적절하다. 대시는 장점이 있지만 태생부터 경쟁 관계를 가지고 있다. 제트캐시는 가장 첨단의 암호화 기법을 사용하고 있지만 이 책에서 소개한 크립토애셋 중 가장 최근에 나온 것이어서 경험 많은 크립토애셋 투자자에게만 적합할 것이다.

모네로와 이전 모델인 바이트코인

모네로는 바이트코인Bytecoin이라고 불리는, 그리 잘 알려지지 않은 암호화폐의 후속 모델이다. 바이트코인은 크립토노트CryptoNote로 알려진 기술을 사용하여 비트코인과는 상당히 다르게 만들어졌다. 크립토노트 블록 해싱 알고리즘은 라이트코인의 스크립트와 유사하게 분화를 피한다. 따라서 개인용 컴퓨터의 CPU와 같은 범용 칩에 알맞은 작업 순서를 요구함으로써 네트워크를 지원하는 채굴자의 전문화 및 집중화를 피하고자 한다.[48] 평등주의를 지향하는 작업 증명에 초점을 맞춘 점 외에도 추적 불가 지불, 연결 해제 트랜잭션 및 블록체인 분석 저항성을 제공한다.[49] 크립토노트에 대해서는 사토시의 작업 증명 알고리즘에 영감을 준 인물로 알려진 애덤 백의 발언을 참조할 필요가 있다. 비트코인 커뮤니티에서 중요한 회사 중 하나인 블록스트림Blockstream의 사장이기도 한 그는 2014년 3월 트위터에서 크립토노트에 대해 "존재 이유에 대해 방어할 수 있는 근거"를 가진, 비트코인 밖의 암호화폐 커뮤니티에서 만들어진 몇 안 되는 아이디어 중 하나라고 말했다.[50]

왜 모네로가 바이트코인의 인기를 가로챘는지에 대해서는 의문이 들 수 있다. 바이트코인 블록체인과 화폐 발행은 2012년 7월 4일에 시작했지만, 2014년 3월 12일 비트코인 웹사이트bitcoin.org에 발표되고 나서야 널리 알려졌다.[51] 사람들은 왜 바이트코인 팀이 2년이 지나서야 공개했는지를 궁금해하기도 했지만 혼란스러워도 했다. 일각에서는 개발자들이 더 많은 관심을 끌기 전에 기술이 제대로 가동되는지 확인하고 싶어 했기 때문이라는 주장도 있었다. '사전채굴premine'이라 불리는 더 은밀한 작업이 진행되고 있다는 의견도 있었다.

바이트코인은 채굴 과정을 통해 1,846억 바이트코인을 발행할 계획이었지만 공식적으로 알려질 즈음에는 이미 1,500억 바이트코인을 발행했고, 이는 전체 공급량의 80퍼센트가 넘었다.[52] 바이트코인 측은 전형적인 사전채굴 방식으로 내랑의 코인을 은밀히 발행해 전체 커뮤니티에 피해를 입혔다. 비트코인과 퍼블릭 블록체인의 움직임은 평등주의적 투명성을 원칙으로 삼고 있어서 사전채굴에 대해서는 비난이 쏟아진다. 그럼에도 여전히 사전채굴이 일어나고 있으며, 대부분 혁신적 투자자들이 경계해야 할 사기들이다. 신용 사기와 선의, 이 둘의 주요한 차이는 발급 모델 이면의 개발자 팀의 의사소통과 이론적 근거에 있다.

2014년 4월 8일, 비트코인토크에 이후 모네로 개발자가 된 'eizh'라는 아이디의 사용자가 다음과 같은 글을 올렸다. "보다 큰 규모의 배포와 적극적인 개발을 위해 아직 발행하지 않았다는 사실이 놀랍다."[53] 바이트코인의 공식 발표가 있은 지 한 달 후인 2014년 4월 9일, 'thankful_for_today'라는 아이디의 사용자가 비트코인토크에 "크립토노트 기술에 기반을 둔 새로운 코인 비트모네로가 출시되었다"라는 제목의 글을 올렸다. 9일 후에 채굴이 시작된다는 내용이었다.[54] 비트모네로BitMonero는 모네로Monero라는 이름으로 빠르게 변경되었으며 'XMR'로 불렸다.

모네로의 가장 뚜렷한 특징은 1991년부터 발전해온 암호화 기술인 링 시그니처ring signatures를 사용한다는 점이다.[55] 모네로의 링 시그니처를 비트코인과 비교해 설명해보겠다. 비트코인에서는 거래를 만들기 위해 알려진 개인이 보내고자 하는 비트코인의 계정에 서명한다면, 모네로에서는 한 그룹의 사람들이 링 시그니처를 만들어내는 거래에 서명한다. 단 그룹에서 오직 한 사람만이 그 모네로를 소유한다. 크립토노트 웹사이트의 설명을 보자.

링 시그니처의 경우 개인들은 각자 자신의 비밀 키secret key와 공개 키public key를 가진다. 링 시그니처가 증명해주는 것은 메시지의 서명 자가 그룹 내 한 사람이라는 사실이다. 일반적인 디지털 사인 체계와 다른 주요 차이점은 바로 이것이다. 서명자는 단 하나의 비밀 키를 필요로 하지만 입증하는 사람은 서명자의 정확한 신원을 알 수는 없 다. 예컨대 앨리스, 밥, 캐럴이 공개 키가 있는 링 시그니처를 가졌다 고 할 때, 이들 중 한 사람이 서명자임은 분명히 알 수 있지만 누구라 고 특정할 수는 없다.[56]

많은 이들이 이러한 사생활 보호 기능을 의심스러워하지만, 사 생활 보호 기능은 대체 가능성 면에서 대단히 큰 장점을 발휘한다. 대체 가능성은 화폐 하나가 동일한 액면가의 다른 화폐 하나와 같 은 가치를 가진다는 의미다. 비트코인에 있어서 위험 요소는 거래 소 등이 예컨대 불법 행위에 사용된 것으로 알려진 계정을 블랙리 스트에 올리면 그 계정이 비유동화되어서 다른 비트코인 계정보다 가치가 떨어진다는 점이다. 미묘하긴 하지만 대체 가능성을 잃으 면 배포된 전자화폐는 불법 행위에 사용된 통화만이 아니라 모든 통화의 가치가 손상되면서 죽음을 맞이하게 된다. 모네로는 이 점 을 걱정하지 않아도 된다.

모네로의 공급 스케줄은 라이트코인과 도지코인이 혼합된 형태 다. 모네로는 2분마다 새 블록이 블록체인에 추가된다. 2.5분인 라 이트코인과 유사하다. 하지만 도지코인처럼 2022년 5월이 되면 약간의 인플레이션을 겪게 될 것이다. 매분 0.3 모네로가 발행되며, 매년 총 15만 7,680 코인이 발행된다. 그때면 총 1,810만 모네로가 발행되어 2022년 첫 해의 인플레이션율은 단지 0.87퍼센트일 것이다.[57] 미래를 좀 더 전망해보자면, 발행된 모네로가 증가함에 따라 이러한 인플레이션은 감소하게 된다. 흥미로운 점은 2040년에는 발행된 비트코인과 모네로의 수가 거의 비슷해진다는 것이다. 2019년부터 2027년까지는 모네로의 공급 인플레이션율이 비트코인보다 낮을 것이다. 하지만 이 외의 기간에는 반대다.[58]

모네로 거래의 사생활 보호 능력은 크립토애셋 커뮤니티와 시장에서 획기적인 기술 발전으로 인식되었다. 2016년 말, 모네로는 다섯 번째로 큰 네트워크 가치를 가진 암호화폐가 되었고, 가격이 연간 2,760퍼센트 상승하면서 2016년에 실적이 가장 좋은 전자화폐였다. 이는 사생활 보호를 중시하는 암호화폐에 대한 대중의 관심과 선호를 분명히 보여준다. 이런 관심의 일부 원인은 분명 그다지 기분 좋은 이유가 아니다.

대시

사생활 보호와 대체 가능성을 목표로 한 또 다른 암호화폐가 대시Dash다. 대시는 모네로가 출시되기 몇 달 전인 2014년 1월 19일에 대시 블록체인을 출시했다. 주 개발자인 에번 더필드는 비트코인 프로토콜을 포킹해forking(양분 또는 여러 버전으로 분리한다는 뜻—옮긴이) 사생활 보호와 빠른 거래 처리에 집중한 대시 코인을 만들어냈다.

더필드가 공동으로 작성한 대시 백서에는 그의 의도가 담겨 있다.

> 대시는 사토시 나카모토의 비트코인에 기반을 둔 암호화폐이며, 마
> 스터노드 네트워크로 알려진 이중 보상 네트워크 등을 개선했다. 익
> 명성을 보장하는 다크센드Darksend, 증가된 대체 가능성과 중앙화된
> 기관을 거칠 필요 없이 즉시 거래를 확인할 수 있는 인스턴트엑스In-
> stantX 등 다른 여러 개선 사항도 포함했다.[59]

하지만 대시의 출발은 순조롭지 못했다. 대시는 사전채굴 대신
에 인스타마인instamine(출시 후 처음 며칠 또는 몇 시간 동안 대량의 코인
을 발행하는 일—옮긴이)을 했다. 발행 시작 후 처음 스물네 시간 안에
190만 개의 코인이 만들어졌다. 3년 후인 2017년 1월 발행된 코인
수가 700만 개를 조금 넘는 것을 감안하면 이는 엄청난 실수로, 그
24시간 동안 대시 네트워크를 지원한 컴퓨터들에게 엄청난 수익
이 돌아가게 했다.

더필드는 자신이 할 수 있는 최선을 다했다고 말한다. "대시 작
업을 하는 처음 몇 주 동안 본업으로 아주 힘들었어요. 그래서 매
일 밤 급하게 대시 작업을 이어나갔지요. 낮에 본업을 하는 도중에
도 제가 대시 작업을 하는 모습을 제 상사가 여러 번 발견하고 고
함을 질렀죠."[60]

만약 암호화폐를 출시할 때 유통을 크게 왜곡시키는 중대한 장
애나 오류가 있다면 그 암호화폐는 재출시되어야 한다. 사실 더필

드는 쉽게 대시를 다시 출시할 수 있었을 것이다. 그런데 그는 네트워크가 며칠밖에 운영되지 않았다는 이유로 그러지 않기로 했다. 다른 암호화폐가 오리지널 코드를 포킹해서 재출시하는 상황이니만큼 재출시 자체가 흔치 않은 일은 아니었다. 예컨대 사전채굴이 불공정한 것으로 간주되고 있기 때문에 모네로를 만들어낸 이들은 바이트코인을 계속 구축하지 않았다.

제트캐시

2016년 암호화폐에 대한 관심은 제트캐시Zcash라는 새로운 크립토애셋에 모아졌다. 비트코인과 블록체인 공동체는 익명성과 프라이버시가 새롭게 발전할 때마다 언제나 열광해왔다. 하지만 제트캐시는 새로운 차원의 열광을 불러일으켜 발행되자 가격이 치솟았다. 비트코인처럼 제트캐시의 발행 모델도 윤리적이었다. 하지만 비트코인이 0개의 코인에서부터 발행되기 시작했을 때 아무도 그 사실을 몰랐던 반면, 제트캐시의 발행 사실은 전체 크립토 커뮤니티가 이미 알고 있었고 모두가 구매하기를 원했다.

초기 공급량의 부족과 과잉 흥분이 결합돼 제트캐시의 가격은 천문학적인 수준으로 올랐다. 가격이 코인당 1,000달러로 빠르게 올랐고 이는 당시 비트코인 기격보다 훨씬 높았다. 많은 사람들이 사용하는 크립토애셋 거래소인 폴로닉스Poloniex에서 한때 1 제트캐시당 가격이 3,299 비트코인, 즉 거의 200만 달러에 달했다.[61] 하지만 2016년 말 과잉 흥분 상태는 사라져 제트캐시는 45달러에서

50달러 사이의 안정적인 범위에서 거래되었다.

제트캐시는 데이비드 차움의 디지캐시에서 초기 직원으로 근무하던 주코 윌콕스가 이끌고 있다. 디지캐시에서 근무하면서 그리고 오랫동안 암호학과 크립토애셋에 관여하면서, 주코는 크립토애셋 커뮤니티에서 가장 존경받는 인물 중 한 사람이 되었다. 제트캐시의 주요 혁신은 거래의 유효성 외에는 다른 어떤 정보도 드러내지 않고 당사자 간의 거래가 가능한 '영 지식 증명zero-knowledge proof(zk-SNARKs)'으로 불리는 방법을 사용한 점이다. 제트캐시는 여전히 초기 단계에 있지만, 우리는 주코와 그가 이끄는 팀의 윤리와 기술력이 최고라고 믿는다. 새롭게 싹트기 시작한 이 암호화폐의 앞날에 좋은 일들이 있을 것이라 믿는다.

* * *

2016년 말, 비트코인의 가격은 1,000달러에 조금 못 미치는 수준이었고(2017년 1월에 1,000달러를 넘었다), 총 170억 달러가 넘는 시장 규모에 800개 이상의 크립토애셋이 있었다. 당시 네트워크 가치가 큰 상위 자산은 비트코인, 이더리움, 리플, 라이트코인, 모네로, 이더리움 클래식, 대시 순서였다.

혁신적 투자자는 이더리움이 비트코인의 뒤를 따른다는 점에 주목할 것이다. 이더리움에는 뛰어난 개발자들, 블록체인 기술에 대한 보나 폭넓은 정의, 크립토애셋 생태계에서 벌어신 가장 큰 규보의 해킹 등 다양한 이야기들이 있다. 다음 5장에서는 이더리움의 탄생과 이더리움이 크립토애셋의 미래에 미칠 중요한 영향에 대해 살펴보겠다.

5

암호상품과
암호토큰

암호화폐는 크립토애셋의 강력한 버티컬(특화된 제품이나 서비스—
옮긴이)이지만, 우리가 4장 앞머리에서 제시했듯이 세 가지 크립토
애셋 중 하나일 뿐이다. 다른 두 가지 암호상품과 암호토큰은 새롭
게 부상하는 자산 클래스 중 빠르게 성장하고 있다. 먼저 암호상품
에 대해 살펴보자.

암호상품은 암호화폐보다 어떤 면에서 더 실질적인 가치가 있
다. 예를 들어, 가장 큰 암호상품인 이더리움은 전 세계에서 접근
가능하고 검열되지 않은 애플리케이션을 구축할 수 있는 분산형
월드 컴퓨터다. 이런 컴퓨터를 사용하면 가치가 명백히 크기 때문
에, 이더리움은 디지털 형태의 유형 자원을 제공한다. 이너리움 가

상 머신Ethereum Virtual Machine (EVM)으로도 알려진 이더리움 월드 컴퓨터를 사용할 때 돈을 지불하는 것은 학교와 도서관에서 학생들이 컴퓨터를 공유해서 사용하던 방식을 떠올리게 하는 부분이 있다. 한 사람이 자리에 앉아 컴퓨터를 한동안 사용하고 떠나면 다른 사람이 와서 컴퓨터를 사용할 수 있었다.

이더리움 가상 머신은 공유 컴퓨터와 다소 비슷하게 작동하지만, 글로벌 규모로 둘 이상의 사용자가 동시에 작동할 수 있다는 점이 다르다. 모든 사람들이 세계 어느 곳에서든 비트코인 거래를 볼 수 있듯이 누구나 세계 어느 곳에서든 이더리움 프로그램이 실행되는 것을 볼 수 있다. 이 장은 암호상품으로서 이더리움에 대해 자세히 알아볼 예정이지만, 클라우드 스토리지, 대역폭, 프록시 재암호화 등 분산된 자원들을 제공하며 새롭게 생겨나고 있는 다른 많은 암호상품도 있다.

이더리움 월드 컴퓨터에 숨은 아이디어

이더리움과 그 네이티브 애셋인 이더를 설립한 팀이 흔히 스마트 계약이라고 불리는 전 세계적으로 분산된 컴퓨터 프로그램을 처음 구상한 팀은 아니었다. 4장에서 언급한 디지캐시를 만든 차움의 제자이기도 한 닉 재보는 1990년대 초부터 스마트 계약과 디지털 재산에 대해 이야기해왔다. 1996년 그는 "스마트 계약Smart

Contracts"이라는 제목의 기사를 〈익스트로피Extropy〉라는 잡지에 실었다.[1]

스마트 계약은 중요한 개념인데 약간 혼동을 줄 수 있는 이름이다. 사람들이 스마트 계약이라는 말을 들으면 스스로 생각하는 법적 문서를 가장 먼저 떠올리는데 이는 큰 오해다. 스마트 계약은 조건부 거래conditional transactions와도 같다. "만약 이런 상황이 벌어진다면 그때는 이렇게 하라"라는 조건을 가진 코드로 작성되는 논리이기 때문이다. 예컨대 "잭이 비행기를 놓치고 그것이 항공사의 잘못이라면, 그때는 항공사가 그에게 항공비를 지불한다"라는 예가 스마트 계약으로 프로그램화될 수 있는 쉬운 예다. 자판기도 스마트 계약을 사용하는 흔한 예다. "사용자가 충분한 돈을 넣고 알맞은 코드를 치면 그때 사용자는 도리토스Doritos 과자를 얻는다." 이런 조건들은 훨씬 더 복잡해질 수 있다. 프로그램화되는 과정과 충족되어야 하는 변수들에 따라서 무한한 조건부 거래를 만들어낼 수 있다.

닉 재보가 스마트 계약에 대한 초기 비전을 가졌다면 이더리움 팀은 스마트 계약을 탈중앙 방식으로 실행하는 매력적인 주류 플랫폼을 처음 만들어냈다. 팀의 중심에는 많은 사람들이 이더리움의 사토시라고 생각하는 비탈릭 부테린이 있었다.

부테린은 러시아에서 태어났지만 캐나다에서 자랐다. 운 좋게도 그의 아버지는 자유로운 사고방식을 가진 사람이었다.[2] 그의 아버지는 2011년 2월, 열일곱 살인 부테린에게 사토시가 기울인 노력과 비트코인의 존재에 대해 알려주었다.[3] 당시 비트코인은 나온 지 2년밖에 되지 않았고 다른 주요 알트코인은 아직 나오지 않은 때였다. 그 해 10월이 되어서야 찰리 리가 라이트코인을 발행했다.

얼마 지나지 않아 부테린은 비트코인이라는 토끼굴에 떨어졌다. 그는 크립토애셋의 세계를 개척하는 유명한 기자들 중 한 사람이 되었으며, 블록체인 아키텍처에 대해 기술적으로 깊이 있게 분석하는 최고의 사이트 〈비트코인 매거진〉을 함께 설립하기도 했다. 그는 수준 높은 기술 정보를 열정적이고 낙관적인 스타일로 써내면서, 자신의 수학적 능력을 사용하여 기술을 향상시키는 방법을 모색했다. 결국 열여덟의 나이에 국제정보올림피아드에서 동메달을 땄다.[4] 전해지는 이야기에 따르면 세 자리 숫자를 평균 인간의 두 배 속도로 머릿속에 넣을 수 있었다고 한다.[5]

이를 위해 부테린은 이더리움에 대한 그의 연구 향방을 알려줄 여러 비트코인 프로젝트를 진행하며 시간을 보냈다. "이더리움, 이제 대중에게 다가서다"라는 제목의 블로그 게시물에서 그는 비트코인에 경의를 표하는 것으로 시작했다.

11월 샌프란시스코의 어느 추운 날, 나는 '크립토커런시 2.0'으로 부르는 분야에 비트코인 블록체인을 사용해 수개월간 투자하는 일이 좌절감을 준다고 생각하고 이더리움 백서의 초안을 작성했다. 이더리움을 개발하던 몇 개월 동안, 나는 컬러드 코인, 스마트한 속성, 그리고 다양한 형태의 분권화된 교환을 실행하려는 몇몇 프로젝트와

밀접하게 일할 수 있었던 귀중한 기회를 가졌다.[6]

마지막 문장에서 부테린이 언급한 프로젝트는 비트코인 블록체인을 좀 더 추상적으로 사용하여 비트코인 거래에 접근했다. 앞서 설명한 바와 같이, 비트코인을 전송하면 사용자의 주소에 비트코인 계정의 차변과 대변을 만들어내는 정보가 전송된다.

부테린은 블로그에서 컬러드 코인colored coin에 대해 언급한다. 컬러드 코인은 주소에 비트코인의 대차 계정을 기록할 뿐만 아니라 정보도 표시한다. 주택 소유권을 나타내는 정보 등 추가 식별자identifier도 주소에 추가할 수 있다. 그 주소에 있는 비트코인을 다른 주소로 전송할 때, 주택 소유권에 대한 정보 표시도 같이 전송된다.

이런 의미에서 비트코인을 보내는 거래는 곧 주택에 대한 재산권 거래를 의미한다. 이런 거래 사례가 일상에서 실현될 수 있음을 여러 규제 당국이 인식할 필요가 있다. 하지만 보다 중요한 점은 모든 종류의 가치가 어떻게 비트코인 블록체인을 통해 전송될 수 있는지를 보여준 대목이다.

카운터파티, 비트코인 기반 스마트 계약

카운터파티Counterparty는 비트코인을 기반으로 작동하는 암호상품으로, 2014년 1월 이더리움과 비슷한 목적으로 출시되었다. 카운터파티의 네이티브 애셋인 XCP의 고정 공급량은 260만 개로 출시 시점에 모두 생성되었다. 카운터파티 웹사이트에 설명된 바와 같이 "카운터파티는 스마트 계약으로 알려진 특정한 디지털 계약 또는 프로그램을 누구나 작성할 수 있게 해주고, 비트코인 블록체인에서 이들을 실행한다."[7] 비트코인이 적은 양의 데이터를 트랜잭션에서 전송하고 비트코인 블록체인에 저장될 수 있도록 하기 때문에, 비트코인 블록체인은 카운터파티의 보다 유연한 기능을 위한 기록 시스템이 되어준다. 카운터파티는 비트코인에 의존하고 있어서 자체 채굴 생태계를 가지고 있지 않다.

비트코인 개발자들이 소프트웨어에 별도의 기능과 유연성을 직접 추가하지 않은 이유는 복잡성보다 보안을 우선으로 했기 때문이다. 복잡한 거래가 많아질수록 이들 거래를 이용하고 공격하는 벡터가 많아진다. 이는 전체 네트워크에 영향을 미칠 수 있다. 비트코인 개발자들은 분권화된 국제 통화가 되는 것에 초점을 맞춰 비트코인 거래에서 불필요한 부가 기능을 없앴다. 대신 다른 개발자들은 기록 시스템 및 보안 수단으로서 비트코인 블록체인(예를 들어 카운터파티)에 의지해 비트코인의 제한된 기능 위에 시스템을 구축하는 방법을 찾거나, 전혀 다른 블록체인 시스템(예를 들어 이더리움)을 구축할 수 있다.

많은 사람들이 비트코인 위에 분산된 미래를 건설하기 위해 노력하고 있었다. 하지만 쉽지 않았다. 주소에 식별자를 추가하고 다양한 종류의 트랜잭션을 생성할 수 있는 유연성은 확장성과 보안성을 위해 비트코인에서 의도적으로 제한되었다. 비트코인은 여전히 실험 중이었다. 분권화된 화폐는 사토시에게 성배가 되기에 충분했고, 한 번에 완벽할 수는 없었다. 그러나 부테린은 당시의 비트코인에 만족하지 않았고 개선에 대한 폭넓은 열망을 가지고 있었다. 그는 비트코인 계정의 차변과 대변에 대한 계산기 역할을 뛰어넘어 컴퓨터처럼 움직이는 보다 유연한 시스템을 원했다.

부테린은 이더리움을 2013년에 고안했지만 공식적으로는 2014년 1월에 북아메리카 비트코인 컨퍼런스에서 발표했다.[8] 이더리움을 열렬히 지지하는 기자들이 이를 취재했는데 그들 중 많은 수가 과거 동료들이었다. 그 무렵 그는 이미 열다섯 명 이상의 개발자들과 수십 명의 커뮤니티 팀의 지원을 받고 있었다.[9]

부테린과 그의 팀은 내부 원리를 처음 기술한 이더리움 백서에서 그들의 포부에 대해 거리낌 없이 말했다.

이더리움에서 더 흥미로운 점은 이더리움 프로토콜이 단순한 통화 이상으로 움직인다는 것이다. 수십 가지의 구상들 가운데 분산형 파일 스토리지, 분산형 컴퓨팅, 분산형 예측 시장을 중심으로 이더리움 프로토콜은 컴퓨터 산업의 효율성을 상당히 높이고, 낭비가 없는 경제적 레이어를 처음 추가함으로써 다른 P2P 프로토콜을 대규모로 지

원할 수 있다.[10]

중요한 점은 부테린이 이더리움과 그 네이티브 애셋인 이더를 비트코인 코드 베이스에서 살짝 변형하는 것을 목표로 하지 않았다는 것이다. 이 점이 이더리움과 이전에 나온 많은 알트코인을 구분한다.

이더리움은 '코인'과는 아무런 관계도 맺지 않으며 화폐의 개념을 넘어 '암호상품cryptocommodities' 영역으로 이동하고 있었다. 비트코인이 주로 사람들 사이에 화폐 가치를 보내는 데 사용된다면, 이더리움은 프로그램 간 정보를 보내는 데 사용될 수 있다. 튜링 완전 프로그래밍 언어Turing complete programming language를 사용하여 분산된 월드 컴퓨터를 구축해 이를 가능하게 한다.[11] 개발자들은 분산되어 있는 이 월드 컴퓨터에서 구동하는 프로그램이나 애플리케이션을 작성할 수 있었다. 애플이 개발자들로 하여금 애플리케이션을 구축할 수 있는 기반 하드웨어와 운영 체제를 구축해주었듯이 이더리움도 이와 같은 분산된 글로벌 시스템을 구축할 계획이었다. 네이티브 유닛인 이더는 다음과 같이 작동시키고자 했다.

이더는 분산형 애플리케이션 플랫폼인 이더리움 운영에 필수적인, 연료와 같은 요소다. 이더는 플랫폼 고객이 요청한 작업을 실행하는 컴퓨터에 지급한다. 달리 말해 이더는 개발자들이 품질 높은 애플리케이션을 작성하고 (낭비되는 코드가 없도록) 네트워크가 건강하게

유지되도록 (기여한 리소스에 대해 보상) 하는 인센티브다.[12]

이더리움 채굴자들은 프로그램들 사이에서 단지 이더뿐 아니라 정보를 전송할 수 있는 거래들을 처리한다. 비트코인 채굴자들이 보상으로 비트코인을 획득해 네트워크를 지원하듯이 이더리움 채굴자들도 이더로 보상받을 것이고, 이 과정은 비슷한 작업 증명 합의 메커니즘의 지원을 받는다.

이더리움 순조롭게 출항하기

부테린은 시스템을 처음 구축하는 데는 상당한 작업이 필요하다는 것을 알았다. 2014년 1월 그가 이더리움을 발표할 당시에 이미 열다섯 명 이상의 개발자와 수십 명의 커뮤니티 구성원이 협력하고 있었다. 이에 반해 사토시가 비트코인을 발표하던 당시에는 주로 학계와 하드코어 암호 전문가들로 구성된 상대적으로 잘 알려지지 않은 메일링 그룹이 전부였다. 출시에 앞서 비트코인 소프트웨어를 주로 개발한 것은 사토시와 핼 피니 두 사람이었다.[13]

부테린은 이더리움이 이더에 의해 계속 돌아가겠지만 설계한 사람들은 계속 있을 수 없다는 것과, 이더리움을 발행하려면 여전히 1년 넘게 준비해야 한다는 것을 알고 있었다. 그래서 그는 '틸 장학금Thiel Fellowship'을 통해서 자금을 마련했다. 페이팔의 공동실립자

이자 페이스북의 첫 외부 투자자인 억만장자 피터 틸은 전통적인 대학의 길을 떠나 세상에 직접 영향을 미치는 길을 추구하는 재능 있는 인재들을 지원하기 위해 틸 장학금을 만들었다. 과학적인 연구를 수행하거나 창업을 하거나 또는 사회와 세계를 발전시킬 방법을 찾는 이들이 수상 후보였다. 틸 장학금이 신중하게 선발한 이 상가들은 2년 동안 10만 달러를 받게 되는데, 세계 최고 대학에 합격하기보다 더 어려운 것으로 알려져 있다. 2014년 6월, 부테린은 전업으로 이더리움을 개발하고자 스무 살에 워털루대학을 그만둔 상황에서 틸 장학금를 받았다.[14]

피터 틸의 가장 위대한 투자 중 하나로 부테린이 기록될 수도 있지만, 틸만이 이더리움의 잠재력을 알아본 것은 아니었다. 2014년에 부테린은 에너지 부문의 일론 머스크와 미디어 저널리즘 부문의 월터 아이작슨과 같은 영향력 있는 인물과 함께 정보기술 소프트웨어 부문에서 '월드 테크놀로지 상World Technology Award'을 받았다.[15]

틸 장학금이 부테린의 앞날을 보여주는 지표이긴 했지만 10만 달러로는 그의 팀을 유지하기가 쉽지 않았다. 보다 충분한 자금을 마련하고자 이더리움 네트워크 기반의 암호상품 이더를 프리세일 했는데, 2014년 7월 23일부터 2014년 9월 2일까지 42일간 진행했다.[16]

이더는 비트코인당 1,337개에서 2,000개까지 판매되었다. 프리세일 기간 중 첫 2주는 비트코인당 2,000개의 이더로 판매했고, 나머지 기간에는 비트코인당 1,337개의 이더로 선형적으로 감소하는 판매를 진행했다. 초기에 사람들이 구매하도록 인센티브를 주는 구조였다. 스위스 추크에 본부를 둔 새로 설립된 이더리움 재단Ethereum Foundation이 판매에 따른 법적·재정적 세부 사항을 관리했다.[17]

이더리움의 자금 조달 노력은 혁신적이고 시기적절했을 뿐 아니라 기록적인 것이었다. 일반인들은 1,843만 9,086달러에 해당하는 3만 1,591개 비트코인을 투자하여 총 6,010만 2,216개 이더를 구입했다. 이더당 가격이 0.31달러인 셈이었다.[18] 당시 이는 단일 크라우드펀딩 중 가장 큰 규모였다. 블록체인 아키텍처를 지원하는 팀이 실제 사용되는 결과물 없이도 1,800만 달러를 모금할 수 있다는 사실이 터무니없다고 보는 시각도 있었다. 분명 비트코인이 발행되던 과정과는 달랐다.

벤처 투자자들VC은 성공할 것이라는 믿음으로 기획팀과 개발팀에 투자하는 경우가 많다. 이더리움은 벤처 투자자로부터 자금을 조달받는 이 과정을 민주화시켰다. 이 크라우드세일crowdsale(온라인에서 암호화폐로 토큰을 구입하는 일―옮긴이)에서 판매된 이더를 가격 측면에서 살펴보자. 2017년 4월 초에는 평균 유닛당 50달러의 가격으로 3년이 안 된 기간에 160배 이상의 수익을 거둔 셈이다.[19] 이 프리세일 기간 중에 9,000명 이상의 사람들이 평균 2,000달러로 구매한 이더의 총 가치는 32만 달러로 증가했다.[20]

이더리움 백서에 따르면 이 프리세일로 생긴 이익은 '개발자들의 급여와 상여금 지급, 이더리움과 암호화폐 생태계와 관련한 영리 및 비영리 프로젝트들에 대한 투자로 전액 사용'될 계획이었다. 대중이 구입한 6,000만 개의 이더 외에도 약 600만 이더가 이더리움 초기 기여자들의 보상을 위해 조성됐고, 또 다른 600만 이더가 이더리움 재단이 장기 보유할 목적으로 조성되었다.

초기 기여자와 이더리움 재단에 1,200만 개의 이더를 추가로 할당한 것은 시간이 흐름에 따라 문제로 드러났다. 일부에서 이를 이중 수령으로 보았기 때문이다. 그러나 우리가 보기에 열다섯 명의 유능한 개발자들에게 지급된, 당시 프리세일 가격으로 개발자당 10만 달러가 조금 넘는 600만 이더는 소프트웨어 개발자들의 시장 시세를 감안하면 합리적인 것이었다.

창업자들에게 자본을 할당하는 것은 크라우드세일의 중요한 측면이다. 이를 '창립자 보상founder's reward'이라고 한다. 정상적인 것과 위험신호 사이의 주요 차이점은 투자자들의 희생으로 창업자들의 주머니를 채우느냐, 아니면 네트워크를 구축하고 키우는 데 창업자들을 집중하도록 하느냐에 달렸다. 우리가 보기에는 이더리움 개발자들이 자신들의 사익을 챙기는 것이 아니다. 이들도 수입이 필요하다. 이들에 대한 적당한 배분은 몇몇 크립토애셋 창시자들이 그 이후 시도해온 기이한 행각과는 거리가 멀다.

프리세일이 진행된 해는 이더리움 네트워크가 활성화되기 전에 개발이 진행되는 해였다. 이더리움 팀은 이 기간 동안 싹트고 있는 이더리움 커뮤니티와 긴밀하게 접촉을 유지했다. 개념 증명을 출시해 커뮤니티로 하여금 평가하게 하고, 컨퍼런스를 조직하고 이더리움 기반 프로젝트에 대한 자금 조달을 진행했으며 블로그를 자주 업데이트했다.[21] 이더리움 팀은 도지코인의 사례를 의식한 듯 탈중앙 시스템을 위한 지원을 커뮤니티로부터 끌어내는 것이 중요하다는 사실을 알고 있었다. 블록체인 아키텍처는 차가운 코드이긴 하지만 인간의 훈기로 돌아가는 소셜 네트워크이기도 하다.

이더리움 팀은 조달한 자금으로 사토시와 소수의 지원자들이 할 수 없었던 방식으로 출시 전에 네트워크를 테스트할 수 있었다. 2014년 말부터 2015년 상반기까지 이더리움 재단은 커뮤니티 구성원들에게 '버그 바운티 프로그램bug bounty program'(소프트웨어나 프로그램, 네트워크에서 취약점을 찾아 보고하면 심사를 거쳐 취약점을 수정한 이후 보상금을 지급하는 제도—옮긴이)을 실시함으로써, 그리고 전문적인 제3자 소프트웨어 보안 회사를 포함해 공식 보안 감사를 실시함으로써 네트워크 테스트를 수없이 진행했다.[22] 혁신적 투자자는 제트캐시 사례에서도 보았듯이 이런 수많은 실전 테스트 방법을 주목해야 한다. 이는 핵심 개발자들이 분산형 아키텍처의 보안성을 얼마나 진지하게 인식하는지를 나타내는 지표이기 때문이다.

분산앱 플랫폼으로 기능하는 이더리움

2015년 7월 30일, 이더리움 블록체인을 시민으로 이디리움 네트워크가 활성화되었다. 이더리움 소프트웨어를 만들어내는 데 많은 개발 에너지가 투입되었지만 채굴자들이 지원할 블록체인이 비로소 나왔기 때문에 채굴자들이 참여하기는 이번이 처음이었다. 이 출시 전에 이더리움은 말 그대로 이더 속에 갇혀 있었다. 이제 이더리움의 분산 플랫폼은 비즈니스 용도로 개방되어 분산 애플리케이션decentralized applications(흔히 디앱dApps 또는 분산앱으로 줄여 말한다—옮긴이)을 위한 하드웨어 및 소프트웨어 기반으로 기능했다. 이런 분산앱은 복잡한 스마트 계약으로 생각할 수 있으며, 핵심 이더리움 팀과 독립돼 있는 개발자들이 만들면서 기술 범위가 확장되어 활용될 수 있다.

분산앱은 어떻게 작동하는지 이더리스크Etherisc 회사의 예를 설명해보겠다. 이 회사는 이더리움 컨퍼런스에 참석하는 이들에게 항공 여행 보험을 제공하는 분산앱을 만들었고, 참석자 가운데 서른한 명이 이 보험을 구입했다.[23] 이 보험의 구조를 간단히 살펴보면 〈그림 5.1〉과 같다. 도표에서 보듯 이더리움을 사용하면 개발자들이 조건부 거래를 연속으로 실시하는 보험 풀을 구현할 수 있다. 이 과정을 오픈 소싱open sourcing하고 이더리움의 월드 컴퓨터에서 운영함으로써 투자자들은 보험 풀에 자본을 투자할 수 있고, 특정 사고에 대비해 보험에 가입하는 구매자늘이 보험료를 지불함으로써 투자자들은 이익을 얻게 된다. 시스템이 공개적으로 운영되고 코드에 의해 자동화되기 때문에 모두가 이 시스템을 신뢰할 수 있다.

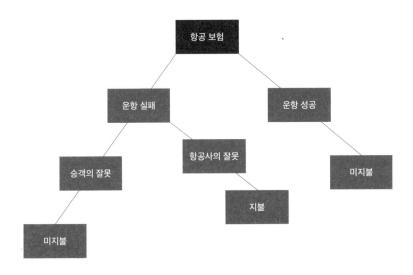

〈그림 5.1〉 가상 분산앱 기반 항공 보험

분산앱과 암호토큰의 시대

이더리움이 출시된 이후로 이더리움에서 구동하는 분산앱은 끊임없이 출시되고 있다. 우리는 이런 분산앱 네이티브 유닛을 암호토큰이라고 부른다. 반면에 다른 유닛은 앱코인appcoins이라고 부른다. 자체 네이티브 암호토큰이 있는 분산앱은 특정 분산앱 트랜잭션을 처리하기 위해 이더리움 네트워크에 지불할 때 이더를 사용한다. 많은 분산앱이 암호토큰을 사용하는 반면에 몇몇 분산앱의 네이티브 유닛은 컴퓨팅 집약 문제compute intensive problem를 해결하는 슈퍼컴퓨터를 목표로 한 골렘Golem처럼 이더리움에 기반한 암호상품으로 분류되어야 한다. 차이점이 있다면 원시 디지털 리소스를 제공하는지(암호상품), 또는 분산앱이 소비자에게 친숙한 완제품 또는 서비스를 제공하는지(암호토큰) 여부다.

대부분의 암호토큰은 자체 블록체인의 지원을 받지 않는다. 암호토큰은 암호상품 블록체인 위에 만들어진 애플리케이션(예를 들어 이더리움) 내부에서 작동한다. 애플 앱 스토어에 있는 애플리케이션들이 자체로 운영 체제를 구축할 필요 없이 애플 운영 체제 안에서 작동하는 사례를 생각해보면 된다. 이더리움이 크게 성공하면서 다른 탈중앙 월드 컴퓨터들이 나타났다. 디피니티DFinity, 리스크Lisk, 루트스톡Rootstock, 테조스Tezos, 웨이브Waves 등은 자체 분산앱을 지원할 수 있다. 많은 알트코인이 비트코인을 개선하려 했듯이 이런 플랫폼들은 이더리움의 구조를 개선하기 위해 만들어진 암호상품이라서 자체 분산앱과 암호토큰을 파생했다(이더리움 분산앱 전체 목록은 다음 홈페이지를 참고하라. http://dapps.ethercasts.com. 그리고 수많은 코드들은 다음 홈페이지에서 조사할 수 있다. http://live.ether.camp/contracts.).

우리는 지금까지 가장 유명한 (또는 악명 높은) 분산앱을 살펴봤다. 우리가 보여준 분산앱의 미래가 잠재적으로 암호토큰 투자를 염두에 두고 있는 혁신적 투자자들에게 도움이 될 것이다. 이 책을 쓰는 동안에도 매주 새로운 것이 나왔기 때문에, 우리는 분산앱 개발과 거기서 나온 네이티브 단위들이 크립토애셋 공간에서 가장 빠르게 움직이는 영역 중 하나라는 점에 주목하고자 한다. 따라서 호기심 많은 독자들은 이번 장을 읽었더라도 시간을 가지고 더 알아봐야 한다. 우리는 빙산의 일각만을 훑었기 때문이다.

다오의 흥망

분산자율조직decentralized autonomous organization의 약어인 다오DAO는 이더리움에서 운영되도록 분산된 벤처 자본을 프로그래밍한 복잡한 분산앱이다. 다오 보유자는 지원하려는 프로젝트에 투표할 수 있고, 개발자들이 다오 보유자로부터 충분한 자금을 조달하면 프로젝트를 구축하는 데 필요한 자금을 받게 된다. 시간이 지나면서 프로젝트 투자자들은 제공되는 서비스에 대한 배당금이나 가격 상승을 통해 보상을 받는다.

다오와 같은 분산자율조직의 비전은 인간이 자동차를 직접 운전하다가 이제 자동차가 스스로 운전할 수 있게 된 자율주행 차량의 경우와 비슷하다. 마찬가지로 서류 제출, 승인, 조정 등 비즈니스 프로세스의 모든 측면에서 인간의 역할이 필요한 경우가 많았는데, 분산자율조직은 기업의 운영이 더 잘될 수 있도록 프로세스의 많은 부분을 체계적으로 정리한다. 구상이 흥미로웠던 만큼이나 다오는 이더리움을 거의 몰락시킬 뻔했다.

다오 설립자들은 크라우드펀딩을 시도했다. 이더리움 크라우딩펀딩에서 모집됐던 금액보다 거의 한 자릿수가 많은 1억 6,800만 달러가 넘는 금액이 모여 크라우드펀딩 사상 최대 규모를 기록했다.[24] 크라우드펀딩은 이더로 투자하는 방식이어서 크라우드펀딩 기간이 끝날 무렵 다오 팀은 1,150만 이더를 보유하게 됐고, 이는 그 시점까지 발행된 총 이더의 15퍼센트를 차지했다.

다오에 쏠린 열정과 관심이 뚜렷했던 반면, 일부 개발자는 다오가 출시 단계에 이르지 않았다고 우려했다. 다오의 작동 방식을 검토한 컴퓨터 과학자 그룹은 논문을 통해 이더리움 네트워크 공개를 보류해야 할 정도로 다오의 보안에 중대한 취약성이 있다고 우려했다. "현재의 구축 방식은 공격에 취약해 심각한 결과를 가져올 수 있다"라고 디노 마크, 블라드 잠피르, 에민 권 시러는 설명했다.[25]

그 후 이 문제가 충분히 해결될 때까지 다오의 진행을 일시 중지하라는 요청이 있었다.[26] 그러나 그 요청은 무시되었다. 크라우드세일이 완료된 다음 날인 2016년 5월 28일에 다오 토큰은 크라우드펀딩에 투자된 이더와 교환되어 지급되기 시작했다.

그로부터 3주도 지나지 않아 2016년 6월 17일, 다오에 중대한 해킹 사건이 발생했다. 프로젝트에 투입된 액수의 3분의 1에 해당하는 360만 이더가 빠져나간 것이다. 이 해킹은 마운트곡스 및 널리 알려진 다른 비트코인 해킹 사례와 달리 교환과는 관계가 없다. 대신에 다오 소프트웨어 안에 결점이 있었다. 소프트웨어는 이더리움 블록체인에서 호스트되었는데 모든 사람이 볼 수 있으려면 완벽해야 했다.[27] 하지만 비판적인 지적이 있었듯 코드는 전혀 완벽하지 않았다. 다오가 증가시킨 자산의 규모를 감안하면 해커가 침입할 만한 상당한 동기가 있었다. 결과적으로 세계 최대의 크라우드소싱이라는 성과와 이더리움의 역량을 보여준 주요 공개 행사가 무색해졌다.

다오 및 이더리움 관계자들과 부테린은 즉각 해킹 사건을 해결하러 나섰다. 그러나 이더리움은 분산앱들이 작동하는 플랫폼을 제공하는 분산형 월드 컴퓨터였기 때문에 상황은 녹록치 않았다. 각 애플리케이션에 대한 감사 및 승인을 약속하지 않은 것이다. 이를테면 애플이 앱 스토어에 들어가는 앱을 검사할 수도 있지만 앱 내부 기능에 대한 책임을 지지 않는 것과 같은 이치다. 이더리움 핵심 개발자들은 다오 팀을 돕고 있었다. 이는 애플 엔지니어들이 실패한 앱의 수정을 돕는 일과 유사했다.

상황을 바로잡을 다른 특별한 선택지는 없었다. 주요 해결책은 이더리움 소프트웨어를 업데이트하는 것이었다. 업데이트를 통해 해커의 다오 계좌에서 자금을 빼내 적법한 주주들에게 돌려주어야 했다. '하드 포크hard fork'로 알려진 이 방법을 통해 프로젝트 투자자들이 자금을 돌려받을 수 있도록 이더리움 블록체인을 약간 수정하고자 했다. 다오 창립자이자 다오를 만든 주요 업체인 슬록Slock.it의 최고운영책임자 스테픈 투알은 다음과 같이 설명했다. "하드 포크가 해커로부터 빼앗긴 모든 자금을 회수해줄 것이다. 당신이 다오 토큰을 구입했다면 자금 회수만 가능한 스마트 계약으로 연결될 것이다. 다오에서 사용된 돈은 전혀 없기 때문에 잃은 것도 전혀 없다."[28]

하지만 하드 포크는 비트코인과 이더리움 커뮤니티에 속한 많은 사람들이 탈중앙 원장의 힘이라고 여겼던 것을 역행하는 모순에 처했다. 계좌에서 돈을 강제로 인출하는 것은 변경 불가능이라는 개념에 어긋났다. 중앙집중화된 일단의 참가자들이 결정을 내린다는 사실도 좋지 않았다. 많은 이들이 미국 정부나 다른 강력한 기구들이 언젠가 개입해서 그들의 이익을 위해 이더리움에 이와 똑같이 요구하게 될 전례를 남길 것이라는 점과 도덕적 해이를 지적하며 불만을 토로했다. 다오 개발팀에서 직접 일하지 않는 관리자 부테린을 포함해 관련자 모두에게 힘든 결정이었다.

양측의 입장을 모두 이해한 부테린은 결국 하드 포크 결정을 지지했다. 이더리움이 여전히 개발 단계에 있고 이와 같은 교훈이 앞으로 기술 발전을 이끄는 데 도움이 되리라고 보았기 때문이다. "지금 현재의 방식이 선례를 남기는 것이라고 생각하지 않습니다."[29] 결국 부테린과 이더리움 팀은 그들의 기술을 사용해서 다오가 만들어낸 상황을 적극 수정했다.[30]

하드 포크는 위험 없이 이뤄지지 않는다. 그리고 안타깝게도 이더리움은 다오를 돕기로 한 결정에 비싼 값을 지불해야 했다. 하드 포크가 블록체인 아키텍처를 업그레이드하는 데 사용되기는 하지만, 커뮤니티가 아키텍처에 유익한 업데이트라고 전적으로 동의할 때 사용된다. 그런데 이더리움의 상황은 달랐다. 많은 사람들이 하드 포크에 반대했기 때문이다. 논쟁을 불러일으키는 하드 포크는 위험하다. 새 소프트웨어 업데이트가 하드 포크 형태의 블록체인으로 실시되면 두 개의 서로 다른 운영 체제가 나타나기 때문이다. 두 운영 체제가 공통의 조상을 공유하고 내부에서 공통의 거래 기록을 공유하고 있지만 일단 하드 포크가 생기면 두 운영 체제는 서로 분리되고, 각각의 네이티브 유닛(단위)을 가진 블록체인도 분리된다. 어떤 사람들은 "좋아, 방금 돈을 두 배로 불렸어"라고 생각하기도 하지만, 나닌 커뮤니티 안에서 계속해서 진행되는 분열을 사람들이 걱정하는 동안 두 개의 독립된 블록체인의 가치는 충돌한다. 분리된 두 개의 블록체인, 채굴자, 개발자, 애플리케이션을 구축한 회사들을 두고 사용자는 어떤 블록체인과 운영 체제를 지원할 것인지 결정해야 한다. 많은 이들이 처음에는 이더리움 하드 포크가 성공을 거두었다고 주장했으나, 몇몇 대형 거래자들은 지원이 덜한 체인의 네이티브 자산을 가능한 한 많이 사들이기 시작했다.

2016년 7월 23일, 크립토애셋 거래소인 폴로닉스는 네이티브 애셋인 이더 클래식ether classic(ETC)을 가진 이더리움 클래식Ethereum Classic이라는 새로운 네트워크를 상장했다.[31] 폴로닉스와 같이 널리 이용되는 거래소가 이더 클래식을 상장하자 이 자산에 대한 오픈 마켓이 형성되었고, 사람들은 그 자산가치에 대해 재빨리 추측하기 시작했다. 이로 인해 더 많은 채굴자가 이더리움 클래식의 블록체인을 지지하게 되었다. 그때부터 이 책을 집필하는 지금까지 이더리움 클래식은 이더리움 네트워크 가치의 5퍼센트 가까이 차지하고 있다.[32]

이더리움 클래식 사이트는 이더리움 클래식을 "본래 이더리움 블록체인의 후속. 외부의 개입이나 주관적인 부당한 거래 변경 없는, 간섭받지 않는 역사(발달사)를 보존한 클래식 버전"으로 정의하고 있다.[33]

다오는 재앙이었을지 모르지만 자율분산조직이라는 개념은 이 단일한 경우를 넘어 일반화될 수 있다. 혁신적 투자자는 앞으로 수년간 암호토큰을 발행하는 이와 비슷한 구상이 시장에 나올 것이라고 기대해야 한다. 또한 암호토큰을 발행하는 모든 자율분산조직과 분산앱이 다오의 경우처럼 불안정한 것은 아니라는 점도 알아야 한다.

예컨대 탈중앙화 방식으로 운영되는 보험회사, 에어비앤비, 우버 모두 대단한 가능성을 보이고 있으며, 개발팀들은 유사한 사용사례들을 개발하고 있다. 에어비앤비와 우버를 소비자와 서비스 제공자를 연결해주는 중개자로 보고 20~30퍼센트의 수수료를 가져간다고 생각할 수 있다. 많은 판매자가 2~3퍼센트의 신용카드 수수료에 대해 불평하는 것은 이해할 만하지만 에어비앤비, 우버 및 이와 유사한 플랫폼 서비스들의 수수료는 다소 터무니없다. 이러한 플랫폼을 모방하고 있는 여러 암호토큰 시스템은 가치와 서비스의 분산 이전을 용이하게 하기 위해 기반 블록체인 아키텍처를 사용해서 수수료를 훨씬 적게 받을 계획이다. 이러한 시스템은 자체 암호토큰을 가지고 있으며, 이더리움 또는 이더리움과 유사한 플랫폼에서 운영될 것이다. 어떤 시스템은 다른 시스템보다 훨

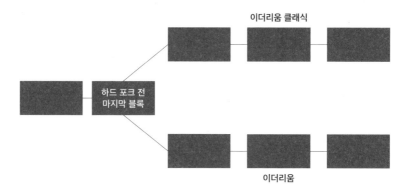

이더리움 클래식

하드 포크 전
마지막 블록

이더리움

〈그림 5.2〉 다오 버그 결과에 따른 이더리움 포킹

씬 더 잘 구성돼 있을 것이고, 이더리움 또는 이더리움과 유사한 플랫폼이 추후에 실패할 경우 분산앱을 도와줄 것 같지는 않다.

미래 예측을 위한 탈중앙 플랫폼

분산앱의 가장 흥미로운 점 가운데 하나는 이더리움 블록체인을 사용하여 예측 시장을 용이하게 하는 것이다. 어거Augur는 사람들의 예측을 테스트할 수 있는 시장을 만들어 사용자들이 어떤 사건이든 그 결과에 내기를 걸 수 있는 플랫폼을 제공한다.[34] 어거는 말 그대로 '예측 시장'인 셈이다. 예컨대 당신이 도널드 트럼프와 힐러리 클린턴 중 2016년 미국 대선에서 누가 승리할지를 예측하려 한다면, 반대 결과를 예측하는 이들과 내기를 할 수 있는 예측 시장을 만들어 어거를 이용하는 식이다.

어거는 REP^{Reputation}라고 하는 암호토큰을 사용하여 사람들이 사건의 결과를 사실대로 알리도록 인센티브를 준다. 사건의 결과를 알리는 사람들(리포터)은 사건의 결과에 대해 내기하는 사람들과는 다르다. 분산 예측 시장의 문제점은 사건의 결과에 대해 중앙집권적 권위가 없다는 것이다. 어거는 거짓으로 사건의 결과를 전하는 사람에게 벌칙을 주고 사실대로 결과를 전한 사람에게 보상하기 위해 REP를 사용한다. 다음은 어거의 설명이다.

> REP를 보유하고 있는 이들은 수 주마다 어거가 무작위로 선택된 사건들의 결과를 정확하게 보고하리라고 기대한다. 보유자가 정확하게 결과를 보고하지 않거나 속이려 시도하면, 어거 시스템은 불량 리포터의 REP를 같은 주기 동안 정확하게 보고한 이들에게 재분배한다.[35]

어거는 2015년에 크라우드펀딩을 진행해 1,100만 REP로 고정된 공급량의 80퍼센트를 판매했다. 이를 통해 어거는 플랫폼 개발 자금으로 500만 달러 이상을 모집했다. 크립토애셋 분야에서 가장 큰 회사 중 하나인 코인베이스의 최고경영자 브라이언 암스트롱은 어거에 대해 "엄청난 발전 가능성을 가진 놀라운 프로젝트"라고 말했다.[36] 비탈릭 부테린조차도 어거의 발전 가능성을 인정하면서 "지식 분야의 우버"라고 부를 정도였다.[37]

어거는 암호토큰을 가장 분명하게 사용한 사례 중 하나다. 발전

가능성을 보이는 어거의 성공 사례는 미래에 훨씬 더 많은 암호토
큰을 구축하기 위한 발판을 마련할 수 있을 것이다. 비슷한 예측
시장 시스템인 '지노시스Gnosis'도 2017년 4월에 크라우드세일을
진행해 3억 달러가 넘는 자금을 모집했다.

암호상품과 암호토큰의 성장

이더리움이 활기 있는 커뮤니티를 구축하자 몇몇 비슷한 플랫폼이
이더리움의 성공에 주목해왔다. 위에서 언급한 디피니티, 리스크,
루트스톡, 테조스, 웨이브는 이 책을 집필하고 있는 지금 모두 각기
다른 개발 단계에 있다. 프리크라우드세일pre-crowdsale 단계거나 척
바한 환경에서 이미 운영을 시작하는 등 다양한 단계에서 모두 약
간씩 변형된 분산형 월드 컴퓨터 서비스를 제공하고 있다.

　카운터파티와 유사한 루트스톡은 비트코인 기반의 운영을 꾀한
다. 루트스톡은 일생의 대부분을 IT 보안 분야에 주력한 세르히오
레르너가 이끌고 있다. 그는 비트코인에서 처음 근무하게 되었을
때 코드의 많은 부분을 감사하는 업무를 맡았다. 이제는 비트코인
을 바탕으로 한 이더리움을 구축하는 팀을 이끌고 있다. 루트스톡
(시스템)은 이더리움에서 구동되는 모든 분산앱과 호환될 것이다.
이더리움에 이더가 있듯이 루트스톡은 네이티브 통화인 RSK를 사
용한다.

루트스톡이 이더리움의 중요 경쟁 상대가 될 것이라는 시각도 있지만,[38] 우리는 이더리움과 루트스톡이 공존하면서 건강한 대리 기능성redundancy(문제가 있는 기능을 대신하는 것—옮긴이)을 제공할 것이라고 생각한다. 두 대 이상의 널리 인정된 분산형 세계 컴퓨터가 있으면 서비스 중단 등 혼란스러운 사태가 벌어지더라도 분산앱이 원상회복할 수 있다. 한 네트워크에서 심각한 문제가 발생하면 분산앱이 다른 유사한 플랫폼에 상태를 복제할 수 있고, 그 후에는 해당 플랫폼을 통해 모든 트랜잭션을 처리할 수 있다. 다른 플랫폼으로 이동하는 것이 끔찍한 시장 변동성을 유발할 수도 있지만, 이런 선택의 가능성은 기반으로 삼은 플랫폼에 분산앱이 신세를 지지 않는다는 것을 의미한다.

마지막으로 혁신적 투자자를 혼란하게 할 위험을 무릅쓰고, 우리는 분산앱이 많은 암호상품을 다양한 인프라 용도로 동시에 사용할 수 있다는 사실을 덧붙여야겠다. 예를 들어 분산앱은 파일코인Filecoin과 같은 분산형 클라우드 저장 시스템을 사용하여 대량의 데이터를 저장할 수도 있고, 특정 작업을 처리하기 위해 이더리움을 사용하는 것 외에도 익명화된 대역폭을 위해 또 다른 암호상품을 사용할 수 있다.

이러한 최첨단 플랫폼들의 경우, 혁신적 투자자라면 개발자의 마인드 셰어와 채굴자들의 지원을 계속해서 파악해야 한다. 둘 다 플랫폼의 장기적 성장과 생존에 필수적이다. 개발자들은 버그를 재빨리 고치는 한편, 채굴자들은 해독 불가능한 안전한 플랫폼에 필요한 하드웨어와 자원을 제공할 것이다. 실제로 운영되는 분산형 시스템 플랫폼들이므로 빠르게 구동되고 적절한 보안이 유지되어야 한다. 그런 다음에야 비로소 다른 개발자들이 플랫폼에 기반한 분산앱을 만들 수 있을 것이다.

지금까지 1부에서는 혁신적 투자자라면 가져야 할 크립토애셋에 대한 이해를 다졌다. 이제 2부에서는 투자자가 투자 포트폴리오에 크립토애셋을 왜 포함시켜야 하는지를 알아보고자 한다. 크립토애셋이 빠르게 진화하며 다소 복잡한 미래를 만들어내고 있지만, 시간이라는 시험대를 견뎌낸 투자 교리가 여전히 적용되고 있다. 투자 이론의 기본 원칙으로 돌아가면 혁신적 투자자는 자신의 중요한 포트폴리오를 적절하게 배치해 틀림없이 크립토애셋의 성장을 활용할 수 있을 것이다.

2부

왜 지금
크립토애셋이
중요한가

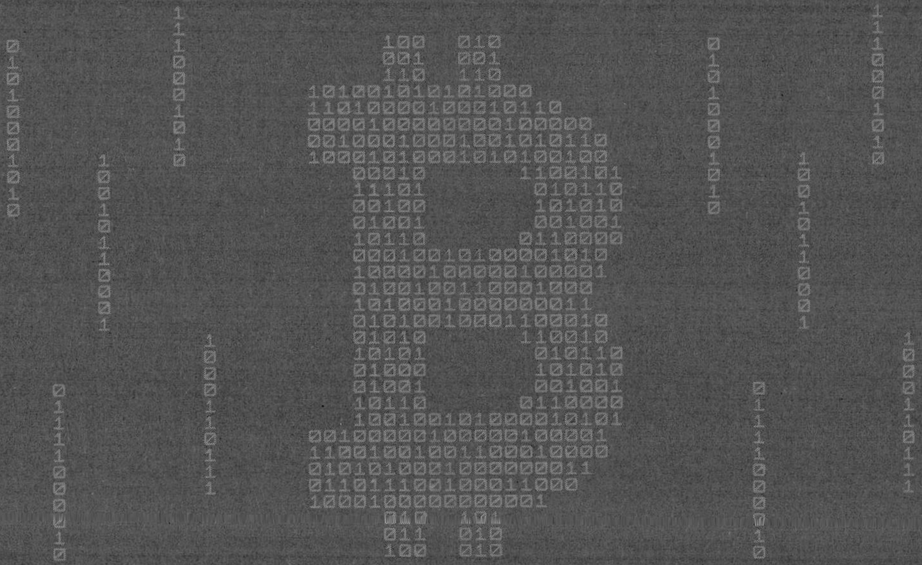

6

포트폴리오 관리에서
대체자산이 중요한 이유

2013년 8월, 투자 포트폴리오에 놀랍게도 비트코인을 추가했을 때 나(잭 타터)는 마켓워치MarketWatch.com의 칼럼니스트였다. 처음에는 호기심에서 시작했지만 비트코인에 대한 관심은 시간이 지날수록 더 무르익고 진지해졌다. 은퇴 설계에 관한 글을 쓰는 사람으로서 다른 사람들에게 자산을 추천할 수 있는 경우는 오직 내 은퇴 포트폴리오에 그 자산을 포함할 용기가 있을 때뿐이라고 여겨왔다.

나는 그 해 비트코인에 투자하기로 결정했을 뿐 아니라 SEPSimplified Employee Pension(간이 근로자 연금)에 할당하려던 금액 전부를 비트코인에 투자하기로 결심했다. 〈당신의 은퇴 포트폴리오에 비트코인이 포함돼 있는가?〉라는 내 기사는[1] 온라인과 재정설계 커뮤니티를 동요시켰다. 나는 지난 몇 년 동안 투자를 결정할 때에는 신중해야 한다는 것과 위험과 수익의 균형을 이루는 포트폴리오를 합리적으로 구축해야 한다는 것을 일관되게 주장해왔다.

투자에 대한 균형적인 접근은 금융 컨설턴트로서 쌓은 경험에서 비롯되었다. 나는 금융계 회사들에서 일했을 뿐 아니라 재정 목표를 달성하고자 노력하는 정규 투자자들과 거의 10년 가까이 직접 일해왔다. 고객들과 식사 자리를 수백 번 함께하면서, 은퇴 후의 꿈이나 자녀를 대학에 보내려는 꿈은 저축과 적절한 자산 배분이라는 규율을 따를 때만 이루어질 수 있다고 말해왔다. 나는 고객의 필요와 위험을 토대로 구축한 신중한 포트폴리오의 힘을 믿는다.

그러던 내가 비트코인에 투자하기로 결정한 것은 고객들에게 들려준 나의 조언에 조금은 역행하는 행동이었다. 내가 좀 더 신중하게 다른 방식으로 포트폴리오를 관리했을지도 모르지만, 과거에도 새로운 기술에 관심을 보였던 나는 비판에 익숙했다. 닷컴 시절에 나는 가치가 높게 오른 기업에 상당한 액수의 투자를 했다가 실패한 적이 있었다. 허울뿐인 기업이 현실에 부닥치며 무너져 내렸기 때문이다. 또다시 내가 비트코인으로 주인공만 바뀐 비슷한 시나리오를 쫓았던 것일까? 첨단 기술과 투자에 대해 정통한 내 아들 에릭도 처음에는 "아버지, 사람들은 달러 지폐를 쓰고 있어요. 그걸 그냥 계속 사용하세요"라며 비트코인에 대해 비판적이었다.[2]

하지만 나는 가상화폐virtual currency가 가진 실질적인 잠재력을 보았다. 수개월간 나는 내 자신이나 고객의 포트폴리오에 추가한 다른 자산을 30년 동안 분석해온 동일한 방식으로 비트코인을 분석하고 평가했다. 나는 조심스럽게 비트코인의 시장 움직임을 고려하고 수량화했다. 이 방법은 곧 설명할 것이다. 그래서 내가 상대하고 있는 새롭고 복잡한 이것이 무엇인지 알게 되었다. 나는 주식, 채권, 대체자산 간의 현명한 자산 배분이라는 중요한 목표를 가지고, 책임감 있게 배분할 수 있는 포트폴리오의 비율을 깊이 생각해봤다. 그리고 나서 퇴직금 적립 계좌에 비트코인을 넣는 방법을 알아보았다. 자산을 분석하는 전반적인 과정은 전에 수도 없이 실시한 방법과 같았다. 유일한 차이점은 대상이 비트코인이라는 점이었다.

현대 포트폴리오 이론

투자 결정을 평가할 때 출발점은 언제나 개인의 재정 목표와 투자 기간, 위험 허용 범위다. 목표는 돈을 어떻게 사용할 것인지다. 시간의 흐름을 보면 이 자금이 언제 사용될지 알 수 있다. 위험 허용 범위는 좀 더 분석을 필요로 한다. 투자자는 자신의 포트폴리오 가치 변동에 대해 자신들만의 허용 범위를 가지고 있다. 예컨대 포트폴리오가 등락을 거듭할 때 잠을 이루지 못하는 사람이 있는가 하면, 오르락내리락 하는 중에도 장기적인 이득을 꿈꾸며 잠을 이루는 사람이 있다. 일단 목표, 기간 그리고 위험 허용 범위를 결정하면 사람들은 이런 변수들의 범위 안에서 수익을 극대화하는 투자 포트폴리오를 개발해나간다.

노벨 경제학상을 수상한 해리 맥스 마코위츠는 1952년에 포트폴리오를 구축하는 법을 설명했다. 이후로 대부분의 투자 자문가와 투자자들이 그의 모델을 따랐다. 그는 현대 포트폴리오 이론modern portfolio theory(MPT)을 만든 업적으로 노벨상을 수상했다. 이 이론은 목표로 삼은 위험 수준에 기반해 기대수익을 극대화하는 투자 포트폴리오 구축을 제시한다.

현대의 포트폴리오 이론은 정해진 위험 수준에서 예상되는 최대 예상 수익을 말하는 효율적 투자선efficient frontier을 파악함으로써 높은 위험을 감수한 만큼 높은 수익을 올리게 된다는 점을 보여주었다.

이 이론을 이용하는 투자자에게 가장 중요한 점은 위험을 분명하게 고려하는 것이다. 위험은 소매 투자자들에게 기분 좋은 것은 아니다. 그럼에도 그들 중 많은 이가 위험 부담 없이 100만 달러 수익을 얻기를 꿈꾼다. 위험 없이는 보상이 있을 수 없다. 미국 증권 시장을 규제하는 증권거래위원회는 투자자들에게 위험에 대해 다음과 같이 조언하고 있다.

투자에 관한 한 위험과 보상은 불가분으로 얽혀 있습니다. 여러분은 아마도 "고통 없이는 얻는 것도 없다"라는 말을 들어보셨을 것입니다. 이런 말들은 위험과 보상 사이의 관계를 압축해서 보여주고 있습니다. 다른 사람의 반대 의견에 좌우되지 마세요. 모든 투자에는 어느 정도의 위험이 따릅니다. 증권이나 채권, 뮤추얼펀드 등 유가증권을 매입할 때는 돈의 일부 또는 전부를 잃을 수 있다는 점을 투자하기 전에 미리 인지하고 있어야 합니다. 위험을 감수할 경우 더 큰 투자 수익으로 보상받을 가능성이 있습니다.[3]

우리는 곧 위험을 수량화하는 구체적인 방법을 다룰 것이며, 주로 변동성에 대해 논의할 것이다. 마찬가지로 우리는 절대수익abso-lute returns, 변동성 단위당 수익 또는 위험보상율에 접근하는 방법에 대해서도 알아볼 것이다.

포트폴리오를 구성하고 있는 각 자산들의 개별적 특성을 이해하는 것이 중요하지만 현대 포트폴리오 이론은 단일 자산을 넘어서 전반적인 포트폴리오의 위험 및 수익에 대해 통합적으로 접근할 것을 강조한다. 이는 감독이 팀에 접근하는 방법에 비유할 수 있다. 각 팀원의 장점과 단점을 이해하는 것도 중요하지만, 팀원들이 함께 어떻게 뛰는지를 이해하는 것이 더 중요하다. 훌륭한 팀은 평범한 선수들로도 만들어질 수 있지만, 훌륭한 선수들이 모여 있다 해도 팀플레이가 이뤄지지 않으면 평범한 팀이 될 수 있다.

마코위츠의 효율적 투자선은 포트폴리오에 자산을 현명하게 결합함으로써 정해진 수준의 위험에서 수익을 극대화한다. 자산을 현명하게 조합하면 실제로 포트폴리오의 위험을 (무위험risk-free 이슈를 제외하고는) 포트폴리오의 단일 자산보다 더 낮은 수준으로 낮출 수 있으며, 특히 크립토애셋이 두드러질 수 있는 부분 중 하나다. 개별 자산의 세 가지 핵심 특징을 간략히 설명한 뒤에 투자자가 이런 포트폴리오를 어떻게 만들어낼 수 있는지를 살펴보도록 하겠다.

표준편차

수익률의 표준편차Standard deviation of returns, 즉 자산 가격이 평균값에서 벗어나는 범위는 위험을 측정하는 가장 잘 알려진 방법 중 하나다. 마코위츠의 접근법이 포트폴리오에서 위험의 필요성을 분명히 보여주기는 하지만, 대부분의 투자자들은 어느 정도는 위험을 회피하려 한다. 따라서 투자자들이 위험을 증가시키려면 보상 또한 증가할 가능성이 있어야 한다. 현대 포트폴리오 이론은 불안감을 해소하고자 위험을 정량적으로 분명히 나타내 불확실성을 상당 부분 해소한다. 늘 그렇듯이 위험에 대해 속속들이 이해하고 있을 때 투자자들은 밤에 푹 잘 수 있다.

　수익률의 표준편차는 정규 분포 곡선의 통계에서 가져온다. 만약 정규 분포의 평균값이 10이고 그 표준편차가 5라고 하면 샘플에서 무작위로 선택한 개체entity의 68퍼센트가 5와 15 사이에서 떨어진다. 5는 10의 왼쪽으로 표준편차 1, 15는 10의 오른쪽으로 표준편차 1이다. 정규 분포 곡선의 작동 방식 때문에 무작위 샘플의 95퍼센트가 평균에서 표준편차 2 이내로 떨어지게 되므로, 우리가 가정한 예의 경우에는 0과 20 사이가 된다. 〈그림 6.1〉을 보자.

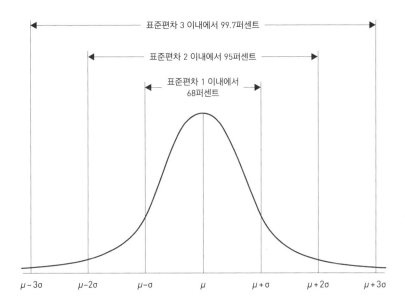

표준편차 3 이내에서 99.7퍼센트

표준편차 2 이내에서 95퍼센트

표준편차 1 이내에서
68퍼센트

$\mu-3\sigma$ ㅤ $\mu-2\sigma$ ㅤ $\mu-\sigma$ ㅤ μ ㅤ $\mu+\sigma$ ㅤ $\mu+2\sigma$ ㅤ $\mu+3\sigma$

〈그림 6.1〉 표준편차 정규 분포 곡선

출처 : https://www.spcforexcel.com/files/images/nd.gif

예상 수익률이 7퍼센트이고 기대수익률 5퍼센트 표준편차인 주식을 예로 들어보자. 이 주식은 내년에 2퍼센트에서 12퍼센트 사이의 수익률을 낼 가능성이 68퍼센트다. 덜 공격적인 자산으로 기대수익률이 4퍼센트이고 표준편차가 1퍼센트일 것이라 예상되는 채권이 있다고 가정하자. 내년에 3퍼센트에서 5퍼센트 사이의 수익률을 낼 가능성이 68퍼센트일 것이라 예상된다. 채권의 가격 등락폭은 더 적은 반면, 주식은 수년간 수익률이 훨씬 좋을 가능성도 있지만 수년간 심각하게 가격이 떨어질 위험성도 있다. 따라서 기대수익률의 표준편차는 투자자들이 그 자산을 보유하려고 할 때 그들이 얼마나 많은 위험을 감수하고 있는지를 알려준다.

좀 더 전체적인 관점에서 살펴보자. 4퍼센트의 수익률 표준편차를 가진 포트폴리오를 8퍼센트의 표준편차를 가진 포트폴리오와 비교해보자. 만약 두 포트폴리오가 7퍼센트의 기대수익률을 가지고 있다면, 둘 다 같은 기대수익률을 가지고 있기 때문에 더 많은 변동성을 가진 포트폴리오에 투자하는 일은 현명한 결정이 아니다. 이런 관점에서 더 높은 수준의 위험을 감수하는 것은 이점이 없으며, 포트폴리오 구축이 현명하지 않으면 투자자들은 보상보다 더 많은 위험을 감수하게 될 것이다.

샤프지수

현대 포트폴리오 이론과 마찬가지로 샤프지수Sharp Ratio 이론도 노벨상 수상자인 윌리엄 샤프가 창안했다. 샤프지수는 측정된 위험 단위당 수익을 측정한다는 점에서 수익의 표준편차와 다르다. 이 비율은 자산의 평균 예상 수익률(무위험 수익률 제외)을 수익률 표준편차로 나눈다. 예를 들어 기대수익률이 8퍼센트이고 수익률 표준편차가 5퍼센트일 경우 샤프지수는 1.6이다(8을 5로 나눈 값—옮긴이). 샤프지수가 높을수록 관련 위험에 대한 투자자 보상이 더 잘 이루어진다. 샤프지수가 낮은 자산은 투자자에게 부정적인 수익률과 변동성으로 응징한다.

중요한 것은 절대수익이 샤프지수의 전부가 아니라는 점이다.

절대수익률이 낮은 자산은 극심한 변동성을 겪는 고가의 자산보다 샤프지수가 높을 수 있다. 예를 들어 기대수익률 10퍼센트에 변동성이 10퍼센트로 예상되는 주식 자산과, 기대수익률이 5퍼센트지만 변동성이 3퍼센트로 예상되는 채권을 비교해보자. 주식 자산의 샤프지수는 1.2이고 채권의 샤프지수는 1.67이다(무위험률을 0퍼센트로 가정함). 샤프지수는 채권과 주식, 사과와 오렌지 등 각기 다른 자산이 위험을 감수한 투자자에게 어떻게 보상해주는지를 비교하는 수학적 방법을 제공한다.

수익의 상관관계와 효율적 투자선

현대 포트폴리오 이론이 보여준 눈부신 성과 중 하나는 좀 위험한 자산도 포트폴리오에 추가할 수 있음을 보여준 것이다. 만약 그 자산의 움직임이 포트폴리오의 기존 자산과 상당히 다르다면 실제로 포트폴리오의 전반적인 위험을 줄일 수 있다. 위험한 자산이 포트폴리오를 덜 위험하게 만드는 방법은 무엇일까? 열쇠는 수익의 상관관계correlation of returns다.

　상관관계는 자산이 다른 자산과 관련해 움직이는 방식을 측정하는 것이다. 측정 범위는 +1에서부터 −1이다. 만약에 자산이 서로 완벽하게 양의 상관관계에 있다면 동시에 움직일 것이다. 하나가 10퍼센트 증가하면 다른 하나도 10퍼센트 증가할 것이다. 마찬가지로 −1에서 이들이 완벽히 음의 상관관계에 있을 경우 한쪽이 10퍼센트 이상 올라가면 다른 쪽이 10퍼센트 하락할 것이다. 아무런 상관관계가 없을 경우에는 자산이 서로 완전히 독립적이라고 봐야 한다. 이 경우 시장에서 한 자산의 움직임이 어떻게 이뤄지고 있는지는 다른 자산과 아무런 관계가 없다.

주식과 채권은 투자자들이 낮은 상관관계를 가진 자산의 포트폴리오를 구축하려고 할 때 위험을 줄이고자 사용하는 주요 도구다. 역사적으로 주식과 채권은 서로 다르게 움직여왔다. 경제가 튼튼하고 주식이 전반적으로 상승하면 투자자들이 손해 볼 것을 우려해 채권에서 돈을 빼낸다. 그러면 채권 가격이 급락하고 주가가 오르게 된다. 투자자들은 위험자산을 선호하는risk-on 태도로 살아남는다. 주가가 흔들리면 투자자들은 잠재적 손실을 걱정하게 되고, 돈은 안전자산 선호 경향flight to safety을 따라 상대적으로 안전한 채권으로 유입된다. 이런 안전자산 선호 시장은 주가를 하락시키고 채권 가격을 상승시킨다.

두 자산은 같은 정보에 대해 서로 다른 방향으로 움직인다. 주식과 채권은 시소 위의 두 사람처럼 거의 비슷하게 행동을 취한다. 위험을 두고 주식과 채권 사이에 역사적으로 진행돼온 이런 균형은 가능한 한 정확하게 이루어져야 한다. 그렇지 않고 어느 방향으로든 일정하게 일어나지 않는 시장의 움직임은 혁신적 투자자의 포트폴리오에 고통스러운 영향을 미칠 것이다.

다양한 상관관계를 갖는 자산을 결합하면 강세 시장과 약세 시장에서 모두 실적을 내는 포트폴리오를 만들 수 있다. 단지 몇몇 선수들이 아프다고 해서 팀 전체가 실패하는 것은 아니다. 마코위

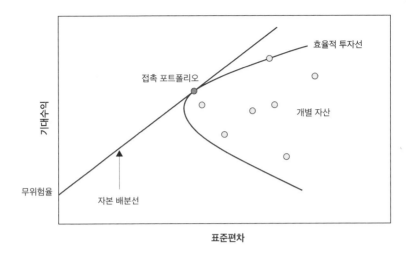

〈그림 6.2〉 현대 포트폴리오 이론의 효율적 투자선

출처 : https://www.ways2wealth.com/Portals/0/Images/Efficient%20Frontier.jpg?ver=2016-03-14-220603-923

츠익 현대 포트폴리오 이론이 가진 주요 장점 중 하나는 포트폴리오가 위험 수준에 대한 최고의 수익 기대치를 제공할 수 있는 지점을 가리키는 '효율적 투자선 개념'이다(〈그림 6.2〉). 이 개념을 사용하면 일부 자산군이 감수한 위험에 비해 충분한 수익을 제공할 수 있을지 없을지를 시각화할 수 있기 때문에, 포트폴리오를 구축하는 데 유용하다.

금융 서비스 산업 내에서는 체계적 위험Systematic risk과 비체계적 위험Unsystematic risk, 이 두 가지 방법으로 위험에 대해 이야기한다. 체계적 위험이란 전 세계 국내총생산GDP의 성장, 무역 관계, 전쟁 등의 영향을 받는 자산 투자에 내재한 위험이다. 체계적 위험은 노든 자산이 그것에 영향을 받기 때문에 분산 불가능한 위험으로도 알려져 있다. 반면에 비체계적 위험은 시장 부문, 관리, 제품 확장, 지리적 위치 등과 같은 개별 투자에 따르는 위험이다. 비체계적 위험은 또한 기업 고유의 위험firm-specific risk으로도 알려져 있으며, 정교하게 구성된 포트폴리오를 통해 중화할 수 있다.

시스템에 영향을 줄 수 있는 다양한 기업 관련 위험을 중화하는 자산 포트폴리오를 구축하면 비체계적 위험을 줄일 수 있다. 이상적으로 포트폴리오는 한 투자가 특정 사건에 의해 부정적 영향을 받을 경우, 다른 자산이 바로 그 동일한 사건에 의해 잠재적으로 이득을 볼 수 있도록 설계된다. 예를 들어 미국에서 탄소세가 산업에 부과된다고 치자. 석유 및 석탄 구매와 관련 있는 회사들은 나쁜 영향을 받을 수 있고, 반면에 태양광 회사들은 급격히 성장할 수 있다. 이 탄소세가 전체적으로 시장에 영향을 미치지 않는다면 체계적 위험이 되지 않는다. 대신에 시장 내 특정 기업에 영향을 미치는 것은 비체계적 위험이다. 이 경우에 석유 회사와 태양광 회사의 주식은 탄소세로 인해 음의 상관관계를 경험하는 자산 사례가 된다.

동일한 자산 클래스 내의 특정 자산에 대해 유효한 점은 자산 클래스 사이에도 유효하다. 만약 비체계적 위험이 음의 상관관계가 있는 자산 클래스와 자산으로 포트폴리오를 구축함으로써 완전히 중화된다면, 그 포트폴리오는 체계적 위험에만 노출될 것이다. 현대 포트폴리오 이론은 한 걸음 더 나아가, 투자자들은 장기적으로 체계적 위험에 대해서만 보상을 받을 뿐 비체계적 위험에 자신을 노출시키면 부정적인 영향을 받을 것이라고 말한다.

현대 포트폴리오 이론의 툴을 사용하면 장기적 재무 목표와 목적을 달성하는 데 충분한 수익을 창출하면서도 투자자의 위험 프로파일 내에 머무는 포트폴리오를 구축할 수 있다. 혁신적 투자자는 비트코인이나 다른 크립토애셋과 같이 전통적 자본시장과 무관한 자산을 포트폴리오에 포함시키면 전반적인 위험을 줄일 수 있음을 인식하고 있다.

전통적 자산 배분

전통적인 자산 배분 모델은 주식이나 채권의 포트폴리오 비율을 엄격하게 규정하는 데 오랫동안 주력해왔다. 예를 들어 미국개인투자자협회는 투자자 모델을 다음 세 가지 유형으로 단순화한다.[4]

- **공격적 투자자** : 90퍼센트 다양한 주식과 10퍼센트의 채권
- **중도적 투자자** : 70퍼센트 다양한 주식과 30퍼센트의 채권
- **보수적 투자자** : 50퍼센트 다양한 주식과 50퍼센트의 채권

이 세 가지 모델은 투자 기간이 각기 다른, 다양한 연령대의 사람들이 사용할 수 있다. 다수의 주식이 '다양한 주식'에 포함된다.

채권의 경우에는 더욱더 다양하다. 예컨대 주식은 회사 규모, 성장 특징, 가치 평가, 분야(부문), 지리적 위치 등에 따라 고려할 수 있다. 마찬가지로 채권은 다양한 기간, 신용등급, 세금 혜택과 함께 정부나 기업의 이슈를 포함할 수 있다.

자산 배분에 대한 이런 전통적 접근 방식은 2008년에 금융시장이 붕괴되면서 좌초되었다. 포트폴리오에 주식과 채권을 둘 다 가지고 있다 하더라도 다 무너질 수 있음을 투자자들은 알게 되었다.[5] 일반 투자자들은 주식과 채권이 상관관계 없이 움직이던 검증 모델에 배신감을 느꼈다. 2008년 금융 붕괴는 이런 "경제 자장가economic lullaby"를 듣던 투자자들을 흔들어 깨웠다.[6] 자본시장 자산이 더욱 밀접하게 얽히며 세계화가 가속화되는 시대에 20세기 다각화 모델은 21세기 투자에 적절치 않다는 사실이 분명해지고 있었다.

대부분의 사람들이 2008년 금융위기를 감지하게 되면서, 어떤 사람은 폭풍을 견뎌냈을 뿐만 아니라 강한 행운의 바람을 활용해 많은 돈을 벌었다는 사실이 곧 드러났다.[7] 상대적으로 비밀리에 움직이던 헤지펀드 매니저는 금융위기 피해를 상당 부분 피해 갔고, 그중 일부는 금융위기를 통해 크게 이익을 얻는 능력을 보여줌으로써 새로운 "우주의 수인masters of the universe"이라 불렸다.

부상하는 대체투자

2008년 금융위기는 많은 금융 자문가 및 자산관리자 들로 하여금 주식과 채권 이외의 포트폴리오 구축에 대해 다른 접근법을 돌아보게 했다. 금융위기 동안 헤지펀드가 보여준 수익은 비전통적 대체투자가 긍정적인 (어떤 경우에는 대폭으로) 수익률을 제공한 사례로 확인되었다.

개인적으로 존 폴슨이 사건 중심Event-driven 펀드인 '폴슨 어드밴티지 플러스Paulson Advantage Plus'를 포함한 펀드 관리로 10억 달러 이상을 벌었다는 사실이 밝혀지면서, 금융위기로부터 이득을 본 헤지펀드 억만장자를 대표하게 되었다. 폴슨 어드밴티지 플러스 펀드는 2006년부터 2008년 사이 연간 수익률이 거의 63퍼센트에 달해 헤지펀드 부문 1위를 차지했다. 2008년 80퍼센트의 수익률을 기록한 제임스 사이먼스의 '르네상스 테크놀로지 메달리온 펀드Renaissance Technologies Medallion Fund'도 성공적이었다. 상위 스물다섯 명의 헤지펀드 매니저가 2007년에 총 222억 달러, 2008년에 116억 달러를 벌었다는 사실이 밝혀지자, 비즈니스 마인드를 가진 학생들 사이에서 헤지펀드 매니저가 되려는 사람이 크게 늘었다.[8]

이런 수익들로 헤지펀드 세계는 언론의 관심을 끌었다. 투자자들은 헤지펀드 매니저들이 금융위기와 관련이 있는지 여부에 의문을 가졌다.[9] 투자자들은 또한 헤지펀드 매니저들이 어떻게 투자하고 있는지, 그리고 자신들도 할 수 있을지 여부를 알고 싶어 했다.

먼저 헤지펀드의 의미를 살펴보고 다양한 헤지펀드들의 차이점을 알아보자. 다양한 헤지펀드는 종종 다른 투자 목표와 접근 방식을 갖고 있어서 한 그룹으로 한데 묶기가 어렵다. 역사적으로 헤지펀드를 분간하는 가장 쉬운 방법은 헤지펀드의 높은 수수료 구조를 보면 된다. 예를 들어 헤지펀드 중 많은 수가 2퍼센트의 연간 관리 수수료를 부과하고 수익의 20퍼센트를 성공 보수로 가져가는 2-20 모델, 3-30 모델로 운용된다. 다른 흔한 특징으로는 '배타성'과 '전반적인 비밀 유지'가 있다.

2008년 금융위기 이전에 헤지펀드 퍼포먼스를 이용하고 이를 활용했던 대체투자는 보통 최소 투자액이 100만 달러인 점을 감안하면 대개 상당한 투자 가능 자산이 있는 초대형 순자산이었다. 게다가 투자자들은 헤지펀드 매니저와 맺은 계약의 일환으로 자금을 장기간에 걸쳐 묶어두어야 했다.

뮤추얼펀드가 사용 접근 방식과 자산 클래스를 정확하게 설명하는 안내서를 제공한다면 헤지펀드는 종종 비밀에 가려져 있다. 광범위한 투자 전략을 공개적으로 광고할 수도 있지만, 헤지펀드의 비법이 되는 소스를 지키고자 세부 내용은 알리지 않는다. 헤지펀드 매니저는 고객들에게 엄청난 양의 융통성과 관용을 요구한다.

예를 들어 헤지펀드 매니저는 부동산을 매입하거나 저평가된 회사(공기업이든 사기업이든)의 소유권을 인수할 수 있다. 정치적 변화가 석유에 유리하다고 보이면 유조선을 임대하거나 외국계 석유 회사에 상당한 투자를 할 수 있다. 또 목재, 주식의 짧은 포지션(그들이 가격 하락을 예측하고 있음을 의미), 파생상품과 같은 자산, 그리고 이 책과 밀접한 관련이 있는 비트코인 등의 크립토애셋을 활용할 수 있다.

이렇듯 투명성과 유동성이 부족한데도 부유한 투자자들은 폴슨, 사이먼스 등과 같은 매니저들의 실적을 쫓아 헤지펀드로 몰려갔다. 헤지펀드 투자자들은 헤지펀드 매니저의 접근법, 펀드 자산과 관련된 높은 위험과 변덕스러운 성격을 다룰 수 있을 만큼 자신들이 부유해야 한다고 기본적으로 생각했다. 일반 투자자들은 높은 자산 약정, 유동성 부족, 투명성 부족 등으로 헤지펀드를 멀리했다. 다행히도 어떤 포트폴리오에서든 대체투자를 활용하기 위한 기본 능력은 사람들이 생각하는 것만큼 파악하기가 어렵지는 않다.

대체투자란 무엇인가

그렇다면 '대체투자alternative investment'를 어떻게 정의할 수 있을까? 인터넷과 사전을 검색하면 이 용어를 정확히 정의하는 것이 상당히 복잡하게 여겨질 것이다. 헤지펀드부터 금과 목재 같은 천연 자원에 대한 직접 투자에 이르기까지 투자 영역이 광범위하기 때문이다.[10]

투자 옵션과 동향이 갈수록 변하면서 대체투자를 분류하는 일은 중요한 목표물이 되고 있다. 많은 투자자들이 대체투자라고 특별히 지칭하지 않아도 포트폴리오에 이미 대체투자 수단을 보유하고 있을지도 모른다. 재정 거래 전략이나 선물 계약을 전문으로 하는 상장지수펀드exchange traded fund(ETF) 같은 투자도 포트폴리오의 다른 상장지수펀드처럼 보일 수 있지만 이 또한 대체투자로 간주될 수 있다.[11] 금, 은, 부동산, 예술품, 개인 사업체 모두 순가치를 가지고 있고 대체투자로 간주될 수 있다.

대체투자를 보다 간결하게 적절히 설명하자면, 주식이나 채권의 주요 투자처와는 별도의 고유한 경제적 가치 기반을 가진 자산으로 이해하면 된다. 투자자의 주된 관심사는 대체자산, 그리고 대다수의 투자자가 포트폴리오에 가지고 있는 주식이나 채권과 상관관계가 없는 방식으로 작용하는 자산을 보유하는 것이다.

제대로만 된다면 2008년에 전체 시장이 심각한 붕괴를 겪었을 때 포트폴리오 내 특정 대체투자 가치는 감소하지 않았을 것이다. 마찬가지로 시장의 격변에 따라 같은 자산의 가치가 증가할 수도 있고 그렇지 않을 수도 있다. 가치를 잃을 수도 있지만 이는 전반적인 위험 감소 비용이다. 혁신적 투자자의 포트폴리오에서 대체투자는 위험의 균형을 유지하고 주식이나 채권이 폭락하는 경우 효과적인 대비책이다.

혁신적 투자자를 위한 대체투자

오늘날 혁신적 투자자는 위험과 보상에 대해 명확하게 이해함으로써 투자 포트폴리오와 자산 배분 전략을 구축할 수 있고, 대체투자를 포함하는 것이 도움이 될 수 있다. 이 점은 현재 대체투자가 고객 수익 향상을 위해 어떻게 사용될 수 있는지를 적극적으로 살펴보고 있는 자산관리 회사들에게도 물론이다.

예컨대 모건스탠리 회사는 투자 가능한 자산이 2,500만 달러 미만인 고수익 투자자에게는 자산 배분 모델을 이렇게 권한다. 주식 56퍼센트, 채권 19퍼센트, 현금 3퍼센트, 대체자산 22퍼센트. 투자 가능한 자산이 2,500만 달러 이상인 고객에게는 주식 50퍼센트, 채권 19퍼센트, 현금 3퍼센트, 대체자산 28퍼센트를 권장하고 있다.[12] 메릴린치는 일반 투자자에게 포트폴리오의 20퍼센트 이상을 대체투자로 포함하는 모델을 권장하고 있다.[13]

분명한 것은 대체투자를 포트폴리오에 포함하는 일이 고액 순자산 투자자들에게만 국한되어서는 안 된다는 점이다. 역사적으로 대체투기가 소매 포트폴리오에 포함되지 않은 강력한 이유 중 하나는 불안정성 때문이다. 많은 소매 투자자들이 10년 동안 그들의 자금에 접근할 필요가 없다는 것을 보장할 수 없어서, 많은 대체자산이 손에 닿지 않는 곳에 있다. 하지만 이제 변하고 있다.

지난 10년 동안 자산관리 회사들은 다양화되는 자산과 전통 자본시장의 비상관성을 보여주고자 일반 투자자를 위해 보다 많은 대체투자를 만들어왔다. 상장지수펀드의 확산은 금, 에너지 자원, 부동산과 같은 대체자산에 대한 유동적 투자와, 시장의 변동성을 활용할 수 있는 방법을 만들어냈다. 자본시장을 통해 이런 제품에 쉽게 접근할 수 있어서 투자자 포트폴리오와 여러 금융 자문가들의 추천 목록에 포함되었다. 이는 2015년 금융 자문가들을 대상으로 실시한 설문 조사에서 극명히 나타났다. 73퍼센트의 고객사를 대체투자 대상으로 삼고 있었고, 거의 4분의 3에 해당하는 자문가가 현재의 대체투자 할당량을 유지하기로 계획했다.[14]

또한 그 설문 조사에서 대부분의 자문가가 자산 할당 측면에서 고객 포트폴리오의 6~15퍼센트를 대체자산으로 제시하고 있는 것으로 나타났다. 또 일부 적은 수의 자문가가 그들 고객 포트폴리오의 16~25퍼센트를 대안으로 추천했다.

비트코인 및 기타 크립토애셋은 이런 자산 할당을 충족하기 위해 안전하고 성공적으로 다양한 포트폴리오에 통합될 수 있는 대체자산이다.[15] 그러나 모든 대체투자는 고유한 특성을 가지고 있다는 점을 혁신적 투자자는 이해해야 한다.

우리는 비트코인을 포함한 크립토애셋의 잠재력이 매우 커서 이것이 고유한 자산 클래스로 간주되어야 한다고 믿는다. 또 크립토애셋이 혁신적 포트폴리오에 점점 더 많이 사용되는 모습을 본다. 이제 우리는 왜 크립토애셋이 주류 소매 포트폴리오에 점점 더 통합될 것이라고 생각하는지를 설명할 것이다. 우선 비트코인의 위험과 보상에 대해 살펴보고, 비트코인의 위험-보상 프로파일이 어떻게 진화했는지도 알아보고자 한다.

21세기
가장 강력한 대체자산

21세기 가장 흥미로운 대체자산인 비트코인은 디지털 형제들이
비슷한 성공을 누릴 수 있는 길을 열었다. 이 장에서는 절대수익,
변동성, 상관관계를 통해 비트코인이 자산으로서 어떻게 진화했는
지를 살펴보고, 비트코인을 각기 다른 보유 기간에 걸쳐 작은 규모
로 포트폴리오에 분배하면 어떤 결과가 나올지 알아볼 것이다. 비
트코인이 가장 오래된 크립토애셋이라고 할 수 있기 때문에 가장
많은 자료를 통해 성장 과정을 알 수 있다. 비트코인이 장기간에 걸
쳐 보여준 시장 행동 변화를 이해하면 다른 크립토애셋이 어떻게
진화해나갈지도 들여다볼 수 있을 것이다.

비트코인의 최초 가격

2009년 10월 5일, 비트코인 가격이 처음 책정되었던 때로 돌아가 보자. 당시 가격은 달러당 1,309 비트코인 또는 비트코인당 0.07센 트로 책정되었다. '뉴 리버티 스탠더드New Liberty Standard'라는 한 작 은 웹사이트는 비트코인을 채굴하는 컴퓨터를 유지하는 데 들어간 전기료 및 임대료 등의 비용과, 이를 통해 채굴한 비트코인의 양을 비교해 이에 기초한 교환율을 설정했다.

당시 만약 한 투자자가 전 세계에서 몇 안 되는 채굴자 중 한 사 람을 찾아내 이 교환율에 기초해 100달러를 줄 테니 13만 900개 비트코인을 달라고 제안했다면, 지금쯤 이 투자자는 1억 달러가 넘 는 돈을 모았을 것이다. 100달러짜리 지폐 한 장이 지금은 100만 달러로 바뀌는, 사상 최고의 투자 중 하나가 되었을 것이다.

그러나 이런 완벽한 타이밍은 투자자가 포착하기 어려운 꿈이 다. 내(잭)가 2013년 8월에 비트코인에 대해 알아보기 시작했을 때[1] 1 비트코인은 135달러에 거래되었다. 이미 초기 교환율인 달 러당 1,309 비트코인에서 급격히 오른 가격이었다. 그러나 나는 너 무 늦은 것은 아니라고 판단해 결국 투자를 했다.

잭과 마찬가지로 나(크리스)도 2012년에 비트코인에 대해 처음 들었을 때는 투자할 생각조차 하지 않았다. 2014년 말, 포트폴리오 에 비트코인을 포함시킬지 고려하기 시작했을 때 가격은 300달러 중반으로, 최초 교환율에 비해 46만 배가 올라 있었다. 잭처럼 나도 늦었다고 생각하지 않고 뛰어들었다. 혁신적 투자자는 비트코인의 현재 가격이 너무 높게 책정되었다고 해석할 수도 있지만, 앞으로의 가능성을 고려해보길 바란다. 우리는 크립토애셋이 여전히 초기 단계에 있다고 믿는다.

절대수익

비트코인이 생애 첫 8년 동안 보여준 움직임의 맥락을 제공하고자 우리는 비트코인을 전통자산 클래스와 대체자산 클래스의 다른 인기 투자 종목과 비교할 것이다. 절대수익 측면에서 보면 비트코인과 다른 자산 간의 장기적 비교는 대부분 입이 벌어질 정도지만, '끝점 민감도endpoint sensitivity'를 염두에 두는 것이 중요하다. 끝점 민감도는 비교를 위해 선택한 시작 및 종료 날짜를 말한다. 거의 모든 자산이 시간이 흐름에 따라 가치가 크게 변동을 거듭하기 때문이다. 가격이 낮은 시작점과 가격이 높은 끝점을 선택하면 높은 시작점과 낮은 끝점을 선택한 경우와 비교해 굉장히 다른 결과를 낳을 것이다.

우리는 이 장에서 분석의 끝점으로 비트코인의 여덟 번째 생일인 2017년 1월 3일을 선택했다. 고정 끝점을 지정한 반면, 우리는 다양한 시작 지점을 선택할 수 있는 유연성을 가진다(가장 주목할 만한 정점 중 하나인 2013년 말의 비트코인 가격 상승을 포함). 가격이 높은 시작점과 낮은 시작점을 모두 분명히 보여줌으로써, 투자자들이 비트코인을 처음 산 시기가 언제인지에 따라 겪는 다양한 경험을 보여줄 수 있을 것이다. 가격 선별과 관련해 관심 있는 이들을 위해, 2017년 1월 3일에 비트코인 가격이 약 1,000달러였던 반면에 이 책의 마지막 편집을 진행하던 시기에는(2017년 가을) 3,000달러였다는 점을 알린다. 우리는 보다 명확하게 하기 위해 후속 비교 목적으로 1,000달러 비트코인 가격에 계속 고정했다.

우선 우리는 믿을 만한 교환율 자료에서 나온 가장 장기적인 비트코인 가격을 검토하려 한다. 〈그림 7.1〉은 S&P^{Standard & Poor's} 500, 다우존스산업평균지수^{DJIA}, 나스닥 100 등 주식시장의 주요 지수

〈그림 7.1〉 마운트곡스 개장 이후 미국 주요 주가 지수와 비교한 비트코인 움직임

출처 : 블룸버그, 코인데스크

들과 비트코인을 비교한 것이다. 마운트곡스가 공식 개장하고 며칠 후 2010년 7월 19일에 100달러를 투자한 상황을 가정했다. 마운트곡스는 비트코인 거래 서비스를 최초로 널리 제공했다.

이들 브로드마켓지수Broad Market Index(BMI)는 주식시장의 평균적인 퍼포먼스를 보여준다. S&P 500은 미국 주식 시가총액의 약 80퍼센트를,[2] 다우지수는 30퍼센트를 차지하고 있다.[3] 나스닥 100은 컴퓨터 하드웨어 및 소프트웨어 기업, 통신회사, 생명공학 기업 등을 포함한 비금융 업종 주요 국내외 기업으로 이루어진 지수다.[4] 그래프가 y축에 대해 로그 척도를 사용하여 브로드마켓지수가 보일 수 있도록 한 점에 주목하라. 다시 말해 그래프는 선형 척도에서는 볼 수 없는 브로드마켓지수를 나타낸다.

2010년 7월 이후, 2008년 금융위기 이후 시장이 회복 강세를 보이면서 이 세 가지 브로드마켓지수는 지표가 좋았다. S&P 500, 다우지수, 나스닥 100의 경우, 초기 투자액 100달러는 각각 242달러, 231달러, 291달러로 늘어났다. 주식시장의 수익은 괜찮았다. 그러나 같은 기간 동안 비트코인 초기 투자 100달러가 2017년 1월 초에는 거의 130만 달러로 경이적으로 증가한 경우에 비하면 작아보인다.

선형 척도 vs 로그 척도

자산의 가격 변화를 나타내기 위해 보통 선형 및 로그의 두 가지 척도가 사용된다. 선형 가격 척도는 y축에서 조정되지 않은 측정 단위 변화를 표시한다. 예를 들어 달러로 가격을 책정하면 10달러의 가치 증가는 자산이 10달러에서 20달러로 오르든, 100달러에서 110달러로 오르든 동일하게 보일 것이다. 로그 척도는 y축을 조정해 가격 증가율(금융 분야에서는 가장 보편적으로 지수 10으로 한다)을 비교할 수 있게 한다. 예를 들어 로그 y축에서는 10달러에서 20달러로의 가격 변동이 100달러에서 110달러로의 변화보다 더 명확하게 나타날 것이다. 전자는 100퍼센트의 가격 상승을 보여주고 후자는 단지 10퍼센트의 가격 상승을 보여주기 때문이다. 하지만 로그 척도에서는 10달러에서 20달러로의 변화가 100달러에서 200달러로의 변화와 같아 보일 것이다. 로그 가격 척도는 시간의 경과에 따른 가격 변화율 비교, 그리고 다양한 값의 데이터를 하나의 도표로 압축하는 데 유용하다.

우리는 또한 연간 복합 성장률, 즉 연간 가격 상승을 매년 비교 계산함으로써 이 지수들을 비트코인과 비교할 수 있다. 비교해 보면 경제 위기 이후 상승 장세의 실적이 분명하게 보인다. S&P 500이 거의 15퍼센트의 연간 복합수익률을 보여주기 때문이다.

이는 1928년과 2016년 사이 88년간 투자자에게 안겨주었던 평균 9.5퍼센트 수익률보다 50퍼센트 높은 수치다.[5] 〈그림 7.2〉는 미국 주식시장의 뛰어난 실적에도 불구하고 비트코인이 8년간 연간 복합수익률 332퍼센트로 탁월한 실적을 올렸음을 보여준다.

비트코인을 브로드마켓지수와 비교하기보다 비슷한 기술 혁신 물결을 타며 고도성장하고 있는 기업들과 비교하는 쪽이 더 타당할 수 있다. 페이스북, 아마존, 넷플릭스, 구글 등 팡FANG 주식(각 기업의 앞 글자를 딴 이름—옮긴이)은 지난 수년간 기술 분석가들의 사랑을 가장 많이 받는 주식으로, 브로드마켓지수를 능가하며 점점 더 디지털화되는 세계를 재편성하는 데 일조했다. 그러나 〈그림 7.3〉이 보여주듯이, 팡 주식조차도 페이스북의 2012년 5월 기업공개

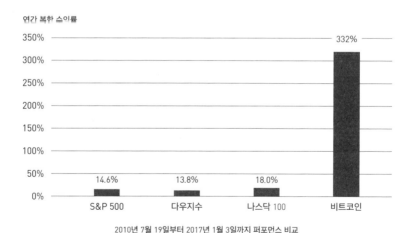

〈그림 7.2〉 마운트곡스 개장 이후 비트코인 연간 복합 수익률 vs 미국 주요 시장 지수

출처 : 블룸버그, 코인데스크

시간의 흐름에 따른 100달러 투자액의 가치 변화

― 페이스북 ― 아마존 ― 넷플릭스
― 구글 ― 비트코인

〈그림 7.3〉 페이스북 기업공개 이후 비트코인 움직임과 팡 주식 비교

출처 : 블룸버그, 코인데스크

이후 비트코인에 크게 뒤처진 퍼포먼스를 보였다.[6] 이 차트가 y축으로 로그 척도를 사용하고 있다는 사실에 다시 한 번 주목하라.

페이스북이 기업공개를 마친 날 투자를 했다면, 초기 투자금 100달러는 2017년 1월 말이면 페이스북, 아마존, 넷플릭스, 구글의 순서로 각각 306달러, 352달러, 1,276달러, 262달러가 됐을 것이다. 이들 뛰어난 기술 업체들과 비교했을 때 비트코인의 성과는 훨씬 더 좋아서 초기 투자액 100달러는 2만 133달러가 되었다. 상대적으로 비트코인은 이 기간에 각각 팡 주식의 66배, 57배, 16배, 77배의 가격 상승 이익을 보였다.

보다 나은 배경 설명을 위해, 그리고 브로드마켓지수의 실적과

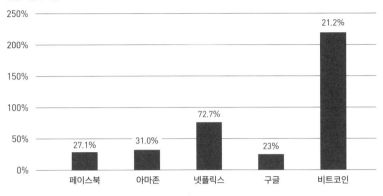

연간 복합수익률

〈그림 7.4〉 페이스북 기업공개 이후 비트코인 연간 복합수익률 vs 팡 주식

출처 : 블룸버그, 코인데스크

팡 주식의 실적 비교를 위해, 우리는 다시 한 번 위의 수익률을 〈그림 7.4〉와 같은 연간 복합수익률로 바꿔보았다. 그렇게 하면 팡 기업들이 지난 수년간 브로드마켓지수의 약 두 배 정도 연간 수익을 제공했음을 알 수 있다. 그중 넷플릭스가 가장 두드러져 보인다. 그러나 비트코인과 비교하면 모두 대단해 보이지 않는다.

　2017년 1월 기준으로 비트코인의 네트워크 가치는 각각 팡 주식과 비교할 때 20분의 1, 22분의 1, 3분의 1, 33분의 1이었음을 기억하라. 따라서 비트코인이 팡 기업들과 비슷한 크기로 성장하려면 많은 기회가 남아 있다. 분명 비트코인은 아직도 초기 단계이고, 디지털 형제들에게는 더욱 그렇다.

　앞의 로그 그래프들이 모두 상대적으로 비슷해 보이는 이유는

시간의 흐름에 따른 100달러 투자액의 가치 변화

$25,010

$20,010

$15,010

$10,010

$5,010

$10

〈그림 7.5〉 비트코인 가격 상승 vs 다른 주요 자산 클래스

출처 : 블룸버그, 코인데스크

실제로 비슷하기 때문이다. 비트코인의 가격 상승은 다른 자산들의 상승률을 작아 보이게 하며, 이는 로그 척도 y축에서 볼 수 있다. 대신에 y축이 선형이라면 이전의 모든 그래프가 〈그림 7.5〉로 요약된다. 넷플릭스는 나머지 기업과 상당한 차이를 보이는 유일한 기업으로 나타난다. 우리는 또한 미국 채권과 부동산, 금, 석유 능 수식 외의 자산도 추가했다.[7] 금, 석유 투자자들은 2017년 1월 3일 기준으로 두 배의 손해를 봐서, 각각 자산가치의 30퍼센트와 40퍼센트를 잃었다. 다른 모든 자산은 페이스북의 기업공개 이후 플러스 수익을 안겨주었다.

이 시점에서 혁신적 투자자들은 비트코인 출시 당시나 페이스북 기업공개 때 비트코인을 구매하지 않았더라면 어땠을지 의문을 품어볼 만하다. 앞서 논의했던 끝점 민감도로 되돌아가 만약 한 투자자가 2013년 말 천문학적인 가격 상승이 정점을 이루던 최악의 시점에서 비트코인을 샀다면 어떤 결과가 나올지를 살펴봄으로써 이 문제를 다뤄보자.

절대수익에서 일어날 수 있는 최악의 시나리오, 고점 매입

2013년 말, 비트코인의 네트워크 가치는 100억 달러가 넘었다. 이는 자본시장 기준에서도 비트코인이 소매 투자할 만한 자산으로 자리매김되었다. 2013년 11월 29일, 비트코인은 1,242달러에 달했고, 1 비트코인이 1 온스의 금(약 8.3돈, 31.1그램)보다 더 가치가 있었다.[8]

분명히 비트코인 가격은 얼마 안 되는 가격에서 시작해 꽤 많이 올라갔다. 만약 혁신적 투자자들이 비트코인을 최고가로 샀더라면 그들의 수익은 마운트곡스가 문을 열었을 때나 페이스북이 기업공개를 했을 때 산 경우만큼 장밋빛이지는 않았을 것이다. 실제로 2015년 1월 비트코인이 바닥을 치기 전 2014년에 80퍼센트의 가치 손실을 겪었다. 이후 비트코인 가격은 이전의 최고치로 다시 느릿하게 올라가기 시작했다. 2017년 1월 3일, 최고가에서 비트코인에 투자한 100달러는 83달러의 가치를 보유한 반면에, S&P 500, 다우지수, 나스닥 100은 각각 133달러, 133달러, 146달러로 승가

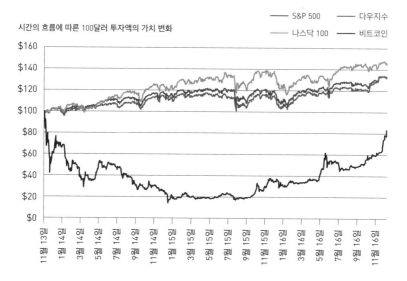

시간의 흐름에 따른 100달러 투자액의 가치 변화

———— S&P 500 ———— 다우지수
———— 나스닥 100 ———— 비트코인

〈그림 7.6〉 2013년 11월 비트코인 가격 최고점 이후
비트코인의 성과와 미국 주요 주식 지수 비교

출처 : 블룸버그, 코인데스크

했을 것이다(〈그림 7.6〉).

2013년 11월 29일 고점에서 투자자가 비트코인을 샀다면 팡
주식을 샀을 경우에 비해 훨씬 더 큰 수익률 차이를 겪었을 것이
다. 〈그림 7.7〉과 같이 페이스북, 아마존, 넷플릭스, 구글 투자금의
가격 상승 이익은 이 기간 동안 비트코인에 비해 각각 3배, 2.3배,
2.9배, 1.8배 컸다. 페이스북의 기업공개 직후 비트코인에 투자한
혁신적 투자자들은 그들의 결정에 대해 보상을 받았을 테지만, 만
약 그들이 1년 반을 기다렸다면 매우 다른 결과를 얻었을 것이다.

같은 가격 고점에서 채권, 부동산, 금 또는 주식과 같은 비자산

〈그림 7.7〉 2013년 11월 비트코인 가격 최고점 이후
비트코인의 성과와 팡 주식 비교

출처 : 블룸버그, 코인데스크

대신에 비트코인을 선택한 혁신적 투자자는 그 결정에 대해 편안함을 느꼈을 것이다(〈그림 7.8〉). 금, 석유와 같은 상품의 성과는 2013년 11월 이후 저조해서, 2017년 1월까지 비트코인의 성과가 석유보다 나았다. 저금리 환경은 채권이 투자자들의 자본을 보존한다는 것을 의미하지만 많이 증가시키지는 못했다. 이 그룹에서 미국 부동산은 주식시장과 동등하게 평가된 유일한 투자였다.

  현 시점에서 우리는 비교적 짧은 비트코인의 생애 동안 최고의 수익과 최악의 수익을 살펴보았다. 그러나 책 전반에 걸쳐 우리는 비트코인 및 선별된 양질의 암호화폐, 암호상품, 암호토큰이 가격

시간의 흐름에 따른 100달러 투자액의 가치 변화

미국 채권 — 금 — 미국 부동산
석유 — 비트코인

〈그림 7.8〉 2013년 11월 가격 정점 후
비트코인의 성과와 비주식 자산 간 비교

출처 : 블룸버그, 코인데스크

상승 잠재력을 훨씬 더 많이 가지고 있다는 믿음을 설파할 것이다.

매입원가 평균법Dollar cost averaging은 혁신적 투자자가 투자의 시작점에 대한 지나친 민감도를 피할 수 있는 방법이다. 큰 액수의 돈을 한 번에 쏟아붓는 것이 아니라 신중히 선택한 기간에 자본을 배치해 평균적 투자를 한다. 그렇게 할 경우 기초 투자underlying investment가 상기석 가격 상승 잠재력을 가지고 있다면 투자자는 고점에서 사더라도 저점으로 곧장 떨어지는 가격에서 또한 사게 되는 것이어서, 평균적으로는 좋은 가격에 사게 되는 것이다.

변동성

종종 투자 트렌드에 관한 대화에서 절대수익이 화제가 되긴 하지만 변동성 검토가 수반되지 않는다면 투자자는 수익에 따르는 위험에 지나친 지불을 하고 있는지도 모른다. 다시 말해서 투자자는 감수하는 위험에 대해 충분한 보상을 못 받고 있을지 모른다. 이런 의미에서 혁신적 투자자는 포트폴리오에 따르는 위험에 대해 보상을 받고 있는지 확인해야만 한다.

왜 크립토애셋은 처음 출시될 때 대체로 변동적인가

크립토애셋은 일단 출시되면 거래되는 시장이 얇기 때문에 변동성이 매우 강한 경향이 있다. 허약장세thin market(구매 주문과 매수 제의가 거의 없는 시장 상태—옮긴이)는 주문장의 크기와 관련이 있고, 주문장order book은 거래로 매수·매도하는 목록을 말한다. 다시 말해서 주문장은 어느 순간에라도 사고팔기를 원하는 사람들의 수에 대한 척도다. 〈그림 7.9〉는 널리 사용되는 크립토애셋 거래소인 폴로닉스의 이더리움(이더) 주문장을 보여준다.

각 주문은 한 주문장에 한 줄로 작성하기 때문에 주문이 많을수록 주문장은 두터워진다. 만약 매매가 많지 않다면 주문장은 얇다. 일부 주문이라 해도 상당한 액수여야 한다. 만약 모든 주문이 1달러의 자산 매수·매도로 구성되어 있다면 얼마나 많은 주문이 있는지는 중요하지 않고 여전히 주문장은 얇을 것이다(허약장세).

두께가 얇은 주문장은 시장의 유동성을 나타낸다. 만약 시장이 매

매도 주문   ⇌   Total: 150206.56067270 ETH

Price	ETH	BTC	Sum(BTC)
0.03925597	2.44831756	0.09611108	0.09611108
0.03931000	2.57143699	0.10108319	0.19719427
0.03934598	2.71571324	0.10685240	0.30404667
0.03934600	46.69610000	1.83730475	2.14135142
0.03935194	1.11721950	0.04396475	2.18531617
0.03935884	0.03658613	0.00143999	2.18675616
0.03935888	0.05124561	0.00201697	2.18877313
0.03936000	0.00759279	0.00029885	2.18907198
0.03936354	0.02166923	0.00085298	2.18992496
0.03936789	3.99400000	0.15723535	2.34716031
0.03937493	2.53968705	0.10000000	2.44716031
0.03937499	1.31578947	0.05180920	2.49896951
0.03937600	4.00000000	0.15750400	2.65647351
0.03937772	0.00787320	0.00031003	2.65678354
0.03938999	0.10000000	0.00393900	2.66072254
0.03939423	31.34523000	1.23482120	3.89554374

매수 주문   Total: 4890.35481746 BTC

Price	ETH	BTC	Sum(BTC)
0.03921506	200.84120743	7.87600000	7.87600000
0.03921505	31.31858882	1.22816003	9.10416003
0.03921501	110.34850967	4.32731791	13.43147794
0.03921008	0.07651093	0.00300000	13.43447794
0.03920001	0.57891949	0.02269365	13.45717159
0.03920000	61.30574810	2.40318533	15.86035692
0.03919000	25.51020357	0.99974488	16.86010180
0.03918634	41.73830000	1.63557121	18.49567301
0.03918633	139.22513959	5.45572226	23.95139527
0.03918625	53.58570500	2.09982283	26.05121810
0.03915123	0.12770990	0.00500000	26.05621810
0.03911833	1.27817305	0.05000000	26.10621810
0.03910602	52.17290000	2.04027447	28.14649257
0.03910601	165.79400000	6.48354182	34.63003439
0.03910600	34.95830000	1.36707928	35.99711367
0.03910106	22.94100000	0.89701742	36.89413109

☐ Throttle Updates [1 s ⬍]   ☐ Order Grouping [6 decimals ⬍]

〈그림 7.9〉 폴로닉스의 이더 매도·매수 주문장

출처 : Poloniex.com

우 유동적이라면 많은 주문이 있을 것이고 그중 규모가 큰 주문도 있을 것이다. 이 경우 가치는 쉽게 거래될 수 있다. 만약 시장이 유동적이지 않거나 허약하면 많은 자산을 사려고(또는 팔려고) 하는 사람이 모든 가능한 매매 주문을 작성하여 가격을 높이기(또는 낮추기) 때문에 거래량은 작으면서 가격 변동은 커질 것이다. 결과적으로 허약하거나 비유동적인 시장에서 시장이 강세일 때, 마치 시장이 약세로 돌아섰을 때처럼 강력한 매도량이 가격을 빠르게 떨어뜨릴 수 있다.

크립토애셋이 처음 출시되면 일반적으로 투자자 기반이 약하고 거래가 빈번하지 않으며 주문이 적기 때문에 상대적으로 주문장이 얇을 수 있다. 이는 새로운 크립토애셋의 가격에 변동을 일으킬 수 있다. 하지만 자산의 장점에 대한 소식이 퍼지면서 거래량과 함께 관심도 증가할 것이다. 주문장은 일반적으로 두꺼워질 것이고 변동성은 감소할 것이다.

자산의 변동성을 시각화하는 가장 쉬운 방법은 하루에 가격이 얼마나 오르는지, 다시 말해서 일일 가격 변동률을 보는 것이다. 일일 가격 변동률이 클수록 자산은 변동이 심하다. 〈그림 7.10〉은 마운트곡스 개장 이후부터 2017년 1월 3일까지 비트코인의 일일 가격 변동률을 보여준다.

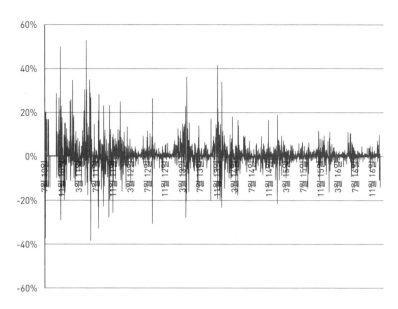

〈그림 7.10〉 마운트곡스 개장 이후 비트코인 일일 가격 변동률

출처 : 코인데스크

이 그래프는 마치 지진이 일어나는 동안 지진계가 지상의 움직임을 측정한 그래프처럼 보인다. 비트코인의 초기 역사에서 지진은 빈번하게 발생했다. 가격이 하루에 50퍼센트 이상 움직였다. 하지만 시간이 지나면서 비트코인의 가격 지진은 점점 줄어들었다. 비트코인이 점차 인기를 끌게 되었고 그 결과 더 널리 거래되어 시장은 보다 유동적이 되었다. 많은 사람들이 사고팔고자 하면 시장은 이런 변화를 훨씬 더 부드럽게 흡수할 수 있다.

비트코인의 일일 가격 변동률은 비록 감소했지만 스몰캡Small Capital(소형주) 성장주 범위로 볼 때 여전히 변동이 심한 자산이다.

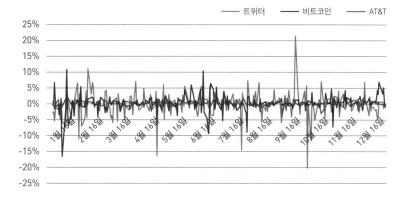

〈그림 7.11〉 2016년 비트코인 일일 가격 변동률 vs 트위터, AT&T

출처 : 블룸버그, 코인데스크

〈그림 7.11〉에서 2016년 비트코인의 일일 가격 변동률을 트위터, AT&T와 같은 견고한 회사의 주식 가격 변동과 비교해보았다.

트위터 주식 가격은 2016년에 3일간 15퍼센트 이상 하락, 하루는 20퍼센트 이상 급등한 때가 있었다. 비트코인은 이틀 만에 가격이 10퍼센트 이상 올랐고 하루 만에 15퍼센트 이상 하락했다. 2,500억 달러 규모의 기업인 AT&T는 중간에서 느리고 안정적인 흐름을 보이면서 거의 어떤 가격 변화도 없이 느릿느릿 움직이고 있다.

변동성은 보통 일일 가격 변동률의 표준편차를 계산해 얻는다. 이 수치가 클수록 투자자들이 보유하고 있는 자산 가격이 상당히 변동하리라는 점을 강하게 예측할 수 있기 때문에 자산이 그만큼 더 위험해진다. 〈그림 7.12〉는 2016년 비트코인, 트위터, AT&T의

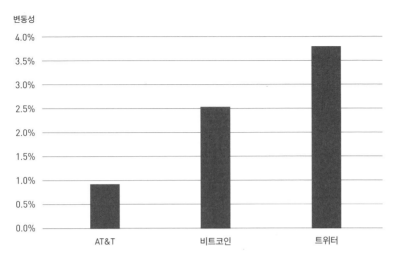

<그림 7.12> 2016년 비트코인, 트위터, AT&T의 변동성

출처 : 블룸버그, 코인데스크

일일 가격 변동률의 표준편차를 보여준다.

트위터는 2016년에 비트코인에 비해 변동성이 50퍼센트 이상, 비트코인은 AT&T에 비해 변동성이 거의 3배 가까이 컸다. 비트코인의 네트워크 가치가 AT&T의 시가총액 5퍼센트에도 못 미치고 AT&T가 한 세기 이상된 기업인 반면에 비트코인은 10년이 채 되지 않았다는 점을 고려하면, 비트코인이 AT&T보다 변동성이 큰 것은 당연하다.

팡 주식을 살펴보면 변동성에 대한 흥미로운 패턴을 볼 수 있다. 앞서 살펴보았던 현대 포트폴리오 이론에 의하면 역사적으로 가장 변동성이 심한 자산은 대개 가장 큰 수익을 올리는 자산이었다. 위

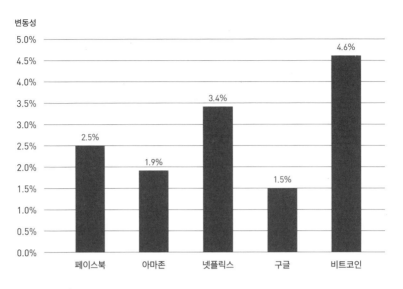

변동성

〈그림 7.13〉 페이스북의 기업공개 이후 비트코인과 팡 주식의 변동

출처 : 블룸버그, 코인데스크

험(즉 변동성)과 보상 사이의 관계는 당연하다. 즉 위험이 수반되지 않으면 보상은 없다. 〈그림 7.13〉을 보면 비트코인의 변동성이 가장 높고 넷플릭스가 그 뒤를 따른다. 또한 이 두 자산의 성과가 가장 좋다. 흥미롭게도 이 시기 비트코인의 연간 수익률 212퍼센트는 넷플릭스의 73퍼센트에 비해 3배의 수치만, 비트코인의 변동성은 넷플릭스보다 단지 35퍼센트 컸다. 직관적으로 보면 비트코인의 위험-보상 지표가 넷플릭스보다 좋아 보인다. 이와 유사하게 23퍼센트의 수익률로 팡 주식 중에서 가장 낮은 수익률을 기록한 구글도 1.5퍼센트라는 가장 낮은 변동성을 보였다.

6장에서 살펴봤듯이 다양한 자산의 위험-보상율 계산은 매우 쉽다. 이 기간 동안(페이스북 기업공개일 이후 2017년 1월 3일까지) 비트코인은 모든 자산 중 위험-보상율이 가장 높은 것으로 나타난다. 우리는 보다 확실히 하기 위해서 수치들을 분석할 것이다.

샤프지수

절대수익률과 변동성은 그 자체로도 중요하지만 함께 합쳐져 샤프지수를 산출해낸다. 샤프지수는 투자자들이 고려해야 할 똑같이 중요한 지표다. 절대수익률을 변동성으로 나누면[9] 감수한 위험에 대한 수익률을 측정할 수 있다는 점을 기억하라. 샤프지수가 높은 자산일수록 투자자에게 위험에 대한 보상을 더 많이 해준다. 샤프지수는 현대 포트폴리오 이론에서 매우 중요한 지표다. 공격적 투자자는 매력적인 수익에만 현혹될 수 있지만 혁신적 투자자는 그런 수익을 얻으려면 위험이 수반된다는 사실을 잘 알고 있다.

　6장에서 살펴본 것처럼 수익률과 변동성을 하나의 지표로 결합함으로써 크립토애셋과 다른 전통자산 및 대체자산을 비교할 수 있다. 현재 크립토애셋은 다른 자산보다 훨씬 더 높은 변동성을 가지고 있는데, 샤프지수는 수익 측면에서 변동성을 이해할 수 있게 해준다.

　샤프지수 외에 투자자의 시간 상황에서 변동성을 고려하는 것도 여전히 중요하다. 일부 변동이 심한 자산은 장기적 샤프지수가 뛰어나지만, 이런 투자는 예컨대 3개월 후 주택 구매 계약금을 지불해야 하는 사람에게는 적합하지 않을 수 있다.

비트코인을 팡 주식과 비교해보니 비트코인의 변동성이 가장 높지만 수익도 가장 높다는 것을 우리는 알게 되었다. 흥미롭게도 샤프지수는 단순히 가장 높은 정도가 아니라 상당히 높았다. 비트코인은 페이스북에 비해 투자자들이 감수한 위험에 대해 두 배 더 많이, 그리고 가장 근접해 있는 도전자인 넷플릭스보다 40퍼센트 더 많이 보상했다(〈그림 7.14〉).

비트코인과 팡의 샤프지수 비교는 확실한 수익률과 낮은 변동성

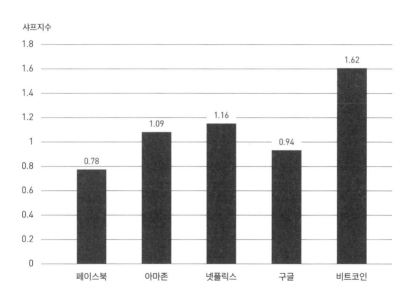

〈그림 7.14〉 페이스북 기업공개 이후 비트코인과 팡 주식의 샤프지수

출처 : 블룸버그, 코인데스크

을 결합하는 것이 중요함을 분명히 보여준다. 페이스북의 연간 수익은 아마존에 약간 못 미치고 구글에 비해 나은 반면, 페이스북의 변동성은 아마존과 구글보다 훨씬 컸다. 따라서 기업공개 이후 페이스북은 투자자들에게 그들이 감수한 위험에 대해 가장 적은 보상을 한 셈이다.

〈그림 7.11〉의 '비트코인 일일 가격 변동률'에서 보았듯이 비트코인의 일일 가격 변동은 시간이 지날수록 크게 약화됐고, 이는 변동성이 떨어진다는 것을 의미한다. 그러나 변동성 감소와 동시에 비트코인의 연간 가격 상승도 진정되었다. 〈그림 7.15〉에서 2011년부터 2016년까지 매년 비트코인의 샤프지수를 보면 위험

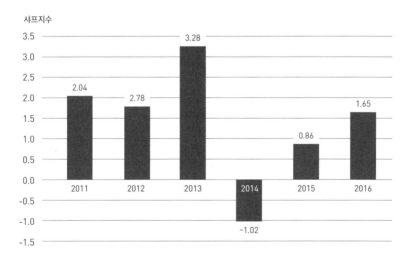

〈그림 7.15〉 마운트곡스 개장 이후 비트코인의 연간 샤프지수

출처 : 코인데스크

과 보상 사이의 관계를 다시 한 번 확인할 수 있다.

2014년은 비트코인이 마이너스 샤프지수를 기록한 유일한 시기였다. 비트코인은 연초부터 연말까지 가치의 60퍼센트를 잃었다. 2014년은 비트코인 가격이 급격히 하락한 해로, 높았던 비트코인 가격이 2013년 말부터 2015년 초까지 하락했다. 중국의 규제, 마운트곡스의 갑작스런 파산, 블랙마켓 사이트인 실크로드 문제가 연달아 벌어진 시기였다.[10] 한편 2016년은 2013년 이후로 비트코인의 위험조정수익률이 가장 좋은 해였다. 〈그림 7.16〉에서 보듯이 2013년과 2016년을 비교하면 2013년 비트코인 수익률이 2016년에 비해 훨씬 더 컸지만, 2013년 샤프지수는 2016년에 비해 단 두

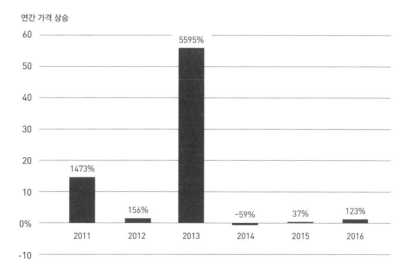

〈그림 7.16〉 비트코인의 연간 가격 상승

출처 : 코인데스크

배였다.

2013년의 가격 상승이 2016년보다 45배 크기 때문에, 2013년의 비트코인 샤프지수가 2016년보다 몇 배 더 컸으리라 예상하는 것이 합리적이다. 그러나 일일 변동성과 샤프지수가 함께 계산될 때 나오는 결과를 여기서 볼 수 있다.[11] 우선 2013년 변동성은 2016년 대비 3배로, 이는 투자자들이 2016년 대비 3배 더 많은 위험을 감수하고 있음을 의미한다. 이로써 2016년에는 수익률이 훨씬 더 낮았지만, 여전히 2013년과 같은 동일한 범위 내에서 위험-보상율이 유지되고 있다. 둘째, 샤프지수는 1년간 가격 상승으로 인한 수익률이 아닌 평균 주간 수익률을 사용하여 계산된다.

샤프지수도 S&P 500, 다우지수, 나스닥 100의 브로드마켓지수와 비트코인을 비교할 때 드러난다. 이런 지수들이 비트코인이나 팡 주식보다 연간 수익률이 낮다는 것을 우리는 이미 살펴봐서 알고 있다. 하지만 브로드마켓지수가 다양한 종류의 주식으로 이루어져 있고, 다양화가 변동성을 줄여준다는 점을 고려하면 이 지수들의 변동성 또한 낮다. 게다가 이런 지표들은 유명 대형주[12]로 이루어져 있으며, 특히 다우지수가 그렇다. AT&T에서 보았듯이 많은 대형주가 오랫동안 존재해왔고, 빠르게 움직이는 기술 기업들과 비교하면 상대적으로 안정적이다. 〈그림 7.17〉은 앞서 언급한 세 가지 브로드마켓지수와 비트코인의 샤프지수를 비교한 것으로, 이런 자산들의 절대수익률을 비교하기 위해 2010년 7월 19일부터 2017년 1월 3일까지 동일한 기간을 적용했다.

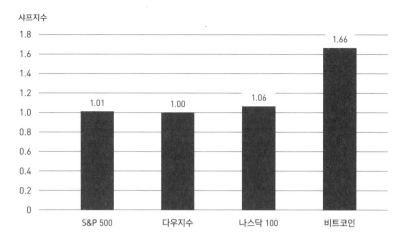

〈그림 7.17〉 마운트곡스 개장 이후 미국 주요 주가 지수와 비트코인 샤프지수 비교

출처 : 블룸버그, 코인데스크

이 도표는 샤프지수를 계산할 때 절대수익률이 변동성에 의해 어떻게 완화되는지를 다시 한 번 보여준다. 비트코인의 샤프지수 가 세 가지 브로드마켓지수에 비해 약 60퍼센트 더 높지만, 같은 기간 동안 매년 브로드마켓지수보다 약 20배 더 높은 절대적 수익 률과 비교하면 훨씬 낮은 수치다.

〈그림 7.18〉에서는 2016년 비트코인의 샤프지수를 브로드마켓 지수와 비교했다. 2016년은 비트코인의 변동성이 가장 낮은 연도 였기 때문에(초저가주부터 중형주까지 범위에서) 주식과 비교하기에 가장 적절한 시기다. 가장 놀라운 점은 2016년 비트코인 샤프지수 가 마운트곡스 개장 이후 거의 전체 샤프지수만큼 높았다는 것이 다. 마운트곡스는 주요 투자자들이 비트코인에 접근할 수 있는 첫

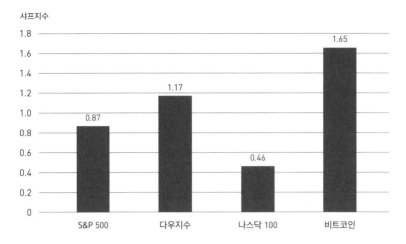

샤프지수

〈그림 7.18〉 2016년 미국 주요 주가 지수와 비트코인 샤프지수 비교

출처 : 블룸버그, 코인데스크

거래소였다(2016년 1.65, 마운트곡스 개장 이후 1.66).

비트코인 투자자가 될 수 있는 가장 좋은 시기는 지났다고 생각하기 쉽다. 그러나 샤프지수를 보면 2016년의 위험조정수익률이 주요 투자자들이 처음 비트코인을 샀을 때의 수익률을 올린 것만큼 좋았다.

자산들의 상관관계

자산의 다각화는 상호 간에 상관관계가 낮거나 마이너스 상관관계를 가진 다양한 자산을 선택하여 이루어진다. 여러 개의 주식은 본질적으로 하나의 주식보다 더 다양하기 때문에 변동성이 더 낮아야 한다.

크립토애셋은 다른 자본시장 자산과는 거의 상관관계가 없다. 완전히 새로운 형태의 자산이라서 대부분의 자본시장 투자자가 같은 풀에 크립토애셋을 놓지 않기 때문이다. 따라서 크립토애셋은 적어도 아직까지는 전통 자본시장 자산과 같은 정보 리듬에서 움직이지 않고 있다.

〈그림 7.19〉는 한 자산이 포트폴리오의 다른 자산과 상관관계가 0일 경우일 때 '상당한 리스크 완화 가능'을 분명히 보여준다. 양적인 측면에서 리스크 완화는 포트폴리오의 변동성 감소로 볼 수 있다.

어떤 자산이 다른 자산과 음의 상관관계로 전체 포트폴리오의 위험을 감소시키기만 한다면 전체 포트폴리오의 위험-보상율을

상관계수	위험 다각화의 영향
+1.0	리스크 완화 불가능
+0.5	중간 정도 리스크 완화 가능
0	상당한 리스크 완화 가능
-0.5	대부분의 리스크가 제거될 수 있음
-1.0	모든 리스크가 제거될 수 있음

〈그림 7.19〉 상관계수와 위험 다각화의 영향

출처 : Burton G. Malkiel, *A Random Walk Down Wall Street*(2015).

개선하기 위해 우수한 절대수익을 제공할 필요가 없다. 샤프지수가 위험으로 나눈 수익이기 때문에 위험도가 낮아지면 분모가 작아지고, 이는 샤프지수를 더 크게 만든다. 수익은 전혀 변할 필요가 없다.

그러나 자산을 포트폴리오에 추가해서 위험을 줄이면서 동시에 수익을 높이는 것은 가능하다. 다만 이를 가능하게 할 자산을 찾기가 매우 힘들고, 위험-보상의 법칙을 교묘히 속이는 일이나 같다. 결국 우리는 더 많은 보상을 받을 수 있는 자산이 더 위험할 수 있다는 것을 이미 알고 있다. 하지만 포트폴리오와 관련해서 우리가 말하려는 것은 한 자산이 아니라 여러 개의 자산이다. 위험은 줄이고 동시에 수익을 증대시키는 비결은 포트폴리오의 기존 자산 그룹과 새로운 자산이 함께 움직이는 방식이다.

포트폴리오의 다양화 묘책

대부분의 사람들이 포트폴리오에 비트코인을 추가하면 절대수익률이 증가할 것이라고 합리적인 기대를 하겠지만 포트폴리오가 훨씬 더 위험해질(변동성이 더 심해질) 수 있다. 하지만 거래량이 작을 때(허약장세) 변동성이 크다는 사실이 비트코인 초기 역사에 입증되었음을 기억하라. 지난 몇 년간 비트코인의 변동성은 진정되었지만, 다른 자산들과는 여전히 낮은 상관관계를 유지하고 있다. 몇 년 동안 비트코인은 앞에서 언급한 바와 같이 수익은 증가시키면서 포트폴리오 내의 위험은 줄이는, 놀랍고 이해하기 어려운 조합을 보여줬다.

문제는 비트코인과 다른 자본시장 자산 간의 낮은 또는 음의 상관관계가 포트폴리오의 변동성에 어떤 영향을 미치는가 하는 점이다. 분석을 위해서 미국투자자협회American Association of Individual Investors(AAII)가 내놓은 중도적 투자자moderate investor에 대한 정의를 살펴보자.13 협회에 따르면 중도적 투자자는 보통 주식에 70퍼센트를 할당하고 채권에 30퍼센트를 할당하는 자산 할당 모델을 따른다. 혁신적 투자자 또한 중도적이면서 주식이나 채권을 넘어 비트코인 등과 같은 대체자산으로 포트폴리오를 다양화할 수 있다. 비트코인에 관심 있는 중도적 투자자들은 주식 포트폴리오의 작은 부분, 말하자면 1퍼센트를 비트코인으로 구입함으로써 그렇게 할 수 있다. 이런 식으로 그들은 주식이 채권보다 더 위험하기 때문에 전반적인 리스크 프로파일risk profile(위험 요소의 수량, 유형, 잠재적 영향)을 유지한다. 그래서 한 위험 자산을 다른 위험 자산으로 바꾸는 것은 합리적인 조정이다.

우리는 70퍼센트의 주식과 30퍼센트의 채권 포트폴리오를 1퍼센트의 비트코인과 69퍼센트의 주식 그리고 30퍼센트의 채권 포트폴리오와 비교해 어떻게 운용할 수 있는지 시뮬레이션하기 위한 모델을 구축했다. 주식에 대해서는 S&P 500 지수를 사용했고 채권에 대해서는 '블룸버그 버클레이 미국 채권 지수Bloomberg Barclays

U.S. Aggregate Bond Index'를 사용했다.

원래 목표 비율을 유지하기 위해 분기별 리밸런싱rebalncing(운용
자산의 편입 비중 재조정—옮긴이)을 사용해 계산했다. 자산이 증가하
고 감소함에 따라 시간이 지나면서 포트폴리오의 비율도 변한다.
매 분기 재평가를 실시하고 원래 목표 비율로 맞추기 위해 소량
의 거래를 하고 판매하는 것이 일반적인 관행이다. 예를 들어 4년
전에 비트코인으로 1퍼센트 포지션을 매입했던 투자자는 〈그림
7.20〉과 같이 2017년 초까지 32퍼센트라는 엄청난 할당률을 가지
게 됐을 것이다. 포트폴리오 배분이 1퍼센트와 32퍼센트 사이라는
엄청나게 차이 나는 리스크 프로파일을 만들기 때문에 포트폴리오
전체에 적합하지 않을 수 있다. 그래서 리밸런싱이 중요하다.

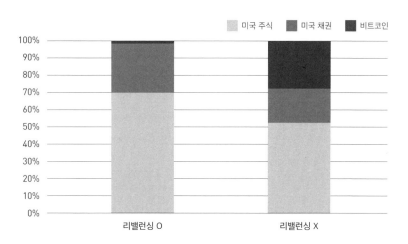

〈그림 7.20〉 리밸런싱한 포트폴리오와 리밸런싱하지 않은 포트폴리오의 결과 비교

출처 : 블룸버그, 코인데스크

혁신적 투자자가 2013년 초, 2013년 고가 시, 2015년 초에 각각 1퍼센트의 자본을 비트코인에 배치하고 분기별 리밸런싱을 완료한 후 2017년 1월 3일까지 보유했다면 어땠을까? 흥미롭게도 어떤 자산에든 1퍼센트 투자가 미미하게 보일 수 있겠지만 비트코인의 경우 그 결과는 명확했다.

2013년 초에 비트코인은 코인당 약 10달러였고 그전의 2013년과 2014년에는 급등락이 여전했다. 결과적으로 포트폴리오의 절대수익률과 변동성이 모두 증가하고 있다는 점은 놀라운 일이 아니다. 〈그림 7.21〉에서 보듯이 비트코인을 1퍼센트 할당한 연간 복합수익률은 우수한 것으로 판명되었고 변동성은 4퍼센트 더 높았다. 이 경우에는 변동성이 가치가 있었다. 비트코인 포트폴리오는 샤프지수가 22퍼센트나 높아 회수율이 더 높았기 때문이다(본문 내 비교 계산은 반올림하지 않은 수치를 사용하고 표에서는 반올림한 수치를 사용함).

4년간 보유 기간(2013년 1월~2017년 1월까지)

	비트코인을 포함하지 않은 경우	비트코인을 1% 할당한 경우
지표 주간 변동성	1.13%	1.18%
샤프지수	1.28	1.57
연간 복합수익률	10.8%	14.0%

〈그림 7.21〉 비트코인을 1% 할당한 포트폴리오와
그렇지 않은 포트폴리오 간의 4년간 성과 비교

출처 : 블룸버그, 코인데스크

4년간 3.2퍼센트보다 큰 연간 복합수익률의 중요성을 다시 한 번 살펴보자. 두 포트폴리오가 모두 10만 달러에서 시작했다면 초과 수익을 올린 비트코인 포트폴리오는 약 17만 달러로 늘어났을 것이고, 비트코인을 포함하지 않은 포트폴리오는 4년 동안 약 15만 달러에 그쳐 2만 달러의 차이를 보였을 것이다.

이제 비트코인을 실제로 테스트해보자. 투자자가 2013년 11월 29일 고점일 때 1퍼센트 할당량을 비트코인에 배치하고 2017년 초까지 보류했다면 어떻게 되었을까? 비트코인을 단지 1퍼센트 할당해도 포트폴리오 수익률이 떨어지고 샤프지수도 낮아지리라고 기대하는 것이 합리적이다. 하지만 여기서 리밸런싱과 매입원가 평균법의 위력이 발휘된다. 투자자는 가격 하락(2014년)을 1년간 견디고 나서 2년간의 가격 상승을 누렸을 것이다(2015년~2016년). 분기별 리밸런싱을 통해 투자자는 가격 하락으로 인해 지속적으로 낮은 비율을 만회하고자 포트폴리오의 비트코인 부분을 점진적으로 추가할 수 있었다. 실제로 투자자들은 평균적으로 달러 비용을 지불했을 것이다. 그 결과 이 기간의 연간 복합수익률은 두 가지 포트폴리오에서 거의 동일하다. 더 놀라운 점은 비트코인을 포함한 포트폴리오의 변동성이 더 낮았다는 것이다! 다양화의 힘이 분명해지고 있으며, 이는 이 기간 동안 포트폴리오에서 1퍼센트 포지션으로 비트코인을 보유한 투자자에게 다소 우월한 샤프지수를 안겨준다(〈그림 7.22〉).

2015년에서 2017년 사이 2년간의 기간이 정말로 빛난다. 〈그림

3년간 보유 기간(2013년 11월 29일~2017년 1월까지)

	비트코인을 포함하지 않은 경우	비트코인을 1% 할당한 경우
지표 주간 변동성	1.17%	1.16%
샤프지수	0.89	0.90
연간 복합수익률	7.5%	7.6%

〈그림 7.22〉 비트코인을 1% 할당한 포트폴리오와
그렇지 않은 포트폴리오 간의 2013년 11월 이후 성과 비교

출처 : 블룸버그, 코인데스크

2년간 보유 기간(2015년 1월~2017년 1월까지)

	비트코인을 포함하지 않은 경우	비트코인을 1% 할당한 경우
지표 주간 변동성	1.24%	1.22%
샤프지수	0.54	0.61
연간 복합수익률	4.7%	5.3%

〈그림 7.23〉 비트코인을 1% 할당한 포트폴리오와
그렇지 않은 포트폴리오 간의 2년간 성과 비교

출처 : 블룸버그, 코인데스크

7.23〉에서 보듯, 비트코인 할당량이 1퍼센트인 포트폴리오는 변동이 덜 심했을 것이며, 연간 복합수익률이 0.6퍼센트 개선되어 궁극적으로 샤프지수는 14퍼센트 향상되었을 것이다. 혁신적 투자자들이 만약 이 기간 동안 비트코인을 포트폴리오에 추가했다면 샤프지수를 두 배로 올려주고 변동성은 줄이면서 동시에 수익을 높여주는, 부를 창출하는 자산의 기쁨을 경험했을 것이다.

앞서 6장에서는 효과적인 투자 포트폴리오를 구축하고 적절하고 강력한 투자 옵션을 식별하기 위해 혁신적 투자자에게 필요한 현대 포트폴리오 이론 및 자산 분배 사용법을 살펴보았다. 이번 7장에서는 현대 포트폴리오 이론이라는 렌즈를 통해 지속적인 투자 대상으로서 비트코인에 대해 살펴보았다. 다음 8장에서는 완전히 새로운 자산 클래스로서 자본시장이 고려해야 할 비트코인과 디지털 형제들의 다양한 특징을 살펴볼 것이다.

새로운 자산 클래스로 부상하는 크립토애셋

지금까지 우리는 비트코인의 탄생, 범용 기술로서 블록체인의 부상, 크립토애셋의 전반적인 역사, 포트폴리오 관리 비결 등을 다루었다. 혁신적 투자자에게 지금 필요한 것은 앞으로 모든 크립토애셋과 관련해 발생할 일반 패턴을 이해하기 위한 틀이다. 틀의 기반을 세우려면 먼저 크립토애셋이 어떤 유형의 자산인지 정의해야 한다.

비트코인과 디지털 형제들은 상품으로 정의될까? 미국상품선물거래위원회는 그렇게 믿고 있는 것 같다.[1] 아니면 미 국세청이 발표한 것처럼 재산으로 생각하는 것이 더 좋을까?[2] 지금까지 미국증권거래위원회는 모든 크립토애셋에 특정한 꼬리표를 적용하는 일을 피해 왔지만, 2017년 7월 말에는 다오와 같이 눈에 띄는 사례를 포함해 몇몇 크립토애셋이 어떻게 증권으로 분류될 수 있는지 상세히 설명한 보고서를 발간했다.[3]

적어도 크립토애셋 중 일부를 어떻게 분류할지를 명확히 해두려는 규제 당국의 노력이 크립토애셋을 법적으로 유효하게 하지만, 대부분의 현행법은 동일한 결함을 겪고 있다. 정부 기관들은 과거의 렌즈를 통해 크립토애셋을 해석하고 있는 상황이다.

더 복잡한 점은 모든 크립토애셋이 동일하게 만들어지는 것이 아니라는 데 있다. 분석가들이 기업을 시가총액, 업종 부문, 지리적 여건에 따라 구분해서 다양한 종류의 주식이 있듯이 크립토애셋에도 다양한 종류가 있다. 비트코인, 라이트코인, 모네로, 대시, 제트캐시는 통화의 세 가지 정의를 충족한다. 이 크립토애셋들은 교환 수단, 가치 저장, 가치 척도(계산 단위)로 기능하고 있다. 그러나 우리가 앞서 살펴봤듯이 다른 많은 크립토애셋이 디지털 상품 또는 암호상품으로 쓰이고 있다. 암호상품에는 이더, 스토리지, 시아, 골렘이 포함된다. 한편 어거, 스팀, 싱귤러디티비, 게임크레디트와 같이 최종 사용자별 특정 용도로 쓰이는 암호토큰도 무수히 많다. 게다가 모든 크립토애셋에는 핵심 오픈소스 개발자들이 자신들의 크립토애셋이 가장 잘 해낼 수 있다고 생각하는 부가가치와 사용 사례가 발전하면서 바뀌는 코드로 넘쳐나고 있다.

감독 기관은 수세기나 오래된 범주에 크립토애셋을 넣을 수 있다고 생각할 수 있을까? 2개월에 한 번까지는 아니더라도 2년마다 크립토애셋이 스스로 그 의미를 재정의하고 경계를 허물고 있는 상황에서? 그러지 못할 것이다.

우리는 감독 기관을 비난하려는 것이 아니다. 세계가 처음으로 마주하게 된 디지털 네이티브 자산의 경우, 새롭게 자산군을 분류하는 일이 얼마나 어려운지를 보여주려는 것이다.

자산 클래스란 무엇인가

사람들은 주식과 채권이 두 가지 주요 투자 자산이며, 머니마켓 펀드money market funds(MMF), 부동산, 귀금속, 통화 등이 흔히 사용되는 자산 클래스라고 이해하고 있다.[4] 하지만 정작 자산 클래스asset class(자산군)가 무엇인지를 이해하는 사람은 드물다.

다이와증권의 로버트 그리어 부사장은 1997년 〈포트폴리오 매니지먼트 저널The Journal of Portfolio Management〉에 자산 클래스의 정의를 다룬 중요한 논문 〈자산 클래스란 대체 무엇인가What Is an Asset Class, Anyway?〉[5]를 기고했다. 그리어에 따르면 자산 클래스는 다음과 같다.

자산 클래스는 서로 유사한 경제적 특성을 지닌 자산의 집합으로, 그 자산에 속하지 않은 다른 자산과 구별되는 특성을 가진다.

여전히 애매하다. 그리어는 계속해서 세 가지 상위 클래스super-class 자산을 정의한다.

- 자본 자산
- 소비성·변환 가능 자산
- 가치 저장 자산

그리어는 각 상위 클래스를 다른 자산들과 식별하는 방법은 다음과 같다고 말한다(강조는 우리가 했다).

- 자본 자산

모든 자본 자산은 한 가지 공통점을 가지고 있다. 자본 자산은 기대수익의 순현재가치Net Present Value(NPV)에 기초해 합리적으로 가격이 평가될 수 있다. 따라서 이에 상당하는 다른 모든 자본 자산(사실 그렇지 않지만), 금융 자본 자산(주식이나 채권 같은)은 투자자의 할인율이 증가할 때 가치가 하락하거나, 할인율이 하락함에 따라 증가할 것이다. 이 경제적 특징이 상위 클래스 자본 자산을 하나로 묶는다.

- 소비성·변환 가능 자산

소비할 수 있는 자산이며 다른 자산으로 변환할 수 있다. 경제적 가치가 있다. 그러나 이 자산은 계속되는 가치의 흐름을 낳지 않는다. 이는 소비성·변환 가능 자산이 성질상 자본이 아니며 순현재가치 분석을 사용하여 가격이 평가될 수 없음을 의미한다. 이 점이 소비성·변환 가능 자산을 정말로 상위 클래스인 자본 자산과 경제적으로 다르게 만든다. 소비성·변환 가능 자산은 특정 시장의 특정 수요와 공급 특성에 기초해 가격을 더 자주 평가해야 한다.

- 가치 저장 자산

세 번째 상위 클래스 자산은 소비될 수도, 수입을 창출할 수도 없다. 그럼에도 가치를 가지고 있는 자산이다. 바로 가치 저장 자산이다. 한 예로 미술 작품을 들 수 있다. 더 광범위한 예로는 화폐가 있다. 국내외 가치 저장 자산은 불확실한 시기에 도피처 역할(미국 현금 달러)을 하거나 다양한 화폐를 포트폴리오에 제공할 수 있다(그리어는 가격을 책정하는 방법은 분명히 밝히지 않았다).

그리어가 규정한 상위 클래스는 명확하지 않은데, 이는 어떤 자산은 두 자산에 동시에 속할 수 있기 때문이다. 예를 들어 귀금속은 소비성·변환 가능 자산이면서 가치 저장 자산이다. 귀금속은 전자제품의 회로에 사용되거나 화려한 장식(소비성·변환 가능 자산)으로 변환되기도 하며, 소비나 변환(다른 가치 저장 자산으로)의 용도가 아니라 가치를 가진 골드바 형태로 보유되기도 한다.

크립토애셋은 소비성·변환 가능 자산 영역에 가장 부합한다. 유용성이 있고 디지털 방식으로 소비되기 때문이다. 예를 들어 개발자들은 이더리움 월드 컴퓨터에 액세스하기 위해 이더를 사용하고, 월드 컴퓨터는 이더리움 블록체인에 저장된 스마트 계약 작업을 수행한다. 따라서 이더는 월드 컴퓨터를 작동시키는 데 사용된다. 그리고 광고의 연료인 '관심'이 있다. 관심은 블록체인 기반의 관심 시장을 창출한다. 스팀잇Steemit은 콘텐츠 제작자와 큐레이터들에게 네이티브 크립토애셋으로 보상해주는 소셜 미디어 플랫폼이다. 스팀Steem은 신선하고 우수한 콘텐츠를 제작한 크리에이터에게 보상해주는 경제 시스템을 만들어낸다. 그런 콘텐츠가 플랫폼을 향상시켜주고, 그럼으로써 스팀의 가치를 높여주기 때문이다.

많은 크립토애셋이 전통적인 소비성·변환 가능 자산에 더 유사한 형태로 시장의 수요와 공급 역학에 의해 가격이 책정되는 반면, 일부 비트코인 소유자들은 골드바를 소유하듯 오로지 가치 저장자산으로 비트코인을 보유하기도 한다. 다른 투자자들도 시간이 지나면서 가치가 상승하길 바라며 비슷한 방식으로 비트코인 외의 크립토애셋을 사용하고 보유한다. 따라서 크립토애셋은 두 가지 상위 클래스 자산에 속하므로 귀금속과 비슷하다고 할 수 있다.

그리어에 따르면 이런 상위 클래스 밑에 존재하는 클래스들이 있다. 또 클래스 내에 하위 클래스들이 있다. 이런 분류를 통해 혁신적 투자자들은 그들의 투자가 서로 관련되는 다양한 방식을 이해하고 포트폴리오를 최적으로 다양화할 수 있다.

예를 들어 자본 자산의 상위 클래스 내에 주식 클래스가 있으며, 주식 클래스 내에 대형 가치주나 스몰캡(소형주) 성장주와 같은 하위 클래스가 있다. 크립토애셋은 소비성·변환 가능 자산 상위 클래스와 가치 저장 자산 상위 클래스 사이에 속하고, 하위 클래스로 암호화폐, 암호상품, 암호토큰을 두고 있다.

> **상장지수펀드와 뮤추얼펀드는 자산 클래스가 아니라 포장지다**
>
> 우리가 자산 클래스에 대해 이야기할 때는 뮤추얼펀드든 상장지수펀드든 별도로 관리되는 계좌처럼 기초 자산을 '저장할house' 수 있는 투자 비이클 맥락에서 말하는 것이 아님을 유의해야 한다. 거의 모든 자산에 대한 금융공학 및 금융증권화가 발전하고 특히 상장지수펀드의 인기가 증가하면서 거의 모든 유형의 자산이 상장지수펀드 안에 저장될 수 있다. 예를 들어 비트코인 및 이더 상장지수펀드는 이미 미국 증권거래위원회로부터 승인 여부를 기다리고 있다. 자산 클래스를 명확히 하기 위해 우리는 자산 클래스와 자산 클래스 거래 형태를 구별하고 있다.

자산 클래스 간의 차이를 명확하게 구별해서 설명하기는 쉽지 않다. 그리어는 자산 구분과 경제적 유사성에 대해서는 충분한 의견을 주지만 나머지 사항들에 대해서는 '자산들을 뚜렷이 구별되게 하는 특징들'로 남겨둔다. 우리는 자산 클래스 간의 차이점을 명확히 하기 위해 학술 문헌을 검토했다. 이 장에서 설명하는 많은 의견이 ARK투자매니지먼트ARK Investment Management 와 코인베이스

Coinbase 두 회사가 공동 작업하면서 발전시킨 것이다. 2015년 말부터 2016년에 걸쳐 두 회사는 비트코인이 새로운 자산 클래스의 탄생을 알리는 종을 울렸다고 처음 주장했다.[6]

자산 클래스를 구별하는 기준

이제 우리는 자산 클래스들의 경제적 특성을 살펴보면서 그들의 주요 차이점이 거버넌스governance, 공급 일정, 사용 사례 및 가치 기반으로 귀결된다는 점을 알아볼 것이다. 자산 클래스들은 경제적 유사성 외에도 비슷한 유동성과 거래량 프로파일을 갖는 경향이 있다. 유동성은 시장 주문장의 두께를 나타내는 반면, 거래량은 매일 거래되는 양을 나타낸다는 점을 기억해야 한다. 결론적으로 자산 클래스들은 시장 행동이 각기 다르다. 시장 행동 중 가장 중요한 것은 위험, 보상, 다른 자산과의 상관관계다.

동일한 클래스에 속하는 자산들 사이에는 비슷한 방식으로 움직이는 일반적인 패턴이 있다. 한 클래스 내의 개별 자산은 다른 자산과 서로 약간 다르게 움직이지만, 다른 클래스의 자산보다는 서로 더 닮아 있다.

한 클래스 내의 새로운 자산과 더 성숙한 자산 간에는 행동에 차이가 있다. 성숙도 차이는 특히 크립토애셋과 관련 있는 사항이다. 가장 오래된 자산 비트코인은 8년밖에 되지 않았고 신생 크립토애셋은 매주 등장하기 때문이다.

현재 크립토애셋은 신흥 자산 클래스로 설명된다. 크립토애셋의 거버넌스, 공급 일정, 사용 사례, 가치 기반에 대한 경제적 특성은 특정 크립토애셋이 나올 때부터 비교적 고정되어 변하지 않는다. 시간이 지날수록 변하는 것은 이런 자산들의 성숙도에 따른 유동성 프로파일과 시장 특성이다. 이제 크립토애셋의 경제적 특성에 대해 집중적으로 살펴보자.

자산 클래스로서 크립토애셋의 경제적 특성

혁신적 투자자가 크립토애셋을 평가하려면 다른 자산을 분석하는 것과 유사하게 해야 한다. 우선 고유의 자산 클래스로 규정할 만한 크립토애셋의 경제적 특성을 인식하고 식별해야 한다. 우리는 네 가지 기준에 기초해 크립토애셋을 평가하려 한다.

거버넌스

국가가 관리 통제되듯이 자산도 관리 통제된다. 보통 모든 자산에는 세 가지 관리 층이 있다. 자산 조달자, 자산 보유자, 조달자와 보유자의 행동을 감독하는 규제 기관이 그러하다. 규제 기관은 하나가 아닌 복수로 존재하기도 하는데, 예를 들어 일반적인 증권은 자회사의 경영진, 회사 주주들, 미국 증권거래위원회를 규제 감독권자로 두고 있다.

석유나 천연가스 같은 에너지 상품과 관련된 파생상품은 더 복잡하다. 실물 보유자들과 마찬가지로 조달자들의 거버넌스도 본질상 훨씬 더 분산되고 세계적이다. 미국 상품선물거래위원회CFTC가 이런 상품들의 금융 파생상품에 대해 규제 응집력 층을 제공한다면, 미국 증권거래위원회는 이 자산들로 구성된 상장지수펀드, 뮤추얼펀드, 기타 펀드를 관리 규제한다.

논란이 더 많은 자산 클래스인 통화도 특유의 거버넌스 프로파일을 가지고 있다. 첫째, 중앙은행은 통화의 유통을 통제하고 국가의 국민, 국제 기업, 국제 채권자들은 환율과 통화 사용에 영향을 미친다. 규제 기관은 국가에 따라 다양하며, 한 국가의 통화가 요동하는 경우를 위해 국제통화기금IMF과 같은 국제 규제 기관이 존재한다.

크립토애셋은 다른 자산 클래스와 달리 21세기형 거버넌스 모델을 충실히 따르며, 주로 오픈소스 소프트웨어의 움직임에 영향을 받는다. 자산 보유자와 관련된 사용 사례는 세 가지로 나뉜다. 우선 재능 있는 소프트웨어 개발자 그룹이 네이티브 자산을 사용하는 비트코인 프로토콜이나 분산 응용 프로그램을 만들기로 결정한다. 개발자들은 오픈 기여자 모델을 따른다. 시간이 흐름에 따라 보상을 통해 새로운 개발자가 개발팀에 합류할 수 있다는 의미다.

그러나 개발자들만이 크립토애셋을 조달하는 책임을 맡는 것은 아니다. 개발자는 코드만 제공한다. 코드가 실행되는 컴퓨터를 소유하고 유지하는 사람, 즉 채굴자는 새로운 소프트웨어 업데이트를 내려받아야만 하기 때문에 코드 개발에 관여한다. 개발자는 채굴자에게 소프트웨어를 업데이트하라고 강요할 수 없다. 대신에 채굴자에게 업데이트하는 편이 전체 블록체인의 건전성과 채굴자의 경제적 건전성을 위해 이롭다는 점을 납득시켜야 한다.[7]

개발자 그리고 채굴자와 더불어 조달자들 사이에 세 번째 수준의 거버넌스가 있다. 바로 크립토애셋과 대중을 연결하는 서비스를 제공하는 회사들이다. 이 회사들은 핵심 개발자들 일부를 고용하지만, 그렇지 않더라도 사용자 채택에 있어 배후에서 큰 영향력을 행사할 경우 시스템에 상당한 영향력을 미칠 수 있다.

세 그룹의 조달자들 외에 보유자 또는 최종 사용자가 있다. 이들은 투자하기 위해 또는 기반 블록체인 아키텍처의 유틸리티에 액세스하기 위해 크립토애셋을 구매한다. 사용자들은 계속해서 개발자, 채굴자, 기업들에게 피드백을 제공한다. 사용자들이 크립토애셋 사용을 중단하면 수요가 감소하고 가격도 낮아지기 때문이다. 따라서 조달자는 사용자에게 지속적으로 설명할 의무가 있다.

마지막으로 크립토애셋에 대한 규제 측면이 새롭게 대두되고 있다. 하지만 규제 당국은 이 신흥 자산 클래스를 정확히 어떻게 다뤄야 할지를 여전히 숙고하고 있다.

공급 일정

자산의 공급 일정은 세 가지 관리 계층에게 영향을 받지만 보통 조달자의 영향력을 가장 크게 받는다. 기업공개를 통한 최초 주식 발행이 대표적이다. 기업공개는 회사의 경영진이 자본시장에서 현금을 마련하고 회사의 브랜드가 폭넓게 노출되도록 돕는다. 주식 기준 보상이나 2차 공모를 통해서도 주식을 계속 발행할 수 있지만, 너무 많이 발행하면 투자자들의 회사 소유권이 희석되기 때문에 투자자들이 반발할 수도 있다.

반면에 채권은 주식과 확연히 다르다. 일단 기업, 정부, 혹은 다른 단체가 채권을 발행하는데, 채권은 일정한 부채 금액에 대한 주장이다. 채무 불이행의 경우를 제외하고는 협상의 여지가 없다. 같은 실체가 앞으로 더 많은 채권을 발행할 수도 있지만, 그 발행이 경제적 고통의 지표가 아닌 한 후속 채권 발행은 전형적으로 이전 발행된 채권에 거의 영향을 미치지 않는다.

거의 모든 공급 스케줄이 시장 공급과 수요의 균형을 맞추고 모든 조달자에게 피해를 주는 공급 과잉을 방지하기 위해 조정되지만, 에너지 상품에 따라 다양한 공급 일정이 가능하다. 예를 들어 석유의 경우 석유수출국기구OPEC가 있는데 여기에 속한 국가들이 석유 공급량을 상당 부분 통제하고 있다.

통화 공급을 통제하는 중앙은행은 석유수출국기구보다 훨씬 더 많은 통제권을 갖고 있다. 2008년과 2009년의 금융위기 이후 세계 각국에서 보았듯이, 중앙은행은 양적 완화의 형태로 원하는 만큼 통화를 발행할 수 있다. 중앙은행은 정부가 발행한 채권과 기타 자산을 매수하여 경제에 현금을 투입하는 등 공개시장을 운영함으로써 이를 자주 한다. 중앙은행의 활동은 미국 달러의 경우처럼 명목화폐의 공급을 급격히 증가시킬 수 있다. 〈그림 8.1〉은 비트코인, 미국 달러, 금의 공급 일정을 비교해 보여준다.[8]

귀금속은 대개 다른 일반 금속에 비해 품질이 떨어지지만 희소성과 미적 매력 때문에 오랫동안 높은 평가를 받아왔다. 유연성으로 인해 쉽게 변형될 수 있어 구조적 지지 용도로는 사용할 수 없다. 하지만 희소성과 미의 한 형태로서 보편적으로 수용되고 있어서 안전한 가치 저장 수단으로 여겨져왔다. 〈그림 8.1〉은 금 공급이 인플레이션 일정에 따라 진행되고 있음을 보여준다. 다시 말해서, 금본위제 지지자들이 놀랄 정도로, 매년 전년도에 비해 더 많은 금이 채굴된다.

크립토애셋의 공급량은 종종 금과 같이 희소성을 갖고 만들어진다. 오히려 많은 크립토애셋이 금이나 다른 귀금속보다 훨씬 더 부족할 것이다. 크립토애셋의 공급 일정은 보통 수학적으로 책정되며, 기반 프로토콜 또는 분산 응용 프로그램을 처음 만들 때 코드로 설정된다.

비트코인은 2140년까지 최대 2,100만 개의 유닛을 공급하며, 4년마다 공급 통화 팽창률을 줄임으로써 최대 공급량에 다가간다. 현재 공급 일정은 연간 4퍼센트이며, 2020년에는 연간 2퍼센트로 감소할 것이고, 2024년에는 연간 1퍼센트로 떨어질 것이다. 앞서 살펴보았듯이 사토시는 비트코인을 초기 기여자들에게 대량 발행함으로써 초기 지원을 끌어내야 했기 때문에 이런 식으로 시스템

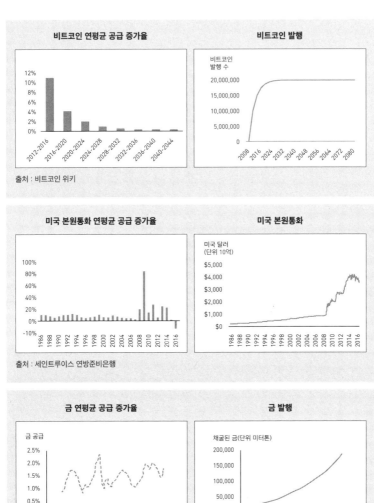

〈그림 8.1〉 비트코인, 미국 달러, 금의 공급 스케줄 비교

출처 : ARK 투자매니지먼트, 코인베이스

을 만들었다. 비트코인이 성숙해감에 따라 네이티브 자산의 가치가 상승하는데, 이는 사람들의 기여를 계속 부추기고자 비트코인 발행량을 줄여야 함을 의미한다. 비트코인은 출시된 지 8년이 지나면서 수요를 촉진하는 투자처라는 차원을 넘어 전 세계에 강력한 효용성을 제공하고 있다. 앞으로 비트코인은 거의 발행되지 않을 테지만, 그때쯤이면 네트워크가 매우 커져서 모든 기여자들이 비자나 마스터 카드와 같이 거래수수료를 통해서 충분한 금액을 지불받도록 하는 것이 목표다.

다른 많은 크립토애셋들은 비율이 저마다 다르긴 하지만 비슷한 수학 발행 모델을 따르고 있다. 이더리움은 처음에 매년 1,800만 개의 이더를 영구적으로 발행하고자 했다. 이더의 기반이 성장하면서 1,800만 개의 단위가 점점 더 작은 통화 기반이 되리라고 본 것이나. 결과적으로 공급 통화 팽창률은 궁극적으로 0퍼센트에 수렴될 것이다. 이더리움 팀은 현재 합의 체계의 의도된 변화 때문에 이 발행 전략을 재고하고 있다. 자산 클래스가 아직 젊기 때문에 우리는 이런 실험에 놀라지는 않지만, 개시 시점에 계획된 크립토애셋 발행 일정을 변경하는 것은 다소 예외적인 일이다.

스팀잇은 플랫폼인 스팀STEEM, 스팀파워SP, 스팀달러SMD로 구성된 훨씬 더 복잡한 통화 정책을 추구한다. 창립팀은 처음에 스팀을 선택하여 공급을 매년 100퍼센트 늘렸다. 이들은 엄청난 숫자를 없애기 위해 주기적으로 나눠 총 발행 유닛을 줄일 묘안을 구체화했지만, 이런 수정으로도 지탱할 수 없을 만큼 높은 인플레이션과 플랫폼의 평가절하를 피하기가 쉽지 않으리라는 것을 빠르게 깨달았다. 그들은 또한 통화 정책 후기 도입을 수정하기로 결정했다.

스팀잇은 혁신적 투자자들이 경제적 타당성을 확인하기 위해, 그리고 우리가 10장에서 자세히 다룰 스팀 버블과 비슷한 상황을 피하기 위해 플랫폼의 통화 정책을 검토해야 한다는 점을 잘 보여주는 사례다. 각각의 크립토애셋이 성숙해감에 따라 그들 통화 정책은 수학적으로 측정된 의도에 따라 결정될 것이다.

사용 사례

거버넌스와 공급 일정은 자산의 사용 사례에서 중요한 역할을 한다. 주식과 채권의 활용 사례는 복잡하지 않다. 주식은 기업이 주식 발행을 통해 자본시장에서 자본금을 조달할 수 있도록 하고, 채권은 부채 발행을 통해 기업으로 하여금 자본금을 조달할 수 있도록 한다. 화폐는 활용 사례도 명확해서 교환 수단, 가치 저장, 가치 척도 수단으로 기능하고 있다.

상품은 활용 사례가 더욱 다양해질 수 있는 분야다. 금속이나 반도체 물질의 사용 사례는 기술이 발전함에 따라 변화한다. 예를 들어 실리콘은 한때 잊힌 원소였으나 반도체 시대의 필수품이 되어, 세계에서 가장 혁신적 장소인 실리콘밸리라는 이름이 여기서 나왔다(실리콘밸리 지역에서 실제로 실리콘이 나오는 것이 아니다).

크립토애셋은 바로 이 실리콘에 비유할 수 있다. 크립토애셋은 기술이 발달하면서 등장했고, 사용 사례는 기술이 발전함에 따라 늘어나고 변할 것이다. 현재 비트코인은 가장 간단하고 분산된 국제 통화의 활용 사례를 보여준다. 이더는 더 유연하다. 개발자들이 탈중앙 월드 컴퓨터 내에서 이더를 컴퓨터 구동 연료로 사용하기 때문이다. 어거는 개인들이 진실(또는 거짓)을 말할 때 경제적으로 보상(또는 벌)하며 분권화된 시스템으로 예측 시장을 용이하게 한다.

무역 시장도 있다. 연중무휴로 거래되는 시장이다. 전 세계를 상대로 하고 영원히 연중무휴인 시장들은 여기서 논의하는 다른 자산들과 크립토애셋을 구별하기도 한다.

요컨대 크립토애셋의 사용 사례는 기존의 자산 클래스보다 동적이다. 게다가 오픈소스 소프트웨어를 통해 세상에 나오고 관리되기 때문에 진화할 수 있는 능력은 무한하다.

가치 기반

그리어가 상위 클래스에 대한 정의에서 언급했듯이, 주식이나 채권과 같은 자본 자산은 미래의 모든 현금 유동성의 순현재가치net present value(NPV)를 기반으로 평가된다. 순현재가치로 볼 때 그리어는 내일의 1달러가 오늘의 1달러보다 가치가 덜하다고 말한다. 예를 들어 한 투자자가 계좌에 100달러를 넣고 5퍼센트의 연간 이자(호시절의 경우)를 받는다면, 현재의 100달러가 지금부터 1년 후에는 105달러의 가치가 될 것이다. 따라서 투자자들은 현재의 100달러나 지금부터 1년 후의 105달러는 원하지만, 지금부터 1년 후의 100달러는 원하지 않는다. 즉 사실상 돈을 잃고 싶어 하지 않는다.

보다 유동적인 가치 저장 자산인 통화처럼 소비성 자산과 변환 가능 자산도 수요와 공급의 시장 역학에 의해 가격이 책정된다. 다만 통화는 발행국의 거버넌스가 환율에 개입할 수 있으며, 따라서 통화의 가치 기반에 개입할 수 있다는 점을 유념해야 한다. 예술품과 같은 가치 자산은 가치를 측정하기가 가장 어렵고 가장 주관적이다. 아름다움은 보는 사람의 눈에 달려 있기 때문이다.

크립토애셋에는 효용가치와 추정가치라는 두 가지 가치 기반 동력이 있다.

비트코인의 디지털 유닛은 사용되지 않은 트랜잭션 아웃풋, 즉 신용 이상으로 비트코인 블록체인에 존재하지 않는다. 따라서 가치 기반의 상당 부분은 기반 블록체인을 통해 자산의 사용자가 수행할 수 있는 것, 즉 비트코인의 효용가치에 있다.

효용가치는 기반 블록체인이 사용되는 용도와 자산 수요의 용도를 말한다. 예를 들어 비트코인 블록체인은 비트코인을 거래하는 데 사용되므로, 가치의 대부분은 비트코인을 교환 수단으로 사용하려는 수요에 따라 결정된다. 마찬가지로 비트코인을 가치 저장 자산으로도 사용할 수 있기 때문에 해당 사용 사례와 관련해서도 발행된 비트코인에 대한 수요가 생긴다. 이런 모든 사용 사례는 임시로 비트코인을 묶고, 발행 후 공급된 비트코인에서 비트코인을 꺼낸다. 사람들이 비트코인을 더 많이 사용하고 싶어 할수록 더 많은 비용을 지불해야 비트코인을 얻을 수 있는 구조다.

크립토애셋에는 효용가치 외에도 추정가치가 있다. 현재 나온 크립토애셋은 모두 10년이 채 되지 않았기 때문에 각 크립토애셋이 어떻게 발전할지, 많은 것들이 아직 전개되지 않아 추정가치가 작용할 수 있다.

추정가치는 특정 크립토애셋이 미래에 얼마나 널리 사용될지 예측하려는 사람들에 의해 결정된다. 이는 회사의 시가총액 상당 부분이 투자자들의 기대에 기반을 둔 신생 상장회사와 유사하다. 결과적으로 가치가 인정된 기업의 주가수익률이 오래된 회사의 주가수익률보다 훨씬 크다. 예를 들어 매출액이 1억 달러지만 성장률이 높은 신생 회사는 10억 달러의 가치가 있는 반면, 성장 속도가 느린 오래된 회사는 동일하게 10억 달러의 가치를 가지면서 5억 달러의 매출을 올린다고 하자. 투자자들은 대부분 신생 회사의 미래 현금 유동성을 더 크게 추정하는 반면, 더 오래된 회사에 대해서는 현재 수익 상황에 보다 가깝게 회사의 가치를 평가한다. 미래의 흐름을 대략 알기 때문이다.

크립토애셋의 경우 추정가치의 많은 부분이 개발팀으로부터 나올 수 있다. 재능 있고 집중력 있는 개발팀이 만든 크립토애셋에 대해서는 사람들이 널리 채택되리라는 믿음을 더욱 가지게 될 것이다. 게다가 개발팀이 크립토애셋이 광범위하게 사용되도록 하는 원대한 비전을 가지고 있을 경우 자산의 추정가치가 증가할 수 있다.

각 크립토애셋이 성숙해감에 따라 효용가치에 집중할 것이다. 현재 비트코인은 추정가치 지원으로부터 가장 멀리 떨어져 나와 효용가치 지원으로 전환되고 있다. 가장 오래됐을 뿐만 아니라 사람들이 주로 비트코인의 원래 의도인 효용성 사용례로 사용하고 있기 때문이다. 2016년에는 매분 10만 달러의 비트코인이 거래되었으며, 이로 인해 거래 수요를 초과해 자산의 효용성에 대한 실제 수요가 창출되었다. 크립토애셋과 기술 전문 투자회사인 판테라 캐피털Pantera Capital은 점점 더 효용성으로 기울고 있는 비트코인의 가격 지원을 잘 보여주고 있다. 〈그림 8.2〉에서 2013년 11월 비트코인의 추정가치가 효용가치를 넘어 급등한 것을 볼 수 있다. 이는 비트코인 블록체인을 사용한 일일 거래액으로 나타난다.

추정가치는 크립토애셋이 성숙할수록 감소한다. 크립토애셋이 침투할 미래 시장에 대한 추정이 줄어들기 때문이다. 이는 사람들이 앞으로 자산 수요가 어떨지를 더 명확하게 이해하리라는 것을 의미한다. 크립토애셋이 출시된 지 얼마 안 될수록 〈그림 8.3〉에서 보듯이 추정가치에 의해 가치가 증가할 것이다. 특히 상당한 가치를 지원하는 대규모 시스템이 될 경우, 크립토애셋은 시간이 지나면서 주요 사용 사례로 굳어질 테지만, 오픈소스 특성으로 인해 관련성이 거의 없는 사용 사례를 추구해 수정tweak 가능성도 열려 있어서 다시 한 번 자산에 추정가치가 추가될 수도 있다.

추정가치는 젊은 시장에서는 추정하기가 힘들고 위험할 수 있다. 소수의 투자자들만이 자산의 미래 가치에 대한 좋은 근거를 가

<그림 8.2> 비트코인 가격과 효용가치 비교

출처 : https://medium.com/@PanteraCapital/bitcoin-continues-exponential-
growth-in-2016-blockchain-letter-february-2017-9445c7d9e5a2

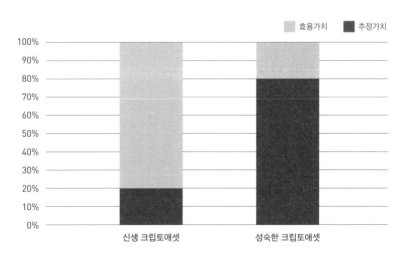

<그림 8.3> 추정가치에서 효용가치로 크립토애셋의 성숙

지고 있고 나머지는 시장의 움직임을 따르기 때문이다.

벤저민 그레이엄은 고전《현명한 투자자》에서 잘 알려진 예를 사용한다. 그는 시장을 가라앉은 기분과 열정이 넘치는 기분 사이를 왔다 갔다 하는 '미스터 마켓Mr. Market'으로 의인화한다. 시장이 음울해지면 그는 자산을 집어던져 자산가치를 효용가치 밑으로 떨어뜨릴 것이다. 열정이 넘칠 때는 자산을 위해서라면 어떤 대가도 치를 것이고, 두둑한 프리미엄을 얹어서 자산을 효용가치보다 훨씬 높일 것이다. 미스터 마켓은 군중의 움직임을 가상으로 보여준다. 그레이엄은 투자자들에게 자산의 기본을 연구하고 미스터 마켓의 기분은 무시하라고 제안한다. 미스터 마켓과 관련해 다음 장에서는 크립토애셋 시장이 어떻게 성장하고 있는지를 살펴보자.

9

크립토애셋 시장은
어떻게 성장하고 있는가

앞의 8장에서 우리는 자산 클래스 간의 차이를 만드는 요소가 무엇인지 살펴보았다. 경제적 특성, 유동성 및 거래량 프로파일, 시장 행동 등이 주요 차별화 요인임을 확인했다. 8장에서 다룬 경제적 특성은 대개 자산의 출시 시점에 잘 정의되어 있지만, 크립토애셋의 경제적 특성은 오픈소스 소프트웨어라는 성격을 고려할 때 주식과 채권 이상으로 발전할 수 있다.

자산 클래스의 시장 행태와 함께 유동성 및 거래량 프로파일, 자산 클래스 내 개별 사례는 시간이 지남에 따라 상당히 성숙해간다. 예를 들어 1602년에 네덜란드 동인도회사가 최초로 주식을 발행한 회사가 되었을 때,[1] 당시 주식은 극히 비유동석이었다. 저음 발행했을 때는 주식시장조차 존재하지 않았으며, 구매자들은 21년 동안 주식을 보유할 것이라 예상되었는데 이는 네덜란드의 아시아 무역 협정이 제정한 기간이었다. 하지만 일부 투자자들은 부채를 상환하기 위해 주식을 팔고자 했고, 그래서 암스테르담 동인도회사의 주식을 거래하는 비공식 시장을 원했다. 더 많은 주식회사들이 설립되면서 비공식 시장이 생겨났고, 이후에는 네덜란드 주식 거래소로 공식화되어 오늘날 가장 오래된 '현대적' 증권거래소가 되었다.[2] 동인도회사는 큰 변화가 없는 주식 구조에도 불구하고 주식의 시장 유동성과 거래량은 상당히 변화했다.

마찬가지로 최초의 크립토애셋인 비트코인(네덜란드 동인도회사에게는 크립토 유사물이 된)이 채굴 후 발행되었을 때도 비트코인을 거래하거나 교환할 시장이 없었다. 2009년에는 10분마다 50개의 비트코인이 새로 발행되었는데도 거의 어떤 거래도 없었다. 2009년 10월이 되어서야 비트코인과 미국 달러 간에 최초로 거래가 이루어졌다. 페이팔을 통해 5,050개 비트코인이 5.02달러에 거래되었다.[3] 이 거래는 초기 비트코인 개발자 중 한 사람인 마르티 말미와 최초로 미국 달러를 일관되게 거래하려 했던 뉴리버티스탠더드 NewLibertyStandard라는 이름을 사용한 개인 간에 이루어졌다. 뉴리버티스탠디드는 미국 달러와 비트코인 간에 합리적인 교환율을 세계 최초로 정하려고 노력했다.[4]

이 교환을 우리가 오늘날 생각하는 의미의 교환이라고 말하면 과장될 것이다. 뉴리버티스탠더드가 만들고자 했던 비트코인 거래소는 이용자가 드물고 불확실했지만, 아이디어는 거기에 있었다. 2010년 여름이 되어서야 비로소 괜찮은 거래소가 생겨났다. 요컨대 비트코인 시장도 주식이나 다른 자산 클래스 시장처럼 발전하는 데 시간이 걸렸다.

자산은 그대로지만 자산을 둘러싼 기능적 시장과 자산의 변화 방식은 크게 달라질 수 있다. 예를 들어 놀라운 양의 채권 거래가 여전히 '음성 및 서류 시장voice and paper market'(물건이 실질적으로 인도되기보다 현금으로 이뤄지는 계약 방식의 시장—옮긴이)을 통해 진행되고 있고, 기관들이 서로 전화를 걸어 유형의 서류를 처리하는 거래가 이뤄지고 있어서, 현재 채권 시장은 상당한 변화를 겪고 있다. 이는 거의 전적으로 전자로 거래되는 주식시장에 비해 채권 시장을 훨씬 불안하고 불투명하게 만든다. 디지털 물결이 커지면서 채권 시장은 보다 유동적이고 투명해지고 있다. 상품, 예술, 고급 와인 등의 시장도 마찬가지다.

자산 간 상관관계는 자산 클래스의 발전과도 관련이 있다. 6장에서 살펴본 바 있는 상관관계는 함께 움직이는 자산들의 가격을 말한다. 시장이 세계화되고 국가 경제가 뒷전으로 밀려나면서 상관관계도 크게 증가했다. 많은 사람들이 채권과 주식시장의 집단사고 거래groupthink trading로부터 안전한 것을 원하면서 여전히 금으로 눈을 돌리고 있다.

2017년 4월 기준으로 크립토애셋의 전체 네트워크 가치는 300억 달러에 못 미치는, 상대적으로 너무 작은 가치를 보유해서 대부분의 전통적 투자자들로부터 자본을 끌어내지 못하고 있다. 비록 놀라운 속도로 성장하고 있지만 크립토애셋과 전통적 투자자 자본 풀 사이의 거리는 여전히 멀다. 결과적으로 크립토애셋은 현재 전통자산과 거의 관계가 없다. 그러나 우리는 비트코인과 보다 광범위한 자본시장 간에 상관관계(부정적이든 긍정적이든)가 있다는 신호를 읽고 있다. 이런 상관관계는 이치에 맞다. 비트코인이 가장 정평난 크립토애셋이며, 전통적 투자자가 모험적으로 뛰어들 만한 첫 크립토애셋일 가능성이 크다.

시간이 지나면서 투자 실체들 사이의 중첩이 증가함에 따라 크립토애셋과 다른 자산 클래스 사이의 상관관계(다시 한 번 부정적이든 긍정적이든)가 증가할 것이라 기대된다. 신흥 자산 클래스에서 성숙한 자산 클래스로의 이행은 더 넓은 자본시장에 수용되었음을 의미한다.

혁신적 투자자들은 크립토애셋의 유동성과 거래량 특성, 그리고 크립토애셋이 성장하면서 나타내는 변화를 이해해야 한다. 우리는 비트코인이 차지하고 있는 위상과 기간을 감안해서 비트코인부터 살펴볼 것이다. 그다음으로 시가총액 순서에 따라 다른 상위 크립토애셋인 이더, 대시, 리플, 모네로, 라이트코인 등을 비교해볼 것이다.

증가하는 비트코인 거래량

비트코인의 유동성은 시간이 지나면서 급격히 향상했다. 2010년 7월 마운트곡스 한 곳으로 시작한 거래소가 2017년 초에는 40곳 이상으로 증가했다.[5] 개별 거래소의 주문장도 늘어났다. 마운트곡스가 비트코인을 거래한 첫날은 20 비트코인만이 거래되었고 모두 합친 가치가 99센트였다. 마운트곡스는 개장 첫날 매우 얇은 주문장을 가지고 있었다. 지금은 비트코이니티Bitcoinity.org 같은 사이트에서 'Spread 100 BTC[%]' 지표를 제공하며, 100 비트코인이 구입되면 각기 다른 거래소에서 비트코인 가격이 얼마만큼 움직일지를 예측해서 보여준다.[6]

〈그림 9.1에서〉 100 비트코인(당시 10만 달러 상당) 거래를 하는 다섯 개의 거래소가 1퍼센트 이상 움직이지 못하고 있음을 알 수 있

비트코인 거래

	Name	Rank	Volume [BTC]	Spread [%]	Spread 10 BTC[%]	Spread 100 BTC [%] ▴	Volatility (stddev)	Trades per minute
1	lakeBTC	189	83,761	0.13	③ 0.17	① 0.25	1.44	③ 6.66
2	Bitfinex	① 6,025	① 425,505	② 0.03	① 0.11	② 0.54	③ 1.56	④ 6.53
3	Gemini	777	72,553	③ 0.05	② 0.12	③ 0.66	① 1.24	1.22
4	itBit	③ 3,060	73,374	0.10	0.25	④ 0.77	② 1.30	0.94
5	Bitstamp	② 3,627	② 195,757	⑤ 0.08	⑤ 0.20	⑤ 0.93	1.57	⑤ 4.09
6	GDAX	⑤ 1,766	④ 159,044	① 0.03	④ 0.19	1.02	⑤ 1.42	① 9.09
7	BTC-e	④ 2,195	③ 160,654	0.13	0.45	1.26	1.81	② 8.40
8	Bit-x	698	⑤ 97,547	0.43	0.68	1.45	2.33	2.22
9	Kraken	796	59,676	0.19	0.41	1.77	1.81	1.56

〈그림 9.1〉 100 비트코인 구매가 다른 거래소들 가격에 미치는 영향 비교

출처 : 비트코이니티

다(미국 달러로 표시된 주문장의 경우). 오른쪽 상단에서 볼 수 있듯이 위안화, 엔화, 유로화와 같은 각기 다른 통화들의 주문장을 비교해 볼 수 있다.

비트코인을 사고파는 사람들이 늘어나면서 거래 활동이 더 많아지고 그에 따라 더 많은 유동성이 생겨나기 마련이다. 마운트곡스가 개장한 이후 전 세계 거래 규모가 기하급수적으로 증가했다.[7] 2017년 1월 5일, 활황 국면에 들어선 비트코인 거래는 110억 달러를 기록했고, 가격은 출시 후 두 번째로 1 비트코인 가격이 1,000달러를 넘어섰다(〈그림 9.2〉).

암스테르담의 비공식 장소에서 시작된 주식 거래가 매일 전 세

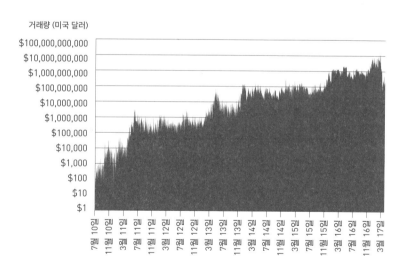

〈그림 9.2〉 비트코인 거래량 추이

출처 : 크립토컴페어

계 거래소에서 이뤄지는 수천억 달러 규모의 거래량으로 진화했듯이 비트코인도 진화하고 있다. 현재 전 세계적으로 매일 수억 달러에서 수십 억 달러를 거래하는 수십 개의 크립토애셋 거래소가 있다. 이런 거래량의 증가는 크립토애셋에 대한 관심의 증가를 나타내며 비트코인 시장의 성숙을 가져온다.

증가하는 다른 크립토애셋 거래량

다른 크립토애셋도 성장하면서 비트코인과 비슷한 추세를 보이고 있다. 다만 비트코인에 비해 나온 지 얼마 안 돼 거래량과 유동성 면에서 변동성이 더 크다. 예를 들어 2016년 모네로는 악명을 크게 떨쳤다. 유명 암시장이 모네로의 프라이버시 기능을 악용하기 시작했기 때문이다.[8] 이로 인해 평균 거래량이 치솟았다. 2015년 12월에는 일일 거래량이 2만 7,300달러였으나 2016년 12월에는 100배 이상 증가한 325만 달러였다. 같은 기간 모네로의 가격은 20배 이상 올랐다. 따라서 가격 상승이 거래량 증가의 원인이라고 볼 수도 있지만 상당 부분은 관심과 거래 활동의 증가에 따른 것이었다. 〈그림 9.3〉은 모네로의 거래량 추이를 보여준다.

　이더, 대시, 라이트코인, 리플 및 기타 크립토애셋도 정도 차이는 있지만 성숙해감에 따라 거래량이 증가했다. 치솟는 가격 상승이 보다 많은 투자자와 트레이더들의 관심을 끌 테니 여러 크립토

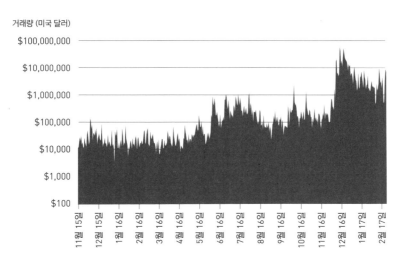

거래량 (미국 달러)

$100,000,000

$10,000,000

$1,000,000

$100,000

$10,000

$1,000

$100

11월 15일
12월 15일
1월 16일
2월 16일
3월 16일
4월 16일
5월 16일
6월 16일
7월 16일
8월 16일
9월 16일
10월 16일
11월 16일
12월 16일
1월 17일
2월 17일

〈그림 9.3〉 모네로 거래량 추이

출처 : 크립토컴페어

애셋이 상당한 가격 상승에 따라 거래량을 크게 올릴 수 있을 것이다. 이런 패턴은 〈그림 9.3〉의 모네로에서 쉽게 볼 수 있다. 일단 크립토애셋이 새로운 시세폭에 자리 잡으면 거래량도 새로운 범위에 자리 잡을 것이다. 그러면 일부 크립토애셋 트레이더는 관심도가 집중되고 자산 가격이 상승할 가능성이 있음을 보여주는 초기 지표로서 거래량 증가를 주목하게 될 것이다.

트레이더들이 옳든 그르든, 급증하는 관심과 거래량, 시장 유동성은 모두 크립토애셋의 성숙도를 가리킨다. 이 모든 것이 지속적이면 혁신적 투자자가 인지해야 할 건전성 지표가 된다. 하지만 거래량 증가가 너무 극심해 보이고 그 이유에 대해 정보가 거의 없다면 경계해야 한다. 다음 10장~11장의 투기 부분에서 살펴볼 예정인데, 때때로 너무 지나치고 너무 빠르게 증가하는 거래량은 조작되거나 과열되는 시장의 징후일 수 있다.

크립토애셋 시장에 미치는 외부 규제

혁신적 투자자는 대개 실질가치가 있는 자산이 성장하길 기대하고 시간이 지날수록 유동성 및 거래량이 증가하리라고 기대할 수 있지만, 시장에 영향을 미치는 외부 요인은 거래량을 현저히 저해할 수 있다. 투자자들은 움츠러들고, 규제는 때로 과도한 긴장을 불러올 수 있다. 이런 어려운 시기에 자산은 전 세계 거래 및 거래쌍trading pair이 다양하고 많을수록 도움을 받을 수 있다.

비트코인이 하루 만에 사상 최고치 110억 달러의 높은 거래량을 기록하며 출시 이후 두 번째로 1,000달러를 돌파한 다음 날인 2017년 1월 6일, 중국인민은행은 중국 거래소에서 이뤄지는 비트코인 거래를 조사하고 있다고 발표했다.[9] 그 직후 중국인민은행은 자국 내 거래소에서 이뤄지는 비트코인 거래에 대한 새로운 규제안을 내놓았다. 신용 거래 축소, 거래수수료, 더 강력한 자금세탁 방지제도, 고객 신원 확인 규정을 요구하는 규제안이었다. 이런 모든 요건은 납득할 만한 것이었고 비트코인을 합법화하는 데 도움이 되었지만, 2016년 대부분의 기간 동안 세계적으로 비트코인의

90퍼센트를 상회하던 중국 거래량을 상당히 감소시켰다.[10]

중국은 전 세계 모든 비트코인 거래량의 90퍼센트 이상을 차지했고, 중국인민은행은 이 활황을 제한하고 있었다. 이런 상황은 비트코인이 처음으로 1,000달러를 넘은 후에 중국인민은행이 새로운 규정을 내놓았던 2013년 말과 놀라울 정도로 비슷했다.[11] 하지만 이번에는 처음에는 가격이 급격히 하락했지만 한 달 만에 회복되어 곧 사상 최고치로 올랐다. 이것은 2013년과 매우 다른 반응이었다.

2017년 비트코인의 가격 탄력성은 2013년의 엄청난 가격 영향과 비교하여 거래량, 거래 및 거래쌍의 다양성이 중요하다는 값진 교훈을 보여준다. 2013년 12월에는 평균 6,000만 달러의 거래량을 기록했으며, 2016년 12월에는 평균 41억 달러의 거래량을 기록했다. 따라서 2013년에 비해 2017년에 중국인민은행 발표로 이어지는 시장 크기가 훨씬 더 컸다. 게다가 2013년에는 훨씬 제한된 수의 거래소에서 비트코인 거래가 발생했다(대부분의 거래가 마운트 곡스에서 이루어졌다). 통화쌍 다양성도 다른 법정통화나 다른 크립토애셋을 통해서는 거의 그만큼 강력하지 않았다.

2017년에는 시장 유동성과 거래 다양성, 거래쌍 선택 가능성이 크게 개선되어 비트코인 시장이 신속히 회복되었다. 그 결과 중국인민은행이 규제안을 내놓았을 때 중국 밖에서 공백을 메울 다른 많은 다른 투자자와 거래자가 있었고, 〈그림 9.4〉에서 보듯 이는 비트코인을 거래하기 위해 사용하는 법정통화의 시장 점유율 반전

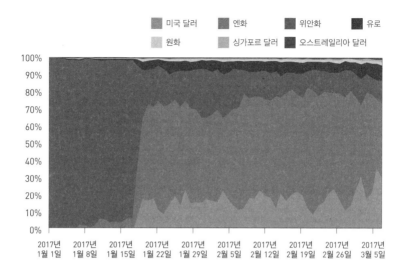

100%
90%
80%
70%
60%
50%
40%
30%
20%
10%
0%

2017년　　2017년　　2017년　　2017년　　2017년　　2017년　　2017년　　2017년　　2017년　　2017년
1월 1일　　1월 8일　　1월 15일　　1월 22일　　1월 29일　　2월 5일　　2월 12일　　2월 19일　　2월 26일　　3월 5일

〈그림 9.4〉 비트코인 거래량의 다양한 통화쌍
(2017년 1월 중국 위안화가 차지하는 비율이 급락함을 보여줌)
출처 : 크립토컴페어

을 이끌었다. 중국 위안화의 시장 점유율은 90퍼센트에서 10퍼센
트 이하로 떨어졌다.

　2017년 1월 22일 이후, 비트코인 거래에서 달러와 엔화가 대폭
증가했다. 비트코인 트레이더들은 오랫동안 중국의 규제에 흔들리
지 않았고, 미국 달러와 일본 엔화로 비트코인 투자를 늘려 공백을
채워 비트코인을 끌어올렸다.

크립토애셋 성장 신호 1 : 거래쌍 다양화

거래소와 거래쌍 다양성 간의 균형은 크립토애셋을 포함해 모든 자산의 건전성에 중요하다. 초기 시절에 비트코인이 극히 소수의 통화와 거래소에 의존했던 것을 교훈 삼아, 특별히 법정통화쌍과 관련해 기타 크립토애셋의 거래쌍 다양화에 대해 알아보자.

법정통화쌍은 크립토애셋에 특히 중요하다. 크립토애셋이 기존의 금융 인프라와 상당한 통합을 해야 하기 때문이다. 요구되는 준수 사항이 높다 보니 소수의 거래소만이 법정통화와 투자자 은행 계좌를 사용할 수 있는 기능을 제공한다. 비트스탬프Bitstamp, 지닥스GDAX, 잇비트itBit, 제미니Gemini, 크라켄Kraken 등의 거래소는 모든 크립토애셋을 상장하는 데 주저한다. 평판이 좋지 않은 크립토애셋 거래를 권장하고 싶지 않기 때문이다. 거래소들의 이런 주의를 고려할 때, 이들 플랫폼에 크립토애셋이 상장된다면 이는 승인 도장을 받았다는 신호다.

이더리움의 이더는 거래소가 크립토애셋을 추가하면 해당 자산을 사기 위해 사용되는 무수한 거래쌍이 어떻게 증가하는지를 잘 보여주는 사례다. 크립토애셋과 관련해 법정통화가 중요하다는 우리의 가설을 사실로 간주한다면, 해당 크립토애셋은 성장함에 따라 보다 다양한 거래쌍을 가져야 한다. 자산을 사기 위해 사용되는 법정통화쌍이 특히 증가해야 한다.

이더의 경우가 확실히 그랬다. 〈그림 9.5〉를 보면 2016년 한 해

동안 이더를 매수하기 위해 사용되는 거래쌍이 상당히 크게 증가
했다. 달러가 특히 강세를 보였고 전반적인 법정통화가 2016년
봄의 이더 거래량에서 10퍼센트 미만으로 차지하던 것에 비해
2017년 봄에는 거의 50퍼센트로 증가했다.

우리는 혁신적 투자자가 광범위한 자산 클래스 내에서 특정 크
립토애셋의 건전성과 성숙도 증가를 체크하는 한 방법으로 거래쌍
다양성의 증가를 모니터하기를 권한다. 크립토컴페어CryptoCompare.
com가 이런 추이를 확인할 만한 좋은 툴이다.

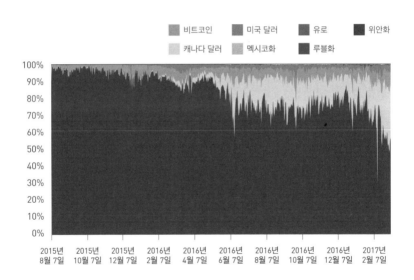

〈그림 9.5〉 이더의 거래쌍 다양성 증가와 법정통화 사용

출처 : 크립토컴페어

크립토애셋 성장 신호 2 : 변동성 감소

보다 많은 거래량, 유동성, 다양한 거래소, 거래쌍 다양화는 모두 시장의 강한 회복력으로 이어진다. 크립토애셋은 시간이 지날수록 가격 변동의 강도가 줄어들며 충격을 보다 잘 흡수할 수 있다. 변동성이 감소하는 것이다.

시간에 따른 변동성을 그래프로 보면 크립토애셋의 변동성이 감소하는 모습을 틀림없이 보게 된다. 7장에서 이미 비트코인의 변동성 감소를 다뤘으니 여기서는 기타 크립토애셋의 변동성을 살펴보자. 〈그림 9.6〉, 〈그림 9.7〉, 〈그림 9.8〉은 이더, 리플, 모네로의 시간 흐름에 따른 변동성을 보여준다. 수치는 크립토컴페어의 자료를 사용해 만들었다. 기타 크립토애셋도 이와 유사한 그래프를 보여준다.[12]

이런 추이를 보면 변동성 감소는 시장 성숙도가 커진 결과라고 추론할 수 있다. 이들 세 크립토애셋의 변동성 추이는 직선 도로가 아니라 특정 사건들로 인해 중간중간 튀어나온 도로를 보여준다. 예컨대 모네로는 2016년 말에 변동성이 급증했다. 가격이 크게 상승했기 때문이다. 이는 변동성이 가격 급락뿐 아니라 가격 폭등과도 관련 있음을 보여준다. 그럼에도 일반적인 추이는 변동성 약화로 나타난다(그래프에는 나타나지 않았지만 2017년 2분기와 3분기에 변동성이 매우 컸다. 변동성 감소가 직선으로 나타날 수 없음을 보여준다).

〈그림 9.9〉에서는 2015년 말 이후의 비트코인, 이더, 대시의 변

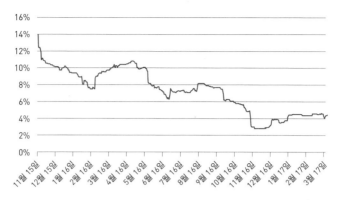

〈그림 9.6〉 이더의 일일 변동성 감소

출처 : 크립토컴페어

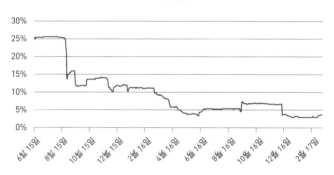

〈그림 9.7〉 리플의 일일 변동성 감소

출처 : 크립토컴페어

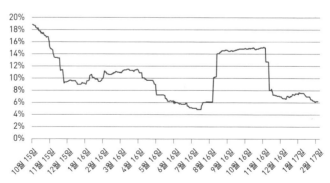

〈그림 9.8〉 모네로의 일일 변동성 감소

출처 : 크립토컴페어

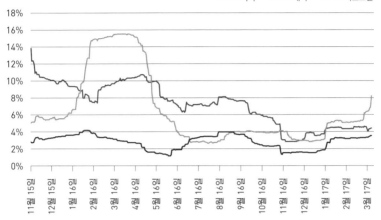

〈그림 9.9〉 비트코인, 이더, 대시의 일일 변동성

출처 : 크립토컴페어

동성 추이를 볼 수 있다. 비트코인은 가장 낮은 변동성을 보였다. 비트코인 시장이 가장 유동적이고 거래소와 자산 거래쌍이 가장 다양하기 때문이다. 비트코인이 낮은 변동성을 유지한 반면에 이더의 변동성은 상당히 크게 떨어졌고 대시의 변동성은 다양하게 변화했다. 시간이 흘러도 대시의 변동성 문제가 계속 이어질 것으로 보기 때문에 대시를 그래프에 포함했다. 대시의 사용이 증가하고 있긴 하지만 대시의 변동성은 감소해야 하고, 대시의 소프트웨어 아키텍처는 유동성 문제를 만들어낸다. 마스터노드(채굴자와 유사한 독립체지만 대시 아키텍처에만 있다)가 발행된 대시를 대량으로 보유해야 하기 때문이다. 이런 조건은 대시 시장의 유동성을 방해하고 결과적으로 시장의 변동성을 키운다.

250

흥미롭게도 자산의 가격이 급격히 증가한다고 해서 변동성이 급격히 증가하는 것은 아니다. 예컨대 2016년 한 해 동안 비트코인은 가격이 두 배 이상 증가했지만 변동성은 감소했다. 비트코인의 일별 상승과 하락은 변동적이라고 할 수 없을 정도로 크지 않았다. 이런 움직임은 대형 트레이더들이 자리를 잡아나가고 있을 가능성을 보여준다. 이들은 자신들이 자산 가격을 얼마만큼 움직이고 있는지를 판단하고, 일정 비율 이상이 넘지 않도록 한다. 이런 식으로 그들은 변동성을 최소화하고 수일, 수주, 수개월에 걸쳐 서서히 큰 자리를 차지해나간다.

이들 자산이 성장하고 변동성이 감소하면 이는 샤프지수의 증가를 돕는다는 점을 다시 기억하자.[13] 샤프지수는 절대수익을 변동성으로 나눈 수치이므로, 변동성이 줄어들면 샤프지수가 증가한다. 절대수익이 좋지 않아도 변동성이 낮으면 샤프지수는 그대로 유지될 수 있다는 뜻이다.

크립토애셋과 연동하는 자본시장

자산 클래스가 처음 등장하면 얼리어댑터들과 광범한 자본시장 투자자들 사이에 중복되는 부분이 많지 않아서 자본시장과의 상관관계 또한 없을 것이다. 이는 비트코인이 처음 개발됐을 때 소수 핵심 개발자와 얼리어댑터에게만 알려진 경우와 정확히 일치한다(〈그림

9.10〉).

당시 비트코인 투자자와 자본시장 투자자 간의 중복이 최소화되면서, 비트코인과 다른 일반 자산 클래스 간의 상관관계가 0에 가까웠다. 광범한 자본시장의 움직임을 만들었던 사건들은 비트코인에 영향을 미치지 않았고 그 반대도 마찬가지였다(〈그림 9.11〉).

비트코인 사용이 증가하면서 유명세 또한 증가했다. 〈월스트리트저널〉, 〈뉴욕타임스〉, 〈포브스〉 같은 매체들은 일주일에 한 번씩 정기적으로 비트코인을 다뤘다. 그 결과 비트코인은 담론의 주제가 됐을 뿐 아니라 광범한 자본시장 내에서 비트코인 지지자들을 위한 보다 보편적인 투자 비이클이 되고 있다.[14] 크립토애셋의 접근성 증가는 〈그림 9.12〉에서 볼 수 있다.

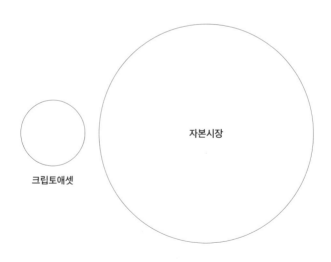

〈그림 9.10〉 신흥 자산 클래스로서 크립토애셋

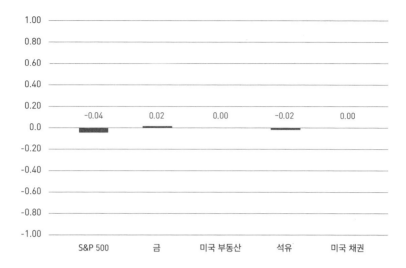

〈그림 9.11〉 2011년 1월부터 2017년 1월까지 평균 30일간
비트코인과 다른 주요 자산과의 상관관계

출처 : 블룸버그, 코인데스크

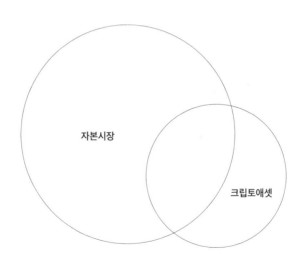

〈그림 9.12〉 성숙한 자산 클래스로서 크립토애셋

자본시장 투자자들 사이에서 비트코인이 더 많이 수용되면서 영국의 브렉시트, 미국의 트럼프 대통령 당선, 중국의 위안화 가치 하락 등 다른 시장에 해로울 수 있는 뉴스가 급증한 이유를 설명해준다.[15] 중국인민은행의 수많은 개입에도 불구하고 중국인들은 자국 통화의 가치 하락에 맞서 스스로를 보호하기 위해 비트코인을 사용했다. 〈그림 9.13〉은 이런 움직임을 추론할 수 있는 단서를 보여준다. 그림 왼쪽의 y축은 1달러를 사는 데 필요한 중국 위안화 가격을 나타낸다. 이 가격이 오르면 위안화 가치는 떨어진다. 1달러

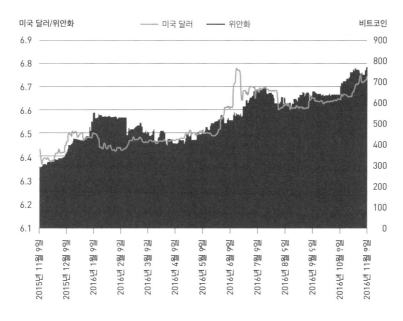

〈그림 9.13〉 위안화의 가치하락과 관련한 비트코인 가격 추이

출처 : https://www.washingtonpost.com/news/wonk/wp/2017/01/03/
why-bitcoin-just-had-an-amazing-year/?utm_term=.64a6cfdf7398

를 사는 데 더 많은 위안화가 필요하기 때문이다. 그림 오른쪽에는 비트코인 가격이 표시된다. 위안화 가치가 하락하면서 비트코인 가격은 상승한다. 이런 상관관계는 사람들이 위안화의 추가 평가절하로부터 자신들을 보호하기 위해 비트코인을 구입할 가능성이 높다는 것을 보여준다.

양으로든 음으로든 비트코인과 널리 사용되는 기타 자산 클래스 간의 상관관계는 증가할 테지만, 새로운 크립토애셋이 등장함에 따라 이들은 광범한 자본시장과 0에 가까운 상관관계를 보일 듯하다. 비트코인과는 기껏해야 어느 정도의 상관관계를 보일 것이다. 같은 자산 클래스이기 때문이다. 한 자산 클래스 내의 자산들은 어느 정도 같이 움직인다. 예컨대 2017년 3월 10일에 윙클보스 형제가 비트코인 상장지수펀드 출시를 결정하자, 비트코인과 이더, 모네로의 상관관계가 증가했고 라이트코인과는 음의 상관관계가 증가했다(《그림 9.14》).

투자자들은 라이트코인이 비트코인에서 파생했기 때문에 비트코인 상장지수펀드가 승인되면 사람들이 라이트코인을 버리고 비트코인으로 갈아탈 것을 우려했다. 반면에 이더와 모네로는 비트코인과는 상당히 다른 크립토애셋이어서 크립토애셋 포트폴리오에서 비트코인을 상호 보완하는 자산으로 보유된다. 비트코인의 가격이 오르고 내리면 이들 자산도 따라 움직인다. 따라서 혁신적 투자자는 이들 자산의 특성을 많이 알아야 하고, 상관관계가 어디서 일어나고 어디서 일어나지 않는지를 인식할 줄 알아야 한다.

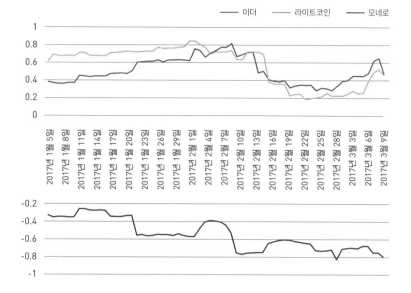

<그림 9.14> 미국 증권거래위원회가 윙클보스 ETF 승인을 거부한 직후
비트코인과 이더, 라이트코인, 모네로와의 상관관계

출처 : 크립토컴페어

이런 상관관계는 보다 증가할 것이다. 새로 등장하는 크립토애셋은 양이든 음이든 비트코인 및 다른 디지털 형제들과 연결된 움직임을 보일 것이다. 크립토애셋이 성장하면서 크립토애셋 자본 풀 역시 성장할 것이고, 크립토애셋은 광범한 자본시장과 가격 관계를 강화하면서 곧 전통자산과 겹쳐질 것이다.

이들 자산이 성숙해지고 있고 다른 자산들과 보다 많이 겹치고 있지만, 비트코인과 크립토애셋은 초기 단계에 있다고 인식하는 것이 맞다. 투자자들 대부분의 이해가 여전히 부족하다. 혁신적 투자자는 크립토애셋에 대해 대부분의 투자자보다 더 많이 알고 있겠지만, 크립토애셋을 투기 성격의 '펌프 앤 덤프pump-and-dump'(헐 값에 매입한 주식 또는 자산을 폭등시킨 뒤 팔아치우는 행위―옮긴이), 또는 그보다 더 나쁜 것으로 보는 이들도 있다. 다음 10장과 11장에서는 과거의 투자 버블, 사기, 투기의 역사에서 크립토애셋과 관련한 논쟁을 살펴볼 것이다.

이번은 다르다고 생각하는
투기의 군중심리

비트코인의 가격은 성숙기로 향해 가는 과정에서 다른 많은 크립
토애셋이 그랬듯이 행복한 상승과 끔찍한 하락을 경험했다. 비트
코인 및 크립토애셋 반대론자가 흔히 갖는 불만 중 하나가 바로 이
런 변동이 미국 서부 개척 시대와 같은 시장의 특성 때문에 일어난
다는 점이며, 이는 크립토애셋이 신뢰할 수 없는 낯선 신종 자산임
을 의미한다. 각 크립토애셋과 관련 시장이 다양한 성숙도 수준에
이르렀음에도 불구하고 서부 개척기식 특성을 크립토애셋 시장의
고유한 특징으로 간주하는 것은 그릇된 이해를 불러올 뿐이다.

　많은 사람들이 세계에서 가장 투명하고 효율적이며 공정한 시
장에서 거래되고 있다고 생각하는 주식조차 초기 몇 세기 동안에

는 불안정했다. 그렇다, 수세기 동안이었다. 대부분 조작된 이야기에 기초해 사람들이 사고팔기 위해 경쟁하면서 투기 경향을 띄었을 뿐만 아니라 참여자들의 이익에 반해 시세가 조작된 경우도 많았다. 허위 전망, 주가 조작, 분식 회계, 위조지폐 발행은 모두 손실로 이어졌다.[1] 오늘날 가장 신뢰받는 시장의 일부도 미국 서부 개척 시대와 같은 초창기를 겪었다.

혁신적 투자자는 시장이 조작된 유명한 사례, 특히 일련의 사건들을 검토해 역사를 제대로 파악함으로써 현재와 미래의 재산을 보호한다. 과거 패턴이 다시 나타날 때가 바로 빠져나거나 투자 전략을 재평가할 때다. 크립토애셋에 과감하게 뛰어든 투자를 포함해서 모든 투자에 이런 사고방식으로 신중하게 접근해야 한다.

이는 크립토애셋만 특이한 성장통을 겪고 있는 것이 아니라는 이야기다. 크립토애셋은 새로운 자산 클래스들이 출현하여 수백 년 동안 겪어온 진화 과정을 경험하고 있다. 이런 역사에 대해 자세히 알고 싶다면 에드워드 챈슬러의 《금융투기의 역사》를 적극 추천한다.

시간이 흐르면서 시장이 투자자를 위험에 빠뜨리는 방식이 바뀌고 더 많은 자산과 관련 시장이 성숙해감에 따라 덜 교활해짐에도 불구하고, 시장의 불안정성은 결코 사라지지 않는다. 많은 이들이 2008년 금융위기를 겪으면서 이 교훈을 배웠다.

우리는 시장을 불안정하게 하는 주요 패턴을 크게 다섯 가지로 분류한다.

- 투기의 군중심리
- 이번은 다르다고 생각하는 사람들
- 폰지 사기
- 발행인의 잘못된 정보
- 매점

    이번 10장에서 앞의 두 가지를, 다음 11장에서 나머지를 살펴보겠다. 이런 패턴이 크립토애셋 시장에 어떻게 나타나고 있는지, 과거 수십 년의 역사적 사례와 더불어 제시해보겠다.

군중심리에 휩쓸리는 투기꾼들

투기는 흔히 나쁘다고들 말하지만 그 자체로 나쁜 것은 아니다. 수천 년 동안 투기는 시장과 무역의 일부였고, 가장 초기 형태는 기원전 2세기 로마에서 찾아볼 수 있다.[2] 투기라는 말의 어원은 '정탐spy out, 감시watch, 관찰observe, 조사examine, 탐구explore'를 의미하는 라틴어 'specular'에서 비롯한다.[3] 투기자는 시장의 움직임을 주시하고 가격의 등락을 관찰해서 그에 따른 행동을 취하는 사람이라고 할 수 있다.

    투기자는 대개 자산을 보유하려는 기간이 투자자와 다르다. 이들은 수년간 보유할 목적으로 자산을 매입하지 않는다. 다음 투기자에게 자산을 팔기 전 짧은 기간 동안에 자산을 사서 보유한다. 그들은 시장을 움직일 것이라고 믿는 단기 정보를 활용하거나 때로는 펀더멘털(기초 경제 여건)과 상관없이 시장의 모멘텀(가속도, 추진력)을 탈 것이라 기대하기 때문에 그렇게 한다. 요컨대 투기자는 가격이 롤러코스터를 탈 때 이득을 보려고 한다.

이에 비해 혁신적 투자자는 투자 가치의 펀더멘털을 부지런히 조사하고, 시장이 더 이상 합리적이지 않아 보일 때 투자를 중단한다.

우리는 누군가가 투자하고 있는 시기와 투기하고 있는 시기를 식별하는 것이 중요하다고 본다. 벤저민 그레이엄과 데이비드 도드는 《증권 분석》에서 "투자 운용은 철저한 분석을 통해 원금의 안전과 만족스러운 수익을 약속하는 것이다. 이런 요구 사항을 충족시키지 못하는 운용이 투기다"라고 밝히면서 투자와 투기의 차이를 정의했다.[4]

그레이엄은 그의 저서 《현명한 투자자》[5]에서 투기는 투자 세계에 항상 존재하지만 '좋은' 투기와 '나쁜' 투기를 구분할 필요가 있다고 봤다.[6] 그는 "현명한 투자가 있듯 현명한 투기도 있다. 하지만 현명하지 못한 투기 방법은 여러 가지가 있다"라고 했다.

투기자들은 종종 경멸을 받아왔는데, 미국의 프랭클린 루즈벨트 대통령이 1933년 3월 4일 취임식 연설에서 행한 비난이 가장 유명한 것이다. 미국이 대공황을 헤쳐 나가고 있을 때, 많은 이들이 1929년의 주식시장 붕괴를 대공황 탓으로 돌렸고 투기꾼들에게 강한 분노를 드러냈다. 모든 위기는 희생양을 원한다. 연설에서 루즈벨트는 국민들의 종교적 판단을 끌어내기 위해 투기자들을 '환전상'이라고 불렀다.

인류의 재화를 교환하던 지배자들은 자신의 고집과 무능력 때문에 실패했고, 결국 자신들의 실패를 인정하며 물러났습니다. 이제 부도덕한 환전상들의 관습이 여론의 법정에 기소된 채 사람들의 이성과 감성에 의해 거부된 채 남아 있습니다.

사실 그들은 노력해왔지만, 그들의 노력은 구시대적 전통으로 이뤄졌습니다. 신용 거래 실패에 직면한 그들은 돈을 더 많이 빌려주겠다고만 제안합니다. 그들은 사람들을 현혹하던 이익이라는 유혹물을 빼앗기자 신뢰 회복을 눈물로 호소하며 간곡하게 권유합니다. 그들은 이기주의자들의 규칙만 알고 있습니다. 그들에게는 비전이 없고, 비전이 없으면 멸망하게 됩니다.

인간 문명의 사원에서 환전상들은 높은 자리를 벗어났습니다. 이제 우리는 그 신전을 고대의 진리로 되돌릴 수 있습니다. 복원의 척도는 단순한 금전적 이익보다 더 고상한 사회적 가치를 적용하는 정도에 달려 있습니다.[7]

루즈벨트의 비판은 이해할 만하지만 시장의 현실은 그렇지 않다. 투기가 투자의 세계에 이미 자리 잡았음을 보여준다. 투기자는 일반 투자자보다 더 빨리 기회를 잡아, 새로운 정보를 자산가치로 전환해 가격을 매기는 과정을 시작한다. 기회를 통해 이득을 챙기는 과정에서 투기자들은 구매자와 판매자가 약정 가격을 도출하기 위해 상호간에 탐색하는 데 도움이 된다. 에너지 상품이든 전자 하드웨어든 자산이 곧 부족해질 조짐이 보이면 투기자는 재빨리 그 자산의 가격을 다투어 올릴 것이다. 결과적으로 더 많은 공급업체가 시장에 유치되어, 전형적인 수요와 공급의 부족을 빠르게 완화한다.

철도, 자동차, 인터넷 도입과 같은 기술 혁신에 관한 한, 투기는 이런 광범한 기술 혁신을 지원하는 인프라가 신속히 구축되도록 자금 조달을 도왔다. 투기자들은 위험에 대한 가장 높은 내성을 가지고 항상 새로운 정보를 찾고 있기 때문에 자금을 먼저 할당하는 사람들이다. 결국 지나치게 많은 돈이 혁신 기술에 쏟아져서 투기는 대개 공급 과잉으로 끝나지만, 이것은 일시적이다. 막대한 자본이 들어오고 구현되면 용량이 초과될 수는 있어도, 기술 혁신이 향후 수십 년 동안 대규모로 채택되면 인프라가 풍부해진다. 1800년대 중반 유럽에서 철도가 급속히 건설되고, 1990년대 인터넷을 지원하기 위해 광섬유 케이블이 설치된 경우가 그렇다.

보통 단 한 명의 투기자, 또는 투기꾼 일부가 시장을 불안정하게 하지는 않는다. 부정적인 영향이 커지는 것은 이들이 군중으로 변할 때다. 이런 점에서 투기보다는 오히려 자본 시장을 전복시키는 군중의 행동에 독설을 날려야 한다.

군중심리 이론을 개척한 귀스타브 르 봉은《군중심리》를 저술한 이후 《혁명의 심리학》을 펴냈는데, 그 책에서 그는 이렇게 말한다.

> 대중의 일부인 개인은 고립된 인간과는 다르다. 군중의 무의식적 특
> 성 속에서 의식적인 한 개체로서의 존재는 사라진다 (…) 군중의 여
> 러 가지 특성 가운데 끝없는 맹신, 지나친 감각, 근시안적 생각, 부족
> 한 사리 분별력에 주목해야 한다. 확언, 전염, 반복, 명성은 군중을 설
> 득하는 유일한 수단이 된다. 현실과 경험은 영향을 미치지 않는다.[8]

이런 특성들은 시장에 위험하다. 대중은 맹신, 정확히 말하면 어
리석음으로 인해 동료 투기꾼이나 각양각색의 자산을 시장에 소개
하는 경영진의 말을 쉽게 믿는다.

개인 투기자는 맹신으로 인해 군중의 대열에 합류한다. 합류한
후에는 집단 순응 사고에 갇힌다. 르 봉이 언급한 설득의 네 가지
특징은 단지 상황을 악화시킬 뿐이다. '단언'은 맹신하는 시장 가격
이 계속해서 오를 때 군중으로 하여금 그들 전략을 더 강력하게 믿
도록 한다. 그리고 그런 믿음은 전염병처럼 번진다. 투기자들이 가
장 권위 있는 자산의 수익을 쫓을 때 이런 패턴은 되풀이해서 반복
된다. 안타깝게도 시장이 바뀌고 유명 자산이 사라지면 이번에는
공포가 투기 대중에게 빠르게 전염되어 확산된다.

네덜란드 튤립 투기 광풍
상품 가운데 가장 유명한 대규모 투기 사례는 1630년대 네덜란드

공화국에서 일어났다. 대규모 투기가 대부분 그렇듯 시기적으로 여러 가지가 맞물렸다. 상인들이 무역에 활기를 불어넣으면서 네덜란드 사람들은 유럽에서 가장 높은 급여를 누렸고, 금융 혁신이 뚜렷이 진행됐으며, 돈은 자유롭게 흘렀다. 네덜란드 동인도회사의 주식은 투자한 주주들에게 후한 보상을 돌려줬다.[9] 부유한 시민들은 열광적으로 부동산에 돈을 쏟아부었고, 이는 주택시장의 활황으로 이어졌다. 자산 가격이 계속 상승하면서 부가 과대하게 늘어났고 추가 자산을 구매하는 데 쓰였다. 자산 거품을 키우는 '양성 순환 고리positive-feedback loops'(어떤 제품이나 기업이 시장에서 우위를 차지하게 되면 수확체증의 법칙에 따라 그 우위성이 더욱 확대되고 해당 제품이나 기업이 계속해서 시장을 지배해나가는 현상―옮긴이)가 만들어진 것이다.[10]

부자들이 자산 거품의 토대를 싹틔운 반면, 모든 사람이 처음부터 거품에 참여할 수 있었던 것은 아니다. 네덜란드 동인도회사 주식은 값이 비싸고 유동성이 낮아서 부자들 외에는 접근할 수 없었다. 값비싼 부동산도 마찬가지였다.

반면에 튤립은 가격이 훨씬 쌌다. 저렴한 튤립은 우연히 변형된 희귀종이 되면 소유자를 부자로 탈바꿈시켜줄 잠재력을 지니고 있었다. 진딧물에 의해 전염된 바이러스가 단색의 튤립을 짙은 색깔 사이로 옅은 색조의 줄무늬가 대비를 이룬 값비싼 변종으로 바꿔놓았다.[11] 튤립에서 다양한 색깔을 만들어내는 원인은 당시에는 알려지지 않아 투기에 적합했다. 어떤 튤립이 독특한 색채를 만들어낼지를 두고 사람들이 예측을 시도했기 때문이다.

그러나 변형은 죽음을 불러왔다. 바이러스가 결국 튤립을 죽였기 때문이다. 따라서 투기자들은 다음 투기자에게 뜨거운 감자를 재빨리 넘기듯 튤립을 넘겼다. 더 높은 가격으로 팔아넘길 수 있기를 바라면서 튤립을 넘겼고, 마지막 사람은 결국 죽은 튤립을 건네받을 것이었다.

튤립은 1500년대 중반 유럽에 소개된 후 경제적 가치를 가졌다. 그러나 1634년이 되어서야 바이러스 확산이 가격을 기하급수적으로 증가시켰고, 일반적으로 우리가 '튤립 광풍'이라 부르는 사건을 야기했다. 작은 무리의 투기자들이 투기 군중으로 바뀌었고, 막대한 돈을 벌어들일 수 있다는 소문을 듣고 다른 나라에서도 사람들이 네덜란드 튤립 시장으로 몰려왔다. 한편 경험 있는 사람들은 아래 챈슬러의 설명과 같이, 튤립 거래를 중단하거나 꺼려했다.

가격이 솟구치기 시작하면서 보다 희귀한 변종에 기꺼이 막대한 돈을 지불하려던 부유한 아마추어 튤립 구근 수집가가 구매를 멈추기 시작했다. 한편 암스테르담 상인들은 거래 이익을 계속해서 타운하우스, 동인도회사 주식, 환어음에 투자했다. 그들에게 튤립은 목적 달성의 수단이 아니라 단순히 부의 표현으로 남았다.12

튤립의 생명은 꽃이 아니라 구근에 있기 때문에 선물시장에 적합한 상품이었다. 네덜란드 사람은 선물시장을 '바람장사windhandel'

또는 '바람거래wind trade'라고 불렀다.[13] 선물시장은 구매자와 판매자가 상품의 선물 가격에 합의하는 곳이다. 특정 시간이 도래하면 구매자는 판매자에게 합의한 가격을 지불해야 한다.

하지만 그 당시 투기 군중에게 약정 시간은 너무 느리게 흘러갔다. 따라서 튤립에 대한 선물 계약 그 자체가 거래됐고, 하루에 무려 10회의 거래가 이루어진 적도 있었다.[14] 개인 대 개인이 직접 만나 거래가 이루어진 점을 감안하면, 하루 10회 거래는 당시 시장의 유동성과 광풍을 대표적으로 보여준다.

선물시장이 부상하면서 튤립의 가치는 더 초점을 잃게 되었다. 사람들은 튤립의 현물 인도에 대해 걱정할 필요가 없었다. 단지 샀던 가격보다 더 높은 가격에 계약을 팔 수 있기만 하면 되었다. 튤립을 둘러싼 광란이 수년간 계속되었고, 튤립 구근이 땅속에서 휴면 중이던 1636년 말 겨울과 1637년 초에 절정을 이뤘다. 따라서 이 기간에 개화한 튤립에 대한 손바뀜은 한 건도 없었다.[15]

두 가지 요인이 군중의 투기를 악화시켰다. 〈이코노미스트〉에 실린 연구 논문에 따르면, 정부가 나서서 선물 계약을 옵션 계약으로 바꿨다. 결과는 다음과 같았다.

미래에 튤립을 살 권리를 샀던 투자자들은 더 이상 튤립을 살 의무를 지지 않았다. 만약 시장 가격이 투자자가 원하는 가격만큼 충분히 높지 않으면 그들은 약간의 벌금을 내고 계약을 취소할 수 있었다. 튤립 시장에서 위험과 보상 사이의 균형은 투자자에게 유리하도록 크

게 왜곡되었다. 튤립 옵션 가격의 급격한 상승이 불가피한 결과로 일
어났다.[16]

두 번째 요인은 거래의 상당 부분이 개인 신용 증서로 자금을 조
달했다는 점이다. 따라서 구근뿐 아니라 실물화폐도 실제로 주고
받지 않았다. 거래는 미래에 돈을 주겠다는 간단한 약속만으로 이
루어졌다.

혁신적 투자자는 열광한 군중이 가치에 대한 망상을 만들었다는
사실을 분명히 알아야 한다. 이와 관련해 챈슬러의 말을 들어보자.
"투기 열풍의 후기 단계에서 신용증권과 바람거래가 완벽한 균형
속에 합쳐져 실제 가치가 없는 것을 만들어냈다. 대부분의 튤립 구
근 거래에서 구근이 실제로 존재하지 않았기 때문에 구근이 인도
되지도 않았고 돈도 실제로 존재하지 않아서 신용 증서도 인수할
수 없었다."

2008년 금융위기를 초래한 주택 거품에서 볼 수 있듯 값싼 신용
은 자산 거품을 부채질한다. 유사하게 크립토애셋 또한 투자자들
이 그들이 가지고 있지 않은 돈으로 사실상 도박을 하고 있는 일부
거래소들에서 극도의 마진을 사용하여 거품이 만들어질 수 있다.

튤립으로 다시 돌아와보자. 당시에 길더guilder(네덜란드의 이전 화
폐 단위. 2002년에 유로로 대체됨—옮긴이)가 네덜란드 공화국의 통화
로 사용되었다. 당시에 지폐는 사용되지 않았다. 대신에 실질가
치를 가진 금속 화폐가 사용되었다. 각 길더는 0.027온스(0.765그

램)의 금을 함유했다. 따라서 37길더는 1온스(28.35그램)의 금을, 592길더는 1파운드(0.453킬로그램)의 금을 함유했다. 튤립에 지불된 최고가는 5,200길더로 거의 9파운드(4.08킬로그램)의 금에 해당했다.[17] 당시 평균 연소득은 200길더에서 400길더였고 보통의 타운하우스가 300길더였다. 9파운드의 금 가격에 팔리는 튤립은 보통 수준의 타운하우스 18채에 해당했다. 투기자들은 튤립 하나에 10년 이상 벌어야 할 돈을, 게다가 가지고 있지도 않은 돈을 지불한 것이었다.

1637년 2월, 드디어 튤립 가격이 폭락했다. 봄이 다가와 튤립이 곧 개화를 앞두고 있을 때였다. 신용 증서가 실물화폐로 교환되어야 하는 계약 날짜가 다가오고 있었다. 경제의 동력을 이끈 상인들은 크게 영향을 받지 않았다. "타운하우스, 동인도회사 주식, 환어음에 거래 이익을 지속적으로 투자"했기 때문이다[18] 상인들의 부는 대중들로 하여금 부자가 되고 싶은 열망을 유발했지만, 정작 상인들은 자신들이 촉발시킨 폭락 사태로 인해 피해를 입지 않았다. 튤립 가격 폭락은 경제 전반에 걸쳐 불황을 유발하지는 않았다. 튤립 투기 광풍이 남긴 미덕이었다.

가장 심각하게 타격을 입은 이들은 군중의 광기에 휩쓸린, 투자라고는 전혀 경험해본 적 없는 평범한 사람들이었다. 계약당 거래액을 둘러싼 다툼이 잇따랐다. 거품이 터지고 1년이 조금 지난 후, 네덜란드 정부는 계약금을 최초 가격의 3.5퍼센트로 공표하며 사태 해결에 나섰다. 비록 계약금을 완불하는 것에 비해 뚜렷한 개선이 있었지만, 가장 비싼 튤립의 3.5퍼센트는 여전히 가난한 시민의 1년치 소득에 해당했다.

투기 군중이 크립토애셋으로 몰려온다

튤립 투기 광풍과 마찬가지로 크립토애셋도 군중의 투기에 취약하다. 특히나 사람들은 초기 비트코인 투자자들이 향유한 놀라운 수익에 병적으로 집착하고 최근의 암호화폐, 암호상품, 암호토큰이 자신들을 부자로 만들어줄 것이라고 기대하고 있다.

물론 군중이 자산에 대해 광분한 열정을 보인다고 해서 자산 자체에 문제가 있는 것은 아니다. 튤립은 여전히 전 세계적으로 향유되고 판매되고 있다. 그리고 기술과 통신 분야의 붐에서 보았듯이 아마존이나 세일즈포스 같은 보석들이 앞으로 수년간 인내심 있는 투자자들에게 극적인 보상을 해줄 것이다. 투기로 손해 보는 투자자들은 모든 이들이 사기 때문에 샀다가 모든 사람들이 팔기 때문에 파는 사람들이었다. 적절한 실사를 하고 그에 따른 투자 계획을 세운다면 이런 식으로 손해를 입지는 않을 것이다. 모든 사람이 그것을 사고자 하고 계속 오르기 때문에 자산을 사고 싶은 충동이 인다면, 그 투자는 피하는 것이 좋다. 투기 거품은 특히 자산의 장기적 가치가 보이지 않을 때 위험하다. 이런 경우 투기 거품은 도박만큼 나쁘다(가치에 대한 환상이 있을 때 더욱 좋지 않다).

비판적인 투자자들은 비트코인의 위험성에 대해 때때로 경고한다. 네덜란드 중앙은행의 전 총재인 누 웰링크는 다음과 같이 경고

했다. "튤립 광풍보다 더 심각하다. 당시엔 적어도 튤립이라도 남았지만, 지금은 아무것도 남지 않는다."[19] 물리적 형태가 없는 무언가가 가치를 가질 수 있다는 점을 이해하기가 어렵겠지만, 지금 시점의 비트코인은 튤립과는 크게 다르다.

비트코인의 가치는 바로 누구에게나 대량의 가치를 제공할 수 있도록 '인터넷 머니Money-over-Internet Protocol(MoIP)'라는 유용성을 제공한다는 데 있다. 튤립이 미적 매력을 지니고 있더라도 그 유용성이 디지털 시대의 인터넷 머니와 동등하다고 주장하는 것은 지나치다. 혁신적 투자자라면 다른 크립토애셋의 근본적인 유용성을 조사해볼 필요가 있다.

물론 대중이 잠시나마 비트코인 시장을 좌지우지한 시기가 있었다. 이 시기는 검토하고 배울 가치가 있다. 비트코인은 이런 대규모 투기 기간을 거쳐 항상 회복했으며 이것이 튤립 광풍과 주요한 차이라는 것을 알아야 한다. 지난 8년간 대중이 일시적으로 비트코인 시장을 좌우했던 여섯 번의 시기가 있다. 혁신적 투자자는 비트코인 시장을 움직이는 군중의 힘이 차차 약화되었다는 점을 인지할 것이다. 추후 새로운 크립토애셋이 시장에 나와 대규모 투기 기간에 불가피하게 휩쓸릴 때 이들 크립토애셋을 검토하는 데 도움이 될 비트코인 투기의 역사를 알아보자.

비트코인 버블

마운트곡스가 설립되면서 마침내 주류가 비트코인에 접근할 수 있게 되었다. 이전까지 비트코인을 소유한 사람들은 대부분 컴퓨터와 암호학 분야의 귀재들이었으며, 네트워크를 지원하는 컴퓨터 실행과 관련해 비트코인을 구입했다. 〈그림 10.1〉은 마운트곡스 개장 이후 비트코인의 가격 움직임을 로그 척도로 보여준다. 로그 척도가 시간 경과에 따른 자산의 가격 상승률을 잘 보여준다는 점을 기억하자. 선형 척도로 보면 비트코인의 초기 가격 상승이 덜 명확하다.

마운트곡스가 개장한 해에 비트코인의 가격이 상승했음을 쉽게 알 수 있다. 마운트곡스가 개장했을 때 비트코인의 가치는 0.1달러가 되지 않았다. 1년 후에는 10달러가 넘었다. 10달러가 많아 보이지 않을 수도 있다. 그러나 1년 동안 비트코인 가격이 100배 증가했다는 점을 고려하면 100달러의 투자가 1만 달러가 되었음을 의미한다.

또 다른 중요한 도약은 2013년 11월에 있었다. 비트코인은 처음으로 1코인에 1,000달러가 넘는 엄청난 가격 상승을 보였다. 비트코인에 처음 입문한 사람들은 이때가 비트코인의 첫 번째 거품이라고 생각하지만, 사실 그전에 많은 거품이 있었다. 〈그림 10.2〉에서 30일마다 비트코인 가격 변화율, 즉 월별 가격 상승률을 볼 수 있다. 비트코인의 가격이 두 배가 되는 데 1개월이 걸린 때가 여섯 번 있었다는 것이 분명해진다.

가격이 이렇게 두 배 상승한 세 차례의 경우는 마운트곡스가 개장한 해에 일어났다. 가격이 전월에 비해 700퍼센트 이상 올랐던

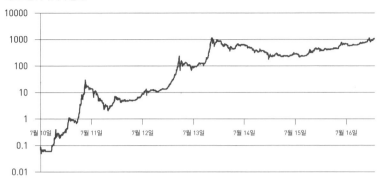

비트코인 가격(미국 달러)

〈그림 10.1〉 마운트곡스 개장 이후 2017년 초까지 비트코인의 가격 움직임

출처 : 코인데스크

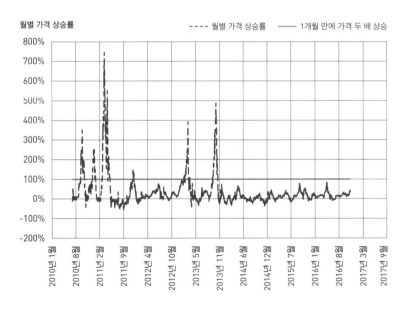

월별 가격 상승률

〈그림 10.2〉 1개월 만에 가격이 두 배 오른 비트코인의 역사

출처 : 코인데스크

2011년 5월 13일이 가장 놀라웠다. 가격이 이렇게 상승한 이유는 여러 가지가 있었지만, 더 많은 주류 사용자들이 마운트곡스를 통해 비트코인에 접근할 수 있었던 요인이 크다. 작은 정보 조각들이 시장을 강타하는 눈덩이 효과를 만든 것이다.

이 거품이 어떻게 펼쳐지는지를 이해하려면 특정 측면을 정량화하는 것이 도움이 된다. 첫째, 우리는 비트코인 가격이 30일 전의 가격보다 두 배로 오른 첫날을 '비트코인 거품 사이클bitcoin bubble cycle'로 정의할 것이다. 거품은 가격이 전월에 비해 더 이상 떨어지지 않게 되면 끝나고, 3일 연속 한 달 동안 계속되는 월별 상승을 기록하게 된다. 이 거품들은 〈그림 10.3〉의 비트코인의 가격 차트에서 볼 수 있다.

마운트곡스 개장 이후 가격 거품은 다음 날짜에서 가격이 최고점이었다.

- 2010년 11월 6일 : 0.39달러
- 2011년 2월 9일 : 1.09달러
- 2011년 6월 8일 : 29.60달러
- 2012년 1월 8일 : 7.11달러
- 2013년 4월 9일 : 230달러
- 2013년 12월 4일 : 1,147달러

마운트곡스가 개장한 이후의 시기는 분명 흥미로웠지만 때때로

〈그림 10.3〉 비트코인의 가격 거품

출처 : 코인데스크

끔찍했다. 모든 최고점의 반대편에는 위험한 저점이 있기 마련이고, 비트코인 투자자들은 이 거품 때문에 피해를 입었다. 비트코인 거품 기간 내에 최고 가격에서 저점 가격으로의 평균 하락은 63퍼센트였다. 2011년 6월과 2013년 12월에 절정에 달했던 거품은 특히 파괴적이었다. 각각 93퍼센트와 85퍼센트의 손실을 초래했다.

급격한 손실보다 더 위험한 것은 가격 상승에 비해 가격 하락이 드러나는 형태다. 급격한 가격 상승은 과잉 투자를 불러들이고, 기대에 찬 투자금이 몰리면서 가격이 빠르게 상승한다. 반면에 하락은 지속되는 고문과도 같다. 이 패턴은 〈그림 10.3〉에서 자세히 볼 수 있다. 버블 정점으로의 가격 상승이 이륙하는 로켓과 같다면 가격 하락은 땅으로 낙하하는 낙하산과 같다.

거품이 최고점에 달한 뒤의 하락은 결코 끝나지 않을 것처럼 느껴진다. 혁신적 투자자라면 가격 하락이 가격 상승과는 반대로 더 오래 걸린다는 점을 명심할 필요가 있다. 미성숙한 투자자들은 전형적으로 더 이상의 손실을 견딜 수 없을 때 비명을 지를 것이다. 안타깝게도 마지막으로 무조건 항복을 외칠 때가 종종 하락세가 호전될 준비를 하고 있을 때다.

스팀잇 버블

비트코인 외의 여러 크립토애셋도 과잉 투자에 의한 급격한 상승과 하락을 경험했다. 2016년 중반 세상의 주목을 받은 새로운 블록체인 아키텍처 '스팀잇'이 대표적이다. 오픈 퍼블리싱 또는 블로깅 플랫폼을 제공하는 스팀잇은 사용자들에게는 좋은 기사와 포스트를 올리게 하고 글을 읽은 독자들에게는 크립토애셋으로 보상해주는 시스템이다. 스팀잇은 소셜 뉴스 웹사이트 '레딧'의 탈중앙화 버전이라고 할 수 있다. 여기에 블로그 사이트 '미디엄'의 성격이 가미되어 있다. 아키텍처는 혁신적이지만 복잡한 채굴자 간 통화 정책의 흐름, 콘텐츠 크리에이터, 콘텐츠 큐레이터 등의 지원을 받는다.

2016년 7월 1일 스팀잇의 총 네트워크 가치는 약 1,600만 달러였다. 2주 후에는 20배 이상 증가한 약 3억 5,000만 달러였다.[20] 이런 급격한 가격 변화는 기본에 충실한 성장이 아니라 거의 언제나 대규모 투기에 의한 것이다. 크립토애셋이 내놓은 여러 사용 사례를 주류가 새로운 플랫폼으로 채택하려면 시간이 걸린다. 반면 투기자들은 빠르게 움직인다.

〈그림 10.4〉에서 보듯이 비트코인으로 환산한 스팀의 가격은

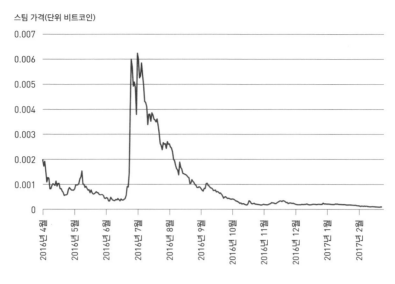

스팀 가격(단위 비트코인)

〈그림 10.4〉 투기로 과열된 스팀잇 가격 거품

출처 : 코인데스크

7월 중반 가격 대비 3개월 후에는 95퍼센트 하락하고, 여막에는 97퍼센트 하락했다. 이는 플랫폼이 좋지 않다는 의미가 아니다. 그보다는 스팀잇의 전망에 대한 기대와 투기가 어떻게 가파른 상승과 하락을 야기했는지를 보여준다.

제트캐시 버블

가격이 가장 빠르게 급등했다가 급락한 암호화폐는 2016년 10월에 출시된 사생활 보호 중심의 '제트캐시ZEC'였다. 제트캐시만큼 기대를 받은 암호화폐는 거의 없었다. 강력한 엔지니어링 팀이 있었기에 당연한 결과였다. 제트캐시의 고문인 이더리움의 비탈릭 부테린은 제트캐시가 "퍼블릭 블록체인 사용이라는 이점을 제공하면서도 개인 투자 정보를 확실히 보호한다"고 밝혔다.[21] 유명 크립토애셋 투자회사인 판테라캐피털과 디지털커런시그룹도 제트캐시와 관련이 있다. 제트캐시 기술은 대시와 모네로가 점유한 사생활 보호 중심의 수직적 시장을 목표로 했다. 이 두 코인은 제트캐시가 출시됐을 때 네트워크 가치 기준으로 상위 10위 크립토애셋에 속해 있었다.

제트캐시 팀이 제트캐시 발행을 구축한 방식이 내재적으로 가격 거품을 뒤따르게 했다. 5장에서 말했듯이 제트캐시 팀은 비트코인과 유사한 발행 모델을 택했다. 이는 블록체인 출시 시점에 발행량이 0이라는 것을 의미한다. 발행량 0에서 시작한 제트캐시는 채굴자들이 블록체인에 블록을 추가하기 위해 경쟁하면서 새 코인을 발행하고, 채굴자는 코인베이스 트랜잭션을 통해 새로 주조된 제트캐시로 보상받았다. 제트캐시 팀은 잇따라 채굴자에 대한 코인베이스 트랜잭션[22]의 초기 규모를 제한하는 '슬로우 스타트slow-start'라는 트윅을 실행했다. 이런 신중한 모델은 여러 크립토애셋이 추구했던 크라우드세일 모델과 확연히 달랐다(16장에서 보다 심도 있게 다룰 것이다). 또한 초기 공급량도 대폭 제한했다.

크립토애셋 선물 거래가 크게 인기를 끌며 증가하자 제트캐시 열풍에 불이 붙었다. 비트맥스BitMEX라는 한 거래소가 제트캐시 출시에 앞서 선물을 제공하기 시작하자, 가격이 1 제트캐시당 10 비트코인으로 급등했다.[23]

한정된 초기 공급량과 폭넓은 수요가 만나 제트캐시 가격을 끌어올려 전형적인 수요 부족이 일어났다. 거래 첫날 코인은 폴로닉스에서 3,300 비트코인, 즉 제트캐시당 200만 달러 이상에 달했다.[24] 이틀 만에 1 제트캐시당 1 비트코인 아래로 급락했고, 계속해서 떨어져 2016년 말에는 1 제트캐시당 0.05 비트코인, 약 48달러 가격으로 거래되었다.[25] 제트캐시는 그 후 가격이 안정됐고 계속해서 전망 좋은 크립토애셋으로 보이지만, 출발은 대규모 투기로 말미암아 불안정했다.

거품에 현혹된 투자자를 위한 경고

노벨 경제학상을 수상한 로버트 실러Robert Shiller 박사는 버블, 거품에 대해 "미래에 대한 엄청난 기대를 수반하는 사회적 전염병"이라고 정의한 바 있다.[26] 혁신적 투자자라면 적절한 투자처와 부적절한 투자처를 구별하기 위해 상식에 입각해야 한다. 매입 장세가 언제이고 대중의 광기가 좌지우지하는 시기가 언제인지를 알아야 한다. 크립토애셋이 치솟고 있을 때, 뛰어들어 로켓을 타고 싶은 충동을 억제하기는 쉽지 않다. 하지만 타이밍이 불안정할 수 있고 거품이 언제 끝날지를 알아채기는 결코 쉽지 않다. 거품이 터지고 대중의 투기가 저절로 커졌을 때는 이미 늦다. 미국 연방준비제도이사회 의장을 지낸 앨런 그린스펀Alan Greenspan은 다음과 같은 조언을 들려준다. "당신은 거품을 알아차릴 수 있다. 거품은 모든 측면에서 명백하다. 그러나 대다수의 시장 참가자들이 거품이 터지는 때를 예측하기란 불가능하다. 결국 모든 거품은 빠진다."[27]

이번은 다르다 vs 이번도 다르지 않다

대규모 투기가 자산 시장을 장악하고 가격이 터무니없이 오르면 흔히 이런 말들을 한다. "이번은 다르다." 일반적으로 시장은 원시 초기 단계를 거쳐 금융공학적 혁신에 의해 강력한 시장으로 이어진다. 그러나 뒤를 잇는 시장 붕괴가 이 흐름을 뒤엎는다. 경제학자 카르멘 라인하트와 케네스 로고프는 "이번도 결코 다르지 않다"는 것을 입증하기 위해 《이번은 다르다*This Time Is Different*》를 썼다.

저자들은 "이번에는 다르다"는 생각이 1929년 주식시장 대폭락 전에 있었던 호황 시장의 지속 가능성을 정당화하는 데 이용되었다고 설명한다. "이 시기는 다르다"고 생각한 이들은 1913년 연방준비제도이사회가 설립 및 운영되면서 경기 순환을 개선했다고 주장했다. 연방준비제도이사회가 생산과 소비가 줄어들면 경기 부양을 위해 통화 정책을 사용할 수 있고, 경기 과열 조짐이 나타나면 시장을 조절할 수 있을 거라고 판단한 것이다. 경기 개선의 이유들로 자유무역 증대, 인플레이션 감소, 기업 경영에 적용되는 과학적 방법(생산 및 재고 수준을 훨씬 정확하게 만드는)을 꼽는 이들도 있었다.[28]

1929년 10월 16일자 〈뉴욕타임스〉에서 예일대 경제학자 어빙 피셔는 "주가가 영구적인 안정기에 진입한 것 같다"라고 선언했다.[29] 하지만 10월 28일에는 13퍼센트, 29일에는 12퍼센트 더 하락했다. 이 선언이 〈뉴욕타임스〉에 실린 지 한 달 후 피셔는 파산했고, 다우지수는 폭락하기 한 달 전의 절반 정도로 하락했다.[30]

1990년대 후반과 2000년대 초반에 기술과 통신 분야의 붐이 일어났을 때도 비슷한 생각을 하는 사람이 나타났다. 에드워드 챈슬러의 설득력 있는 설명을 들어보자.

> 1990년대의 강세 시장에서 1920년대와 비슷한 이념이 재현되었다. '새로운 패러다임' 또는 '골디록스Goldilocks 경제'(너무 가라앉지도 과열되지도 않은 적정 수준의 성장을 이루고 있는 이상적 경제 상황)로 알려진 이 이론은 미국 연방준비제도이사회가 주도하는 인플레이션 통제, 연방정부의 재정적자 감소, 글로벌 시장 개방을 제안했다. 하나씩 자세히 비교하면 어빙 피셔 시절의 철학이 새로운 시대에 반복하는 것이었다.[31]

1920년대와 비슷하게 1990년대 주식 분석가들과 투자 관리자들도 기업 가치를 평가하는 옛날 방식이 더 이상 적용되지 않는다고 주장하며 가격이 오른 시장을 합리화했다. 터무니없이 오른 가격을 정당화하는 새로운 방법들이 나왔다.[32]

같은 패턴의 반복

다음 장들에서 다루게 될 '가치평가'라는 개념은 크립토애셋 분야에서 특히 어려운 부분이다. 크립토애셋은 새로운 자산 클래스이기 때문에 기업을 평가하듯이 평가할 수 없다. 상품의 수요 및 공급 특성에 근거해 크립토애셋을 평가하는 것은 다소 타당성이 있지만, 그것으로는 충분하지 않다. 결과적으로 시장이 커져서 현기증이 이는 수준에 이르면 오래된 가치평가 방법을 더 이상 적용할 수 없다는 말을 다시 반복해서 듣게 될 것이다. 혁신적 투자자는 이런 말을 반복해서 듣게 될 때 경계심을 늦추지 말고 새로운 가치평가 방법이 정말 이치에 닿는지를 검토해봐야 한다.

이 책 전반에 걸쳐 우리는 크립토애셋이 새로운 자산 클래스이듯 혁신적 투자자가 새로운 투자자 유형일 수 있다는 메시지를 전달하기 위해 노력했다. 그러는 한편 독자들에게 과거가 주는 교훈을 전하고, 세월을 거치며 검증된 포트폴리오 및 자산 분석 툴을 소개하고 있다. 중요한 역사의 교훈을 무시하면 '이번은 다르다'는 사고의 틀에 갇히게 될 뿐 아니라 '나는 다른 투자자들과 다르다'는 생각에 갇히게 된다.

틀에 갇힌 생각은 일반적으로 다음의 패턴을 따른다. 초기에는 대부분의 근본적인 혁신이 그렇듯이 기본적으로 가격이 상승할 수 있다. 하지만 가격 상승과 그 뒤에 숨겨진 이야기는 '자기 충족적 예언Self-fulfilling prophecy'(마음속에서 '실제'라고 결정하면 결국 결과적으로 그 상황이 실제가 된다는 이론—옮긴이)이 될 수 있다. 사람들은 친구와 가족이 어떤 자산을 샀는지 거의 알지 못하는 상황에서도 쉽게 돈을 벌고 있다는 이야기에 매료된다. 이런 시기에 (튤립 투기 광풍과 같이) 많은 사람들이 '바보보다 더한 바보' 찾기에 동의한다. 투기자는 자산을 더 높은 가격에 자신보다 더 바보인 사람에게 팔 수 있기만 하면 돈을 벌 수 있다. 대규모 투기의 불안정을 보여주는 주요 지표 중 하나가 바로 경험이 부족한 새로운 투기자들이 시장에 유입될 때다.

거품 경제는 일반적으로 저리 대출로 악화된다. 금융기관이 투기자들에게 그들이 가진 돈으로 살 수 있는 것보다 더 많은 자산을 살 수 있는 대출을 제공하기 때문이다. 이런 의미에서 금융기관은 투기 거품의 지분을 산다고 볼 수 있다. 다른 금융기관 역시 투기자들에게 제공한 대출로 돈을 벌듯이 투기 거품을 돈을 벌 수 있는 기회로 보기 때문이다. 개인 투기자와 저리 대출을 제공하는 금융기관 모두 군중심리 이론의 관습에 빠지고 '이번은 다르다'고 확신한다.

설상가상으로 시장이 과열되면 자산 발행인, 폰지 사기꾼, 시장 조작꾼들이 활개를 친다. 다음 장에서는 이 세 가지를 자세히 살펴볼 것이다.

11

크립토애셋은
폰지 사기와 어떻게 다른가

혁신적 투자자는 튤립 투기 광풍과 유사한 역사적 사건들을 통해 가격 거품이 빠르고 극렬하게 나타날 수 있으며, 특히 크립토애셋 경우에 그럴 수 있음을 인지해야 한다. 비트코인 버블, 스팀 가격 폭등, 제트캐시 출시 후 가격 급등에서 이런 패턴이 반복적으로 보였다. 신흥 크립토애셋 시장의 특성을 고려해볼 때 규제가 덜한 만큼(전혀 없어 보이기도 한다) 상대적으로 성숙한 시장에 비해 불량 행위가 더 오래 지속될 수 있음을 인식해야 한다.

비트코인과 크립토애셋 시장의 활동이 증가함에 따라, 투자자는 대중의 광기 너머를 봐야 하고 이렇게 얼마 안 된 시장에서 쉬운 먹잇감을 노리는 이들이 있음을 알아야 한다. 크립토애셋과 새로운 투자 상품의 성장은 시장을 급속히 발전시키는데, 이런 상황에서 투자할 때 상당한 주의를 기울이지 않으면 금융 범죄자에게 이용당할 수 있다. 이번 장에서는 폰지 사기, 허위 정보를 만들어내는 화폐 발행인, 시장 매점('펌프 앤 덤프'로 알려진)에 대해 알아보겠다.

앞에서도 언급했듯이 비트코인과 크립토애셋에 대한 이해가 부족한 이들은 종종 "폰지 사기 같은 거 아니야?" 하면서 무지와 경멸의 태도를 드러낸다. 이 지점부터 시작해보자.

폰지 사기란 무엇인가

폰지 사기Ponzi scheme(금융 피라미드 사기)는 가장 위험한 허위 자산 유형이다. 1882년부터 1949년까지 살았던 찰스 폰지라는 이탈리아인의 이름을 딴 이 사기 수법은 찰스 폰지가 태어나기 전에도 있었지만 이 인물로 인해서 유명해졌다.

수법은 간단하다. 신규 투자자들이 기존 투자자들에게 돈을 지불하는 것이다. 신규 투자자들이 충분히 있는 한, 기존 투자자들은 계속해서 후한 보상을 받을 것이다. 예를 들어 폰지 사기 운영자가 20퍼센트의 수익을 영구적으로 제공하면, 일부 투자자들은 처음에 그 조작자를 믿으며 속을 수 있다. 이 투자자들을 'A군'이라고 하자. 운영자는 A군 투자자에게 친구들을 새로운 B군 투자자로 끌어들이라고 권유할 것이다. B군 투자자가 투자한 돈은 그들을 불러들인 A군 투자자에게 약속된 20퍼센트의 수익을 지불하는 데 사용될 것이다. A군과 B군 투자자는 C군에게 가서 쉽게 수익을 보상받는 이 놀라운 투자 상품에 대해 이야기하며 유혹한다. C군의 돈은 A군과 B군에게 지불하는 데 쓰이며 순환을 계속 유지시켜줄 신규 투자자의 유입이 끊길 때까지 이렇게 폰지 순환은 무한정 계속 이루어진다. 이 투자의 실질가치가 없고 기존 투자자에게 신규 투자자가 지불하도록 사기 구조가 짜여 있음을 사람들이 깨달을 때 이 사기는 멈춘다. 안타깝게도 투자자는 자신들이 다른 이들을 속이고 있고 최종적으로 살아남아 이득을 두둑이 챙기는 이는 폰지 운영자라는 사실을 깨닫지 못한다.

크립토애셋으로 넘어가기 전에 폰지 사기가 전통적인 자산의 역사에서 어떻게 전개되어왔는지를 살펴보자.

많은 사람들이 여러 자산 가운데 채권을 안정적인 현금 유동성을 가진 안전한 투자라고 생각한다. 만약 정부가 채권을 발행한다면 정부의 전폭적인 지원을 받게 된다. 그러나 채권이 항상 안전한 것만은 아니다. 신흥국 시장 붐이 처음 일어났을 때 많은 채권이 폰지 사기로 밝혀졌다.[1]

미시시피 회사Mississippi Company[2]와 남해 회사South Sea Schemes[3](곧 이들 회사의 수상쩍은 거래 방식에 대해 다룰 것이다)가 야기한 주식 거품 사건 후 약 1세기 동안, 영국 투자자들은 정부가 발행하는 채권에만 투자했다.[4] 1803년부터 1815년까지 나폴레옹 전쟁 기간 동안 영국 정부는 4억 파운드(5억 6,968만 달러)가 넘는 채권을 발행했다.

채권 투자자들에게는 엄청난 기회였다. 하지만 평화를 되찾자 영국 정부는 차입의 필요성이 줄어들었고 따라서 채권 공급을 줄였다.[5]

비슷한 시기에 남미는 스페인에 대한 반란으로 진통을 겪고 있었는데, 이로 인해 사회 기반 시설을 건설해 선진국으로 편입하기 위한 자본을 필요로 하는 새로운 국가들이 생겨났다. 한 영국 신문은 "우리는 남미 공화국들이 주는 빛나는 희망을 누리게 될지도 모른다. 이들 국가는 끝없는 발전의 길에 들어섰다. 그리고……곧 유럽의 가장 행복한 6개 국가로부터 지식과 자유, 문명을 얻게 될 것이다"라고 주장했다.[6]

돈을 벌 기회를 노리고 있던 영국 투자자들은 영국의 혁신이 이 남미 지역을 어떻게 경제 발전소로 만들 것인지와 금은 광산이 발굴될 수 있다는 그럴 듯한 이야기에 열광했다.

투자자들은 돈이 결국 어디에 쓰일지에 대한 정보도 거의 없이 고수익이 보장된다는 이 매혹적인 투자 기회에 수백만 파운드를 쏟아부었다. 대개 채권은 전형적인 폰지 금융 방식으로 신규 채권이 기존 채권에 지불하면서 칠레, 콜롬비아, 페루와 같은 신흥국에 반복적으로 발행되었다. 챈슬러는《금융 투기의 역사》에서 아래와 같이 밝혔다.

자본금에 대한 이자 지불 또는 '폰지 금융'으로도 알려진 이 방법은 돈을 빌린 남미에 실제로 돈이 보내지지 않았는데도 성공할 수 있다는 환상을 만들어냈다(차입 국가는 계약한 총 금액의 아주 일부만 받

았다).[7]

다시 말해서 유럽에서 모인 돈이 원래 목적대로 남미로 보내지지도 않았고, 약속된 채권 배당금 지불을 위해 남미에서 유럽으로 보내진 돈도 거의 없었다. 이 외에 포이에스Poyais라는 유령 국가의 국채가 유통 상환의 가능성도 전혀 없이 유통된 사례가 있었다. 포이에스 국채는 유령 국가가 발행한 채권이 런던증권거래소에 상장된 유일한 사례로 남아 있다.

모든 폰지 금융의 거품은 언젠가는 터지듯이 남해 회사 버블도 1826년에 터졌다. 브라질을 제외한 모든 신흥 남미 국가는 "첫 번째 라틴 아메리카 채무 위기"로 불리는 채무 불이행 상태에 빠졌다.[8] 이 거품 사태로 유럽 투자자들이 피해를 입었을 뿐 아니라 그 후 수십 년간 남미 국가들이 고통받았다. 이 지역은 계속되는 체납으로 현재까지 고통받고 있다. 칠레, 콜롬비아, 페루는 독립 국가였던 기간 중 각각 27.5퍼센트, 36.2퍼센트, 40.2퍼센트를 채무 불이행 또는 채무 연장으로 보냈다. 초기에 설정된 전례에서 아직까지도 탈피하지 못하고 있는 것이다.[9]

비트코인이 폰지 사기라는 근거 없는 믿음

비트코인이 투자자들의 레이더망에 처음 포착되고 지금까지 비트코인과 크립토애셋이 폰지 사기라는 비난이 퍼져 있다.[10] 하지만 이런 비난은 잘못된 정보에 기초해 있으며 세계은행도 우리와 같은 의견을 가지고 있다. 세계은행이 2014년에 발행한 보고서를 보자.

> 비트코인은 계획적으로 의도된 폰지가 아니다. 그런 식으로 취급하
> 면 비트코인에 대해 알게 될 것이 거의 없다. 돌이켜 생각해보면 비트
> 코인은 중앙은행 전자화폐에 대한 전망을 제공하고 어떻게 효율성을
> 높이며 거래 비용을 줄일지를 제시한다는 주된 가치가 있다.[11]

역사적으로 폰지 사기에는 사실을 속이고 특정 연간 수익률을
약속하는 중앙 권위가 있다. 비트코인에는 그런 중앙 권위가 없다.
시스템은 탈중앙화되어 있고 사실은 공개되어 있다. 사람들은 어
느 때고 팔 수 있고 그렇게 하고 있으며 보장된 수익은 없다. 사실
오랫동안 비트코인을 주창해온 이들은 기꺼이 손실을 볼 용의가
없다면 투자하지 말라고 경고한다.

크립토애셋으로 위장한 폰지 사기를 알아보는 법
폰지 사기는 비트코인에는 해당하지 않지만 허위 크립토애셋에는
해당하는, 분명하고 쉽게 알아볼 수 있는 구조를 가지고 있다. 정
말 혁신적인 크립토애셋과 관련 아키텍처는 유능한 개발자가 많은
공을 들여 코딩해야 한다. 하지만 오픈소스이기 때문에 소프트웨
어는 내려받아 복제될 수 있다. 이로 인해 신종 크립토애셋은 겉만
버지르르한 마케팅으로 포장되어 발행될 수 있다. 만약 혁신적 투
자자가 주의를 기울여 기본 코드를 살펴보지 않거나 다른 신뢰할

만한 출처를 참고하지 않으면 폰지 사기 희생자가 될 가능성이 커진다.

원코인OneCoin이라는 신종 크립토애셋은 투자자에게 수익 보장을 약속해서 많은 관심을 끌었다. '수익 보장'이라는 말을 들으면 혁신적 투자자는 즉시 경고등으로 받아들여야 한다. 모든 투자자는 보증을 주장하는 투자를 항상 피해야 한다(연금 또는 보험성 투자는 덜할 수 있지만).

결국 수백만 달러가 원코인에 흘러 들어갔다. 원코인의 기술은 크립토애셋 커뮤니티의 가치에 역행하는 것이었다. 소프트웨어는 오픈소스가 아니었고(개발자들이 설계에서 허점을 발견할지도 모른다는 두려움을 가졌기 때문일 것이다) 공공 원장에 기록되지도 않아서 어떤 거래도 추적할 수 없었다.[12]

커뮤니티는 원코인을 폰지 사기로 규정하며 보도했다. 그중 한 기사는 거의 30만 조회 수를 보였고 1,000개 넘는 댓글이 달렸다. "구매자들은 조심하세요! 원코인은 명확하게 폰지입니다"라는 메시지는 단호하고 분명했다.[13] 스웨덴 비트코인협회도 나서서 원코인을 '피라미드' '사기'라고 경고했다. 영국 금융감독원도 투자자들에게 원코인 투자를 경고했다.[14] 빠른 대응을 통해 진실을 추구하는 오픈소스 커뮤니티의 힘과 자정 능력이 드러났다.

미국 증권거래위원회는 원코인과 같은 폰지 사기에 대해 투자자들에게 경고하기 위해 "투자자 유의사항 : 암호화폐를 이용한 폰지 사기"라는 제목의 보고서를 발행했다. 보고서를 통해 크립토애셋이 사기꾼들이 피라미드 사기를 감추는 쉬운 방법이 될 수 있다고 경고했다.[15] 투자자는 여전히 이런 경고를 숙고해서 크립토애셋으로 가장한 진짜 사기를 분별해서 판단할 줄 알아야 한다. 폰지 사기를 알아차리는 주요 방법 몇 가지를 소개한다.

- 과도하게 지속되는 수익
- 비밀스럽거나 복잡한 전략과 수수료 구조
- 까다롭고 어려운 입금 방법

남미 채권의 매혹에 속은 투자자들이 좀 더 주의를 기울였어야 했듯이, 혁신적 투자자는 뭔가 이상한 낌새가 있는 신종 크립토애셋이 발행되면 주의해야 한다.

수후에 크립토애셋에 대한 구체적인 조사 전략을 보다 깊게 알아볼 것이다. 그전에 쉽게 시작할 수 있는 두 가지 '후각 테스트'를 소개한다. 먼저 구글에 "Is ＿＿ a scam?"이라는 검색어를 입력해보면 빠르게 점검해볼 수 있다. 아무것도 뜨지 않으면 프로젝트의 코드가 오픈소스인지를 확인해보라. 이 방법을 "＿＿ GitHub"라는 검색과 병행하면 좋다. 대부분의 프로젝트가 '깃허브GitHub'라는 플랫폼을 통해 협업하기 때문이다. 깃허브에서 어떤 코드도 검색되지 않는다면 해당 크립토애셋은 오픈소스가 아닐 가능성이 크며, 투자를 피해야 할 경고등으로 생각해야 한다.

자산 발행인이 유포한
허위 정보를 식별하는 법

폰지 사기는 자산 발행인이 유포하는 비뚤어진 허위 정보 형태다. 때때로 발행인들은 보다 교묘한 방법으로 투자자에게 허위 정보를 전달한다. 시간이 흐르고 시장이 성숙해갈수록, 자산 발행인이 어떤 정보를 제공해야 하고 그 정보를 누가 검증하고 감사해야 하는지에 대한 규제가 더욱 생겨난다. 하지만 크립토애셋에 대해서는 이런 기준이 아직 마련되어 있지 않다. 자산 발행인의 허위 정보가 어떤 대혼란을 야기하는지 초기 주식시장을 예로 들어 살펴보자.

튤립 투기 광풍이 있었던 시기로부터 약 80년 후인 1700년대 초, 국제적으로 주식시장의 호황이 처음 일어났다.[16] 존 로의 프랑스 회사인 미시시피 회사와 존 블런트의 영국 회사인 남해 회사와 같은 악명 높은 기업이 촉발한 것으로, 주식시장은 구매 열풍에 빠져들었다. 미시시피 회사와 남해 회사 모두 대단히 복잡한 구조를 가지고 있었는데, 존재감을 부각시키고 급성장하는 미국 시장과의 교역을 활용하기 위해 광고에 열을 올렸다. 하지만 미미한 성공을 거두는 데 그치자 존 로와 존 블런트 모두 어떤 수를 써서라도 자사의 주식 가격을 높이기 위해 복잡하고 검증되지 않은 금융 기법을 사용했다.

존 로의 계획은 대단히 복잡하고 위험했다. 프랑스의 첫 번째 중앙은행을 관리하고 프랑스의 가장 큰 기업인 미시시피 회사를 연관시켜야 했기 때문이다. 프랑스에서 로는 대단히 심각했던 나라의 재정 문제를 해결하겠다고 약속하면서 프랑스 재정의 중심 인물이 되었다. 당시 프랑스 정부는 한 세기 안에 세 번째 파산에 직면할 지경이었다. 로의 계획 중 하나는 미시시피 회사의 주식을 발행하여 그 돈으로 국가 부채를 상환하는 데 사용하려 했다. 이 계획은 미시시피 회사의 주가를 인위적으로 부풀리는 일에 의존했으며, 로는 그 회사의 최대 주주이기도 했다. 주주들은 부풀려진 주가와 로가 가진 엄청난 통제권을 보면서 회사의 전망이 매우 좋다고 믿게 되었다. 로의 회사는 미국 루이지애나에서 무역을 위한 식민지 건설을 맡았다. 루이지애나는 현재 미국의 4분의 1 크기에 상당하는 지역이었고 뉴올리언스 시가 중심이 될 예정이었다. 존 로는 그 지역을 개발한 식민지 정착민을 모집해 회사의 장래 수익으로 이어질 무역의 토대를 구축하고자, "프랑스로 풍요로운 이국적 상품을 공급하길 갈망하는 친절한 야만인들을 위한 참된 에덴동산으로서의 식민지라는 장밋빛 비전"을 공유했다.

　로의 약속은 투자자와 식민지 정착민 모두를 매료시켰다. 그러나 그가 말한 꿈은 환상이었다. 단기 수익 전망이 없었다. 따라서 미시시피 회사의 주식 가격이 오를 근거는 거의 없었다. 식민지 주민들이 루이지애나에 도착해서 발견한 것은 "더위에 지친 벌레들로 들끓는 늪이었다. 1년 안에 그들 중 80퍼센트가 굶주림이나 황열병 같은 열대병으로 죽었다."

　그러는 한편 로는 회사의 주식을 지탱하고 국가 부채를 줄이기 위해 1년이 조금 넘는 기간 안에 프랑스의 지폐 공급을 두 배로 늘리는 등 어설프게 통화 정책을 조정하는 실험들을 했다. 로는 "한 사람이 동시에 미국의 500대 기업, 미국 재무부와 연방준비제도를 운영하는" 수준으로 자신의 힘을 키웠다.[17]

유죄 판결을 받은 살인범이자 상습 도박꾼이었던 존 로

프랑스인들은 존에게 국가 재정을 관리하도록 맡기기 전에 그에 대해 더 자세히 알아봤어야 했다. 제대로 된 조사를 했었다면 그가 상습 도박꾼이자 유죄 판결을 받은 살인범이라는 사실을 발견했을 것이다. 1690년대에 로는 사형 선고를 기다리던 런던의 감옥에서 탈출해 네덜란드 암스테르담으로 달아났다. 당시 암스테르담은 새로운 시장 구조를 보여주고 있었다. 동인도회사를 통해 주식을 거래하고 세계 최초의 중앙은행을 설립했다. 로는 이런 제도들을 면밀히 연구해 프랑스에서 겉만 번지르르한 사기를 벌일 만한 지식을 얻었다.[18] 혁신적 투자자는 프랑스의 실수를 통해 교훈을 얻어, 돈을 투자하기에 앞서 항상 크립토애셋 개발자와 고문의 전과를 조사해봐야 한다. 다행히도 오늘날 구글 검색을 통해 어떤 사람의 정보도 찾기가 쉬워졌다.

로는 프랑스 투자자들과 정부 관료들을 수년간 속였지만, 1720년대 중반이 되자 그의 금융 기법은 지속 가능하지 않다는 점이 분명해졌다. 1720년 말 무렵에는 미시시피 회사의 가치가 90퍼센트나 하락해 주주의 손실이 막대했다. 이는 대중의 분노를 야기했고 프랑스 정부의 재정적 고통을 악화했다. 로의 책략은 수세대에 걸쳐 프랑스의 금융 발전을 저해했다. 국민으로 하여금 지폐와 주식시장을 불신하고 두려워하게 했으며, 시장의 분별력 있는 혁신에서 오는 긍정적인 효과를 잃게 했다.

로의 야심찼던 미시시피 회사는 당시 카툰 속에 잘 묘사되어 있다.

여긴 경이로운 미시시피 땅이야
주식 거래로 유명해졌지
속임수와 교활한 행동을 통해
수많은 재산을 탕진시켰지
하지만 사람들은 그 주식이 가치 있다 생각하지
그건 바람과 연기일 뿐 그 이상 아무것도 아닌데[19]

의심스러운 크립토애셋 분별하기

혁신적 투자자는 의심스러운 인물들로부터 자신을 보호하려면 먼저 새로 발행된 크립토애셋의 주요 당사자들 배경을 조사해야 한다. 만약 그들에 대한 정보를 많이 발견할 수 없다면 나쁜 신호다.

이는 발행자들이 자기 신원이 확인되기를 원치 않거나 자산과 관련해 책임지고 싶어 하지 않는다는 것을 의미한다.

그다음에 크립토애셋 팀 구성원들이 만든 자료들을 살펴봐야 한다. 웹사이트, 백서 혹은 다른 자료들이 오자나 서식 오류 또는 부주의한 요소로 가득하다면, 이 또한 경고 신호로 받아들여야 한다. 자신들을 잘 보여줄 만큼 충분한 주의를 기울이지 않는 팀이라면 투자자들을 오도하게 되더라도 신경 쓰지 않을 것이다.

관련자들에 대한 대화와 정보는 기술과 투자 웹사이트처럼 잘 정돈되어 있는 웹페이지가 아니라 레딧, 트위터, 슬랙 채널 등에서 오간다. 쉽게 접근할 수 있는 정보가 부족하고 필요한 정보도 획일화되어 있다는 게 크립토애셋 분야의 약점이다. 결국 당신이 이 책을 읽고 있는 것도 이 때문일 것이다.

속임수와 실수 사이

가격이 천정부지로 오르면서 2016년 말과 2017년 초에 유명세를 탄 대시는 발행 당시 오해를 불러일으켰다. 코인이 발행된 지 24시간 만에 190만 개 이상의 대시가 채굴된 것이다. 이는 원래 의도한 계획이 아니었다. 고의가 아닌 소프트웨어 버그 때문이라는 대시 설립자의 설명에도 불구하고, 여전히 많은 이들이 대시 팀이 신규 투자자들을 오도했다는 우려를 나타낸다.[20] 2017년 3월 기준으로,

당시 24시간 동안 발행된 코인이 전체 코인의 약 30퍼센트를 차지하고 있다.

이것이 바로 속임수를 쓰는 발행과 정직한 실수의 차이를 식별해야 하는 사례다. 우리는 대시의 초기 발행이 경쟁 코인인 모네로의 경우처럼 보완될 수도 있었지만 그렇지 못했다고 생각한다. 모네로는 불공정한 코인 유통 문제를 해결하기 위해 바이트코인에서 포크되면서 이 문제를 해결했다. 대시는 발행 초기의 불안정을 극복하고 2017년 4월 초반에 상위 네 번째 네트워크 가치를 갖는 코인 중하나가 되었다.[21] 몇 가지 흥미로운 혁신이 대시를 뒷받침하고 있고 주류의 인정을 더욱 받으면서 대시 팀은 성공적으로 순항하고 있다.

크립토애셋 설립자만 의심스러운 주장을 하는 것은 아니다. 투자자를 위해 자산을 관리해주겠다고 주장하는 사람들 또한 의심스러운 주장을 하기도 한다. 투자자의 돈을 유치해 '보장' 수익을 제공하는 크립토애셋 펀드에 돈을 넣으라는 사기 투자 제안도 있다. 예컨대 2시간에서 48시간까지 기간 내에 투자 금액에 따라 700퍼센트의 수익을 약속하는 '비트코인 뮤추얼펀드Bitcoin Mutual Fund'가 있다.[22] 그 웹사이트에는 수익 보장 광고 외에도 철자, 문법 오류로 가득하다. 존 로의 루이지애나 습지대에 해당하는 격이다.

역사적 매점 사례가 들려주는 교훈

시장 매점은 한 명 이상의 투자자들이 자산의 가격을 대폭 올리거나 내리기 위해 작업하는 경우를 말한다. 크립토애셋 분야에서는 이것을 종종 '펌프 앤 덤프' 계획이라고 하는데, 느슨하게 조직화된 세력이 대중의 심리를 이용해 크립토애셋의 가격을 끌어올린 뒤 수익을 실현하기 위해 빠르게 자산을 처분하는 것을 말한다. 매점은 이 장에서 소개하는 다른 예와 마찬가지로 시장의 역사에서 새로운 것이 아니다.

1869년, '강도 귀족Robber Baron'의 원형이자 19세기 미국에서 가장 비난받던 사람들 중 한 사람인 금융 투기꾼 제이 굴드[23]가 금시장을 매점하기로 했다.[24] 금시장 매점은 당시에 대단히 위험한 일이었다. 금은 국제 무역을 위한 공식 통화였고, 미국에서는 연방정부가 금의 가치를 결정했기 때문이다.

1869년 3월 율리시스 그랜트가 미국의 대통령이 되었을 때도 여전히 미국은 4년 앞서 끝난 남북 전쟁의 후유증을 처리하고 있었다.[25] 가장 큰 문제 중 하나는 전쟁 때문에 발생한 국가 채무로 정부의 신용도가 의심받는 상황이었다. 믿음을 다시 심어주기 위해 그랜트는 첫 번째 조치 중 하나로 미국 채권을 연방정부가 '금 또는 그에 상응하는 것'으로 되사겠다는 법안에 서명했다.[26] 금 가격은 1862년 이후 최저치인 온스당 130달러로 빠르게 떨어졌다.[27]

금은 수천 년 동안 문명에 의해 가치가 매겨져왔고, 현명한 투자자에게 가격 하락은 전형적인 구매 시기를 의미한다. 하지만 굴드는 금을 사서 더 높은 가격에 팔아 이익을 낼 수 있을 때까지 인내심 있게 보유하는 일에 만족하지 않았다. 그에게는 가격을 빠르게 끌어올리려는 속셈이 있었다. 자신의 계획이 통화 평가절하를 야기할 것이며 수출 붐을 일으켜 그와 밀접한 관련이 있는 회사인 이리 철도 회사Erie Railroad28에 이득이 될 것이라고 믿었다. 게다가 싸게 사서 비싸게 팔아 이득을 볼 수 있는 분명한 기회가 있었다.

굴드는 연방정부가 공개시장 운영으로 금 가격을 통제할 수 있음을 알고 그랜트 대통령을 설득할 계획을 고안해냈다. 연방정부가 팔려고 했던 금을 팔지 못하게 하려는 계획이었다. 연방 준비금이 유통 중인 금의 양보다 더 많은 1억 달러 이상이었기 때문에, 굴드는 연방정부를 통제하면 금 가격을 통제할 수 있다는 사실을 정확히 알아차렸다.29 만약 그가 정부로 하여금 금을 팔지 말라고 설득힐 수 있나면 시장에서 금의 유통이 줄어들 것이고, 그렇게 되면 금 가격이 오를 것이었다. 자신이 자유롭게 살 수 있다면 정부의 투매를 걱정할 필요 없이 가격은 훨씬 더 오를 것이라 생각한 것이다.

굴드는 자신에게 필요한 앞잡이로 에이블 코빈을 선택했다. 코빈은 정치에 관여하고 있었고 그랜트 대통령의 여동생 제니와 결혼한 사이였다. 굴드는 코빈과 친구가 되고 뇌물로 구워삶아 정부의 공개시장 운영을 좌우하기 위해 필요한 협력자를 사로잡았다. 코빈은 먼저 자신의 정치적 영향력을 이용해 대니얼 버터필드 장군을 미국 부재무장관 자리에 임명했다. 그리고 정부의 금 판매를 미리 자신에게 알려주라고 지시했다.[30] 이를 통해 굴드는 정부의 조치를 미리 알 수 있었다. 코빈과 버터필드는 이 사기를 통해 150만 달러를 약속받았다. 이들의 이익과 굴드의 이익은 서로 부합했다.[31]

코빈은 1869년 여름 동안 금 판매를 중단하도록 설득하기 위해 대통령의 신임을 얻고자 더 중요한 노력을 기울였다. 코빈은 대통령 그랜트가 사교 모임에서 굴드와 대화할 수 있도록 유도하고, 굴드를 통해 금값이 오르면 국가에 이익이 된다는 복잡한 근거를 대통령에게 제시할 수 있었다.[32] 결국 9월 2일 대통령은 한 달간 금 판매를 중지할 계획이라고 말했다.[33]

굴드는 자신에게 유리한 의견을 기대하며 8월 내내 금을 비축해왔고, 소식을 듣자마자 그 속도를 더 높이기 시작했다. 그는 부유한 제이 피스크를 협력자로 끌어들였고, 피스크는 굴드와 함께 시장을 불법적으로 조작해나갔다. 피스크의 추가 자금으로 굴드는 더 많은 돈을 금시장에 쏟아부어 가격을 올렸다.[34]

하지만 9월 중순, 이 도당 무리는 자신들의 역량을 과신하다 큰 코를 다쳤다. 이들은 처음에 대통령의 개인 비서관에게 뇌물을 주려 하다가 실패하자, 코빈이 그랜트에게 서한을 보내 한 달 동안 금을 팔지 않겠다는 전략을 지속할 것인지 확인했다. 9월 19일에 편지를 받은 그랜트는 그들의 범죄를 의심하고, 자신의 부인으로 하여금 코빈의 부인에게 남편이 계략을 멈추도록 설득하라는 편지를 쓰게 했다.[35]

당연히도 코빈은 그랜트가 음모를 파악하고 있다는 사실에 경악했다. 상황을 알게 되자 굴드는 더 이상 그랜트로 하여금 금을 보유하도록 할 수 없음을 알았다. 피스크가 계속해서 사들인다는 핑계로 굴드는 매입했던 금을 대량 처분하기 시작했다.

금 거래소의 가격은 9월 내내 계속 올랐다. 1869년 9월 24일 절정에 달했다가 "제이 굴드의 블랙 프라이데이Jay Gould's Black Friday"가 일어났다. 굴드는 파트너인 피스크가 금시장 가격을 연초 대비 20퍼센트 오른 160달러로 끌어올리는 동안, 조용히 십여 명의 중개인에게 은밀히 자신의 금을 팔도록 했다. 그 후 곧 버터필드의 중개인은 금을 팔기 시작했고, 이는 곧 연방정부가 매도에 나설 가능성이 있다는 신호로 거래인들에게 받아들여졌다. 예상대로 금 가격이 160달러에 이른 지 한 시간 만에 400만 달러의 금을 매도하라는 정부의 지시가 떨어졌다. 굴드와 피스크가 은밀히 기대에서 빠져나가는 동안, 챈슬러가 자세히 설명한 공황 상태가 뒤따랐다. "급격한 가격 변동으로 수천 명의 증거금 보유자들이 파산했고, 브로드가와 굴드의 중개 사무실 바깥에 성난 군중이 몰려와 군대가 경계 태세를 갖췄다."[36]

대부분의 공황 상태와 마찬가지로 위기는 금 거래소 전체로 확산돼 퍼져나갔다. 굴드의 시장 매점으로 주가가 20퍼센트 하락했고, 농산물 수출 가격이 50퍼센트 하락했다. 국가 경제는 수개월간 붕괴되었다.[37] 굴드는 폭락 사태를 통해 거금 1,100만 달러의 수익을 챙겼고 법적인 혐의도 받지 않았다.[38] 굴드 같은 인물이 자신이 만들어낸 대혼란으로부터 무사히 빠져나오는 일은 너무나 흔해서, 이들은 다른 시장에서 같은 방식의 술수를 계속해서 사용하는 형편이다.

크립토애셋 시장에서 자산 가격을 가지고 장난을 치는 인물들은 종종 인터넷이라는 베일을 통해 자신들의 신원을 알기 어렵게 할 수 있다. 따라서 달아나는 것이 훨씬 쉬워진다. 이들은 비교적 잘 알려지지 않은 작은 자산들을 목표로 하기 때문에, 이들 소규모 시장에 위험을 무릅쓰고 뛰어드는 혁신적 투자자들은 이들 자산의 세부 사항과 관련 인물들에 특히 주의를 기울여야 한다.

1869년 금 거래소 이외에 상품 시장의 매점 사례는 계속해서 표면화되어왔다. 1980년, 부유한 석유 재벌 아버지에게 수십억 달러를 물려받은 헌트 형제들이 은시장 매점을 시도했다. 사상 최고 수준 중 하나인 14퍼센트의 인플레이션으로 한 해가 시작되자,[39] 형제는 은이 금과 같이 인플레에 대한 대비책이 될 것이라고 믿어 가능한 한 많은 양을 소유할 생각이었다. 원자재 시장과 레버리지를 이용해 형제들은 재빨리 45억 달러 상당의 은을 모았고(이중 많은 은이 호위를 받으며 특별 제작된 비행기에 실려 스위스로 운송되었다),[40] 가격을 온스당 거의 50달러로 올렸다. 결국 미국 정부는 추가 조작을 막기 위해 개입해야만 했다. 이로써 1980년 3월 27일, 은 가격이 온스당 11달러로 다시 떨어지면서 마침내 형제들의 계책은 실패로 돌아갔다.[41]

주목할 만한 시장 매점 사례들을 통해 이런 취약성이 자산 클래스 전반에 걸쳐 존재한다는 사실을 알 수 있다.

- 1929년 뉴욕증권거래소에 상장된 100개 이상의 회사들이 매점되었다.[42]
- 1987년 4월부터 1989년 3월까지 도쿄증권거래소는 거래소에 상장된 10개 기업 중 한 회사가 매점된 것으로 추정했다.[43]
- 1991년 중반 살로먼 브라더스가 세계에서 가장 안전한 투자 수단으로 널리 알려진 미국 재무부를 조종하려다 적발되었다.[44]
- 1990년대 중반, 야쓰오 하마나카는 런던 금속거래소의 구리 값을 75퍼센트 이상인 3,200달러로 끌어올린 대가로 7년 징역형을 구형받았다.

크립토애셋에 대한 펌핑, 덤핑, 매점

작은 네트워크 가치를 가진 크립토애셋은 시장 매점의 영향을 받기가 특히 쉽다. 예컨대 2017년 4월 초, 가장 작은 크립토애셋 200가지는 2만 달러가 되지 않는 시장을 가졌다. 따라서 1만 달러를 가지고서도 의도가 불순한 사람이라면 발행된 자산의 절반을 사버릴 수 있다. 이렇게 증가된 매수 압력은 자산 가격을 끌어올릴 것이고, 이는 사람들의 호기심을 자아내기 위해 의도된 것이다. 몇몇 투기꾼이 공모하게 되면 소셜 미디어 플랫폼에 대대적으로 거짓 정보를 퍼뜨리면서(트위터나 한두 가지 소셜 미디어면 충분하다) 이들 소형 크립토애셋의 가격을 끌어올리는 작업에 함께 들어간다.

이들의 의도는 순진한 투기자들이 무의식중에 미끼를 물어 시장이 순수하게 형성한 가격이라 믿고 자산을 사도록 하는 것이다. 자산 실사를 주의 깊게 하는 혁신적 투자자라면 타당한 이유로 구매를 하지, 시장의 관심이 쏠린다고 해서 구매하지는 않는다. 굴드의 사례에서 보듯이 공모자들은 순진한 투기자들이 계속해서 열정적으로 구매하는 사이에 서서히 자신들의 보유량을 빼낸다. 이런 '펌프 앤 덤프'는 안타깝지만 소형 크립토애셋에서 갈수록 흔해지고 있다.

매점은 또한 크라우드세일의 경우에도 살펴봐야 할 사항이다. 특히 설립팀이 상당량의 크립토애셋을 가지고 있을 경우에 그렇다. 16장에서 크라우드세일에 대해 자세히 다룰 테지만, 만약 설립팀 스스로가 발행된 코인을 너무 많이 보유하고 있다면 이들이 크립토애셋의 시장 가격에 엄청난 지배력을 가지고 있어 매점으로 이어질 가능성이 있음을 유념해야 한다.

크립토애셋 공급 조절은 크라우드세일과 설립자의 범위를 넘어선다. 공급 조절 능력이 크립토애셋을 지원하는 채굴자 또는 다른 독립체로 퍼져갈 수 있기 때문이다. 크립토애셋의 통화 정책을 고려하는 것이 중요한 이유다. 예컨대 대시에 대한 우려 중 한 가지는 공급 구조가 매점에 취약하다는 점이다. 대시에는 채굴자 외에도 한 사람 또는 여러 사람이 관리하는 마스터노드라는 독립체가 있다. 마스터노드는 익명으로 거의 즉시 이뤄지는 거래를 실행하는 데 중요한 역할을 한다. 하지만 보안 체계로서의 개체가 마스터노드가 되려면 적어도 1,000대시로 묶여야 한다.[45] 묶여 있다는 것은 곧 보유를 의미하는 말로, 크립토애셋 분야에서는 자산이 움직일 수 없음을 나타내는 의미로 흔히 사용된다. 만약 마스터노드가 묶여진 이들 대시를 움직이고, 그 뒤 1,000개 미만의 대시를 보유하게 되면 그 또는 그 집단은 더 이상 마스터노트일 수 없다.

2017년 3월 기준으로 4,000개 이상의 마스터노드가 있다. 400만 대시가 묶여 있다는 의미다. 유동적이지 못하다는 의미이기도 하다. 700만 대시 이상이 시장에 있음을 감안하면 400만 대시의 의미는 공급량의 약 60퍼센트가 구입 불가능하다는 뜻이다. 여기에 출시 후 최초 24시간 내에 인스타마인으로 출시한 200만 대시를 추가해야 한다. 이는 700만 대시 중 600만 대시가 영향력 있는 참가자들의 통제 아래에 있을 가능성을 의미한다.

상황은 분명 더욱 나빠지고 있다. 마스터노드가 각 블록이 보상하는 45퍼센트를 받고 있기 때문이다. 이는 마스터노드가 새로 발행되는 대시의 거의 50퍼센트를 받고 있음을 의미한다. 이들이 벌써 발행된 공급량의 60퍼센트를 보유하고 있기 때문에, 즉 상당량의 대시, 혜택을 가지고 있기 때문에 마스터노드는 시장을 매점할 수 있는 엄청난 힘을 가지게 된다.

혁신적 투자자는 새로 주조되는 크립토애셋의 공급 스케줄과 발행인이 누구인지를 면밀히 살펴봐야 한다. 다행히 블록체인이 남아 있는 한, 투명한 분산원장 기술로 주소의 잔액을 살펴보는 것은 쉽다. '비트코인 리치 리스트Bitcoin Rich List'와 같이 상위 주소의 보유 금액을 볼 수 있는 사이트가 있다.[46] 비트코인의 경우, 두 개의 주소가 전체 발행량의 약 1.4퍼센트에 해당하는 22만 7,618 비트코인을 소유하고 있다. 116개의 주소는 꽤 큰 규모인 전체 발행량의 19퍼센트에 해당하는 287만 비트코인을 보유하고 있다. 하지만 대시와 달리 이들 보유자들은 새로 주조된 비트코인의 거의 절반을 꼭 받을 필요는 없다. 따라서 이들이 가격을 끌어올릴 힘은 제한되어 있다. 마지막으로 한 사람이 다수의 비트코인 주소를 가질 수 있으므로 각 주소가 반드시 별개의 독립체인 것은 아니다.

* * *

살펴본 바와 같이 대규모 투기, 자산 발행인의 오도된 정보, 폰지 금융 사기, 매점 등 거래에 대한 많은 속임수가 있다. 이들 대부분이 "이번은 다르다"라는 생각으로 정당화된다. 하지만 이미 수세기 동안 모든 자산 클래스에 사용되어온 수법들이다. 혁신적 투자자가 이런 함정을 피하는 가장 좋은 방법은 포트폴리오에 크립토애셋을 추가하고자 고려할 때 대중의 변덕을 무시하고 기본 펀더멘털에 대한 적절한 자산 실사를 하는 것이다. 크립토애셋 검토를 위한 틀에 대해서는 다음 장부터 다루는데, 12장에서는 장기적 성장에서 어떤 펀더멘털이 가장 중요한지를 살펴보도록 하겠다.

3부

어떻게
크립토애셋에
다가갈 것인가

```
1                                                                 1
1                 100    010                      0               1
0                 001    001                      1               0
1                 110    110                      0               0
0           10100101010100                        1               1
1           110100001000010110                    0               0
1           000010000000100000                    1               0
0         0010001000001001010110                  0
1         100010001010100100100                   1        1
0             00010      1100101                   0       0
1             11101      010110                     0      0
0             00100      101010                     1      1
1             01001      001001                    0       0
0             10110      0110000                            1
            0001001010000001010                           1
   1        10000100000100001                      1      0
   0        0010010011001000                       0      1
   0        101000100000011                        0      1
   1        010100100011100010                     1      0
   1            01010      110010                   0      0
   1            10101      010110                          0
   1            00100      101010                          0
   0            01001      001001                          1
   1            10110      0110000
   0          100101010100010101                  0       1
   0        001000001000001000001                 1       0
   0        110010010011000010000                 1       0
   1        010101000100000011                    1       0
   0        011011100100011000                    0       1
   0        100010000000000001                    0       1
                010   101                          1       1
                011   010
                100   010
```

12

투자 수단으로서 크립토애셋, 어떻게 평가할 것인가

앞에서 신흥 크립토애셋 시장에서 투자자들이 유의해야 할 많은 속임수에 대해 알아보았다. 이제는 혁신적 투자자로서 포트폴리오에 크립토애셋을 추가하기 위해 가치평가 틀을 익혀야 할 시간이다. 투자자 저마다의 목표, 목적, 리스크 프로파일이 각기 다르듯이 크립토애셋도 각기 다르다. 이번 장에서 그 출발점을 제시할 테지만, 그렇다고 해서 결코 복잡한 것은 아니다. 또한 투자에 대해 직접적인 조언도 하지 않는다. 이 분야가 워낙 빛의 속도로 변하고 있기 때문에 "이건 사고 저건 파세요"라는 식으로 권유하지 않는다. 이 책을 집필하는 도중에 크립토애셋의 총 네트워크 가치가 대략 100억 달러에서 1,000억 달러 이상으로 급증했고 수백 종의 신

규 크립토애셋이 나왔다는 사실이 시사하는 바는 크다.[1]

어떻게 해야 할지는 투자자들이 직접 판단해야 한다. 크립토애셋을 처음 검토할 때 살펴봐야 할 기본 사항을 제시하는 것이 우리의 목표다. 그리고 나면 투자자는 지금까지 배운 지식을 활용해서 특정 크립토애셋이 자신의 리스크 프로파일과 종합적인 투자 전략에 적합한지, 재무 목표와 목적 달성에 도움이 되는지를 숙고해봐야 한다.

15장에서 우리는 투자자의 운용 부담을 대폭 줄여줄 투자 상품에 대해 논의할 것이다. 이 새로운 투자를 시도하고 싶지만 직접 운용하는 데 따르는 위험 부담을 줄이고 싶다면, 투자 옵션이 다양하게 늘어나고 있으니 크립토애셋 매니저와 비트코인 인베스트먼트 트러스트GBTC와 같이 공개적으로 거래되는 펀드를 이용해볼 수도 있다. 이런 상품에 대해서도 혁신적 투자자는 올바른 질문을 던질 수 있어야 하고, 자신이 고생해서 번 돈을 투자하려는 종목이 적절한지 안심할 수 있으려면 충분한 지식을 가지고 있어야 한다.

다행히도 개별 크립토애셋에 대해서도 투자 평가를 위한 많은 툴을 동일하게 사용할 수 있다. 기본 분석fundamental analysis은 투자가 장기적으로 자본을 할당할 가치가 있는지를 드러나게 할 것이다. 기술 분석technical analysis은 매수·매도 시점을 결정하는 데 도움이 된다. 이 두 가지 분석법을 다룬 책이 그동안 많이 나왔고, 종종 서로 완전히 반대되는 분석법으로 이야기되기도 한다.[2] 우리는 이 두 가지 분석이 함께 사용될 수 있다고 믿으며, 특히 혁신적 투자자가 포트폴리오를 적극 관리하길 원하는 경우에 그렇다고 생각한다.

기본 분석에는 자산의 내재가치 증가 요소 분석이 포함된다. 예 컨대 주식의 경우 기본 분석은 손익계산서, 대차대조표, 현금 유동 성에 대한 면밀한 검토를 바탕으로 한 기업의 건전성 평가를 포함 한다. 또한 이런 요소들을 장기 비전과 거시경제 맥락에서 파악한 다. 기업 가치를 판단하고 경쟁사와 비교하기 위해 기본 분석을 통 해 주가수익비율, 주가매출액비율, 장부가격 및 자기자본이익률과 같은 지표를 도출한다.

기본 분석은 기업뿐 아니라 산업 및 경제 전반과 관련된 최신 자 료의 검색을 요하는, 시간이 많이 소요되는 과정이 될 수 있다. 투 자자는 물론이고 적절한 자산에 대한 통찰력을 제공하기 위해 재 무상담사조차 이런 수치를 분석하는 애널리스트에게 의존할 것이 나. 전통적 자본시장에서 전체 산업은 금융 판매 연구sell-side research 로 알려진 이 과정에 기초해 있다. 현재 크립토애셋 분야에서 금융 판매 연구는 없다. 따라서 혁신적 투자자들은 스스로 세부 사항을 철저히 조사하거나, 이 분야에서 인정받은 선도적 이론가의 도움을 받아야 한다. 우리는 투자자들이 이런 노력을 하는 데 어려워하지 않고 분석할 수 있도록 방책을 지원하는 데 최선을 다할 것이다.

크립토애셋 평가와 관련해 기본 분석 과정은 주식과는 다르다. 크립토애셋은 기업이 아니기 때문이다. 자산은 기업 또는 개인들 이 무인 집단에 의해 만들어지므로 그 회사나 개인들을 이해하 는 일은 아주 중요하지만, 크립토애셋 자체는 그보다는 수요와 공급이 균형을 이루며 형성된 시장 가격을 가진 상품으로 평가돼야 한다.

이번 장에서는 크립토애셋의 기본 특징에 대한 기본 분석을 어떻게 적용할지를 살펴보겠다. 각 검토 사항은 다음과 같다.

- 백서
- 탈중앙집중화
- 가치평가
- 커뮤니티와 개발자
- 디지털 형제와의 관계
- 발행 모델

13장에서는 채굴자, 개발자, 기업, 사용자에 대한 지표를 포함해 이런 자산들의 지속적인 네트워크 건전성에 대한 기본 분석 적용에 집중한다. 이런 기본 요소와 네트워크 펀더멘털(자체적으로 소유하고 있는 경제적 능력·가치, 잠재적 성장성 등을 의미―옮긴이)을 함께 살펴면 크립토애셋에 대한 훌륭한 기본 분석 접근 방식이 만들어지고, 혁신적 투자자가 정보에 입각한 투자 결정을 내리는 데 도움이 될 것이다. 우리는 투자 또는 매각의 적절한 시기를 명확히 가려내기 위해 어떻게 기술 분석이 사용될 수 있는지를 함께 살펴보면서 이런 분석 틀을 여러 장에 걸쳐 상세히 설명할 것이다.

백서에서 시작하라

크립토애셋은 투명하고 접촉하기 쉬운 커뮤니티와 오프소스 코드의 지원을 받기 때문에 일반적으로 자산에 대해 정보를 많이 알 수 있다. 열의가 있는 크립토애셋이라면 기원을 담은 백서를 발간한다. 백서는 선도하는 이론가 또는 총론에 대해 지식이 많은 사람이 일반적으로 작성하는 문서인데, 제안 내용의 전반적인 개요를 담고자 비즈니스 분야에서 사용된다. 백서는 크립토애셋과 관련하여 자산이 중심을 두는 문제가 무엇인지, 경쟁 환경에서 자산의 위치 및 기술적 세부 사항이 무엇인지를 설명한다.

사토시는 백서에서 비트코인의 개요를 설명했으며, 그 이후로 대부분의 크립토애셋 설립자들도 같은 과정을 따랐다. 이들 백서 중 일부는 매우 기술적일 수 있지만 최소한 도입과 결론은 정독하는 것이 좋다. 백서는 해당 크립토애셋 웹사이트에서 찾을 수 있다.

모호한 크립토애셋을 경계하라

크립토애셋 백서는 다량의 기술적 정보를 포함하고 있어서 처음부터 끝까지 읽기가 어려울 수 있다. 크립토애셋을 개발하는 팀은 종종 자산의 의도에 대한 간략한 설명을 담은 웹사이트를 만든다. 모든 설명이 이해되지는 않더라도, 만약 설명이 명확하지 않고 의도

적으로 모호해 보일 경우에는 해당 자산을 피하라는 신호일 수 있
다. 지인들이 크립토애셋에 대한 지식이 없더라도 자신이 해당 자
산에 대해 간결하게 설명할 수 있을 정도로 투자자가 편안하게 느
끼는 자산이어야 한다. 만약 그렇게 할 수 없다면 다른 크립토애셋
을 고려하는 것이 적절하다.

탈중앙화 우위 요소를 따져라

백서를 읽으면서 가장 먼저 던져야 할 질문은 '이 크립토애셋은 어
떤 문제를 해결하는가?'이다. 다시 말해 해당 크립토애셋과 관련
아키텍처가 탈중앙 방식으로 존재할 이유가 있는지를 따져봐야 한
다. 세상에는 수많은 디지털 서비스가 있다. 따라서 분산화되어 있
고, 보안이 뛰어나며, 평등한 방식으로 제공되는 내재적인 편의 요
소가 있는지를 확인해야 한다. 우리는 이것을 '탈중앙화 우위 요
소decentralization edge'라고 부른다. 비탈릭 부테린은 직설적으로 이렇
게 말한다. "프로젝트는 '왜 블록체인을 사용하는가'에 대해 제대
로 된 답을 줄 수 있어야 한다."[3]

많은 크립토애셋 기반 프로젝트가 스팀,[4] 유어스Yours[5]와 같은 소
셜 네트워크에 집중한다. 유어스는 라이트코인을 사용한다. 우리

는 이런 프로젝트들을 존중하지만, 한편으로는 이런 질문을 던진다. '이 네트워크와 관련 자산들이 레딧과 페이스북 같은 경쟁자들처럼 관심을 끌 것인가? 이와 비슷하게 '스웜시티Swam City'(구 아케이드 시티—옮긴이)[6]라는 크립토애셋 서비스는 사용하기가 쉽고 경제적인 서비스인 우버의 탈중앙화를 목표로 한다. 그렇다면 스웜시티는 중앙화된 우버에 비해 어떤 우위를 가질 것인가?

스팀잇과 유어스의 경우는 콘텐츠 작성자들이 직접 보상을 받는다. 이런 방식은 플랫폼에 보다 양질의 콘텐츠를 가져다주고, 그럼으로써 보다 많은 사용을 유도해낼 것이다. 스웜시티의 경우 운전자는 중앙 서비스에 지불해야 할 20퍼센트에서 30퍼센트의 비용을 지불하지 않아도 될 것이다. 따라서 시간이 흐를수록 더 많은 운전자가 플랫폼을 사용하게 될 것이다. 플랫폼을 사용하는 운전자가 많을수록 이용 가능한 스웜시티 차량이 증가하고, 결과적으로 최종 사용자는 보다 유용한 서비스를 누리게 될 것이다. 스팀잇과 유어스처럼 제공자와 소비자의 증가는 시간이 흐를수록 플랫폼의 가치를 증진한다.

하지만 이런 요소들이 장기적으로 레딧, 페이스북, 우버를 뛰어넘기에 충분할까? 혁신적 투자자는 투자를 고려하고 있는 크립토애셋에 대해서도 유사한 사고실험thought experiment(머릿속에서 생각으로 진행하는 실험—옮긴이)을 해봐야 한다. 또한 관련 아키텍처가 장기적인 가치를 제공할지, 아니면 갈수록 가치를 거의 제공하지 않으면서 자금만 얻어내려는 의도로 단순히 하이프 곡선[7]을 타고 있는 것은 아닌지 등을 살펴봐야 한다.

시간의 힘, 린디 효과

린디 효과Lindy effect는 기술의 잠재적 기대 수명을 측정하기 위해 사용된다. 더 오래 살수록 죽음이 다가올 가능성이 큰 인간과 달리 기술은 더 오래 살아남을수록 곧 사라질 가능성이 적다. 기술의 발전이 가속화되면 시간이 흐르면서 다른 많은 관련 기술이 함께 발전하는데, 계속해서 기반이 되는 지원 요소들에 동력을 제공하기 때문이다. 가장 중요한 기술들은 일상생활에 밀착되어 최소한 10년은 바로 사라지지 않고 지속된다. 문화적으로도 기술이 낙후되어 사라지는 데는 시간이 걸린다.

같은 원리가 크립토애셋에도 적용된다. 수명이 가장 오래된 크립토애셋인 비트코인은 현재 하드웨어, 소프트웨어 개발자, 기업, 사용자라는 생태계를 구축해놓고 있다. 본질적으로 비트코인은 자체 경제를 만들어냈기 때문에, 비트코인이 차지한 기반을 빼앗기에는 힘든 싸움이 될 것이며, 보다 월등한 암호화폐라고 하더라도 비트코인보다 점유율이 빠르지는 않을 것이다.

반면에 새로 출시되는 크립토애셋은 거의 알려져 있지 않아, 빈약한 커뮤니티가 해당 크립토애셋을 더욱 취약하게 한다. 만약 중요한 결함이 드러나거나 크립토애셋이 압박 요소를 겪는다면 커뮤니티는 빠르게 흩어져버릴 수도 있다. 많은 구성원이 다른 크립토애셋을 지원하기 위해 떠나버릴 수도 있다. 남아 있는 구성원들은 실패를 통해 배운 교훈을 적용해 살짝 변경한 크립토애셋을 출시하려고 다시 한 번 노력해볼 수도 있다. 다시 말해서 새로 등장하는 크립토애셋에는 훨씬 적은 매몰 비용이 든다. 따라서 다른 가능성을 찾아 떠나는 것이 더 쉽다. 새로 등장하는 크립토애셋이 얼마나 빨리 등장했다가 몰락할 수 있는지를 보여주는 대표적인 예가 '다오'다. 하지만 크립토애셋이 강력한 커뮤니티의 참여로 초기에 성공을 거둔다면 시간이 흐를수록 도움이 될 강력한 발판을 만들어낼 수 있다. '이더리움'이 좋은 예다. 다오의 죽음은 다오가 기반을 두었던 이더리움에 대단히 큰 영향을 미쳤다. 하지만 리더십과 커뮤니티의 활동으로 주요 이슈들이 해결되어, 2017년 4월 이더리움은 네트워크 가치가 두 번째인 크립토애셋으로 견고히 자리하고 있다.[8]

크립토애셋의 가치를 평가하라

흔히들 '크립토애셋의 가치는 어디서 나오는가'라고 의문을 가질 법하다. 어쨌든 크립토애셋은 물리적 실체가 없다. 크립토애셋은 소프트웨어로 태어나기 때문에 그것의 가치는 자산을 중심으로 자연스럽게 발전하는 커뮤니티와 시장에서 나온다. 대체로 커뮤니티가 크립토애셋을 평가하는 가치에는 효용가치와 추정가치, 두 가지가 있다.

효용가치와 추정가치

효용가치는 아키텍처가 공급하는 디지털 자원에 접근하기 위한 크립토애셋 사용을 말하며, 수요와 공급의 특성에 따라 결정된다. 비트코인의 효용성은 안전하고 빠르게 효율적으로 세상 어느 곳 누구에게나 가치를 전달하는 것이다. 단지 비트코인 주소를 입력하고 발송 버튼을 누르기만 하면 된다. 거래소와 지갑이 제공하는 기능이다(이는 14장에서 다룬다). 인터넷을 사용해 가치를 전송하는 비트코인의 효용성은 현재 스카이프가 목소리와 이미지를 세상 어느 곳 누구에게나 안전하고 빠르게 효율적으로 전송하는 것과 비슷하다.

혁신적 투자자는 "좋아요, 난 비트코인이 MoIP로서 효용가치를 가진다는 것을 이해해요. 스카이프가 VoIP라는 효용가치를 가진 것처럼 말이죠. 그런데 코인은 1,000달러짜리 비트코인으로 어떻게 바뀌는 거죠?"라고 물을 수 있다. 비트코인의 효용가치는 얼마나 많은 비트코인이 인터넷 경제를 지원하기 위해 필요한지를 평가함으로써 측정할 수 있다. 비트코인의 가치를 개념적으로 이해하기 위해서 몇 가지 간단한 예를 들어보겠다. 이를 통해 혁신적 투자자는 가치평가에 대해 더 깊은 윤곽을 그려보게 될 것이다.

먼저 중국 제조업체로부터 10만 달러 상당의 철강을 사고 싶어 하는 브라질의 한 상인이 있다고 가정해보자(이 상인은 가상의 인물이지만, 그동안 남미 상인들에 의한 비트코인 채택은 기록으로 충분히 입증되어 있다[9]). 상인은 비트코인을 사용하고자 한다. 일주일 또는 그 이상을 기다려야 하는 대신에 한 시간 내로 송금할 수 있기 때문이다. 따라서 브라질 상인은 미화 10만 달러 상당의 비트코인을 구입해서 중국 제조업체에 보낸다. 제조업체가 비트코인 블록체인에 거래가 추가되기를 기다리는 동안에 10만 달러치의 비트코인이 선공급되어 사용 가능한 비트코인들 가운데 일시적으로 꺼내져 묶인다.

이제 9만 9,999명의 다른 상인들이 이와 같이 하고 싶어 한다고 가정해보자. 전체적으로 이 모든 상인들에게는 100억 달러치의 비트코인이 필요하다(10만 명의 사람들이 각각 10만 달러를 송금하길 원한다). 단지 다른 지불 수단보다 비트코인이 브라질과 중국 사이의 송금에 더 유리하다는 이유 때문이다. 코인당 1,000달러에 거래되는 비트코인에 대한 100억 달러 규모의 수요는 일시적으로 묶여 있는, 즉 선공급된 사용 가능한 비트코인에서 나온 1,000만 개의 비트코인으로 바뀐다.

그러나 투자자들 또한 상당한 양의 비트코인을 보유하고 있다는 점을 고려해야 한다. 투자자들은 한동안 비트코인을 팔 계획이 없다. MoIP와 같은 비트코인의 유용성 때문에 수요가 계속 증가하고, 비트코인의 가치도 계속 증가하리라고 추정하기 때문이다. 현재 약 550만 개의 비트코인, 즉 코인당 미화 1,000달러인 55억 달러 가치의 비트코인을 비트코인 블록체인에 기록된 상위 1,000개의 주소가 소유하고 있다.[10] 각 주소가 평균 550만 달러 가치의 비트코인을 보유하고 있고, 이 잔여분은 상인들이 거래가 완결되길 원하며 기다리고 있는 비트코인이 아니라고 간주하는 것이 타당하다. 대신에 이들은 독립체들이 비트코인의 미래 효용가치에 대한 기대에 기초해 장기적으로 보유하고 있는 비트코인의 잔여분일 가능성이 크다. 미래 효용가치는 추정가치로 생각될 수 있다. 이런 추정가치 때문에 투자자들은 공급된 비트코인 중 550만 개의 비트코인을 보유하고 있는 것이다.

2017년 4월 초, 비트코인은 1,600만 개가 조금 넘게 발행되었다. 국제 상인들이 필요로 하는 1,000만 개의 비트코인, 상위 1,000명의 투자자가 보유하고 있는 550만 개의 비트코인 사이로 사람들이 자유롭게 사용할 수 있는 약 50만 개의 비트코인이 있다. 시장은 이 비트코인들로 자연스럽게 발전한다. 또 다른 투자자가 5 비트코인을 매수 후 보유하길 원하거나, 또는 상인이 미화 10만 달러에 해당하는 비트코인을 멕시코로 보내길 원하기 때문이다. 이 사람들은 해당 비트코인을 다른 누군가로부터 사야 하고, 또 누군가는 비트코인을 팔라고 설득당하기 때문에 협상이 시작된다. 규모를 확장해서 생각하면 이 모든 협상이 전 세계 거래소에서 발생하고, 비트코인의 가격을 평가하는 시장이 형성된다.

비트코인 수요가 계속해서 증가하면 디플레이션 공급 스케줄에 따라 가격 또한 (또는 유통속도가) 올라간다. 하지만 특정 시점에서 일부 투자자는 투자를 그만둘 것이다. 비트코인이 최대 가치에 이르렀다고 느낄 때가 그러하다. 이때는 투자자들이 비트코인에 추정가치가 더 이상 남아 있지 않다고 볼 때다. 대신에 가격은 현재 효용가치에 의해서만 유지된다. 효용가치만 남으면 투자자가 더 이상 자산을 보유할 이유는 없다. 잠재적 최대 가치에 도달해 더 이상 가격이 상승할 가능성이 없기 때문이다. 투자자는 가격 산출을 통해 비트코인이 최대 가치에 도달했다고 믿게 될 수 있다. 가격 산출을 위해 두 가지 개념을 더 알아야 한다. 통화유통속도와 할인이다.

가치평가 측면에서 따져본 통화유통속도

통화유통속도 개념은 비트코인이 세계적 수요를 충족함에 따라 비트코인의 가치 증가 가능성을 이해하는 데 필요한 물이다. 통화유통속도는 명목화폐의 회전율을 설명하는 데 사용된다. 세인트루이스 연방준비은행은 이에 대해 간결하게 설명한다.

> 통화유통속도는 일정 기간 내에 국내에서 생산된 상품과 서비스를 구입하는 데 통화 한 단위가 사용되는 빈도다. 다시 말해 시간 단위로 상품과 서비스를 사는 데 1달러가 사용되는 횟수다. 만약 통화유통속도가 증가한다면 경제에서 개인들 사이에 더 많은 거래가 일어날 것이다.[11]

통화유통속도는 일정 기간의 국내총생산^{GDP}을 총 통화 공급량으로 나누어 계산한다. 예를 들어 GDP가 20조 달러이고 5조 달러만 유통되고 있다면 특정 연도의 수요를 충족하기 위해 통화는 4번 회전돼야 한다. 즉 통화유통속도가 4여야 한다. 현재 미국 달러의 통화유통속도는 5가 조금 넘는다.[12]

비트코인의 경우, 투자자는 특정 기간에 비트코인으로 구매될 '국내 생산물과 서비스' 대신에 국제적으로 매입될 제품과 서비스를 살펴보아야 한다. 국제 송금시장은 비트코인이 서비스로 사용되고 있는 대표적인 사례다. 참고로 현재 국제 송금시장은 사람들이 국제적으로 서로 송금할 수 있는 서비스를 제공하는 회사들이 지배하고 있다.

송금시장에서는 매년 5,000억 달러 정도가 송금된다. 비트코인이 전체 시장에 서비스를 제공하고 있다고 가정하고 비트코인 한 개의 가치를 계산해내려 한다면 회전율을 추정해야 한다. 비트코인의 회전율을 미국 달러와 비슷한 5라고 가정하자. 그 후 5,000억 달러를 회전율 5로 나누면 총 비트코인 가치는 1,000억 달러가 될 것이다. 만약 이 시점에서 최대 2,100만 개의 비트코인이 발행되어 있고 이것이 유일한 비트코인 사용 가능량이라면 1,000억 달러를 2,100만 개로 나누면 비트코인당 가격은 4,762달러가 나온다.

분명 이는 지나치게 단순화한 예다. 비트코인이 전체 송금시장에 공급되지는 않을 것이기 때문이다. 대신에 비트코인이 송금시장에 공급될 비율을 가정해볼 필요가 있다. 20퍼센트를 서비스할 것이며 송금시장의 수요를 충족시키기 위해 각 비트코인이 952달러의 가치를 가져야 한다고 가정해보자(952달러=4,762달러×20퍼센트).

중요한 것은 이 가정에 가치에 대한 수요가 추가되었듯이 비트코인의 사용 사례도 추가된다는 것이다. 예를 들어 세계 금시장이 2조 4,000억 달러의 가치가 있고[13] 비트코인이 그 시장의 10퍼센트를 차지한다면, 비트코인은 총 2,400억 달러의 가치를 가지고 있어야 할 것이다. 디지털 골드로서 비트코인을 보유하고 있다고 가정하면 회전율은 1이다. 매년 보유될 뿐이지 회전되지는 않기 때문이다. 다시 말해 송금시장에서 계산했던 것처럼, 보유하고 있어야 하는 가치를 회전율로 나눌 필요가 없다. 따라서 2,100만 비트코인이 발행된 안정적인 상태에서 금시장 10퍼센트의 수요를 충족하려면(1만 1,430달러=2,400억 달러÷2,100만 비트코인) 각 비트코인은 1만 1,430달러 가치를 보유하고 있어야 한다.

만약 각 비트코인이 송금시장의 20퍼센트를 공급하려면 952달러의 가치가 필요하고 디지털 골드로서 수요를 충족하기 위해 1만 1,430달러가 필요하다면, 총 1만 2,382달러의 가치가 있어야 한다. 이 과정에서 추가되는 사용 사례의 수에 제한은 없지만, 비트코인이 각 사용 사례에서 결국 충족할 시장 점유율과 비트코인 회전율은 계산하기 어려운 문제다.

우리가 든 예에서 비트코인을 2,100만 개의 안정적인 공급 상태로 가정했다는 점을 유의해야 한다. 실제로 2140년이 되어도 이만한 공급량에는 이르지 못할 것이다. 크립토애셋의 본질가치를 종합해서 이해하려 할 때, 이용 가능한 크립토애셋과 기간을 고려하는 것이 중요하다. 일부 크립토애셋 초기에 극심한 인플레이션을 겪을 수 있기 때문이다.

가치평가 측면에서 따져본 할인율

비트코인의 현재 가치를 결정하는 데 필요한 다음 개념은 미래 가치를 현재 가치와 같게 하는 '할인율'이다. 예컨대 100달러를 은행 계좌에 입금해 5퍼센트의 연간복합이자율을 받는다면 1년 안에 105달러가 될 것이다. 2년 후에는 110달러 25센트가 된다. 105달러에 대해 5퍼센트 이자를 받기 때문이다. 따라서 지금의 100달러와 2년 후의 110달러 25센트는 동일한 가치를 가진다.

애널리스트들은 미래에 더 가치를 가질 것이라 기대된다면 지금 얼마로 사야 하는지 계산하기 위해 할인율 방법을 사용한다. 할인율은 단순히 이자 계산을 거꾸로 하는 것이다. 예컨대 110달러 25센트를 1.05로 나누고 그 값을 또다시 1.05로 나누면 100달러가 나온다. 다시 말해 110달러 25센트를 1.05의 제곱으로 나누면 100달러가 나온다. 100달러를 1.05의 제곱으로 곱해 110달러 25센트가 나오게 하는 것과 반대로 말이다. 이 방법이 상대적으로 훨씬 장기적인 기간에도 적용될 수 있다. 예컨대 혁신적 투자자가 5퍼센트 이자가 확실히 보장된 상태에서 10년 후에 150달러를 받을지 아니면 현재 100달러를 받을지를 선택하라고 제안 받는다면, 현재 100달러를 택하는 것이 낫다. 150달러를 1.05의 10제곱으로 나누면 현재의 92달러에 해당하기 때문이다.

　수요와 공급, 통화유통속도, 할인율에 대한 개념을 가지고 지금부터 10년 후 비트코인이 특정 효용 목적을 위해 사용될 것이라고 가정해서 비트코인의 현재 가치가 얼마인지 알아낼 수 있다. 하지만 직접 해보면 생각보다 훨씬 어렵다. 미래에 이런 시장의 크기, 비트코인이 차지할 점유율, 비트코인의 예상 통화유통속도, 예상 적정 할인율을 계산해내야 하기 때문이다. 할인율은 위험의 함수임이 분명하다. 크립토애셋의 할인율은 30퍼센트 또는 그 이상이다. 이는 위험한 주식에 대한 일반적인 할인율의 두 배 이상이다.[14]

　비트코인의 가치가 1만 2,382달러이며 10년 후 효용가치에 도달할 것이라고 가정하면, 각 비트코인의 현재 가치는 코인당 898달러(1만 2,382달러÷1.3의 10제곱)이다. 따라서 비트코인당 현재 가격이 1,000달러라면 과대평가된 것이다. 미래에 기대하는 가치를 고려할 때 단지 898달러 가치밖에 되지 않아야 하는데 투자자가 1,000달러라는 지나친 가격을 지불하는 상황이 되는 것이다.

　이 모델은 많은 가정과 결함이 있어서 "쓸데없는 것이 입력되면, 출력되는 것도 쓸데없는 것뿐Garbage in, garbage out"(컴퓨터에 불완전한 데이터를 입력하면 불완전한 답이 나올 수밖에 없다는 말—옮긴이)이라고 흔히들 말한다. 예컨대 우리는 잠재적 사용 사례를 두 가지만 가정하면서 비트코인의 시장 점유율에 대한 타당한 이유는 제시하지 않았다. 1만 2,382달러라는 원래 가격을 도출하려면 2,100만 비트코인만 사용 가능하나고 가정했다. 현실에서는 10년 후에 2,100만 비트코인의 약 95퍼센트가 발행될 것이다. 본질가치를 알아내려 할 때 크립토애셋의 미래 공급량에 대한 고려가 중요하다는 점을 다시 한 번 알 수 있다. 자산이 과소 또는 과대 평가됐음을 보여주는 모델은 쉽게 조작될 수 있지만, 그럼에도 이런 모델들은 투자자가 지불하는 돈과 관련한 내용을 전달하는 데 유용하다.

성실한 투자자라 할지라도 전망 있는 크립토애셋을 평가하기가 쉬운 일은 아니다. 하지만 주식 가치평가 전문기업이 활성화되어 있듯 앞으로 크립토애셋 가치평가 사업이 발전할 것이다. 투자자문회사 니덤앤컴퍼니의 애널리스트인 스펜서 보가트의 보고서, 비트코인의 본질가치를 검토하는 웨드부시 회사의 길 루리아의 보고서를 비롯해 이미 평가 보고서들이 나오고 있다. 〈그림 12.1〉은 2015년 7월 비트코인에 대해 길 루리아가 작성한 본질가치 보고서로, 이 모델들이 얼마나 복잡해질 수 있는지를 보여준다.

이 애널리스트들이 만드는 가치평가 보고서는 혁신적 투자자에게 유용한 안내서 역할을 할 수 있지만, 사실을 완벽하게 설명한다고 생각해서는 안 된다. '쓸데없는 것이 입력되면, 출력되는 것도 쓸데없는 것뿐'임을 기억해야 한다. 우리는 보고서들이 독점되지 않을 것이라 생각한다. 현재 주식과 채권에 대한 수많은 보고서와 같이 수많은 보고서가 크립토애셋의 성신에 따라 공개 정보화되어 모든 투자자가 참고할 수 있을 것이다.

<그림 12.1> 10년간 비트코인의 본질가치 평가

공급	2014A	2015E	2016E	2017E	2018E	2019E	2020E	2021E	2022E	2023E	2024E	2025E
총 비트코인 공급량(연말 기준) 비율	13,125,000	15,000,000	16,025,000	16,656,000	17,287,000	17,918,000	18,410,000	18,725,000	19,041,000	19,357,000	19,687,500	20,343,750
투자 목적 보유 또는 휴면 보유 비트코인 비율	50%	71.43%	76.31%	79.31%	82.32%	85.32%	87.67%	89.17%	90.67%	92.18%	93.75%	96.88%
유동 지불 비트코인 비율	50%	50%	48%	46%	44%	42%	41%	39%	38%	36%	35%	33%
거래 가능 비트코인 비율	50%	50%	52%	54%	56%	58%	60%	61%	63%	64%	66%	67%
거래 가능 비트코인	6,562,500	7,500,000	8,333,000	8,994,240	9,680,720	10,392,440	10,953,950	11,422,250	11,900,625	12,388,480	12,895,313	13,562,568
수요(억 달러)												
온라인지불	1,500	1,725	1,984	2,281	2,624	3,017	3,379	3,785	4,239	4,747	5,317	5,955
송금/상거래	435	457	480	504	529	555	583	612	643	675	709	744
소액 거래	540	567	595	625	656	689	724	760	798	838	880	924
은행 서비스를 못 받는 이들	4,305	4,435	4,568	4,705	4,846	4,991	5,141	5,295	5,454	5,618	5,786	5,960
기타	1,829	1,902	1,978	2,057	2,140	2,225	2,314	2,407	2,503	2,603	2,707	2,816
성장률												
온라인지불		15%	15%	15%	15%	15%	12%	12%	12%	12%	12%	12%
송금		5%	5%	5%	5%	5%	5%	5%	5%	5%	5%	5%
소액 거래		5%	5%	5%	5%	5%	5%	5%	5%	5%	5%	5%
은행 서비스를 못 받는 이들		3%	3%	3%	3%	3%	3%	3%	3%	3%	3%	3%
기타		4%	4%	4%	4%	4%	4%	4%	4%	4%	4%	4%
비트코인 차지 비율												
온라인지불	0.02%	0.04%	0.08%	0.17%	0.34%	0.67%	1.35%	2.70%	5.39%	7.00%	9.00%	10.00%
송금	0.01%	0.03%	0.09%	0.27%	0.54%	1.08%	2.16%	4.32%	8.64%	17.28%	18.50%	20.00%
소액 거래	0.01%	0.03%	0.09%	0.27%	0.54%	1.08%	2.16%	4.32%	8.64%	17.28%	18.50%	20.00%
은행 서비스를 못 받는 이들	0.001%	0.003%	0.01%	0.03%	0.08%	0.24%	0.73%	1.46%	2.92%	5.83%	7.50%	7.50%
기타	0.01%	0.02%	0.04%	0.08%	0.16%	0.32%	0.64%	1.28%	2.56%	5.12%	7.50%	10.00%
비트코인 지원 수용력												
온라인지불	$ 0.32	$ 0.7	$ 1.7	$ 3.8	$ 8.8	$ 20.3	$ 45.6	$ 102.1	$ 228.6	$ 332.3	$ 478.5	$ 595.5
송금	$ 0.04	$ 0.1	$ 0.4	$ 1.4	$ 2.9	$ 6.0	$ 12.6	$ 26.4	$ 55.5	$ 116.6	$ 131.1	$ 148.8
소액 거래	$ 0.05	$ 0.2	$ 0.5	$ 1.7	$ 3.5	$ 7.4	$ 15.6	$ 32.8	$ 68.9	$ 144.8	$ 162.7	$ 184.7
은행 서비스를 못 받는 이들	$ 0.04	$ 0.1	$ 0.4	$ 1.3	$ 3.9	$ 12.1	$ 37.5	$ 77.2	$ 159.0	$ 327.6	$ 434.0	$ 596.0
기타	$ 0.18	$ 0.4	$ 0.8	$ 1.6	$ 3.4	$ 7.1	$ 14.8	$ 30.8	$ 64.1	$ 133.3	$ 203.1	$ 281.6
총	$ 0.64	$ 1.5	$ 3.8	$ 9.8	$ 22.6	$ 53.0	$ 126.1	$ 269.3	$ 576.2	$ 1,054.6	$ 1,409.4	$ 1,806.6
총 여간 통화유통속도												
온라인지불	12	12	12	12	12	12	12	12	12	12	12	12
송금	12	12	12	12	12	12	12	12	12	12	12	12
소액 거래	12	12	12	12	12	12	12	12	12	12	12	12
은행 서비스를 못 받는 이들	6	6	6	6	6	6	6	6	6	6	6	6
기타	6	6	6	6	6	6	6	6	6	6	6	6
비트코인 분위 통화												
온라인지불	$ 0.03	$ 0.06	$ 0.14	$ 0.32	$ 0.74	$ 1.69	$ 3.80	$ 8.50	$ 19.05	$ 27.69	$ 39.88	$ 49.63
송금	$ 0.00	$ 0.01	$ 0.04	$ 0.11	$ 0.24	$ 0.50	$ 1.05	$ 2.20	$ 4.63	$ 9.72	$ 10.92	$ 12.40
소액 거래	$ 0.00	$ 0.02	$ 0.04	$ 0.14	$ 0.30	$ 0.62	$ 1.30	$ 2.74	$ 5.74	$ 12.06	$ 13.56	$ 15.39
은행 서비스를 못 받는 이들	$ 0.01	$ 0.02	$ 0.07	$ 0.23	$ 0.71	$ 2.21	$ 6.81	$ 14.04	$ 28.92	$ 59.57	$ 78.90	$ 108.36
기타	$ 0.03	$ 0.07	$ 0.14	$ 0.30	$ 0.62	$ 1.29	$ 2.69	$ 5.60	$ 11.65	$ 24.23	$ 36.92	$ 51.19
비트코인 분위 통화	$ 0.08	$ 0.18	$ 0.44	$ 1.10	$ 2.61	$ 6.31	$ 15.66	$ 33.08	$ 69.99	$ 133.28	$ 180.18	$ 236.97
가치평가												
비트코인별 본원 통화	$12	$24										
거래 가능 비트코인	$462	11/4/2015										
비트코인 가격	$450											
비트코인의 현재 가치(미국 달러)	$604											
할인율	40%											

<= 2025년 기대 경제 활동 수준을 지원하기 위해 필요한 비트코인의 현재 가치

	1	2	3	4	5	6	7	8	9	10
미래 수요의 현재 가치	$53	$123	$269	$608	$1,429	$2,896	$5,881	$10,758	$13,973	$17,473

출처 : 크리스 불루리아, D. A. 데이비슨

커뮤니티와 개발자를 조사하라

혁신적 투자자는 가치평가 분석이 끝난 후 또는 적어도 현재 가치를 고려한 후에는 크립토애셋 개발자와 관련 커뮤니티에 대해 알고 이해하는 것이 중요하다. 모든 크립토애셋은 P2P 기술로서 소셜 네트워크를 가지고 있다. 커뮤니티가 각각 다르고 커뮤니케이션 채널이 항상 바뀌기 때문에 더 많은 소개를 하기가 꺼려지긴 하지만 레딧, 트위터, 슬랙은 가치 있는 정보 채널이다. 유익하지만 아직 인정을 덜 받고 잘 알려지지 않은 또 다른 자원으로는 미트업 Meetup.com 그룹이 있다.

커뮤니티에 대해 더 잘 알려면 다음 몇 가지 사항을 고려해야 한다. 개발자 팀은 얼마나 열성적이고 어떤 배경을 가지고 있는가? 전에 크립토애셋을 작업한 경험이 있는가? 그 과정에서 얻은 아이디어를 진척시켜 새로운 크립토애셋을 만들려 하는가? 예컨대 비탈릭 부테릭이 이와 유사한 결정을 내려 비트코인으로부터 근본적으로 새로운 이더리움을 만들어냈다. 오히려 더 안 좋은 크립토애셋을 만들거나 뭔가 불순한 의도를 가질 수도 있었다. 개발자들이 과거 크립토애셋의 수상한 출시와 관련하여 의심스러운 이력을 가지고 있다면 대단히 조심해야 한다. 존 로의 경우를 떠올려야 한다. 크립토애셋을 만드는 핵심 멤버에 대한 정보는 구글 검색, 링크드인, 트위터, 해당 자산에 관한 포럼(한두 번 정도 참석해도 괜찮다) 등을 통해 찾아볼 수 있다. 개발자들에 대한 정보를 찾기가 어렵거나 익명인 경우는 뭔가 잘못되었다는 경고 신호로 받아들여야 한다.

디지털 형제들과의 관계를 따져라

다음으로 혁신적 투자자는 '신종 크립토애셋이 원형 크립토애셋과 어떻게 연관되어 있는가? 다른 코인의 수정인가? 만약 그렇다면 어떤 점이 달라졌고 그런 변화를 통해 완전히 새로운 자산을 만들어낼 충분한 이유가 있는가?'를 질문해야 한다. 비트코인만이 유일하게 살아남을 것이라고 믿는 비트코인 과격주의자들은 모든 크립토애셋이 보여주는 특징을 비트코인이 언젠가 흡수할 것이라고 흔히 주장한다. 비트코인의 뿌리가 오픈소스여서 유연하기 때문에 비트코인은 이에 대한 장점이 있다. 하지만 우리는 새로운 크립토애셋을 검토할 때나 비트코인 과격주의자들의 생각을 곰곰이 따져보길 제안한다. 중요한 문제를 제기하기 때문이다.

다른 크립토애셋 플랫폼에 기반을 두고 만들어지는 크립토애셋이 점점 크게 증가함에 따라 디지털 형제들과의 관계가 어떤지를 잘 고려해볼 필요가 있다. 5장에서 다뤘듯이 우리가 암호상품으로 규정한 이더리움은 분산앱과 관련 크립토애셋에 흔히 사용되는 플랫폼이다. 다오 재앙을 통해 다오는 이더리움에 대단히 부정적인 영향을 미쳤다. 반면에 어거와 싱귤러디티비와 같은 암호토큰은 성공적으로 출시되고 신행되면서 관련 있는 모든 자산에 긍정적인 영향을 줄 수 있다. 이더리움이 다른 크립토애셋에 대한 플랫폼으로 성장함에 따라 이더리움에 기반을 둔 분산앱의 특성, 그리고 이더리움 팀이 이들 분산앱과의 관계를 어떻게 조정하는지를 주시하는 것이 좋다. 이더리움도 충분히 커지면 결국 이더리움 과격주의자라고 부르게 될 이들이 등장할지도 모른다!

발행 모델을 검토하라

공급율이 현재도 그렇고 계속해서 증가한다면 대단히 중요하게 고려해야 한다. 비트코인이 초기에 그랬듯이 크립토애셋의 공급 발행율이 높다면 효용성이 예상처럼 증가하지 않을 경우 자산가치를 약화할 수 있다. 자산의 계획된 총 공급은 시간이 흐를수록 가치를 보유하는 크립토애셋의 개별 유닛에 필수적이다. 결국 너무 많은 유닛이 공급된다면 미래의 자산가치를 약화할 것이다.

다음으로 배분이 공정한지 고려해야 한다. 사전채굴(바이트코인처럼 네트워크가 폭넓게 만들어지기 전에 자산을 채굴, 프리마인이라고도 한다)이나 인스타마인(대시처럼 크립토애셋을 출시 후 초반에 대량 채굴)은 모두 좋지 않은 신호라는 것을 기억해야 한다. 평등주의 정신에 따라 자산과 힘이 널리 분배되지 않고 일부에게 축적되기 때문이다.

사전채굴과 인스타마인에 대한 이런 지적이 흑백논리로 들릴 수도 있는데, 현실에서는 각기 다른 발행 모델이 존재하는 적절한 이

유가 있을 수 있다. 개발자들이 탈중앙 네트워크를 지원하는 크립토애셋을 출시하는 크립토경제학cryptoeconomics을 자세히 살펴보면 발행 모델은 진화하고 있다. 중앙은행과 전통 경제도 그랬듯이 개발자들은 어떤 모델이 좋을지 이리저리 시도하며 나아가고 있다. 게다가 크립토애셋 발행 모델은 항상 변화하기 쉽다. 예컨대 이더리움은 계획한 발행 모델로 시작했지만 출시한 지 몇 년 후에 또 다른 발행 모델을 준비하고 있다.[15] 발행 모델의 변화는 다른 자산에서도 일어날 수 있으며 이더리움 네트워크에 크게 의존하는 자산들에 영향을 미칠 수 있다.

우리는 비트코인과 모네로 같은 몇 가지 발행 모델을 자세히 살펴보았는데, 발행 모델이 사용 사례에 적합하다는 점이 중요하다. 도지코인의 경우 팁 송금 서비스tipping service 기능으로 사용하기 위해 발행된 유닛이 많아야 했고, 이는 도지코인이 현재 비트코인보다 훨씬 많은 1,000억 유닛이 발행된 근거가 된다. 하지만 많은 사람들이 비트코인을 골드 2.0으로 생각하고 있음을 감안한다면 도지코인 같은 모델은 좋은 생각이 아니다.

* * *

정보를 얻을 수 있는 다음 방법은 크립토애셋의 성숙도에 달려 있다. 비트코인은 기반 코드 개선이 지속적으로 이루어지고 있고, 더불어 8년 이상의 노하우와 어려움을 담은 여러 가지 대화와 문서 자료가 공유돼왔다. 이더리움은 비트코인 네트워크가 작동된 지 5년 후에 출시되어서 비트코인에 비해 정보가 상대적으로 적다. 많은 크립토애셋, 특히 암호토큰 부분이 이더리움보다 훨씬 최근에 나왔다.

새로운 크립토애셋이 점점 빠른 속도로 등장하고 있다. 일부에서는 우려할 정도로 빠르다고 보고 있다. 새로 출시되는 크립토애셋은 상당히 주의를 기울여 검토해야 한다. 경험 많은 투자자라야 보다 위험도가 높은 이런 자산에 도전할 만하다. 16장에서는 2017년 이후에 출시된 크립토애셋의 역사를 포함해 자세히 검토할 것이다.

다음 13장에서는 운영상의 펀더멘털로도 볼 수 있는 크립토애셋 네트워크의 건전성을 살펴볼 것이다. 운영 펀더멘털은 크립토애셋의 아키텍처가 제대로 작동하며 호응을 끌어내고 잠재력을 실현해내고 있음을 보여주는 지표다. 이런 펀더멘털이 가격에도 영향을 미칠 수 있으므로, 우리는 크립토애셋의 매수·매도, 즉 거래 시점을 식별하는 시장 기술에 대해 논의할 것이다.

13

크립토애셋 네트워크를
평가하는 기술적 방법

이미 운용되고 있는 크립토애셋은 12장에서 논의했던 기본 정보를 기반으로 하여 다양한 정보를 제공한다. 이런 정보는 운영 펀더멘털을 검토할 수 있게 해준다. 크립토애셋의 이런 측면들은 실제로 매일, 매년 크립토애셋이 어떻게 움직이는지를 드러낸다.

블록체인 아키텍처는 하드웨어, 소프트웨어, 애플리케이션, 사용자, 이 네 가지 층으로 구성되어 있다고 앞서 설명했던 것을 떠올려보라. 네 가지 층은 각각 크립토애셋의 지속적인 성장 여부를 나타내줄 것이고, 각 층에서 특정 지표들을 살펴볼 수 있다. 건전하고 믿을 만한 자산이라면 이 지표들이 증가해야 한다는 게 보편적인 법칙이다. 크립토애셋의 지표가 초기 단계에 있고 아직 증가하지 않고 있다면 미래는 밝지 않을 가능성이 크다.

우리는 네 가지 층 각각의 운영 펀더멘털을 자세히 설명할 것이다. 혁신적 투자자가 크립토애셋 매입·매수 시점을 선택할 때 이툴을 어떻게 활용할 것인지와 실제적으로 크립토애셋 기술 분석을어떻게 실행하는지 알려주고자 한다.

채굴자

기반 보안 시스템의 지원은 크립토애셋의 지속적인 건정성을 보여주는 지표 중 하나로, 그 중요성에도 불구하고 간과되곤 한다. 작업증명 기반 시스템인 비트코인, 이더리움,[1] 라이트코인, 모네로 등에서 보안성은 채굴자 수와 이들의 합쳐진 컴퓨팅(즉 해시) 파워와 함수관계를 맺고 있다.

채굴자란 트랜잭션을 인증하고 자산의 블록체인을 구축하는 이들이므로, 이들의 결합된 계산력은 네트워크를 속여서 무효한 거래를 처리하려는 공격자들을 물리치기에 충분해야 한다. 공격자가무효한 트랜잭션을 처리하는 유일한 방법은 네트워크 컴퓨팅 성능의 절반 이상을 소유한 경우이므로, 한 독립체가 50퍼센트를 초과하지 않도록 규제해야 한다. 절반 이상을 소유하면 '51퍼센트 공격51 percent attack'으로 불리는 무효한 거래를 처리할 수 있다. 이런행위가 일어나 남의 돈을 빼앗아 쓰는 일이 벌어지면 크립토애셋에 대한 신뢰가 무너질 것이다. 이런 공격이 일어나는 것을 막는 가장 좋은 방법은 블록체인을 지원하는 컴퓨터들이 전 세계에 무수히 탈중앙 형태로 분산되어 있어서, 단 하나의 어떤 독립체도 그 수를 능가하는 컴퓨터를 소유하지 못하도록 하는 것이다.

이 컴퓨터들을 구매해서 유지하려면 비용이 든다. 즉 채굴자들은 이타심에서 자신의 돈과 시간을 자발적으로 쓰고 있는 것이 아니다. 대신에 수많은 컴퓨터가 네트워크에 참여할수록 그로부터 얻는 이득이 크다는 것을 알게 될 때만 더욱 많은 독립체가 네트워크에 참여한다. 채굴자는 순전히 경제적인 면에서 움직이는 합리적인 개인(컴퓨팅 파워를 가진 용병인 셈)이며, 그들의 이익은 거래 비용뿐 아니라 크립토애셋의 가치에 크게 달려 있다. 따라서 가격이 더 올라가고 더 많은 거래가 처리될수록 새로운 컴퓨터가 네트워크를 지원하고 보호하고자 추가될 가능성이 커진다. 결국 네트워크에 더욱 강력한 하드웨어가 지원될수록 보다 많은 사람들이 보안을 신뢰하게 돼 그 자산을 사고팔고자 한다.

자산의 규모가 커질수록 보안성도 커지는 재강화 고리가 분명하게 시작된다. 계산대에 3,000달러 현금이 있는 전당포와 200만 달러를 보관하고 있는 웰스파고 지점 금고 간에는 보안이 달라야 한다. 크립토애셋도 마찬가지다. 네트워크 가치가 30만 달러인 크립토애셋과 30억 달러인 크립토애셋 간에는 보안이 달라야 한다.

보안성을 나타내는 해시레이트

크립토애셋의 상대적인 안전성을 결정하는 한 가지 방법은 해시레이트hash rate다. 크립토애셋의 해시레이트는 네트워크에 연결된 채굴 컴퓨터들의 결합된 힘을 나타낸다. 예컨대 〈그림 13.1〉과 〈그림 13.2〉는 시간의 흐름에 따른 비트코인의 해시레이트와 이더리움의 해시레이트를 보여주며, 둘 다 급격히 증가하는 특징을 보여주고 있다.

2017년 3월 기준으로, 비트코인의 해시레이트는 2016년 3월에 비해 3배 증가한 반면, 이더리움 해시레이트는 10배 증가했다. 이더리움이 더 빠른 성장을 보이는 것은 이더리움을 지원함으로써 얻을 수 있는 잠재적 이득에 더 많은 채굴자들이 관심을 보인다는 신호로 받아들일 수 있다. 또한 비트코인에 비해서는 이더리움의 초기 해시레이트 증가율이 작다는 것을 볼 수 있다.

반복해서 설명하지만, 해시레이트가 클수록 네트워크를 지원하는 컴퓨터가 더 많이 추가되고 있음을 뜻하며, 이는 더 큰 보안성을 의미한다. 크립토애셋의 가치와 관련 있는 트랜잭션이 증가할 때만 이런 상황이 벌어진다. 채굴자는 이익에 의해 움직이는 개인들이기 때문이다. 해시레이트는 가격에 의해 결정되지만, 때때로 해시레이트가 가격을 결정하기도 한다. 채굴자가 미래에 자산에 대한 좋은 결과를 기대할 때 이런 상황이 일어나며, 따라서 채굴기를 네트워크에 적극 연결해서 네트워크의 보안성이 높아지는 결과가 나온다. 이는 신뢰성의 증가로 이어지고, 기대에 찬 좋은 소식이

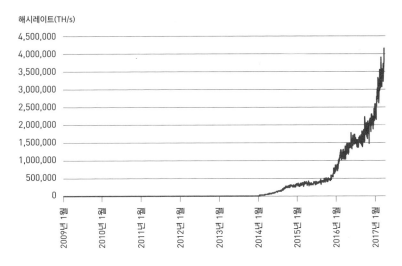

해시레이트(TH/s)

<그림 13.1> 출시 이후 비트코인의 해시레이트 증가

출처 : 블록체인인포

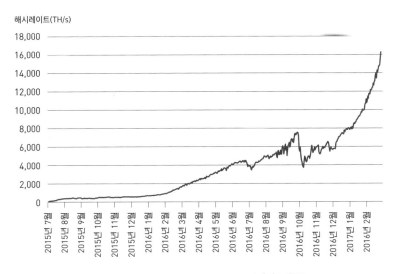

해시레이트(TH/s)

<그림 13.2> 출시 이후 이더리움의 해시레이트 증가

출처 : 이더스캔

시장에 퍼지며, 결과적으로 가격이 올라가기 시작한다.

해시레이트가 증가하고 있다는 점이 일단 확인되면 크립토애셋 간의 상대적 보안성을 비교하는데, 가장 좋은 방법은 네트워크를 안전하게 하는 장비를 계산해본다. 달러 가치를 사용하는 것이 좋다. 나쁜 의도를 가진 이가 51퍼센트 공격을 감행해 네트워크를 재구축하려면 얼마나 많은 금액이 필요할지를 알 수 있기 때문이다.

2017년 3월 기준으로 초당 14테라해시$^{TH/s}$인 비트코인 채굴기는 2,300달러에 구입할 수 있었다. 테라해시 속도는 개인 컴퓨터의 클록 속도$^{clock\ speed}$(컴퓨터 운영 속도—옮긴이)와 유사하다고 보면 된다. 클록 속도는 기가헤르츠^{GHz}로 측정되며, 컴퓨터가 실행할 수 있는 초당 명령$^{instructions\ per\ second(IPS)}$ 수를 나타낸다. 앞서 언급한 14테라해시인 채굴기가 400만 테라해시를 만들어내려면 28만 6,000대가 필요할 것이다. 2017년 3월 기준으로 비트코인 네트워크의 해시레이트는 400만 테라해시였다. 따라서 비트코인 네트워크를 공격하려면 네트워크의 50퍼센트인 6억 6,000만 달러가 필요하다. 해시레이트가 100에서 시작하고 공격자가 충분한 비용이 있어 100을 사버렸다면, 해시레이트는 200으로 두 배 증가할 것이며 공격자는 50퍼센트를 차지하게 되다.

반면에 이더리움 채굴 네트워크는 비트코인에 비해 덜 구축되어 있다. 비트코인에 비해 가치가 작고 얼마 되지 않은 생태계를 가졌기 때문이다. 2017년 3월 기준으로 초당 230메가해시$^{MH/s}$의 채굴기는 4,195달러[3]에 구입할 수 있었다. 이더리움 해시레이트를 재

구축하려면 총 2억 9,400만 달러치 채굴기가 7만 대 필요하다. 이 더리움은 ASIC(주문형 반도체)이 아닌 GPU의 지원을 받기 때문에 일반인도 채굴기를 조금씩 구입할 수 있다.

비트코인 공격에 6억 6,000만 달러, 이더리움 공격에 2억 9,400만 달러가 소요되는 반면 두 암호화폐의 네트워크 가치는 각각 171억 달러와 47억 달러로, 네트워크의 보안 유지에 필요한 달러당 자본 지출 범위는 3.9센트에서 6.3센트까지다. 이 범위는 혁신적 투자자가 다른 크립토애셋의 보안성을 검토할 때 블록체인 생태계에서 가장 보안성이 좋은 비트코인 및 이더리움과 유사한 수준의 자본 지출로 확보하도록 판단 기준이 되어준다.

크립토애셋의 해시레이트를 직접 비교할 때 주의할 점

상대적 보안성을 판단하려면 각기 다른 크립토애셋의 해시레이트를 직접 비교하는 일은 처음에는 논리적으로 보일 수 있어도 적절하지는 않다. 해시레이트를 제공하는 기계 유형이 블록체인마다 다양하고 비용도 다를 수 있기 때문이다. 4장과 5장에서 다뤘듯이, 각기 다른 블록체인 아키텍처는 합의 과정에서 각기 다른 해시 함수를 사용한다. 각기 다른 해시 함수는 CPU, GPU, ASIC 등 각각 다른 종류의 칩에 적합하다. 이들 칩은 가격이 다양한 컴퓨터에 장착되나, 예컨대 비트코인은 달러당 가장 높은 해시레이트를 보이는

ASIC으로 채굴되는 반면에, 이더리움은 주로 GPU로 채굴된다. 따라서 1,000달러로 이더리움 컴퓨터에 비해 비트코인 컴퓨터의 경우 더 많은 해시레이트를 구입할 수 있다. 이는 공격자가 네트워크를 재구축하려는 시도를 막는 데 있어서 중요한 달러 가치다. 이런 이유로 2017년 3월 기준 비트코인의 해시레이트인 400만 테라해시는 이더리움의 1만 6,000테라해시에 비해 25만 배나 높은데도 불구하고 비트코인이 이더리움보다 25만 배 더 안전하다고 할 수는 없다.

탈중앙 화폐는 탈중앙 채굴자를 가져야 한다

전반적으로 해시레이트가 중요하지만 해시레이트의 탈중앙화 역시 중요하다. 해시레이트가 아무리 높다고 해도 단일 독립체가 75퍼센트를 지배하면 결국 탈중앙 시스템이 아니다. 이는 매우 중앙화된 시스템이며, 따라서 한 독립체의 변덕에 취약해진다. 크립토애셋이 한 독립체나 소수 독립체의 변덕에 취약하면 이들은 어느 순간에 51퍼센트의 공격을 감행할 수도 있다. 또는 자산의 가치를 무너뜨릴 수도 있다(악명 높은 가미가제 공격처럼). 자신들 소유가 아닌 돈을 사용함으로써 이들을 취하려 할 수도 있다. 이런 위험은 피해야 한다.

〈그림 13.3〉〈그림 13.4〉〈그림 13.5〉는 2017년 3월 기준으로 이

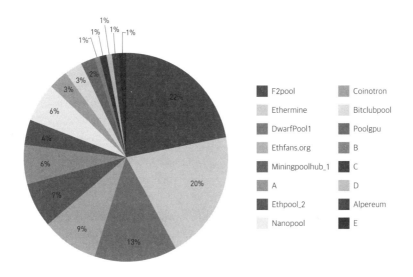

F2pool　　　　**Coinotron**
Ethermine　　　Bitclubpool
DwarfPool1　　**Poolgpu**
Ethfans.org　　　**B**
Miningpoolhub_1　**C**
A　　　　　　D
Ethpool_2　　　**Alpereum**
Nanopool　　　　**E**

<그림 13.3> 이더리움의 해시레이트 분포

출처 : 이더스캔

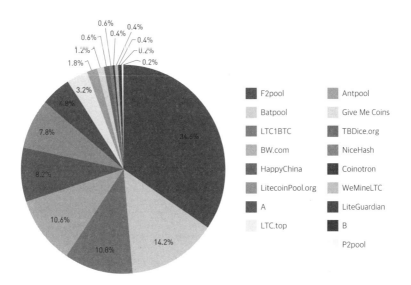

F2pool　　　　　**Antpool**
Batpool　　　　　Give Me Coins
LTC1BTC　　　**TBDice.org**
BW.com　　　　　NiceHash
HappyChina　　**Coinotron**
LitecoinPool.org　WeMineLTC
A　　　　　　　**LiteGuardian**
LTC.top　　　　　**B**
　　　　　　　　　P2pool

<그림 13.4> 라이트코인의 해시레이트 분포

출처 : 라이트코인풀

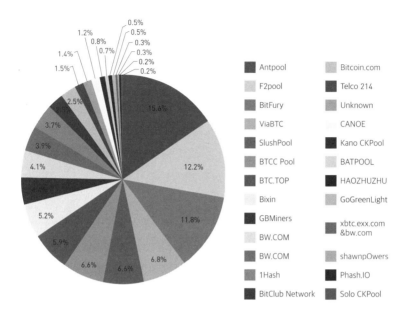

■	Antpool	▨	Bitcoin.com
▨	F2pool	■	Telco 214
■	BitFury	▨	Unknown
▨	ViaBTC	▨	CANOE
■	SlushPool	■	Kano CKPool
■	BTCC Pool	▨	BATPOOL
■	BTC.TOP	■	HAOZHUZHU
▨	Bixin	■	GoGreenLight
■	GBMiners	■	xbtc.exx.com &bw.com
▨	BW.COM		
■	BW.COM	▨	shawnpOwers
■	1Hash	■	Phash.IO
■	BitClub Network	■	Solo CKPool

<그림 13.5> 비트코인의 해시레이트 분포

출처 : 블록체인인포

더리움, 라이트코인, 비트코인의 해시레이트 분포를 보여준다. 라이트코인이 가장 중앙화되어 있는 반면 비트코인이 가장 탈중앙화되어 있다. 시장의 탈중앙화를 계량화하는 방법으로는 '허핀달-허슈만 지수Herfindahl-Hirschman Index(HHI)'가 있다. 이 지수는 시장 경쟁도와 집중도를 측정하는 데 쓰인다.[4] 예를 들어 미국 법무부는 잠재적 기업 인수합병 여부가 산업의 중앙화에 어떤 영향을 미칠지를 평가하고 조사할 때 HHI를 사용한다.[5] 지표는 각 독립체의 시장 점유율, 각 시장 점유율의 제곱, 이 제곱들을 더해 숫자 1만으로 곱해 계산한다.

가령 각각 50퍼센트의 시장 점유율을 차지하는 두 참가자가 있는 시스템은 HHI가 5,000일 것이다. $(0.5^2)+(0.5^2)=0.5$가 나오고, 이 0.5에 1만을 곱하면 5,000이 나오기 때문이다. 1,500 미만의 HHI는 경쟁적인 시장, 1,500과 2,500 사이는 다소 집중화된 시장, 2,500 이상이면 매우 집중화된 시장임을 나타낸다.[6]

블록체인 네트워크는 매우 집중화된 시장으로 분류되면 안 된다. 경쟁적인 시장 범주에 속하는 것이 가장 이상적이다. 시장이 집중화될수록 단일 독립체는 컴퓨팅 파워의 대부분을 차지해 51퍼센트 공격을 감행할 수 있다. 〈그림 13.6〉은 비트코인과 이더리움 모두 경쟁적 시장임을 보여주는 반면, 라이트코인은 다소 집중화

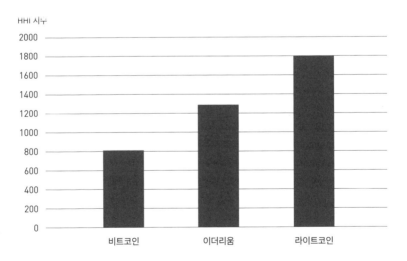

<그림 13.6> HHI로 본 비트코인, 이더리움, 라이트코인의 채굴 생태계 건전성

출처 : 이더스캔, 라이트코인풀, 블록체인인포

된 시장임을 보여준다.[7]

각기 다른 블록체인 네트워크에서 채굴자의 집중화 정도는 시간의 흐름에 따른 크립토애셋의 성숙도와 크립토애셋을 지원하는 컴퓨팅 인프라의 발전 정도에 따라 다양하다. 예컨대 〈그림 13.7〉은 시간의 흐름에 따른 비트코인의 HHI 지수를 그래프로 보여준다.

비트코인은 한때 다소 집중화된 시장이었다. 현재는 라이트코인 채굴이 다소 집중화된 시장이다. 라이트코인은 대규모 채굴 풀이 라이트코인 생태계 및 코인의 질에 영향을 미칠 수 있다는 점을 인식하고 있다. 라이트코인 개발자들은 이 점을 의식해 라이트코

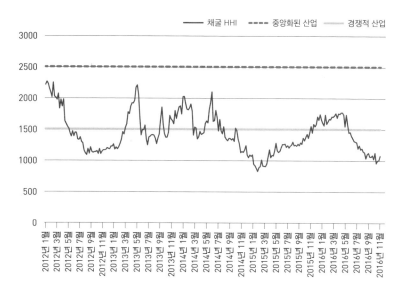

〈그림 13.7〉 시간의 흐름에 따른 비트코인 HHI

출처 : 앤드루 게일

인 채굴자들의 채굴 활동 분산을 일깨우고자 "해시를 퍼뜨리세요 Spread the Hashes"라는 의식 캠페인을 조직했다.[8] 이 캠페인은 라이트코인 컴퓨터가 한 가지 채굴 회사에 집중하기보다는 다양한 풀로 채굴하도록 권유하고 있다.

채굴자의 지리적 분포

해시레이트와 해시레이트 소유권의 분포율 외에도, 크립토애셋 블록체인을 유지하는 컴퓨터의 지리적 분포를 아는 것도 중요하다. 크립토애셋 채굴자들이 한 나라에만 있다면 결국 그 크립토애셋은 해당 국가의 정부에 휘둘릴 수 있다. 거시경제 관점이 이들 자산에 대한 기본 분석과 통합되어야 한다.

전기료가 값싼 중국과 아이슬란드에 규모가 큰 채굴 공장이 많이 있다는 사실은 길 알려져 있다.[9] 그런데 모든 비트코인 노드(비트코인 소프트웨어를 내려받고 비트코인 블록체인이 유지되는 장소)를 자세히 살펴보면 전반적인 활동이 집중되어 있는 곳이 더욱 분명해진다. 〈그림 13.8〉은 전 세계 비트코인 노드[10]의 분포를 보여준다.

〈그림 13.8〉을 보면 중국에 채굴기가 가장 많아서 노드 또한 많을 것이라는 통념과 반대로 미국과 독일에 비트코인 노드가 가장 많다. 모든 노드가 동일하지는 않기 때문이다. 다른 노드가 단일 채굴 컴퓨터만을 보유해 비트코인 해시레이트의 아주 작은 부분을 차지하는 반면에, 단일 노드가 여러 채굴 컴퓨터를 보유해 전체 네트워크 해시레이트의 상당 부분을 차지할 수도 있다. 노드는 단지

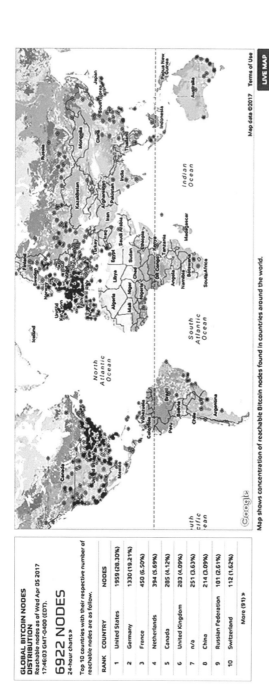

GLOBAL BITCOIN NODES
DISTRIBUTION
Reachable nodes as of Wed Apr 05 2017
17:46:03 GMT-0400 (EDT).

6922 NODES

24-hour charts »

Top 10 countries with their respective number of reachable nodes are as follow.

RANK	COUNTRY	NODES
1	United States	1959 (28.30%)
2	Germany	1330 (19.21%)
3	France	450 (6.50%)
4	Netherlands	394 (5.69%)
5	Canada	285 (4.12%)
6	United Kingdom	283 (4.09%)
7	n/a	251 (3.63%)
8	China	214 (3.09%)
9	Russian Federation	181 (2.61%)
10	Switzerland	112 (1.62%)

More (91) »

Map shows concentration of reachable Bitcoin nodes found in countries around the world.

Map data ©2017   Terms of Use

LIVE MAP

<그림 13.8> 2017년 4월 기준 비트코인 노드 분포

출처 | bitnodes.21.co

네트워크의 집중도를 나타내며, 컴퓨팅 파워에 따라 천차만별이다. 따라서 노드의 지리적 분포와 노드 간의 해시레이트 집중도를 함께 고려하면 크립토애셋을 지원하는 하드웨어의 탈중앙화 정도에 대한 보다 큰 그림을 가늠해볼 수 있다.

소프트웨어 개발자

《비즈니스 블록체인》의 저자인 윌리엄 무가야는 새로운 블록체인 벤처를 식별하고 평가하는 방법에 대해 대단히 많은 글을 썼다. 그는 개발자의 중요성에 대해 다음과 같이 간결하게 말한다. "사용자들이 프로토콜을 신뢰할 수 있기 전에 프로토콜을 만든 이들을 신뢰할 수 있어야 한다."[11] 12장에서 긴급히 언급했듯이 프로토콜 주 개발자의 과거 이력을 최대한 자세히 알아봐야 한다.

초기 개발자들의 이력 못지않게 이들의 장기적인 관여 또한 중요하다. 개발자들은 프로토콜을 만들고 나서 방치하면 안 된다. 이들 시스템은 오픈소스 소프트웨어로 만들어져서 시간의 흐름에 따라 보안성과 적절성 유지를 위해 발전시켜야 한다. 아무도 소프트웨어를 유지하지 않으면 두 가지 일이 벌어진다. 첫째, 버그가 발견되고 의도가 좋지 않은 이들이 활개를 친다. 둘째, 개발자들이 충분하지 않으면 소프트웨어가 정체되고 결국 보다 경쟁력 있는 프로젝트에 뒤처진다.

개발자들은 자체 네트워크 효과를 가지고 있다. 프로젝트에 참여하는 뛰어난 개발자들이 많을수록 프로젝트는 다른 개발자들의 흥미를 더욱 불러일으키며 더욱 유용해진다. 흥미를 갖게 된 개발자들이 프로젝트에 참여하면서 긍정적으로 재강화되는 플라이휠이 만들어진다. 반면에 개발자들이 프로젝트를 떠나면 다른 개발자들의 관심도 점점 줄어들어, 결국 소프트웨어를 책임질 개발자는 아무도 남지 않게 된다. 키를 잡는 이가 아무도 없으면 이 프로젝트를 신뢰하던 회사와 사용자들도 결국 떠나가고, 크립토애셋의 가치는 떨어질 것이다.

개발자의 활동이 매우 중요한데도 불구하고 정밀도에 대한 정량화는 어렵기로 유명하다. 대부분의 크립토애셋 프로젝트는 깃허브를 통해 저장되고 조직된다. 깃허브는 개발자 활동을 보여주는 자체 그래프를 만들었다. 그래프에는 기여contributor, 커미트commits, 코드 빈도code frequency, 펀치 카드punch card, 네트워크network와 같은 범주가 있다. 예컨대 그래프를 통해 개발자들의 기여를 볼 수 있는데, 때로 기여자가 많으면 소프트웨어에서 심각한 버그가 발견돼 개발자들이 성급히 수정하려 들 경우 오히려 부정적인 요소가 될 수 있다. 게다가 각 크립토애셋은 각기 다른 많은 프로젝트로 구성되어 있어서 깃허브에서 전체 그림을 그리기가 어렵다.

이에 대한 해결책으로 크립토컴페어는 개발자 활동과 지표를 합쳐 각기 다른 크립토애셋을 쉽게 비교해준다. 〈그림 13.9〉는 크립토컴페어가 만든 '코드 저장소 점수Code Repository Points'라는 지표를

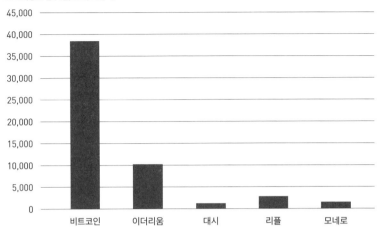

<그림 13.9> 각 크립토애셋의 코드 저장소 점수(2017년 3월 29일)

출처 : 크립토컴페어

보여주는 그래프다.[12] "코드 저장소 점수는 다음과 같이 점수가 매겨진다. 1점은 별, 2점은 포크(베끼려고 하거나 코드를 만지작거리는 수준에 있는 사람), 3점은 각 가입자."

별은 깃허브에서 코드를 시작하는 사람에게 부여하는 점수다. 사용자들이 그 코드를 북마크bookmark(신조어로 나중에 참조할 수 있도록 인물이나 회사, 특정한 내용을 기억하는 것—옮긴이)하고 감사를 표시하기 위해 사용한다.[13] 5장에서 다오 재앙에 대해 자세히 설명했는데, 이 경우에 포크는 좋은 시도다. 새로운 개발자들이 크립토애셋 코드를 포크해 실험한 상황임을 나타낸다. 라이트코인, 대시, 제트캐시가 비트코인을 기반으로 이렇게 만들어졌다는 것을 기억해야 한다. 개발자들은 비트코인 코드를 포크해 수정하고 다른 기능을 가진 소프트웨어를 재출시했다. 가입자는 코드에 적극적으로 계속 참여하길 원하는 사람들이다. 요컨대 코드 저장 점수가 많을수록 크립토애셋 코드에 더 많은 개발자 활동이 발생한다.

하지만 비트코인이 출시된 지 약 8년이 넘은 반면 다른 크립토애셋은 출시된 지 얼마 되지 않았다는 점에서 이 지수는 공평하지 않다. 크립토애셋 구축에 걸린 시간을 표준화하면 〈그림 13.10〉의 그래프가 나온다.[14]

개발자 활동에 대해 이렇게 표준화된 측정을 사용하면 비트코인과 이더리움이 눈에 띄는 프로젝트임이 분명해진다. 대시와 비교해 리플 개발자들은 80퍼센트 더 적극적이고, 모네로 개발자들은 40퍼센트 더 적극적이다. 하지만 "지불한 돈만큼 얻을 수 있다You get what you pay for"라는 말을 떠올려야 한다. 비트코인의 네트워크 가치가 171억 달러이고 이더리움이 47억 달러임을 감안하면, 이들 네트워크 개발자들의 활동이 매우 적극적인 상황이 이해된다. 개발자들의 활동은 분명 많은 사람들이 사용하고 싶어 하는 가치 있는 플랫폼을 구축해냈다. 대시, 리플, 모네로의 네트워크 가치가 각각 6억 달러, 3억 6,000만 달러, 2억 8,000만 달러임을 감안하면 이들 네트워크가 폭넓고 적극적인 개발자 베이스를 가지고 있지 않다는 점을 알 수 있다.

〈그림 13.11〉에서 우리는 네트워크 가치를 측정하기 위해 크립토애셋의 전체 네트워크 가치를 구해 누적 저장소 점수로 나눴다.

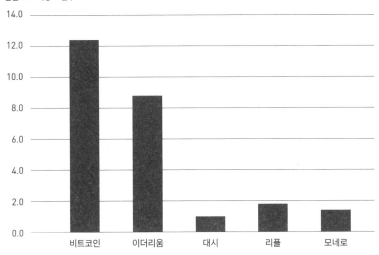

<그림 13.10> 각 크립토애셋의 개발자 활동 빈도(2017년 3월 29일)

출처 : 크립토컴페어

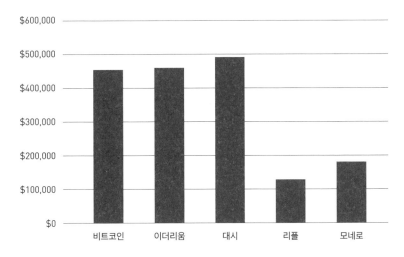

<그림 13.11> 각 크립토애셋의 코드 저장소 점수당 달러 가치(2017년 3월 29일)

출처 : 크립토컴페어

13장 크립토애셋 네트워크를 평가하는 기술적 방법　　　353

각 크립토애셋을 만들기 위해 투입된 작업량을 구해보자는 생각이다. 이는 '저장소 점수당 달러 가치는 얼마인가?'라는 질문으로 이어진다. 이 수치가 높을수록 각 저장소 점수는 높게 평가되며 과대평가될 가능성이 있다.

이 방법을 사용하면 2017년 3월 기준으로 대시가 시장에서 가장 가치가 높은 크립토애셋이었다. 사람들이 저장소 점수당 약 50만 달러를 지불했기 때문이다. 비트코인과 이더리움이 매우 비슷하다는 점이 흥미롭다. 반면에 리플과 모네로의 개발자들은 가장 저평가되어 있다.

전체 개발자 활동을 모니터하기에 좋은 또 다른 사이트는 오픈허브OpenHub다.[15] 오픈허브는 〈그림 13.12〉에서 보듯이 프로젝트에 쓰인 '명령 행수line of code'를 보여준다.

명령 행수가 많다고 해서 자산에 반드시 좋은 것은 아니다. 때로 그 반대가 오히려 좋을 때가 있다. 뛰어난 개발자들은 보통 수준의 개발자가 같은 프로그램을 만들 때 쓰는 명령 행수의 반만 사용할 수 있기 때문이다. 비트코인, 이더리움, 모네로는 각각 다르다. 따라서 직접 비교하기는 힘들다. 비트코인은 미니멀리스트를 지향하는 반면 모네로는 프라이버시와 기능성을 추가했다. 이더리움은 범위가 가장 폭넓다. 중요한 점은 오픈허브가 측정한 개발자 활동에서 이 세 가지 크립토애셋이 '매우 활동적Very High Activity' 등급을 받았다는 것이다.

이들 개발자 활동 지수가 결코 권위 있는 지수는 아니지만, 크립

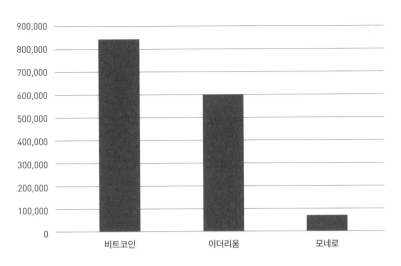

<그림 13.12> 오픈허브에서 볼 수 있는 비트코인, 이더리움, 모네로에 쓰인 명령 행수

출처 : 오픈허브

토애셋 개발자들의 활농과 헌신 성노를 날아볼 때 삼고할 사항들을 알려준다.

지원 기업

크립토애셋 지원 기업에 대한 평가는 개발자 지원 평가와 마찬가지로 쉽지 않다. 웹사이트 스펜드비트코인SpendBitcoins.com16은 특정 그립토에셋이 얼마나 많은 곳에서 받아들여지고 있는지를 보여준다. 이 지표는 암호상품과 암호토큰보다 암호화폐에 중요한 지표다.

또 다른 접근법은 크립토애셋을 지원하는 기업들의 수를 모니터하는 것이다. 이는 벤처캐피털 투자를 찾아내서 알아낼 수 있다. 코인데스크는 〈그림 13.13〉에서 보는 바와 같이 이런 정보를 제공한다. 하지만 16장에서 다룰 암호화폐공개Initial Coin Offering (ICO)와 관련해 크립토애셋 분야의 트렌드는 벤처펀딩에서 크라우드펀딩으로 바뀌고 있다.

기업들이 크립토애셋을 어떻게 지원하는지와 관련해 장기 변화 과정을 보는 것이 단 한 번 흘깃 보는 것보다 중요하다. 기업 지원에 대해 알 수 있는 또 한 가지 좋은 지표로는 크립토애셋을 지원하는 거래소 숫자다. 크립토애셋이 보다 많은 지원을 받아 정당성이 강해지면 그 크립토애셋을 취급하는 거래소의 숫자가 증가한다. 9장에서 언급한 바와 같이 크립토애셋을 최근에 추가한 거래소는 비트스탬프, 지닥스, 제미니와 같이 규제가 잘 이루어지는 곳들이다. 이 거래소들은 강력한 브랜드 네임, 보호를 받을 수 있는 규제 기관과 튼튼한 관계를 맺고 있다. 따라서 이 거래소들은 철저한 기술적 검토와 시장 조사를 누락한 채 크립토애셋을 지원하지는 않을 것이다. 간단한 구글 검색 또는 코인마켓캡CoinMarketCap을 통해 어떤 거래소가 어떤 크립토애셋을 지원하는지를 충분히 알 수 있다. 코인마켓캡처럼 거래량을 제공하는 웹사이트는 어떤 거래소가 어떤 암호화폐를 지원하는지를 깊숙이 보여준다.[17]

크립토애셋이 받아들여지는 정도가 증가하고 있는지, 규제가 잘 이뤄지는 거래소에서 거래 취급이 증가하는지를 알 수 있는 또 다

블록체인 벤처캐피털 투자

비트코인 벤처 투자(코인데스크)

투자 마감일	회사	분류	라운드 투자액 (단위 100만 달러)	누적 펀딩 (단위 100만 달러)	라운드 시드	투자자
2017년 2월 9일	코인펌	규제 기술	0.7	0.7	시드	루마벤처스
2017년 2월 7일	해시드헬스	인프라 스트럭처	1.85	1.85	해당 없음	마틴벤처스, 펜부시캐피털
2017년 1월 31일	스토리지	인프라 스트럭처	0.1	0.1	시드	유타 주 경제개발청
2017년 1월 30일	비트퓨리	인프라 스트럭처	30	90	시리즈 D	크레디트차이나, 핀테크홀딩스
2017년 1월 30일	비트페사	지불 처리	2.5	3.6	시리즈 A	드레이퍼VC, 그레이크로프트LLC, 디지털커런시그룹, 판테라캐피털, 블록체인캐피털, 제퍼에이콘, 퓨처퍼펙트VC, 뱅크투더퓨처
2017년 1월 24일	캠브리지 블록체인	인프라 스트럭처	2	2	시드	파테크벤처스, 디지털커런시그룹
2017년 1월 19일	쿨비트엑스	지갑	0.2	0.2	시드	미다나캐피털
2017년 1월 17일	사토시페이	금융 서비스	0.68	1.07	해당 없음	블루스타캐피털
2017년 1월 17일	뉴펀드	벤처 캐피털	2	2	시리즈 A	아틀랜틱랩스, 클라스커스팅
2017년 1월 11일	큐텀	금융 서비스	1	1	시드	안토니디이오리오, 쉬밍싱, 리샤오라이, 보셴
2017년 1월 4일	블록스택	인프라 스트럭처	4	5.3	시리즈 A	유니온스퀘어벤처스, 룩스캐피털, 네이벌라비칸트, 디지털커런시그룹, 컴파운드, 버전원, 칼베푸리, 라이징타이드
2017년 1월 3일	비트파고스	금융 서비스	1.9	0.9	시리즈 A	후이인블록체인벤처스부스트VC, 디지털커런시그룹, 드레이퍼VC

〈그림 13.13〉 코인데스크를 통해 검색된 블록체인 벤처캐피털 투자

출처 : 코인데스크

른 방법으로는 크립토애셋을 구매하는 데 사용되는 법정통화량을 살펴보면 된다. 9장에서도 언급했듯이 크립토애셋 상장 초기에 대부분의 거래량은 비트코인을 통해 이루어졌다. 매입·매도가 달러나 유로화가 아니라 비트코인으로 이루어졌다는 뜻이다. 크립토애셋의 다양성이 증가함에 따라 법정통화 거래쌍 역시 증가한다. 〈그림 13.14〉에서 이더 사례를 통해 이를 볼 수 있다.

2016년 3월부터 2017년 3월까지 1년의 기간 동안, 이더는 법정통화와의 거래가 12퍼센트에서 50퍼센트로 증가했다. 이는 자산의 성숙도를 보여주는 좋은 신호이며, 광범위하게 인정되고 받아들여지고 있음을 보여준다.

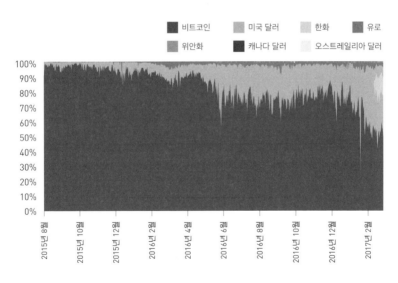

〈그림 13.14〉 이더의 통화쌍 다양성 증가

출처 : 크립토컴페어

사용자

많은 지표가 주류의 채택율과 상황을 평가할 수 있다. 우리는 핵심 유틸리티로 크립토애셋을 사용하는 사람들의 견인력을 보여주는 지표에 집중할 것이다. 기본 지표는 다음과 같다.

- 사용자 수
- 블록체인에 발생한 거래 수
- 거래들의 달러 가치
- 가치평가 지표(크립토애셋의 네트워크 가치를 일일 달러 거래량으로 나눈 값)

우리가 든 예에는 비트코인과 이더리움에 대한 지표가 포함되어 있다. 다른 크립토애셋에 대해서는 지표를 구하기가 쉽지 않다. 많은 크립토애셋이 여전히 초기 단계에 머물러 있어서 자료를 쉽게 뽑을 수도 없고, 자료를 구했다 해도 쉽게 이해할 수 없기 때문이다. 이더리움조차도 특정 지표는 비트코인만큼 자료를 구하기가 쉽지 않다. 비트코인과 이더리움에 대한 자료를 얻을 수 있는 가장 좋은 곳은 블록체인인포[18]와 이더스캔[19]의 도표 섹션이다. 우리는 다른 크립토애셋도 조만간 블록체인에서 뽑을 수 있고 시각화할 수 있는 자료를 제공하게 될 것이라고 생각한다.

사용자 수

〈그림 13.15〉는 비트코인 지갑 제공업체 가운데 선두 주자인 블록체인인포의 지갑 사용자 수를 보여준다〔비트코인 사용자들이 비트코인에 접근하는 열쇠(비밀번호 또는 암호)를 보관하는 곳을 지갑이라고 한다〕. 크립토애셋을 보관하는 지갑을 가진 사용자가 많을수록 해당 자산에 분명 이롭다. 사용자가 많으면 많이 사용되고 그만큼 해당 크립토애셋을 수용해주는 곳도 늘어난다. 도표가 기하급수적 추세를 보여주는데도 불구하고 이 지표에는 몇 가지 결점이 있다. 이 지표는 블록체인인포 지갑 사용자의 증가만 보여준다. 하지만 다른 많은 지갑 제공업체가 있다. 예컨대 2017년 3월 기준으로 코인베이스에는 블록체인인포와 대동소이한 1,420만 개 지갑이 생성돼 있었다. 또한 한 사람이 한 개 이상의 지갑을 보유할 수 있었다. 따라서 이 수치 중 일부는 많은 지갑을 만든 사용자 때문일 수 있다. 다른 지갑 제공업체와 그 업체의 지표에도 같은 문제가 생긴다.

코인데스크 기여자인 윌리 우는 구글에서 검색어 'BTC USD'로 이뤄진 검색을 평가하기 위해 구글 트렌드를 사용했다. 그는 이 방법이 "시간의 흐름에 따른 비트코인의 성장과 사용자 참여도에 대한 효율적인 대안 측정치"가 되길 원했다.[20] 다시 말해 그는 비트코인 사용자 수의 증가를 측정하기 위해 이 지표를 사용하길 원했다. 윌리 우는 도표의 정점들이 "가격 거품 시기와 일치한다. 이 시기에 더 많은 사용자들이 자신들의 자산가치를 체크하려고 검색한

블록체인인포 지갑 사용자 수

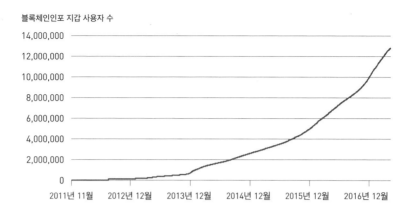

<그림 13.15> 시간의 흐름에 따른 블록체인인포 지갑 사용자 수

출처 : 블록체인인포

비트코인 사용자 수

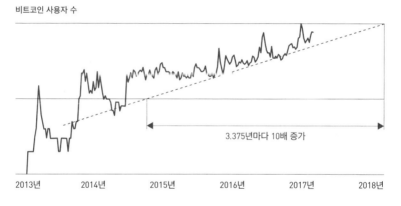

<그림 13.16> 우의 법칙(비트코인 사용자 수가 12개월마다 두 배 증가)

출처 : 코인테스크

다"라고 설명한다. 〈그림 13.16〉은 시간의 흐름에 따른 검색 추세
를 보여준다. 우는 적극적인 비트코인 사용자가 가격을 매일 체크

한다고 가정하고, 도표가 비트코인 사용자 수를 확인하는 데 도움이 된다고 믿는다.

우의 생각이 맞다고 가정하면 그의 분석은 비트코인 사용자가 매년 두 배로 증가하고 3.375년마다 한 자리 수 증가함을 보여준다. 그는 '무어의 법칙Moore's Law'(인터넷 경제의 3원칙 가운데 하나로 마이크로칩의 밀도가 2년마다 두 배로 늘어난다는 법칙 — 옮긴이)[21]에 경의를 표하면서 이것을 '우의 법칙Woo's Law'이라고 부른다. 우의 법칙이 앞으로 얼마나 적중할지 흥미롭다.

블록체인 주소의 수 또한 고려해야 한다. 비트코인 주소는 비트코인이 보내지는 곳이다. 따라서 더 많은 주소가 있으면 비트코인을 보관하는 장소가 많다는 것을 뜻한다. 하지만 코인베이스 같은 회사는 얼마 안 되는 주소를 가지고 있는데 수백만 명의 사용자가 이곳에 비트코인을 보관하고 있다. 따라서 이 지표가 우상향 추세를 보여주되 단지 그림의 일부만을 보여준다고 할 수 있다.

〈그림 13.17〉은 이더리움 고유 주소 계정의 비약적인 성장을 보여준다. 이더리움 주소는 이더를 보관할 수도 있고 스마트 계약을 보관할 수도 있다. 이더는 사용자 수의 증가 조짐을 보여준다.

이더리움 고유 주소

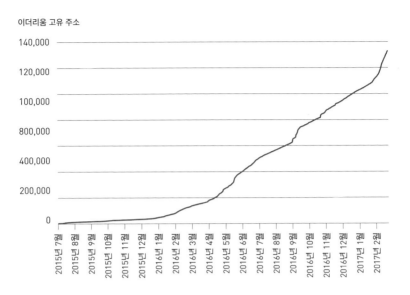

<그림 13.17> 이더리움 고유 주소의 증가

출처 : 이더스캔

거래 수

〈그림 13.18〉과 〈그림 13.19〉는 각각 비트코인 블록체인을 사용한 일일 거래 수와 이더리움 블록체인을 사용한 일일 거래 수를 나타낸다. 거래 수의 증가는 각 블록체인과 관련 크립토애셋이 건전하다는 신호다. 이 정보는 비트코인의 경우 블록체인인포[22]를 통해, 이더리움은 이더스캔[23]을 통해 볼 수 있다.

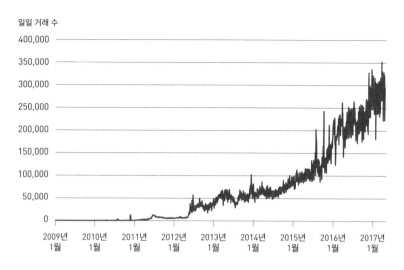

<그림 13.18> 비트코인 블록체인을 사용한 일일 거래 수

출처 : 블록체인인포

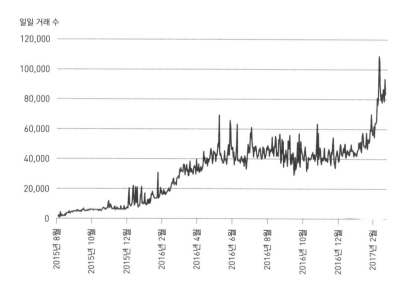

<그림 13.19> 이더리움 블록체인을 사용한 일일 거래 수

출처 : 이더스캔

거래의 달러 가치

거래 수는 중요한 지표지만 거래의 금전적 가치를 말해주지는 않는다. 〈그림 13.20〉은 비트코인의 일일 거래 규모를 추정한 수치를 보여준다. 2017년 1/4분기에 비트코인 거래액은 일일 2억 7,000만 달러를 넘었다. 분당 18만 8,000달러, 초당 3,100달러의 거래액이다.[24]

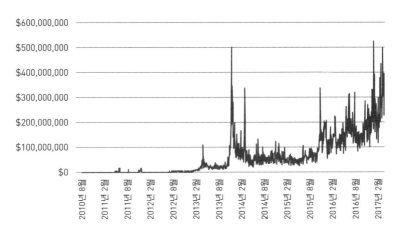

〈그림 13.20〉 비트코인 블록체인을 사용한 일일 추정 거래액

출처 : 블록체인인포

잠재적 가치평가 방법

주식 가치평가 방법이 오랜 시간을 거쳐 발전해왔듯이 크립토애셋의 가치를 평가하는 방법도 시간이 흐르면서 발전할 것이다. 우리가 제안하는 가치평가 방법은 시장이 블록체인의 거래 효용성에 얼마나 지불할지를 측정하는 것이다. 이 자료를 얻기 위해 우리는

크립토애셋의 네트워크 가치를 일일 거래액으로 나눴다. 네트워크 가치가 자산의 거래액보다 많을수록 이 비율은 더 커질 것이다. 자산의 가격이 효용성보다 높다는 의미다. 주식에 흔히 사용되는 비율인 주가수익률PE ratio에 착안해 우리는 이것을 '크립토 주가수익률'이라고 부른다. 또한 크립토애셋의 경우 가치평가의 분모가 수익이 아닌 거래액이 되어야 한다고 본다. 크립토애셋은 현금 유동성을 가진 기업이 아니기 때문이다.

자산의 효율적인 가격이 자산의 거래액에 대한 네트워크의 견실함을 보여준다고 가정할 수도 있다. 자산의 거래액 증가는 그 자산의 가치 증가와 유사해야 한다. 거래액과 유사한 변동 없이 가격만 상향 변동한다면 시장이 과열되었고 따라서 자산이 과대평가되었음을 나타낸다고 볼 수 있다.

크립토애셋 시장은 시간이 흐르면서 주식시장이 주가매출액비율 또는 주가수익비율에 대한 가격 절충점을 찾았듯이 이 비율에 대한 절충점을 찾게 될 것이다. 비트코인을 포함한 크립토애셋은 여전히 초기 단계에 있고 시장 자료가 매우 부족해서 적정 비율이 얼마나 되어야 안정적이라고 할 수 있는지 정확히 말하기가 어렵다. 그렇긴 하지만 〈그림 13.21〉을 보면 네트워크 가치가 일일 거래액의 50배일 때 비트코인이 안정적인 기반을 가진 것으로 보인다. 가격 유지가 거의 50에 가까운 비율을 유지한다면 자산 가격이 매우 높게 책정되어 있고, 그 범위를 넘는 폭넓은 변동은 하락장 혹은 강세장 추세일 수 있음을 나타낸다.

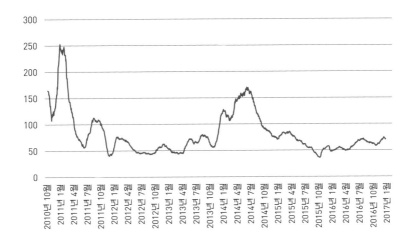

<그림 13.21> 추정 거래액으로 나눈 비트코인의 네트워크 가치(30일 연속 평균)

출처 : 블록체인인포

크립토애셋 기본 분석 요약

크립토애셋과 같은 새로운 자산 클래스에 대한 기본 분석 수행 과정은 아직 초기 단계다. 우리는 주식 애널리스트들이 오랫동안 사용해온 많은 툴을 최대한 활용하되 엄격하고 깊이 있게 적용해 두 장에 걸쳐 유용한 지표들을 제시하고자 했다. 주식 검토와 크립토애셋 검토는 분명히 근본적으로 다르다. 그렇지만 우리는 크립토애셋이 계속해서 성장하더라도 유효한 접근법과 자료 출처를 만들고자 노력했다. 또한 더 많은 데이터가 만들어지고 새로운 추세가 드러나며 보다 많은 분석가가 크립토애셋 분야에 진입하게 되면 우리가 여기서 사용한 여러 방법이 훨씬 더 정교하고 정확한 툴로 대체되리라는 것을 안다.

혁신적 투자자가 포트폴리오 내의 다른 투자에 대해 조사하고 평가하듯이 우리가 혁신적 투자자에게 크립토애셋과 관련해 꼭 필요한 조사와 가치평가 툴을 제공했기를 바란다. 이번 장이 혁신적 투자자에게 도움이 되었다면 미래의 크립토애셋 애널리스트에게도 크립토애셋에 대한 보다 튼튼한 기본 분석 모델을 계속 구축할 수 있는 툴을 제공했기를 바란다.

크립토애셋 기술 분석 방법

기술 분석에는 고유의 툴과 지표가 쓰인다. 크립토애셋과 다른 자산 클래스 간에 기본 분석은 다르지만 기술 분석은 대개 동일하다. 기술 분석은 단지 매수·매도 시점을 위한 가격 평가와 거래량 추이 분석으로 단순하다. 물론 '정확한' 매수·매도 시점 발견을 보장하는 방법은 아니지만, 기술 분석은 비트코인과 다른 크립토애셋 거래자들이 시장 타이밍을 이해하기 위해 사용하는 강력한 툴이 되었다. 기술 분석은 적절한 투자 대상과 투자 시점 선택을 위해 보통 기본 분석과 함께 사용된다. 우리는 여기서 혁신적 투자자가 사용할 수 있는 기본 차트와 고려 사항을 제공할 것이다.

지지선과 저항선

시간의 흐름에 따른 자산의 가격 움직임을 지지선과 저항선 도표로 나타내는 것은 기술 분석에서 검증된 툴이다. 〈그림 13.22〉는 2015년 동안 비트코인의 가격 움직임을 보여준다. 이 기간에는 가격이 예측 가능한 가격대trading range에서 왔다 갔다 했다. 〈그림 13.22〉에서 위에 있는 선을 저항선이라고 부른다. 비트코인이 돌파하기 어려운 가격을 나타낸다. 종종 이 선들은 심리적 무게를 가리키는 수치가 될 수 있다. 이 경우에는 300달러가 저항선이다. 비트코인 가격이 300달러에 도달하면 가격은 가격대로 되돌아가려는 경향을 보인다. 저항선의 반대가 지지선이다. 비트코인이 넘지

〈그림 13.22〉 2015년 비트코인의 지지선과 저항선

출처 : 코인데스크

않기를 원하는 가격을 나타낸다. 이 경우에는 200달러가 지지선이다. 비트코인 가격이 지지선에 근접할 때마다 매순간 가격은 가격대로 다시 되돌아간다. 그리고 지지선을 뚫더라도 빠르게 다시 올라간다.

이 가격대가 유용한 안내자이지만 자산이 항상 가격대 내에 머물지만은 않는다는 점을 유념해야 한다. 예컨대 도표상 가격대 끝에서 가격은 더 높은 가격과 새로운 가격대를 잠재적으로 형성하기 위해 돌파하는 것으로 보인다. 많은 기술 분석가들에게 높은 거래량을 동반한 이런 돌파는 매도 신호로 읽힌다. 시장이 자산을 보다 가치 있게 평가하도록 만든 뭔가 주목할 만한 일이 벌어졌음을 의미하기 때문이다. 자산 가격이 저항선을 돌파해 높은 가격에 머물면 종종 이전 저항선이 지지선이 될 것이다. 마찬가지로 자산이 이전 지지선을 뚫고 한동안 그 지지선 밑에 머물면 이전 지지선은 저항선이 될 수 있다.

이 도표는 지지선과 저항선을 간단하게 보여주지만, 래셔널인베스터The Rational Investor25 사의 브라이언 비미시가 작성한 도표를 포함해서 인터넷에서 구할 수 있는 자세한 기술 분석 자료들을 통해 확장된 사례를 볼 수 있다.

단순이동평균

기술 분석 툴 중 가장 흔히 사용되는 것 하나가 단순이동평균Simple Moving Average(SMA)이다. 단순이동평균은 특정 기간 동안 자산의 가격 추이 분석을 간단하게 해준다.

단순이동평균은 대부분의 차트 제공 사이트에서 구할 수 있다. 계산은 단순하다. 단지 특정 기간 동안 자산의 평균 가격 그래프를 그리는 것이다. 기간은 하루 또는 주, 개월일 수 있다. 이동평균으로도 불린다. 매일 새로운 평균이 나오기 때문이다. 매일 가장 최근 날짜의 가격이 포함되는 반면 가장 오래된 날짜의 가격은 제외된다. 이런 이유로 평균은 시간의 흐름에 따라 이동한다. 보통 평균은 50일, 100일, 200일 이동평균이다. 200주 이동평균과 같은 보다 장기적인 평균은 보다 장기적인 기간의 추세를 지켜보고자 할 때 사용한다.

단순이동평균은 지지선과 저항선을 나타낼 수 있고, 함께 사용해 모멘텀의 변화를 보여줄 수 있다. 이에 대해 크립토컴페어는 다음과 같이 설명한다

> 단순이동평균은 추세 역전과 모멘텀의 변화를 발견하기 위해 사용된다. 예컨대 단기 단순이동평균이 장기 단순이동평균보다 낮다가 서로 교차하면 매수 신호인 모멘텀의 상향 변화를 나타낸다.[26]

〈그림 13.23〉은 마운트곡스의 개장일인 2010년 7월부터 2012년 말까지 비트코인 가격을 50일과 200일 단순이동평균과 함께 보여주고 있다. 날짜가 충분히 지나 첫 번째 점이 그려져야 평균이 시자된다는 점을 유의하라. 크립토컴페어의 그래프를 보면 2012년 봄,

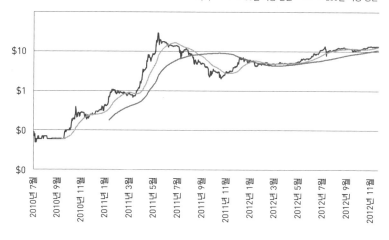

<그림 13.23> 비트코인 초기의 단순이동평균

출처 : 코인데스크

50일 단순이동평균이 200일 단순이동평균을 뚫고 지나가 한동안 그 위에 머문다. 이는 상향 모멘텀을 나타낸다. 반대로 단기 이동평균이 장기 이동평균을 뚫으면 자산 가격이 빠르게 떨어지는 하락세 신호로 이를 '데드 크로스death cross'라 부른다. 이런 움직임은 2011년 가을 50일 이동평균이 200일 이동평균 밑으로 떨어졌을 때에 볼 수 있다.

거래량

크립토애셋 시장에서 일어나는 거래 수준이 다양하기 때문에 혁신적 투자자는 자산 거래량에 주목해야 한다. 출시된 지 얼마 안 된 크립토애셋의 가격이 거래량이 낮은데도 오르락내리락하는 일은 흔치 않다. 이는 거래 장부가 얇고 따라서 자산이 가격의 급등락에 민감하다는 점을 나타낸다. 거래량 분석을 추가하면 이런 가격 급등락은 지속적인 추세 또는 일시적인 움직임을 나타낼 수 있다. 〈포브스〉의 금융 고문인 찰스 보베어드는 〈코인데스크〉에 기고한 기술 분석 관련 글에서 다음과 같이 언급한다.

> 비트코인 거래자들은 거래량이 가격 추세를 평가할 때 중요한 역할을 한다는 점을 명심해야 한다. 높은 거래량은 강한 가격 추세를 나타내는 반면 낮은 거래량은 약한 추세를 나타낸다. 일반적으로 가격 상승은 거래량 증가와 동시에 일어난다. 비트코인 가격이 상향 추세지만 거래량이 낮은 가운데 상향 추세라면 추세의 동력이 떨어지고 있으며, 곧 그 추세가 끝나게 될 것임을 의미할 수 있다.[27]

이와 유사하게 거래량이 크게 증가하는데 가격 하락이 일어난다면 거래자들이 항복하며 빠져 나가고 있다는 뜻이다. 반면에 낮은 거래량에 가격이 떨어지는 현상은 낮은 관심을 나타낸다.

대부분의 크립토애셋이 여전히 초기 단계에 있음을 기억하라. 그와 마찬가지로 이들 자산에 대한 기술 차트는 비트코인과 같이 상대적으로 오래된 자산의 역사를 부족하게 다룰 것이다. 새로 나오는 크립토애셋이 출시 후에 가격 급등락을 경험하는 경우가 많다. 하지만 시간이 흐르면서 나온 지 얼마 안 된 자산은 기술 분석

규칙을 따르기 시작한다. 이는 이들 자산이 성숙하고 있고, 마찬가지로 거래자 그룹이 보다 폭넓어진다는 신호다. 기술 분석을 사용해 자산들이 보다 충분히 분석되고 평가될 수 있음을 의미한다. 이에 따라 혁신적 투자자들은 매수·매도 기회와 시장 타이밍을 더 잘 알아낼 수 있다.

* * *

혁신적 투자자는 다른 사람들이 사고팔 때 따라 할 것이 아니라 비트코인과 기타 크립토애셋에 대해 스스로 알아봐야 한다. 각 자산에 대해서는 앞으로 더 많은 정보와 자료를 인터넷에서 찾을 수 있을 것이다. 인터넷에 충분한 정보와 자료가 없다면 충분한 분석을 할 수 없으므로 이런 크립토애셋에 대해서는 투자를 피해야 한다. '버니스크 타터 법칙'이라고 해도 좋다.

필요한 기본 분석과 기술 분석을 마쳤다면 이제는 실제로 투자하는 단계다. 비트코인과 기타 크립토애셋에 접근할 수 있는 방법과 기회들이 폭넓어지고 계속해서 커지고 있다. 이어지는 다음 장들에서 이에 대해 설명하겠다.

크립토애셋 투자를 위한 기초 지식 : 채굴, 거래소, 지갑

오늘날 비트코인과 다른 크립토애셋을 구입할 수 있는 방법은 많이 있다. 옵션은 계속해서 발전하고 있는데 크게 보면 주요하게 고려할 옵션은 두 가지다. 바로 크립토애셋 취득과 보관 방법이다. 크립토애셋은 디지털 전달 도구이기 때문에 중앙 기관이 보관하는 다른 많은 투자 대상과는 다르다. 예컨대 투자자가 주식을 사기 위해 사용하는 플랫폼의 종류가 무엇이든 자산을 '보관하고housing' 투자자의 잔고를 기록하는 중앙 보관 기관이 있다.[1] 크립토애셋도 이와 유사한 상황을 선택하거나 완전히 자율적으로 보관할 수 있다. 방법에 대한 선택은 먹신적 투자자기 이디에 기장 가치를 두느냐에 달려 있다. 절충해서 선택할 수도 있다.

채굴

채굴의 역사를 알면 비트코인과 다른 크립토애셋의 현재 상황을 더 잘 이해할 수 있다. 그런 후에 적합한 취득 방법을 결정하기가 쉽다. 채굴 자체에 관심 없는 사람도 채굴에 대해 보다 깊게 이해하는 것이 좋다. 크립토애셋의 경우 채굴이 공급 발행 방법이자 거래를 뒷받침하는 보안 시스템의 수단이기 때문이다.

비트코인 네트워크가 2009년 1월 출시되었을 때는 채굴이 비트코인을 얻는 유일한 방법이었고, 사토시 나카모토와 핼 피니가 주요 채굴자였다.[2] 앞서 검토했듯이 새 비트코인은 비트코인 블록체인의 트랜잭션을 검증하고 인증하는 과정을 통해 주조된다. 블록체인의 이런 조직화 과정이 사토시가 만든 소프트웨어의 많은 부분을 차지한다. 이런 식으로 비트코인 블록체인은 통제된 양의 탈중앙 통화 발행을 보장한다. 비트코인 이전에는 이런 방식이 세계적인 규모로 실행되지 못했다.

비트코인 채굴 과정은 미리 정해진 난이도 수준을 충족하는 아웃풋을 찾아 몇 가지 데이터 조각을 함께 연속으로 순환하며 해싱hashing(하나의 문자열을 보다 빨리 찾을 수 있도록 주소에 직접 접근할 수 있는 짧은 길이의 값이나 키로 변환하는 것—옮긴이)하는 과정이다. 아웃풋은 주로 숫자 0으로 시작한다. 이 아웃풋을 '골든 해시golden hash'라고 부른다. 해시 함수가 데이터(예컨대 이 문장의 글)를 가져와서 글자와 숫자가 혼합된 고정 길이fixed length의 문자열로 해시한다는 것을 기억해야 한다. 해시 함수의 아웃풋은 항상 길이가 고정돼 있긴 하지만 해시 함수 안의 특성은 예측 불가능하다. 따라서 인풋 안에 있는 하나의 데이터를 바꾸면 아웃풋을 크게 변화시킬 수 있다. 이것을 골든 해시라고 한다. 채굴자 블록에 비트코인 블록체인에 추가될 수 있는 특권을 부여하기 때문이다. 채굴자는 블록의 첫 번째 트랜잭션인 코인베이스 트랜잭션을 보상으로 받는다. 현재 트랜잭션은 운 좋은 채굴자에게 12.5 비트코인을 전달한다.

비트코인 채굴 과정에 참여하는 컴퓨터들은 네 가지 데이터를 얻는다. 해당 블록의 해시, 이전 블록의 해시(식별자),[3] 시간, 논스라고 하는 임의의 수가 그것이다. 네트워크 안의 각기 다른 컴퓨터들은 이 네 가지 변수를 얻어 논스를 증분한다. 컴퓨터들은 대개 0에서 논스를 시작해 1로 가고 그다음에는 2로 이동하면서, 해시 아웃풋이 0에서 시작하는 숫자의 필요한 요구 조건을 충족시키길 기대한다. 채굴자들이 더 많은 논스를 테스트할수록 채굴자가 요구 조건을 충족하는 골든 해시를 찾을 확률은 높아진다. 새 논스가 테스트될 수 있는 속도를 해시레이트라고 한다. 해시레이트는 해시 함수를 통해 컴퓨터가 이 네 가지 변수를 사용해 새로운 해시를 얻을 수 있는 초당 횟수다.

컴퓨터가 있으면 누구든 비트코인 네트워크에 연결될 수 있다. 과거 블록들을 내려받고 새 트랜잭션을 기록하며 골든 해시를 찾아 필요한 데이터를 대량으로 고속 처리할 수 있다. 이런 오픈 아키텍처가 비트코인이 가진 강점 중 하나다. 비트코인을 얻는 방법이 쉽게 여겨졌을지도 모르지만 이쯤 되면 어렵게 느껴질 것이다. 비트코인 출시 이후 비트코인을 채굴하는 컴퓨터의 수가 증가했을 뿐 아니라 사용되는 컴퓨터의 유형 또한 크게 진화했다.

네트워크 컴퓨터들은 처음에 중앙처리장치(이하 CPU로 약칭)를 사용해 해시를 대량으로 고속 처리했다. CPU는 컴퓨터의 기능을 책임지는 주요 칩이다. 이런 방식의 채굴은 컴퓨터의 리소스를 독차지했다. CPU가 훌륭한 멀티태스커이기는 하지만 같은 작업을 반복하는 데 가장 효율적인 칩은 아니다.

이론적으로 채굴에 더 나은 칩은 그래픽처리장치(이하 GPU로 약칭)다. 이름이 의미하듯 GPU는 스크린에 나타나는 그래픽을 만들어내기 위해 사용된다. 하지만 머신러닝 애플리케이션에도 현재 광범위하게 사용되고 있다. GPU는 대량 병렬 처리 장치다. 처리 장치가 몇 개뿐인 CPU와 달리 수백 또는 수천 개의 미니 처리 장치를 가지고 있기 때문에 유사한 계산을 병렬로 실행할 수 있다.[4]

GPU 내의 작은 장치로는 CPU가 수행할 수 있는 광범위한 추상 작업을 수행하기가 어렵지만 데이터를 함께 해싱하기에 충분하다. 이런 코어가 수천 개 이상이므로 GPU 칩은 골든 해시를 얻기 위한 초당 시도를 CPU보다 더 많이 행할 수 있다.

하지만 GPU를 사용하려면 GPU에게 프로세스 방법을 알려줄 새로운 버전의 비트코인 소프트웨어가 개발되어야 하고 코드를 작성하는 데 시간이 걸린다. 비트코인 핵심 개발자인 제프 가직이 모두가 사용할 수 있는 최초의 오픈소스 소프트웨어를 만드는 개발자들(푸딘팝puddinpop으로 알려진 채굴 작업)에게 1만 비트코인으로 보상한 뒤 마침내 2010년 여름 첫 번째 소프트웨어가 출시되었다.[5] 가격이 수년 내에 오르리라는 것을 예상하지 못한 채 가직이 당시 기부한 비트코인의 가치는 현재 총 1,000만 달러 이상에 이른다.

GPU는 CPU에 비해 성능이 훨씬 좋지만 골든 해시를 더 빨리 풀 수 있는 더 효율적인 칩을 만들어내기 위해 신판 출시를 두 번 거쳐야 했다. 첫 번째로 임시 칩인 FPGAfield-Programmable Gate Array(프로그램이 가능한 비메모리 반도체의 일종)가 출시되었다. 그리고 이후 나온 모든 칩의 조상격인 ASICapplication-specific integrated circuits이 출시되었다. 이름에서 의미하듯 ASIC은 특정 애플리케이션을 염두에 두고 하드웨어를 디자인하고 생산하는 칩을 말한다. CPU, GPU, FPGA는 모두 일반적으로 구입할 수 있으며 적절한 엔지니어링을 통해 구입한 후 특정 용도로 적용할 수 있다. 반면 ASIC의 물리적 레이아웃은 반도체 제조 공장에서 칩에 식각되어야 한다.

이런 특정 용도의 칩을 디자인하고 생산하려면 초기에 상당한 투자가 필요하다. 따라서 비트코인 네트워크가 충분히 커져서 기업이 특정하게 수익을 추구할 수 있을 때만 가능하다. ASIC 칩을 장착한 최초의 컴퓨터(즉 채굴기)는 2013년 1월에 생산되었다.[6] 현재 최고 성능의 ASIC은 14테라해시 해시율을 보인다. 1초에 14조 번 데이터를 대량으로 고속 처리하고 해시 하나를 아웃풋한다.[7]

비트코인 네트워크에 더 많은 컴퓨터가 연결될수록 이들 컴퓨터 중 하나가 골든 해시를 발견할 기회는 높아진다. 조정이 없다면 새 비트코인의 채굴량이 증가하여 공급의 인플레이션이 발생하게 된다. 따라서 사토시는 더 많은 컴퓨터가 연결될수록 채굴이 어려워지도록 시스템을 설계했다. 더 많은 컴퓨팅 파워가 추가될수록 네트워크는 해시가 시작될 때 필요한 숫자 0을 증가시켜 골든 해시를 찾기가 더 어려워지는 규칙을 비트코인 소프트웨어에 추가로 포함했다. 이런 조정은 채굴자들이 골든 해시를 10분마다 찾을 수 있도록 2,018개 블록마다 또는 2주마다 이루어진다. 그럼으로써 새 비트코인이 주조되는 비율을 조절한다. 그 결과 더욱더 많은 사람이 점점 더 작은 보상을 가지고 경쟁하고 있다. 전문적인 채굴자에게는 여전히 수익성이 있다. 비트코인 컴퓨터 네트워크는 500대의 슈퍼컴퓨터를 모두 합친 것보다 10만 배나 빠르다.[8]

비트코인 이외의 크립토애셋 채굴

비트코인 채굴 네트워크의 힘이 잘 알려져 있다면 다른 크립토애셋의 네트워크 힘은 이에 비해 덜하다. 이더리움, 제트캐시와 같은 네트워크 내의 채굴과 기타 코인의 채굴은 여전히 취미로 채굴하는 열정적인 개인에게 열려 있다. 이들 네트워크는 아직까지는 어느 것도 ASIC 방식이 지배적이지 않다.[9] 후속 크립토애셋이 빈번하게 조정한 것 중 하나가 채굴자의 중앙화에 맞서기 위한 블록 해싱 알고리즘이라는 사실을 잊지 말아야 한다. 이런 이유로 이더, 제트캐시, 기타 크립토애셋이 주로 GPU로 채굴된다. 이들 자산의 가치가 증가할수록 이들 채굴 네트워크는 보다 경쟁하게 된다. 채굴자들이 네이티브 애셋으로 보상받는 잠재적 수익을 더 원하기 때문이다. 개념상 채굴 네트워크는 완벽한 경쟁 체제다. 따라서 이윤이 증가하면 경제적 균형economic equilibrium이 다시 한 번 이뤄질 때까지 새로운 참가자들이 몰려들 것이다. 따라서 자산의 가치가 클수록 채굴자가 얻는 수익은 커진다. 그리고 이는 생태계에 새로운 채굴자들을 끌어온다. 그럼으로써 네트워크의 보안성이 증가한다. 바로 이 선순환 구조가 크립토애셋의 네트워크 가치가 클수록 네트워크를 지원하는 보안성이 증가하도록 보장한다.

비트코인, 이더리움, 제트캐시 등 모든 크립토애셋에서 많은 채굴자가 채굴 풀에 참여한다. 이는 한 채굴자와 다른 채굴자가 연결되고 채굴 풀이 골든 해시 발견을 위해 해시 파워를 제공한다는 의미다. 다음 풀은 수익을 분배한다. 분배 비율을 어떻게 하느냐는 풀마다 각기 다양하다.[10] 한 명의 채굴자는 한 달에 한 번 정도 또는 그보다 못하게 하나의 블록을 발견할지도 모른다. 하지만 채굴 풀의 일부가 됨으로써 채굴자들은 보다 예측 가능한 수익원을 가지게 된다.

채굴하는 데는 비용이 든다. 채굴기, 채굴기를 설치할 물리적 장소, 전기, 노동력 등이 그렇다. 비트코인의 경우 앤트마이너, 아발론 같은 채굴 기기 전문회사를 통해 채굴기를 살 수 있다. 이때 점검해야 할 주요 지표는 채굴기의 효율성이다. 다시 말해 특정 파워량으로 해시값이 얼마나 나오는지를 따져야 한다 이는 기가 해시당 와트 비율W/GH로 표시된다. 이런 비용 계산에 대해서는 코인워

즈CoinWarz와 같은 채굴 수익성 계산 웹사이트를 참고하면 좋다.[11]

클라우드 기반 채굴 풀

혁신적 투자자는 클라우드 기반 채굴 풀mining pool 이용을 검토할 수도 있다. 투자자는 기존 채굴 풀에 지분 참여해 채굴 결과를 분배받는다. 채굴기를 직접 소유하고 유지할 필요가 없다. 세일즈포스와 같은 클라우드 기반 소프트웨어가 모든 최종 단계의 하드웨어 유지를 필요로 하지 않는 것과 같다. 투자자는 단지 멀리 떨어진 데이터 센터가 제공하는 채굴 처리 능력 지분을 산다.

클라우드 기반 채굴 풀에 참여하려면 그전에 철저한 자산 실사와 조사를 해야 한다. 상당수의 사기가 발생하고 있기 때문이다. 서던메소디스트대학교의 마리 바섹 교수와 타일러 무어 교수는 비트코인 사기 연구 조사를 통해 몇몇 클라우드 기반 채굴 풀이 '투자자로부터 돈을 받았지만 결과물은 전혀 전달하지 않은' 폰지 사기였다는 조사 결과를 내놓았다. "액티브 마이닝Active Mining과 아이스 드릴Ice Drill은 알려진 바에 의하면 ASIC을 만들고 이익을 공유하기 위한 자금을 모았지만 결과물을 전혀 되돌려주지 않았다. 에이직 마이닝이퀴프먼트AsicMiningEquipment.com와 드래곤마이너Dragon-Miner.com는 사기성 전자상거래 웹사이트다."[12]

클라우드 기반 채굴 풀에 대해 알아보기 전에 잠재적 투자 대상을 알아보자. 사실이라고 하기에 너무 좋게 들린다면 사실이 아닐 수도 있다. 회사가 실제 장소, 기존 장비 목록, 과거 프로젝트 기록을 가지고 있는지를 확인해야 한다. 제네시스마이닝^{Genesis Mining}은 클라우드 기반의 비트코인 채굴 풀 가운데 가장 큰 업체다.[13] 2013년부터 운영해오고 있고 비트코인, 라이트코인, 제트캐시, 이더 채굴 서비스를 제공한다.[14] 웹사이트에서 아이슬란드에 위치한 데이터 센터의 사진과 동영상을 제공한다. 지열 발전으로 아이슬란드의 전기료는 저렴하다.

지분 증명

작업 증명 외에도 지분 증명과 같은 기타 합의 메커니즘이 있다. 지분 증명은 대량의 하드웨어와 전력을 필요로 하지 않는 대안적 채굴 형태로 볼 수 있다. 대신 참가자들은 거래 인증을 돕기 위해 자신의 평판과 자산을 노출해야 한다. 지분 증명을 실행하려면 크립토애셋의 잔액을 '걸^{stake}' 거래 검증자가 필요하다. 검증자가 거짓말을 하거나 네트워크를 속이면 그들은 지분을 표시한 자산을 잃게 된다. 이름이 의미하듯 검증자는 '자신이 걸 만한 무언가를 가지고 있음을 증명'하면 그 정직성에 대해 보상을 받는다.

종종 이들 시스템은 5퍼센트 정도의 이자율을 제공한다. 이자는 거래 검증 과정에 도움을 주기 위해 자신의 자산을 걸었던 검증자에게 보상한다. 지분 증명 외에도 하이브리드 작업 증명, 지분 증명 채굴 생태계, 기타 변형된 합의 메커니즘이 있다. 그러나 작업 증명이 가장 입증된 합의 메커니즘이어서 대부분의 크립토애셋이 작업 증명 방식을 사용한다. 참고로 이더리움은 2018년 초에 지분 증명 방식으로 전환할 것이다. 에너지 소모 측면에서 더 효율적이기 때문이다. 따라서 확장성 문제가 해결된다. 이더리움이 작업 증명에서 지분 증명으로 전환할 때 대규모 크립토애셋 네트워크를 안전하게 유지하는 것이 이 합의 메커니즘의 성공 여부를 가늠하는 주요한 척도가 될 것이다.

거래소와 장외거래

비트코인과 기타 크립토애셋이 주조되고 나면 채굴자는 다른 크립토애셋 또는 법정통화로 교환할 수 있다. 그러려면 채굴자는 장외거래over-the-counter(OTC) 또는 거래소를 통해 크립토애셋을 다른 사람에게 팔아야 한다.

많은 채굴자, 대형 투자자는 컴버랜드마이닝Cumberland Mining, 제네시스트레이딩Genesis Trading, 잇비트와 같은 장외거래 서비스를 이용한다. 장외거래는 거래소가 아니다. 매수와 매도 주문이 공개적이지 않기 때문이다. 대신 앞서 언급한 장외거래 서비스는 대규모 매도와 매수를 연결해준다. 이를 통해 거래소 내에서 거래장 이동 없이도 큰 거래가 이루어진다. 장외거래는 혁신적 공인 투자자가 대규모 자본을 배치하길 원할 때 사용할 수 있는 카드다.

대부분의 투자자는 거래소를 통해서 크립토애셋을 취득한다. 거래소에 따라 투자자는 은행 계좌, 신용카드와 연결할 수 있고 비트코인을 입금할 수 있다. 보다 최근에 등장한 크립토애셋을 거래하려면 투자자가 비트코인을 가지고 있어야 하는 상황이 생긴다. 이들 크립토애셋을 제공하는 거래소들이 종종 법정통화를 가지고 있지 않기 때문이다.

비트코인이 처음 나와 정비돼 있지 않고, 시장에 나온 유일한 크립토애셋이었던 동안 많은 거래소가 문을 열고 닫았다. 재정적 어려움, 해킹, 범죄 활동, 다양한 규제 기관의 제제 등 다양한 이유가 있었다.[15] 하지만 비트코인 초기에 거래소 인프라가 전혀 갖춰지지 않았다는 점을 고려해야 한다. 비트코인은 유아기 단계여서 거래소가 제대로 준비를 갖출 단계가 아니었다.

기록상 첫 번째 거래소는 5달러 2센트에 5,050 비트코인을 첫 거래하며 운영을 시작했지만 관심 부족으로 몇 달 후 결국 문을 닫아야 했다.[16] 마운드곡스가 첫 주류 거래소였다. 하지만 고객의 결제를 처리하는 데 2주가 걸렸고 처음에는 법정통화가 일본으로 송금되어야 했다. 하지만 자산과 기반 기술이 성숙해감에 따라 매도·매수 수단 또한 성숙해갔다. 이에 따라 오늘날 투자자들은 현재 나와 있는 800개 이상의 크립토애셋을 취득하고 거래하기 위해 괜찮은 많은 거래소를 이용할 수 있다.[17]

널리 알려진 서구의 거래소들 가운데에는 비트스탬프, 비트렉스Bittrex, 지닥스, 제미니, 잇비트, 크라켄, 폴로닉스가 있다. BTCCBTC China, 오케이코인OKCoin, 후오비Huobi는 중국이 주요 거점이지만 다른 지역에도 서비스를 제공하고 있다. 국가별 거래소는 멕시코의

비트소Bitso, 인도의 우노코인Unocoin, 폴란드의 비트베이BitBay 등이 있다.[18]

어떤 거래소를 이용할지 결정할 때는 보안성을 중시할 것인지 접근성을 택할 것인지 균형을 잡아야 한다. 보안성에 대해서는 따로 설명할 필요가 없을 것이다. 접근성은 거래소에서 취급하는 크립토애셋의 다양성을 말한다. 비트스탬프, 지닥스, 제미니같이 규제를 잘 따르는 거래소는 가장 적은 수의 크립토애셋만을 거래한다. 그들은 플랫폼에 추가하기에 앞서 자산이 일정 수준의 성숙도에 이른 것이 확실해질 때까지 기다린다. 폴로닉스, 비트렉스 같은 거래소는 나온 지 얼마 안 된 신생 크립토애셋도 다룬다. 따라서 보다 공격적이고 모험적인 거래자들은 이들 플랫폼을 사용하는 경향이 있다. 이들 거래소는 동일한 소비자 보호 장치를 준비하지 않았을 뿐 아니라 급격한 가격 변동에 훨씬 더 취약하다. 비트파이넥스Bitfinex, 크라켄 같은 거래소는 보안성, 규제 준수, 접근성을 고루 갖추고 있다. 이들 거래소 이용을 추천하지 않는 것은 아니다. 보안성과 접근성의 균형을 정하는 일은 혁신적 투자자에게 달려 있다.

거래소의 보안성과 신뢰성을 둘러싼 몇 가지 불안감을 보다 잘 이해하려면 시간이 흐를수록 거래소가 취약해졌다는 점을 이해할 필요가 있다. 거래소가 크립토애셋을 보관하는 중앙 보관소이기 때문이며, 이 점 때문에 해킹의 타깃이 된다. 물리적인 폭력을 동원하며 목숨을 위협하는 은행 강도 사건과 달리 거래소에서 보관하는 크립토애셋 탈취는 세계 어디서나 상대적으로 쉽게 손가락 하나 까딱하기만 해도 이루어질 수 있다. 멀리 떨어진 자산을 훔치는 능력 이외에도 크립토애셋 거래가 갖는 되돌릴 수 없는 특성은 해커를 더욱 끌어들인다. 신용카드를 훔치거나 은행 계좌를 해킹하면 관련 기관이 거래를 취소해 되돌릴 수 있다. 그러나 크립토애셋에는 이를 실행할 중앙화된 중개인이 없다.

거래소가 해킹되는 것은 크립토애셋이 보안성이 없기 때문이라고들 주장한다. 하지만 이는 소프트웨어 아키텍처에 대한 기본적인 이해가 부족해서 나온 말이다. 2장에서 논의했던 탈중앙화 하드웨어, 크립토애셋 소프트웨어, 애플리케이션, 사용자로 이뤄진 블록체인 생태계의 네 가지 층을 떠올려보라. 세 번째 층인 애플리케이션이 해킹의 주요 타깃이다. 따라서 크립토애셋 소프트웨어를 기반으로 운용되는 애플리케이션인 거래소가 해킹되는 것이다. 기반 블록체인은 완벽하게 작동하지만 위험에 취약해질 수 있는 상태로 남는다. 애플의 운영 체제에서 구동되는 애플리케이션에 비유할 수 있다. 앱 중 하나가 해킹된다고 해서 애플의 기반 운영 체제 또는 하드웨어의 보안성이 결여되었음을 의미하지는 않는다.

크립토애셋을 사용하고 거래하는 거래소와 그 애플리케이션이 가장 해킹당하기 쉽다는 점을 이해했더라도, 혁신적 투자자는 어떤 거래소를 이용할지 잘 검토한 후 결정해야 한다. 다음의 내용을 고려하라.

결제 취소에 숨겨진 비용

결제 취소는 고객이 신용카드 사용 청구액에 이의를 제기해 청구액을 취소할 때 일어난다. 종종 청구액은 취소되고 상점주가 손실을 감수한다. 이런 결제 취소에 대한 처리와 조사는 신용카드 회사에 비용을 발생시킨다. 그런 다음에는 상점주에게 비용이 할당된다. 이런 추가 비용 때문에 상점주들은 정당하거나 정당하지 않게 이의 제기된 모든 비용으로부터 자신들을 보호하고자 가격을 조정할 필요가 있을 수 있다.

크립토애셋 거래는 되돌릴 수 없다. 따라서 결제 취소는 불가능하다. 되돌려 받을 수 없는 거래라는 말이 단호하게 들릴 수도 있지만, 실제로는 전체 시스템의 효율성에 도움이 된다. 신용카드 결제 취소의 경우에는 모두가 비용을 부담해야 한다. 반면 크립토애셋의 경우에는 부주의한 측만이 비용을 부담한다.

거래소의 평판은 어떤가

거래소의 평판을 확인하는 가장 좋은 방법은 경영진, 벤처캐피털 투자자들, 규제 기관의 승인에 관해 알아보면 된다. 다른 사람들이 거래소에 대해 어떤 말을 하고 있는지 알려면 평판이 괜찮은 웹사이트를 통해 검색해보라. 소비자 불만이 자주 있는가? 특히 거래소가 해킹을 당한 적이 있는지, 과거에 사업적인 문제가 있었는지 살펴보라. 구글에 거래소 이름과 '핵hack'이라는 단어를 입력해서 검색하기만 해도 쉽게 알아볼 수 있다. 예를 들어 '비트파이넥스 핵 Bitfinex hack'이라고 검색해보라. 거래소가 해킹당한 적이 있다면 보안 사고가 발생한 이후에 어떤 변화를 취했는지를 살펴보라. 실제로 거래소의 본사가 있는지도 유의해야 한다. 정보를 찾을 수 없다면 해당 거래소를 피하는 것이 가장 좋다.

거래할 수 있는 크립토애셋은 무엇인가

특정 자산을 찾는 투자자라면 거래소가 자신이 바라는 크립토애셋 거래를 제공하는지 확인해야 한다. 상당량의 크립토애셋을 취급하는 거래소들은 상대적으로 운영 위험에 더 높이 노출될 수 있음을 알아야 한다. 이들 거래소는 보통 더 낮은 수준의 자산 실사를 하며 따라서 투자자에게 위험과 책임을 떠넘긴다.

파생상품 또는 마진 거래와 같은 추가 특성이 있는가

크립토애셋이 다양하듯 거래소의 역량 또한 다양하다. 어떤 거래소는 선물 계약과 같은 파생상품을 제공하는가 하면 어떤 거래소는 부티크 파생상품에 특화되어 있다. 예컨대 비트맥스가 판매하는 부티크 파생상품은 '윙클보스 상장지수펀드ETF'가 2017년 3월 미국 증권거래위원회의 승인을 받을지 여부에 따른 옵션 거래였다. 이와 유사하게 마진 거래는 검토해볼 만한 또 다른 기능 상품인데 모든 마진 거래가 동일하지는 않다. 어떤 거래소는 30대 1의 지나친 마진 거래 수준을 제공한다. 레버리지라고도 하는 마진 거래에서 30대 1의 마진 거래는 투자자가 1,000달러의 증거금만 내고도 3만 달러 거래를 할 수 있음을 의미한다. 이득이 천문학적일 수도 있지만 손실 또한 천문학적일 수 있으며, 이는 파생상품에도 적용된다. 어떤 거래소는 레버리지가 잘못됐을 경우 상품이 제공될 다른 방법이 없기 때문에 '손실을 사회화socialize losses'한다.[19] 손실의 사회화는 거래소의 모든 투자자가 몇몇 투자자의 무모한 배짱으로 인한 손해 보는 것을 의미한다.

계정을 개설할 때 사용할 수 있는 자금 조달 구조는 무엇인가

혁신적 투자자는 거래소 서비스 이용 여부를 결정할 때 먼저 자금 조달 구조를 살펴볼 것이다. 이미 자가 소유의 비트코인을 가진 투자자에게는 보다 많은 옵션이 있다. 거래소가 비트코인 직접 이체를 수용해, 플랫폼에서 제공하는 크립토애셋에 대한 즉시 거래가 가능하기 때문이다. 법정통화를 통한 자금 조달은 보통 은행 계좌 또는 신용카드와의 연결을 요한다. 이 경우에는 며칠씩 걸리고 지역적 제한에 마주칠 수도 있는 보다 긴 계좌 오픈 절차를 거쳐야 한다. 거래소에 은행 계좌 정보를 제공할 때는 해당 거래소가 보안성을 보장하는지를 특히 따져봐야 한다. 어떤 금융업체든 은행 계좌 정보 제공은 가볍게 생각할 일이 아니다.

지역에 따라 서비스 제한이 있는가

일부 거래소는 지역에 따라 서비스를 제한한다. 따라서 거래소가 제공하는 일부 서비스에 대해서는 주소를 요구한다. 이는 특히 뉴욕 거주자일 경우에 관련이 있다. 이 지역에서 실시된 비트라이센스Bitlicense(암호화폐 거래 허가제―옮긴이)는 크립토애셋 스타트업 운영을 훨씬 더 어렵게 만들었다. 비트라이센스는 2015년에 만들어진 규정안으로 크립토애셋 관련 회사가 뉴욕에서 사업을 하려면 너무 길고 비용도 많이 드는 규정 절차를 거치도록 했다. 이로 인해 많은 크립토애셋 스타트업이 뉴욕 주에서 운영을 중단했다.

고객확인제도와 자금세탁방지의 요구 사항은 무엇인가

불법 또는 사기 행위를 막는 고객확인제도know your customer(KYC)와 자금세탁방지anti-money laundering(AML) 규정은 미국의 크립토애셋 거래소에서 점차 의무화되고 있다. 계좌를 열 때 개인 정보를 어느 정도 요구하는지 살펴보라. 비트스탬프, 지닥스, 제미니 같은 거래소는 고객이 계좌를 개설할 때 작성해야 하는 정보를 보다 세세하게 적도록 하는 규제 기관의 지침을 적극 따르고 있다. 이런 정보는 계좌 오픈을 며칠씩 지연시킬 수 있다. 프라이버시 보호가 크립토애셋의 장점이라고 생각하는 사람은 이 정도 서류 절차를 요구하는 거래소를 피하려 할 수 있다. 일반적으로 더 높은 수준의 규정은 투자자에 대한 소비자 보호라는 장점이 있고 거래소의 안정성을 높여줄 수 있다.[20]

거래소는 보험을 제공하는가

비트코인과 크립토애셋을 취급하는 거래소가 늘어남에 따라 거래소에 대한 보험 설계도 증가하고 있다. 미쓰이스미토모보험Mitsui Sumitomo Insurance은 많은 거래소에 손실 보험을 제공한다.[21] 다른 보험회사들 또한 이 분야에 진입하고자 해서 혁신적 투자자는 자신이 이용하려는 거래소가 이런 보험에 들었는지 알아보는 것이 좋다. 코인베이스는 고객이 보유한 비트코인에 보험을 제공하는 거래소 중 하나이며 지닥스도 고객이 보유한 비트코인에 보험을 제공하는 거래소다.[22] 코인베이스는 고객의 비트코인에 대해 부분적으로 보험을 들 수 있다. 고객의 크립토애셋 중 2퍼센트 미만이 온라인으로 보관되고 나머지는 더 안전한 오프라인으로 보관되기 때문이다.[23]

보관 방법 : 핫 월렛과 콜드 스토리지

크립토애셋은 인터넷망에 연결된 '핫 월렛Hot-Wallet'이나 그렇지 않은 '콜드 스토리지Cold Storage'에 보관된다. 핫 월렛과 콜드 스토리지의 차이를 이해하는 것이 왜 중요한지를 알아보자. 크립토애셋의 취득과 보관은 별개로 고려해야 할 사항이다. 거래소에서는 자산을 자동으로 보관해주지만 그것만이 자산을 장기적으로 보관하는 가장 좋은 방법은 아니다.

크립토애셋은 핫 월렛 또는 콜드 스토리지에 보관된다. 핫 월렛의 '핫'은 인터넷에 연결돼 있음을 의미한다. 지갑은 인터넷을 통해 직접 접근할 수 있을 때 또는 인터넷이 연결되어 있는 장치에 있을 때 뜨겁다. 혁신적 투자자가 인터넷에 연결되어 있는 웹 브라우저 또는 데스크톱, 모바일 앱을 통해 자신의 크립토애셋에 접근할 수 있는 지갑이 핫 월렛이다.

반면 콜드 스토리지는 인터넷에 연결되지 않은 채로 크립토애셋을 보관하는 장치를 말한다. 이 경우 해커는 크립토애셋에 접근하려면 장치를 실제로 훔쳐야 할 것이다. 일부 방법은 크립토애셋을 보관하는 장치가 단 한 번이라도 인터넷에 연결되지 않도록 한다. 극단적으로 들릴 수도 있지만 꽤 많은 크립토애셋을 보관하는 회사들에게는 좋은 방법이다. 단 보안을 가장 우선시하는 투자자 외에는 굳이 꼭 편으한 방법은 아니다.

크립토애셋을 보관한다는 것은 무엇을 의미할까? 크립토애셋 소유자가 개인키private key를 가진 또 다른 소유자에게 크립토애셋을 보낼 수 있는 개인키를 보관한다는 의미다. 개인키는 디지털 금고를 여는 일련의 숫자다. 개인키는 키 소유자가 자신이 크립토애셋 소유자임을 수학적으로 증명시켜 원하는 처리를 할 수 있게 한다.[24] 이 디지털 키는 핫 월렛 또는 콜드 스토리지에 보관할 수 있고, 이런 보관 서비스를 제공하는 다양한 업체가 있다.

핫 월렛과 콜드 스토리지 모두 혁신적 투자자가 개인키를 관리하는 두 가지 선택지를 각각 가지고 있다. 이는 〈그림 14.1〉과 같이 네 가지 선택으로 나뉜다. 예컨대 대부분의 거래소는 고객의 개인 키를 관리하고 있어서 고객은 일반 웹사이트에 접속하듯이 거래소에 접속하기만 하면 된다. 이 거래소들은 제3의 기관이 개인키를 관리하고 있는 핫 월렛에 대한 접근 자격을 얻는다. 코인베이스와 같은 거래소는 제3의 기관이 여전히 개인키를 관리하는 콜드 스토리지 서비스를 제공한다. 제3의 기관이 개인키를 관리하는 경우에는 거래소가 고객 각각의 자산에 대한 개인키를 가지고 있지 않다. 대신 거래소는 다수의 고객 자산을 안전하게 보관하는 개인키를 몇 개 가지고 있을 것이고 아주 조심스럽게 보관할 것이다.

혁신적 투자자가 제3의 기관을 꺼릴 경우에는 개인키를 직접 관

<그림 14.1> 크립토애셋을 안전하게 보관하는 네 가지 방법

리하는 방법도 있다. 개인키를 분실하는 등 모든 위험을 본인이 감수해야 하지만 적절히 주의하기만 하면 자율성을 보장받고 소유자가 직접 보안성을 관리할 수 있다.

거래소 보관 시 유의점

거래소는 고객의 크립토애셋을 자동으로 보관해야 한다. 대개 개인키를 관리함으로써 그렇게 한다. 앞서 언급했듯이 많은 거래소가 각각의 고객에 대한 개별 키를 갖고 있지는 않다. 거래소는 크립토애셋 각각의 블록체인에 따라 거래소 고유의 개인키를 가진다. 그리고 고객의 잔액을 기록하는 내부 장부를 가진다. 거래소에 따라 다양한 수준이 보안 예방책이 있고 가기 다른 비율로 핫 월렛과 콜드 스토리지에 자산을 보유하고 있다. 시간이 흐름에 따라 이런 보안성의 차이가 아주 중요하다는 것이 증명되었다. 보다 분명한 이해를 위해 핫 월렛에 비트코인을 100퍼센트 모두 보관했던 거래소들에서 일어난 대형 해킹 사례를 몇 가지 소개한다.

널리 알려진 마운트곡스에서부터 시작해보자. 마운트곡스는 전 세계에 비트코인에 대한 인식과 사용을 넓히는 역할을 했지만, 4억 5,000달러가 넘는 고객들의 비트코인이 해킹당해 2014년 초[25] 파산을 선언하면서 막을 내렸다.[26] 비트코인을 보다 쉽게 취득할 수 있는 기회를 투자자들과 비트코인 팬들에게 제공한 선두 주자였지만, 여전히 초창기에 속해 있던 자산 클래스와 관련해 취약한 관리 능력을 보였다. 좋은 조합이 아니었다.

제드 맥칼럽은 마운트곡스의 초기 창시자였다. 그는 수천수만 달러가 인터넷을 통해 쏟아져 들어오기 시작했을 때 매도자와 매수자를 연결하는 사업이 자신의 예상을 뛰어넘는다는 것을 일찍이 깨달았다. 맥칼럽은 채팅방에서 알게 된 '매지컬턱스MagicalTux'(턱시도 입은 마술사라는 뜻―옮긴이)라는 이름을 사용하던 마크 카펠레스에게 자신의 사이트와 성장 중인 사업을 매각했다. 마크는 고양이 비디오를 인터넷에 올리는 일을 즐겨했다. 카펠레스는 증가하는 관심과 거래를 따라잡기 위해 웹사이트를 다시 개편했고, 이런 그의 능력 덕분에 다른 비트코인 거래소들이 빠르게 사업을 접었을 때도 그의 거래소는 초기에 살아남았다.[27]

카펠레스는 뛰어난 코딩 능력을 갖고 있었지만 사업에 관한 한 자신의 수준이 그에 못 친다는 것을 곧 깨달았다. 그는 회사의 성장에 집중하지 않았고 그의 코딩 기술 또한 곧 한계를 드러냈다. 보다 경험 있는 기술 회사라면 테스트 환경과 코드에 대한 버전 제어 소프트웨어를 실행했을 것이다. 카펠레스는 마운트곡스 운영의 중추였던 이 두 가지를 다 하지 않았다. 코드를 변경하려면 모두 직접 그를 거쳐야 해서 급한 변경 업무에 병목 현상이 빚어졌다.

이처럼 카펠레스는 마운트곡스 사업에서 여러 가지로 부주의했다. 그러나 비트코인 보관에 있어서 핫 월렛과 콜드 스토리지 사이의 차이는 분명히 이해하고 있었다. 그는 거래소가 보관하고 있는 비트코인에 대한 모든 개인키를 자신이 직접 관리했다. 2011년 해킹 이후 카펠레스는 대부분의 비트코인을 콜드 스토리지로 옮기기로 결정했다. 따라서 개인키들을 적어야 했고 그것을 도쿄 전역에 위치한 회사 지사들의 안전 금고에 보관했다. 이에 따라 많은 서류 작업과 회계 작업을 해야 했지만, 이는 카펠레스가 가진 강점이 아니었다.[28] 카펠레스는 키들을 콜드 스토리지에 보관하고 있었지만, 해커가 코어 비트코인 소프트웨어에 버그를 심어 거래를 조작했다고 주장했다.[29] 카펠레스의 주장에 비트코인 커뮤니티의 많은 사람들이 의문을 제기했지만, 서투른 관리 규약과 취약한 보안 예방책이 이런 해킹을 일어나게 한 주요 원인이라는 점은 부인할 수 없다. 이런 부주의는 투자자들에게 4억 5,000만 달러치의 비트코인 피해를 입혔다.

보다 최근에 벌어진 비트파이넥스 거래소 해킹은 투자자들에게 7,200만 달러의 손해를 입혔다.[30] 핫 월렛에 고객의 자산을 100퍼센트 모두 보관한 결과였다. 왜 핫 월렛에 모두 보관했는지에 대해서는 논란이 있다. 유동성 목적으로 핫 월렛에 보관했다고 보는 견해도 있는데, 비트파이넥스가 가장 유동적이고 활발한 거래가 이루어진 곳 중 하나였기 때문이다. 규제 결과 때문이라고 보는 견해도 있었다. 해킹에 앞서 비트파이넥스는 미국 상품선물거래위원회에 벌금 7만 5,000달러를 지불했다. 비트코인에 대한 콜드 스토리지 보관이 상품선물거래위원회 규정에 저촉되었기 때문이다. 벌금과 상품선물거래위원회의 규제로 인해 핫 월렛으로 모든 고객의 자산을 이동했다고 보는 시각이 우세하다.[31] 어느 쪽이든 이런 해킹은 다음의 한 가지를 입증했다. 바로 어떤 보안 규약이 시행되든 핫 월렛은 인터넷 연결을 통해 멀리 떨어져 있는 누군가로부터 접근이 가능해서 보안성이 더 떨어진다는 것 말이다. 콜드 스토리지 경우에는 물리적으로 침입해야만 자산에 접근할 수 있었다.

마운트곡스가 해킹당했던 당시 비트코인과 그 기반 기술은 여전히 초창기 단계에 머물러 있어서 다른 신기술과 마찬가지로 성장통을 겪었다. 유명 벤처캐피털리스트인 프레드 윌슨은 사고가 일어난 후 "우리는 이 분야가 성숙해가는 과정을 지켜보고 있다. 그 과정 중 하나로 실패, 사고, 기타 실수와 혼란이 불가피하게 따른다. 내가 지켜본 거의 모든 기술이 이런 성장통을 겪은 후에 크게 정착했다"라는 글을 남겼다.[32] 어떤 분야든 신기술 도입자와 초기 채택자들은 위험을 감수하고 있으며 거래소들은 시간이 흐름에 따라 전문화되고 있다. 마운트곡스는 운영을 멈췄지만 비트파이넥스는 구조를 재편해 순항하고 있다. 이런 해킹 사건은 기존 크립토애셋 거래소와 신생 거래소만 참고할 교훈은 아니다. 고객들 또한 참고해야 한다.

헤킹 위험이 가장 큰 거래소는 핫 월렛에 가장 많은 자산을 보유하고 있는 거래소들이다. 콜드 스토리지는 자산에 대한 빠른 접근성을 잃는 대신에 보안성을 얻을 수 있다.

지갑 종류

거래소에 크립토애셋을 보관하는 일이 항상 안전한 것은 아니다. 보험에 가입하고, 콜드 스토리지에 대부분의 자산을 보관하며, 모의 해킹과 정기 검사 등 최상의 보안책을 시행하는 거래소들은 상대적으로 위험성이 낮다. 그 밖의 다른 거래소를 이용할 경우에는 보다 최근에 나온 크립토애셋 상장과 같이 특정 역량을 가진 거래소를 정기적으로 자주 이용할 경우에만 위험성이 줄어든다. 거래를 정기적으로 자주 하지 않는다면 자산을 안전하게 보관하기 위해 다음 중 하나를 선택해야 한다.

지갑의 종류에는 크게 다섯 가지가 있다. 웹(클라우드) 지갑, 데스크톱 지갑, 모바일 지갑, 소프트웨어 지갑, 하드웨어 지갑, 페이퍼 지갑이 있다. 비트코인을 예로 들어 간단히 설명해보겠다. 기타 크립토애셋과 관련해 비슷한 선택을 하는 데 기준이 되어줄 것이다.

각기 다른 종류의 비트코인 지갑에 대해 더 알고자 한다면 비트코인 웹사이트bitcoin.org를 참고하라.[33] 또한 이 책 뒤쪽에 참고할 만한 웹사이트를 소개했다. 보다 많은 크립토애셋에 대한 관심과 접근성이 계속해서 증가함에 따라 이런 자산들을 안전하게 보관할 수 있는 지갑의 종류 역시 늘어날 것이다.

웹 지갑

대부분의 웹 지갑은 거래소와 크게 다를 바 없다. 키는 종종 투자자가 아닌 중앙화된 제3의 기관이 관리한다. 제3의 기관이 적절한 보안 기술을 사용하지 않으면 크립토애셋은 위험해질 수 있다. 거래소와 마찬가지로 웹 지갑은 어디서나 접근할 수 있으며, 이것이 웹 지갑의 주요 장점이다. 많이 사용하는 웹 지갑은 블록체인인포와 코인베이스다. 일부 웹 지갑은 개인키 관리를 선택하게 한다. 이는 웹 지갑을 마치 원격으로 접근할 수 있는 라이트웨이트^{lightweight} 데스크톱 지갑(데스크톱 지갑 부분에서 설명하겠다)처럼 만든다.

웹 지갑에서 사용이 증가하고 있는 기능은 볼트^{vault}(금고를 의미—옮긴이)다. 볼트는 크립토애셋의 인출을 지연해서 소유자로 하여금 허락받지 않은 인출 시도를 무효화할 시간을 갖도록 한다. 사용자의 비밀번호를 훔쳐 크립토애셋을 다른 주소로 옮기려는 해커의 시도를 좌절시키는 전략이다. 코인베이스는 웹 지갑 분야에서 가장 많이 알려진 볼트 서비스를 제공하고 있다.

크립토애셋 볼트

코인베이스가 제공하는 장점 중 하나는 고객이 비트코인 계정에 쉽게 접근할 수 있을 뿐 아니라 유동성은 상대적으로 떨어지지만 보안 수준이 높은 '볼트'를 사용할 수 있다는 점이다. 볼트에 비트코인을 보관하면 보안성이 증가하는데 이를 위해선 이중 인증과 인출 전 시간 지연이 필요하다. 이로 인해 볼트에서 비트코인을 인출하려면 48시간이 걸린다. 코인베이스의 이중 기능은 은행의 예금 계좌와 저축 계좌를 가지는 것과 같다. 투자자가 빨리 사용해야 하는 비트코인은 정규 코인베이스 계좌에 보관할 수 있고(예금 계좌) 추가 보안성이 필요한 비트코인은 볼트 계좌(저축 계좌)에 보관할 수 있다.

데스크톱 지갑

데스크톱 지갑에서 개인키는 소프트웨어를 내려받은 컴퓨터에 직접 보관한다. 온전히 컴퓨터 사용자가 관리해서 그 외 누구도 비트코인을 잃어버리거나 사용하거나 보낼 수 없다. 데스크톱 지갑에는 두 가지 종류가 있다. 풀 클라이언트full client와 라이트웨이트 클라이언트lightweight client이다. 클라이언트는 컴퓨터에서 실행되는 소프트웨어 애플리케이션의 기능을 말한다. 풀 클라이언트가 훨씬 더 집중적인 소프트웨어 응용 프로그램이라면 라이트웨이트 클라이언트는 편리한 비트코인 보관 기능을 제공한다.

비트코인이 등장한 초기에 사토시의 소프트웨어와 관련된 지갑은 단 하나였다. '비트코인 코어Bitcoin Core'라 불리는 지갑이었다. 이 지갑은 풀 클라이언트여서 비트코인 블록체인 전체를 내려받아야 히므로 상당한 수준이 인터넷 대여폭과 컴퓨터 저장 공간은 필요로 한다. 컴퓨터가 이 소프트웨어를 운영하고 있을 때 그 컴퓨터는 비트코인 네트워크의 풀 노드full node로 간주된다. 모든 하나하나의 블록체인 트랜잭션 기록을 가진다는 의미다. 풀 노드는 보안성과 자율성 면에서 뛰어나고 비트코인 트랜잭션을 전달하고 인증하는 중추 역할을 한다. 하지만 하드웨어 사양은 이 분야에 특별한 취미를 가진 사람들만이 충족할 수 있는 수준이다.[34]

라이트웨이트 클라이언트는 신 클라이언트thin client라고도 한다. 비트코인의 전체 블록체인을 내려받지 않는다. 네트워크를 통해 전달되는 새 트랜잭션을 전달하거나 인증하지도 않는다. 대신 비트코인 블록체인의 완전한 정보에 대해 풀 노드에 의존한다. 사용자의 비트코인을 포함한 거래 정보 제공에 주로 집중한다. 라이트웨이트 클라이언트는 풀 클라이언트를 구동할 수 없는 일반적인 사용자에게 훨씬 더 실용적이다. 이들 지갑의 개인키는 소프트웨어를 내려받은 컴퓨터에 저장한다. 대중적으로 사용되는 라이트웨이트 클라이언트에는 코이노미Coinomi, 일렉트럼Electrum, 작스Jaxx 등이 있다.

모바일 지갑

엄밀히 말해 모바일 지갑은 제3기관의 서버가 아니라 장치에 개인키를 저장하는 지갑을 말한다. 모바일 지갑은 비트코인 블록체인을 내려받지 않는다는 점에서(그렇게 하면 스마트폰을 고장낼 것이다) 라이트웨이트 클라이언트와 유사하다. 혁신적 투자자는 항상 모바일 지갑을 사용할 수 있다. 비트코인을 받아주는 술집이나 식당에서 사용할 수 있고 친구에게 편리하게 비트코인을 송금할 수도 있다.

많은 지갑이 앱 스토어에 모바일 앱으로 나오지만 엄밀히 말하면 그것들은 모바일 지갑이 아니라 모바일 앱을 통해 접근할 수 있게 해주는 웹 지갑이다. 핵심 차이점은 누가 개인키를 보관하느냐에 있다. 제3의 기관이 개인키를 보관하고 지갑이 인터넷을 통해 그 정보에 접속하면 모바일 앱의 형태라 하더라도 웹 지갑이다.[35] 개인키가 스마트폰에 보관되어야 모바일 지갑이다. 에어비츠Airbitz 와 브레드월렛Breadwallet 등이 모바일 지갑이다.

하드웨어 지갑

비트코인이 보다 대중화되고 널리 사용됨에 따라 개인키를 보관해서 다른 사람에게 비트코인이나 다른 크립토애셋을 보낼 수 있는 특정 용도의 하드웨어를 생산하는 회사들이 속속 생겨났다. 각각의 하드웨어 지갑은 다양한 기능을 제공한다. 어떤 지갑은 키 생성, 보관, 송금 기능을 모두 가지고 있다. 기타 하드웨어 지갑은 단순히 거래 인증 보안성을 추가로 강화해준다. 대중적으로 사용되는 몇 가지 지갑은 다음과 같다.[36]

- **트레저**Trezor : 비트코인을 보관하는 보다 안전한 방법 중 하나다.
- **레저 나노**Ledger Nano : 이 장치는 USB 포트에 꽂아 비트코인, 이더리움, 기타 알트코인을 보관한다. USB 드라이브처럼 보이는 외관

장치에서 트랜잭션이 일어나면 인증을 확인해주는 OLED 디스플레이를 갖추고 있다.

- **킵키**KeepKey : 이 USB 장치는 비트코인을 안전하게 보관할 뿐만 아니라 거래와 인증에 대한 정보를 OLED 디스플레이로 제공한다. 또한 비밀번호를 보호한다.

하드웨어 지갑은 분실 우려가 늘 있지만 그렇다고 해서 완전히 잃어버리게 되는 것은 아니다. 하드웨어 지갑을 설정하는 초기화 단계에서 백업 암호와 같은 시드seed가 있다. 이 시드는 매우 안전한 곳에 보관해야 한다. 하드웨어 지갑이 없어지면 시드가 하드웨어 지갑에 있던 개인키를 다시 생성하여 비트코인에 다시 액세스할 수 있도록 해야 한다.

하드웨어 지갑은 특정 하드웨어와 관련 소프트웨어 기술을 요하기 때문에 다양한 크립토애셋을 지원하지 않는다. 대부분의 하드웨어 지갑은 비트코인을 지원한다. 레저 나노 S는 비트코인 외 기타 몇몇 크립토애셋을 지원하고 킵키는 비트코인 외 암호화폐를 추가로 제공하기 위해 셰이프시프트ShapeShift와 통합하고 있다.[37] 보다 많은 하드웨어 지갑이 다양한 크립토애셋을 지원하기 위해 기능을 확장하고 있어서 이 분야는 다음 수년간 성장해갈 것이다.

페이퍼 지갑

페이퍼 지갑paper wallet은 개인키를 보관하는 가장 단순한 방법 중 하나이면서, 적절하게 보관만 하면 가장 안전한 방법 중 하나이기도 하다. 일련의 글자와 숫자로 이루어진 공용키와 개인키를 종이에 보관한다. 페이퍼 지갑은 콜드 스토리지 형태로 분류된다. 페이퍼 지갑은 수십 년간 금고에 보관할 수 있고 자산의 블록체인이 계속해서 존재하는 한 페이퍼 지갑의 개인키로 접속할 수 있다. 페이퍼 지갑은 모든 크립토애셋을 지원한다. 펜과 연필만 있으면 되기 때문이다. 많은 이들이 페이퍼 지갑을 방화 금고 또는 이와 유사한 안전 장소에 보관한다.

많은 선택, 같은 원리 :
종류는 다양해도 원리는 동일하다

자신의 필요에 가장 잘 맞는 지갑과 거래소를 선택할 때 투자자는 자산 실사를 꼭 해야 한다. 그런 다음에 크립토애셋을 '어떻게 취득할지'와 '어떻게 보관할지'를 고려한다. 또한 동일한 회사가 이 두 가지 서비스를 다 제공할 수 있지만 어느 회사의 서비스를 택할지 결정하기 전에 무엇이 가장 중요한지를 고려해보는 것이 좋다. 일반 투자자가 어떤 투자상담사의 서비스를 받을지 고려하는 시간을 갖듯이 혁신적 투자자는 어떤 크립토애셋의 '취득 수단과 보관 수단'을 사용할지를 알아보는 시간을 가져야 한다.

크립토애셋의 세계는 새로운 습관과 불편한 과정을 요구한다. 특히 돈과 관련해서는 더 그렇다(디지털 화폐 형태든 아날로그 지폐 형태든). 크립토애셋에 대한 가시성과 시장이 확대됨에 따라 새로운 습관이 필요 없는 옵션이 나타날 것이다. 크립토애셋이 투자자에게 이미 친숙한 투자 시스템과 비이클에 통합될 것이기 때문이다. 자산관리 회사, 투자회사, 기타 자본시장 회사들이 자본시장 자산의 틀에 맞고 증권계좌와 은퇴연금계좌에 보관할 수 있는 투자 비이클을 검토하며 만들려고 나서고 있다.

다음 장에서는 투자자에게 적합한 다양한 자본시장 투자 선택지들을 알아보겠다. 이들 투자 방법에는 여전히 자산 실사, 학습, 조사가 필요하지만, 스타트업이 제공하는 개인키와 새 계정 오픈 등 걱정할 요소들이 사라질 수 있다.

15

비트코인 상장지수펀드의 미래

크립토애셋 전문 거래소에서 크립토애셋을 구입하는 것은 투자자가 이 새로운 자산 클래스에 접근하는 직접적인 방법이다. 하지만 새로 등장한 이 분야에 대한 신뢰 문제뿐 아니라 새롭게 접하는 애플리케이션과 사용자 인터페이스에 적응하는 데는 노력이 필요하다.

크립토애셋을 기존의 투자 포트폴리오 관리와 접목시키면 여러 가지 장점이 있다. 가격의 움직임을 보다 쉽게 체크할 수 있고 자산 배분 모델을 보다 신중하게 관리할 수 있으며 세금 혜택은 최대한 활용할 수 있다. 이번 장에서는 기존 투자 채널을 통해 크립토애셋을 취득할 수 있도록 해줄 다양한 자본시장 비이클과 앞으로의 전망에 대해 다루겠다. 또한 이 분야가 계속해서 성장해감에 따라 혁신적 투자자가 재무상담사로부터 어떤 도움을 받아야 하는지도 살펴보겠다.

비트코인 투자회사

그레이스케일인베스트먼트Grayscale Investments는 비트코인 시장에서 가장 큰 비이클을 제공한다. 2017년 3월 기준으로 발행된 모든 비트코인의 약 1퍼센트, 즉 2억 달러가 넘는 비트코인 자산을 운용하고 있다. 그레이스케일인베스트먼트는 모회사인 디지털커런시그룹Digital Currency Group(DCG)에 의해 2013년 설립되었다. 디지털커런시그룹은 연쇄창업가이자 비트코인 커뮤니티 안에서 영향력 있는 인물인 배리 실버트가 설립했으며, 비트코인 분야의 버크셔해서웨이Berkshire Hathaway(미국의 지주회사로 세계적인 부호인 워런 버핏이 설립─옮긴이)라고 불리기도 한다.[1] 디지털커런시그룹 포트폴리오 내에서 그레이스케일은 자본시장에 전자화폐 투자 옵션을 제공하는 데 집중한다. 현재 그레이스케일은 '비트코인 인베스트먼트 트러스트(이하 BIT로 약칭, 종목 코드 GBTC)', '이더리움 인베스트먼트 트러스트(이하 ETC로 약칭)'의 상장 승인이 불허된 바 있지만 재검토 가능성이 있는 '비트코인 상장지수펀드(이하 ETF로 약칭)'를 운용하고 있다.

BIT는 그레이스케일이 시장에 내놓은 첫 번째 상품인데 출시 당시에는 공인 투자자만 살 수 있었다. BIT는 비트코인을 신탁으로 취득해 확보하도록 구성되었다. 그다음 각 주당 각 비트코인 가치의 10분의 1 신탁 지분을 투자자에게 제공한다. 이론적으로 열 개의 주식이 하나의 비트코인에 상응한다고 간주할 수 있다.[2] 신탁에서 헤지나 레버리지는 사용되지 않는다. 단순히 비트코인을 보유하고 투자자가 기초 자산에 상관없이 가격 변동에 접근할 수 있도록 한다. 비트코인 보관은 대규모 비트코인을 안전하게 보관하는 서비스를 제공하는 회사 자포Xapo가 맡는다.[3] 그레이스케일은 웹사이트에서 BIT에 대해 다음과 같이 홍보하고 있다.[4]

- 전통적 투자 비이클을 통한 회계 감사 가능한 소유권
- 세금 혜택 제고 자격
- 시세 공개
- 신뢰할 수 있는 서비스 공급업체의 네트워크 지원
- 강력한 보안 및 보관

이 서비스를 받으려면 매년 2퍼센트의 수수료를 내야 한다. 투자자는 1년간 보유한 후에 지분을 미국의 장외시장인 OTCQX(OTC마켓그룹에서 운영하는 장외시장 거래—옮긴이)에서 GBTC 심볼로 매각할 수 있다.[5] 이 과정을 통해 공인 투자자는 이익이나 손실을 실현하고 초기 투자금을 회수할 수 있다. 이렇게 함으로써 모든 투자

자가 매각된 BIT 지분에 접근할 수 있다. 기타 투자자들은 기존에 거래하던 회사든 새로운 회사든 주식 중개인을 통해 GBTC를 살 수 있다.

자기주도 개인은퇴계좌

은퇴를 염두에 두고 투자하려는 투자자에게 상대적으로 잘 안 알려진 옵션 중 하나가 자기주도 개인은퇴계좌Self-Directed IRA이다. 전통적인 개인은퇴계좌는 1974년에 만들어졌지만 자기주도 개인은퇴계좌와는 투자 옵션의 다양성에서 차이가 난다. 대부분의 사람들은 주식, 채권, 뮤추얼펀드, 단기 금융시장의 상품과 같은 현금 등가물에 투자하기 위해 자기주도 개인은퇴계좌를 사용한다. 자기주도 개인은퇴계좌를 통해 투자자는 이들 투자 대상을 넘어 부동산과 금 같은 자산에도 투자할 수 있다. 이런 유연성이 있는 만큼 많은 규정이 추가된다. 그중 하나가 이 계좌를 이용한 어떤 투자도 계좌 소유주에게 '부차적으로' 이득을 생기게 해서는 안 된다는 점이다. 예컨대 자기주도 개인은퇴계좌를 통해 부차적인 수익을 얻는 경우란 별장을 사거나 계좌 소유주가 개인적으로 사용하고자 기타 부동산을 사는 데 펀드를 사용하는 경우다.[6] 이들 계좌는 대체로 유지관리비와 수수료가 비싸다. 따라서 실용적인 반면 적절한 자산 실사와 주의가 필요하다.

BIT의 두 번째 단계가 항상 가능한 것은 아니었다. 2015년 5월 초, 금융산업규제당국FINRA은 BIT가 OTCQX에 상장되도록 규제 승인을 했다.[7] 2015년 5월 4일, BIT를 구매한 최초의 공인 투자자에게 OTCQX 시장에서 보유한 GBTC 주식을 팔 수 있는 옵션이 주어졌다.[8] 첫 번째 거래는 주당 44달러로 2주가 거래되었다. 하루 동안 765주, 즉 약 75 비트코인이 조금 넘게 거래되었다. 분명 허약 장세였지만 5월의 이 날이 비트코인 비이클이 최초로 정식 자본시장에서 거래된 날이었다.

2017년 1/4 분기 동안 BIT와 GBTC는 여러가지로 흥미롭다.[9] 하지만 이들은 완벽한 비이클과는 거리가 멀다. 그레이스케일이 공인 투자자로 하여금 공개시장에 팔기 전에 1년간 보유하도록 했지만 이것에는 분명 문제점이 있었다. 그레이스케일은 ETF나 뮤추얼펀드와는 달리 투자자 수요를 충족하기 위해 GBTC 주식을 더 많이 발행할 수 없다. 대신 GBTC의 새로운 유닛 발행은 전적으로 주식을 팔고자 하는 공인 투자자에게 달려 있다. 이들은 1년 동안 보유한 후에 팔 수가 있다. 더욱이 그레이스케일의 기업공개신청서(S-1 filing)는 미국 증권거래위원회가 검토 중이어서 주식을 사들이고 싶어 하는 공인 투자자를 위한 보다 많은 BIT 주식을 만들 수 없다.

한편 GBTC의 가격은 사람들이 이 주식에 접근하고자 하는 가격에 따라 오르내릴 수 있다. GBTC 첫 번째 거래는 주당 44달러였다. 각 주는 비트코인의 약 10분의 1이었다. 따라서 주당 44달러는 비트코인이 440달러여야 함을 의미한다. 하지만 주당 44달러였을 당시 비트코인은 200달러대의 낮은 가격이었다. 앞 장에서 설명했던 모든 기본 사항을 신경 쓸 필요가 없이 투자 대상으로서 비트코인에 접근하려면 누군가는 기꺼이 100퍼센트의 프리미엄을 지불하고자 했던 것이다.

〈그림 15.1〉은 시간의 흐름에 따라 GBTC가 순자산가치net asset value(NAV)와 어떻게 달라지는지를 보여준다(순자산가치는 지분에 기초한 비트코인의 순수가치를 말한다. 회색 선이 검은 선 위에 있다면 GBTC가 주식의 기초 가치에 프리미엄을 얹어 거래되고 있음을 의미한다).

GBTC는 짧은 기간이지만 상당 기간 동안 순자산가치를 넘어 거래가 잘 이루어졌음이 분명하다. 이에 대한 각기 다른 설명들이

〈그림 15.1〉 가격과 비교한 GBTC의 순자산가치

출처 : https://grayscale.co/bitcoin-investment-trust/#market-performance

있다. GBTC는 현재 모든 투자자가 전통적 포트폴리오나 은퇴계좌에 추가할 수 있다. 기관 투자자들 또한 쉽게 GBTC를 살 수 있다. 이유가 무엇이든 이는 투자자가 포트폴리오에 비트코인을 포함하는 데 관심이 있다는 신호다. 2017년 3월 기준으로 자본시장 비이클을 통해 이렇게 할 수 있는 가장 흔한 방법은 GBTC이다. 따라서 프리미엄은 이런 접근에 대해 지불해야 하는 가격이다. 게다가 프리미엄이 세금 보고 유연성을 제공하는 동시에 비트코인 가격 상승의 이점을 누리게 하는 가치가 있다고 보기도 한다. 하지만 GBTC에는 수요 공급 문제가 있다. GBTC는 공인 투자자들이 BIT에 대한 초기 투자금을 회수하길 선택할 때만 거래될 수 있다. 그리고 그렇게 하는 데는 필요 요건이 없다. 따라서 수요가 쌓임에 따라 수요를 충족하는 공급이 항상 따라오지는 않는다.

사람들은 처음에 GBTC를 ETF로 이해하기도 한다. 따라서 '비트코인 ETF'를 둘러싸고 여러 극적인 일이 펼쳐지는 이유를 궁금해한다. 하지만 BIT와 GBTC는 ETF와는 현저히 다르다. BIT와 GBTC는 둘 다 규제 승인을 받았다. 그리고 운용이 복잡하다. ETF는 주식의 가치가 순자산가치에 가깝게 유지될 수 있도록 구성되어 있다. 순자산가치에 가까운 주식 보유는 GBTC 투자자들이 견뎌야 하는 상당한 보험료를 피한다. 게다가 ETF는 미국 증권거래위원회의 승인이 필요하다. BIT가 올바른 방향으로 가는 첫 걸음이지만, 미국 증권거래위원회가 ETF를 승인해 투자자들이 구매를 할 수 있기까지는 아직 거쳐야 할 단계가 많다.

비트코인 상장지수펀드와
윙클보스 상장지수펀드의 경쟁

그레이스케일은 BIT를 도입, 미국에서 유일하게 비트코인 기반 자본시장 투자 비이클을 제공한 투자운용 회사지만 다른 회사도 이 분야에 관심을 두고 있었다. 전직 올림픽 조정 선수이자 페이스북 설립자인 마크 저커버그와의 분쟁으로 유명한 캐머런과 타일러 윙클보스 쌍둥이 형제도 그중 하나다. 이들은 부유한 투자자들로 마크 저커버그와 6,000만 달러에 합의했다. 합의 금액을 대부분 주식으로 받았기 때문에 현재 가치는 수억 달러에 이른다.

하지만 쌍둥이 형제는 돈을 받고 나서 잊히길 원하지 않았다. 유명세를 맛본 이들은 세상의 이목으로부터 쉽게 사라지지 않는 인물들이었다. 새로운 벤처 사업을 원했던 이들에게 비트코인은 기회로 등장했다. 이들은 2012년 스페인의 이비자 섬에서 휴가를 즐기던 중 데이비드 아자르에게 소개받은 비트코인 개념에 매료돼,[10] 비트코인 기반 스타트업에 투자하면서 더불어 비트코인을 사들이기 시작했다.

2013년 이들은 당시 발행된 비트코인의 1퍼센트(10만 비트코인이 넘는 비트코인)를 소유하고 있었다.[11] 캐머런의 비트코인 구매로 비트코인의 총 네트워크 가치가 10억 달러가 넘어서게 되었다고 한다.[12] 그는 비트코인에 기회가 있다고 보고 마운트곡스에서 91달러 26센트에 비트코인을 입찰했다. 이로써 비트코인의 총 네트워크 가치는 10억 달러가 넘게 되었다.

형제는 수동적인 투자자로 머무는 데 만족하지 않았다. 이들은 시장에 상품을 내놓길 원했다. 2013년 7월, 이들은 미국 증권거래위원회에 '윙클보스 비트코인 트러스트Winkelvoss Bitcoin Trust'의 증권신고서(SEC Form S-1)를 제출했다. 'COIN'이라는 심볼로 증권 시세표시기에 나타날 ETF를 상장하려는 것이었다.[13] 보통 증권신고서는 100페이지 남짓이며 상품의 모든 세세한 사항을 다룬다. 비트코인 상품에 대한 증권신고서 제출은 이들이 진지한 관심을 가지고 있음을 뜻했다.

ETF는 분명 비트코인을 보유하는 최고의 투자 비이클이다. 투명하고 수수료가 적으며 순자산가치에 근접하게 유지하는 내부 구조를 가지고 있다. 이는 투자자에게 장중 거래를 용이하게 해준다. 게다가 윙클보스 형제는 미국 증권거래위원회의 승인이 투자자들의 신뢰를 얻고 그에 따라 비트코인을 주류 시장으로 끌어올 수 있는 성배로 보았다. 훌륭한 아이디어였지만 이들은 그 길이 생각보다 더 오래 걸린다는 점을 곧 알게 된다.

2017년 초, 윙클보스 형제는 여전히 ETF의 승인을 기다리고 있었다. 그동안에 이들은 증권신고서를 계속해서 수정했고, 수많은 변호사들과 상담을 거쳐 자신들의 크립토애셋 거래소인 제미니를 설립하기에 이른다.

제미니 거래소

윙클보스 형제가 '비트코인 ETF' 상품만 만든 건 아니었다. 2015년 이들은 제미니라는 크립토애셋 거래소를 세웠다. 형제는 규정을 적절하게 따르며 뉴욕금융서비스부로부터 허가받는 작업을 진행했다. 처리 기간이 상당히 오래 걸렸지만 2017년 3월 기준으로 이들의 거래소는 은행과 유사한 규제를 받는 유한책임신탁회사로 설립된 이 분야의 두 회사 중 하나가 되었다. 규제받는 거래소가 부족하다는 미국 증권거래위원회의 우려에 착안해 형제는 이 거래소를 만들었다.

2017년 3월 10일이 가까워지면서 모든 시선이 '윙클보스 ETF'에 집중되었다. 미국 증권거래위원회가 ETF 상장에 필요한 절차로 형제가 제출한 '19b-4 filing'에 대한 결정을 내리는 날이었다. 비트코인 ETF 승인에 대한 기대감이 크립토애셋 커뮤니티를 사로잡았다. 승인은 곧 싹트기 시작한 자산 클래스가 거쳐야 할 많은 규제들 중 하나에 대한 위대한 승리일 뿐 아니라, ETF를 사려는 자본시장 투자자들의 수요를 충족할 수 있도록 대량의 비트코인이 공급되어야 함을 의미했다.[14] 2017년 1월 발표한 조사보고서에서 니덤앤컴퍼니의 애널리스트인 스펜서 보가트는 "비트코인 ETF의 상장이 비트코인 가격에 엄청난 영향을 미칠 것이라고 생각한다.

보수적으로 추정해도 비트코인 ETF가 첫 주에 3억 달러를 끌어올 수 있을 것으로 평가한다. 윙클보스 비트코인 트러스트의 비트코인 공급을 위한 노력이 비트코인의 가격을 대폭 끌어올릴 것이다" 라고 썼다.[15]

결정에 앞서 이런 수요 증가에 대한 기대로 비트코인 가격이 올라갔다. 크립토애셋과 자본시장을 잘 이해하고 있는 이들이 ETF 승인 여부를 의심하기도 했지만,[16] 비트코인 가격은 결정나기 전에 다시 한 번 최고점을 찍었다. 3월 10일, 비트코인과 아무런 관련이 없는 미국 증권거래위원회 행사에서 증권거래위원회 직원들은 다음과 같이 공식적으로 말해야 했다. "이메일로 질문하시는 분들이 있는데 저희는 비트코인에 대해서 말씀드릴 게 없습니다. 그러니 질문은 그만해주세요."[17] 분명 전체 커뮤니티가 결정 소식을 듣고 싶어 했다.

그날 늦은 오후, 미국 증권거래위원회는 윙클보스 ETF에 대한 승인을 거부했다.[18] 거부하기로 결정한 이유는 아래와 같다.

위원회는 제안된 규정 변경을 승인하지 않는다. 제안서가 증권거래소 규정이 사기와 조작 행위 및 관행을 막고 투자자와 대중의 이익을 보호하도록 하는 증권거래법 6조(b)(5)에 부합하지 않는다고 보기 때문이다. 위원회는 이 기준을 충족하려면 상장지수상품exchange-traded products(ETP)을 상장하고 그것을 거래하는 거래소는 이 문제에 대한 방향을 결정하는 두 가지 필요 요건을 충족해야 한다고 본다.

우선 거래소는 기초상품 또는 파생상품을 거래하는 주요 시장들과 상호 감독 계약을 체결해야 한다. 둘째, 이들 시장은 규제되어야 한다. 이전 기록에 근거해 위원회는 주요 비트코인 시장이 규제받지 않고 있다고 본다. 따라서 거래소가 이전에 승인한 모든 상품 ETP에 적용된 상호 감독 계약(이 시장에서 사기 또는 조작 행위의 가능성에 대한 토의를 촉진하는 계약)을 아직 체결하지 않았고 현재 체결할 수 없을 것이기 때문에, 위원회는 제안된 규정 변경이 상품거래소법Exchange Act에 부합하지 않는다고 본다.

미국 증권거래위원회가 제시한 요점은 크게 두 가지다. 비트코인 시장이 '규제되지 않았고' 비트코인 ETF를 상장할 배츠Bats Global Markets 거래소와 ETF를 위해 비트코인을 공급할 크립토애셋 거래소들 간에 충분한 '상호 감독 계약'이 없었다는 게 결론이다.

미국 증권거래위원회의 결정에 대한 각자의 기대와는 상관없이 대부분의 사람들은 증권거래위원회가 엄격하게 거절한 것에 깜짝 놀랐다. 분명 증권거래위원회는 윙클보스 ETF의 내용을 세세히 들여다보는 대신 비트코인 시장이라는 중요한 본질에 더 집중했다. 이들 시장이 규제되지 않았다는 지적은 엄격히 규제되는 제미니 거래소를 세우는 데 상당한 시간과 자금을 소비한 윙클보스 형제에게는 특히 더 상처가 되었다. 비트코인 시장 전체에 집중한 증권거래위원회의 거절은 ETF가 당분간 미국에서 승인되지 않으리라는 것을 시사했다.

금요일 오후 4시, 미국 증권거래위원회가 ETF를 승인하지 않기로 결정하자 즉시 비트코인은 1,250달러에서 1,000달러 밑으로 몇 분 만에 20퍼센트 넘게 하락했다. 그리고 다시 빠르게 1,100달러로 반등했다. 비관론자들은 "그럴 것이라고 하지 않았느냐" "비트코인은 끝났다"라는 글들을 다시 한 번 내놓았다. 〈월스트리트저널〉은 "현실적으로 생각하자. 비트코인은 쓸모없는 투자다"라는 제목으로 미국 증권거래위원회의 결정을 다룬 기사를 주말판에 실으면서 독자들을 일깨웠다.[19]

블로거들과 논평가들이 월요일에 사무실로 돌아왔을 때, 이들 비관론자는 투자자들이 24시간 내내 돌아가는 크립토애셋 거래소에서 주말 동안 벌인 일을 목도했다. 미국 증권거래위원회의 결정 이후 비트코인이 1,200달러를 다시 넘어서고 모든 크립토애셋의 네트워크 가치가 400억 달러로 증가했다. 3일 만에 400억 달러나 증가한 것이었다.

미국 증권거래위원회가 거부한 비트코인 ETF는 윙클보스 ETF가 처음은 아니었다. 2016년 7월, 솔리드엑스파트너스SolidX Partners는 미국 증권거래위원회에 '솔리드엑스 비트코인 트러스트SolidX Bitcoin Trust ETF'에 대한 승인 신청서를 제출했다. 뉴욕증권거래소에 'XBTC'라는 심볼로 상장할 계획이었다.[20] 솔리드엑스가 윙클보스 상품과 크게 다른 점은 비트코인 해킹 또는 절도와 관련해 최대 1억 2,500만 달러의 신탁 보험에 주력했다는 것이다. 2017년 3월, 미국 증권거래위원회는 솔리드엑스 ETF를 승인 거부했다.

ARK 투자매니지먼트와 비트코인 ETF

2017년 3월 기준으로 두 가지 비트코인 ETF가 존재한다. ARK 투자매니지먼트의 '넥스트 제너레이션 인터넷 ETF Next Generation Internet ETF(ARKW)'와 '이노베이션 ETF Innovation ETF(ARKK)'이다. 이 두 가지 비트코인 상품 모두 성장주 포트폴리오에 합쳐 운용되며, 시장에 나와 가장 높은 실적을 내는 ETF들에 속한다. ARK 투자매니지먼트는 2015년 9월 그레이스케일의 BIT를 이용해 비트코인에 투자하는 첫 번째 펀드운용사가 되었다. 머신러닝, 자율주행 자동차, 게놈 연구와 같이 빠르게 변화하는 기술에 대한 ARK 투자매니지먼트의 집중을 고려할 때, 비트코인에 대한 투자는 이 회사의 본질적 특성에 적합했다.

상장지수증권

미국 밖으로 시야를 돌리면 XBT 프로바이더 XBT Provider가 발행해 스웨덴 스톡홀름의 나스닥 노르딕 Nasdaq Nordic에서 거래되는 두 가지 상장지수증권 exchange traded notes(ETN)처럼 자본시장에 기반을 둔 다른 비트코인 상품도 있다. 나스닥 노르딕은 미국의 유명회사 나스닥의 자회사인 거래소 시스템이다. 나스닥 노르딕에 상장하려면 상당한 규제 장치를 넘어야 한다. 특히 이들 ETN은 스웨덴에서 금융 규제를 담당하는 정부 기관인 금융감독원^{FSA}의 승인을 받았다.

ETN이 ETF처럼 상장지수이긴 하지만 하나는 증권^{note}이고 다른 하나는 펀드^{fund}다. ETN은 채권자가 자산의 실적에 따라 보상할 것을 약속하는 디지털 증권인 반면, ETF는 실제 자산을 보유함으로써 시장에서 형성된 가치를 따른다는 점이 다르다.

엄밀히 말해 ETN은 시장 지수 또는 벤치마크 지수를 추종하는 공채다. ETN 발행기관은 ETN을 통해 투자자에게 자산을 소유할 필요 없이 투자할 수 있는 기회를 제공한다. ETN은 공채이기 때문에 투자자는 발행회사의 신용 상태를 필요로 한다. 발행회사가 파산하면 투자자는 ETN 투자에 대한 일부만 회수할 수도 있다. 반면 ETF는 기초 자산을 보유한다. 따라서 ETN 투자자는 지수를 구성하는 자산 그룹을 소유할 필요가 없는 대신에 지수를 따르는 발행기관의 능력과 회사의 존속 가능성을 신뢰할 수 있어야 한다.

ETN 발행회사는 대개 은행 또는 금융회사로, 이들이 가진 신뢰성이 증권을 뒷받침해 발행회사의 재무 안정성에 대한 우려를 잠재우는 역할을 한다. 모건스탠리는 이런 유형의 채권을 발행한 첫 회사였고 바클레이 또한 자주 발행하고 있다. 두 회사 모두 높은 등급을 받는 다각화된 국제은행이다. 하지만 2008년 금융위기에서 경험했듯이 증권 인수 회사에 대한 식별과 평가는 아주 중요한데 쉬운 일은 아니다.[21] 공채 발행기관의 재무 건전성은 혁신적 투자자가 ETN을 소유할 때 살펴보고 감수해야 할 위험 부담 요소다.

ETN은 ETF와 마찬가지로 투자자로 하여금 자산 취득과 안전한 유지를 위한 복잡한 세부 사항에 신경 쓸 필요 없이 포트폴리오에 자산을 통합할 수 있게 한다. 예컨대 투자자가 살아 있는 가축과 같은 상품 선물을 믿지만 실제 선물 계약 거래에 관여하길 원하지 않으면, 선물 지수를 추종하는 ETN에 투자할 수 있다. ETN 발행회사는 투자자에게 만기 시 또는 조기 환매 시에 해당 지수의 가치(수수료를 제외한)를 전달할 책임이 있다. ETN은 거래소에서 거래되기 때문에 시장력에 민감하며 내재가치에 따라 할인하거나 프리미엄을 얹어 거래할 수 있다.[22] 거래소를 통한 거래는 유동성의 이점이 있어서 투자자도 쉽게 매도·매수할 수 있다. ETN은 또한 일반 증권 계좌 또는 위탁 계좌에 보관할 수 있다.

2015년 10월, XBT프로바이더는 미국 달러 가격의 비트코인을 추종하는 '비트코인 트래커 원Bitcoin Tracker One(COINXBT)'을 발행했다.[23] 비트코인 트래커 원은 투자를 위한 비트코인의 기초 가치를 결정하기 위해 비트파이넥스, 비트스탬프, 지닥스 거래소로부터 평균 미국 달러 교환율을 제공받는다.[24] 다음 해인 2016년에 XBT프로바이더는 '비트코인 트래커 유로Bitcoin Tracker Euro'를 발행했다. 두 가지 투자 수단은 모두 어음 할인 중개회사인 인터랙티브브로커즈Interactive Brokers를 통해서 구입 가능했다.[25]

이들 상품에 대해 XBT프로바이더는 그레이스케일보다 25퍼센트 높은 2.5퍼센트의 수수료를 받는다. XBT프로바이더는 여러 ETN과 달리 항상 철저히 헤지를 건다는 점에서 혁신적 투자자들에게 중요하다. ETN의 가치에 상응하는 기초 비트코인을 보유한다는 의미다. 이는 XBT프로바이더에 대한 의존도를 상당히 줄일 수 있다. 회사가 파산하더라도 여전히 투자자에게 배상할 수 있는 기초 비트코인이 있기 때문이다. 웹사이트에서 이에 대해 설명하고 있다. "XBT프로바이더는 시장 위험이 없습니다. 회사는 언제나 발행한 ETN에 상응하는 비트코인을 보유합니다."[26]

2016년 중반, XBT프로바이더는 주요 주주인 케이앤씨마이너KnCMiner가 파산한 후에 글로벌어드바이저스Global Advisors (Jersey) Limited(GABI)에 매각되었다. 케이앤씨마이너는 오랫동안 비트코인을 채굴한 회사이자 비트코인 채굴기를 제조한 업체였다. ETN에 있어 발행기관의 신뢰성은 가장 중요하다. 글로벌어드바이저스는 이 또한 잘 알고 있었다. 케이앤씨마이너의 파산 이후 XBT프로바이더는 새로운 보증회사를 찾으면서 두 가지 ETN 거래를 일시 중지했고, 글로벌어드바이저스가 구원군으로 나타났다.[27]

글로벌어드바이저스는 리먼브라더스와 제이피모건에서 상품 트레이더로 업계 경력을 시작한 장 마리 모그네티와 대니얼 매스터스가 이끌고 있다. 이들은 비트코인 분야에 자본시장의 경험을 끌어오고 있다. XBT프로바이더에 대한 인수에 앞서, 글로벌어드바이저스는 기관 투자자들을 위한 비트코인 펀드인 'GABI'를 만들었다.[28] 펀드의 지불 장소 주소지는 케이맨 섬과 유사하게 혁신적 규제를 단행하는 곳으로 알려진 영국령 저지였다. XBT프로바이더를 인수함으로써 글로벌어드바이저스는 비트코인 ETN에 대한 계약 상대방의 신뢰성을 강화하고 비트코인 투자 플랫폼에 기관 투자자들을 위한 자산을 추가했다. 이런 방향에 대해 매스터스는 이렇게 설명한다. "GABI 펀드는 기관 투자자를 목표로 한, 유일하게 완전히 규제된 비트코인 투자 펀드입니다. XBT를 추가함으로써 우리는 온라인 소매 시장과 전문 시장에 대응하고 있습니다."[29]

상장지수상품

또 다른 비트코인 투자 대상은 상장지수상품exchange traded instrument(ETI)이다. ETI는 자산담보증권자산이라는 점에서 ETF와 유사하지만 기초 자산이 담보일 필요는 없다. 하지만 ETI는 상대적으로 훨씬 덜 보편적이며 주로 선물 또는 옵션과 같은 대체 투자 수단을 보관하는 목적으로 사용된다.[30]

2016년 7월, 비트코인 ETI는 지브롤터 증권거래소Gibraltar Stock Exchange에 'BTCETI'라는 심볼로 상장되었다.[31] 1.75퍼센트의 수수료에 그레이스케일과 XBT프로바이더의 관리 아래 자산을 코인베이스에 보관한다.

ETI의 보증사이자 주선사는 잘 알려지지 않은 리볼투라Revoltura 회사와 아르젠타리우스그룹Argentarius ETI Management Limited인 반면, 지브롤터 정부와 규제 당국인 금융위원회가 관련되어 있다는 점이 주목할 부분이다.

지브롤터가 암호화폐 허브의 역할을 하며 기회를 엿보고 있는 것이 분명하다. 지브롤터의 재무부 장관인 앨버트 이솔라는 "우리는 암호화폐 분야의 중개회사들에 대한 적절한 규제 환경을 놓고 계속해서 민간 부문 및 규제 당국과 함께 일하고 있다. 우리 증권거래소에서 ETI가 출시된 것은 우리의 혁신적인 능력과 시장에 대한 속도를 보여준다."[32]

지브롤터에서 비트코인 ETF 발표가 있었던 같은 달, 본토벨Vonto-bel이라는 스위스 발행회사는 자세한 사항은 없지만 ETN처럼 운용되는 것으로 보이는 비트코인 트래커 증권을 발표했다. 2016년 7월은 자본시장 기반 비트코인 상품이 많이 출시된 달이었지만 앞으로 몇 년간 이어질 변화의 시작일 뿐이었다.

크립토애셋 가격은 어떻게 정해지는가

혁신적 투자자라면 눈치 챘겠지만 앞에서 언급한 많은 상장지수상품은 가격지수를 따른다. 가격지수는 간단히 들리는 것과는 달리 시장이 제공하는 정확한 가격을 평가하기 위해 복잡한 수학적 과정을 거친다. 특히 전 세계적으로 거래되는 다양한 법정통화와 크립토애셋을 통해 구입할 수 있는 크립토애셋이 그렇다. 하지만 가격은 크립토애셋을 보유하는 자본시장 비이클의 미래 성장에 중요하다. 따라서 혁신적 투자자가 지켜봐야 하는 발전 분야다.

가격 문제는 각기 다른 지역에서 거래되고 각기 다른 법정통화 쌍으로 거래되는 비트코인의 경우에 심각하다. 현재 각기 다르게 운영되고 있는 크립토애셋 거래소는 산발적인 유동성 풀로 생각될 수 있다. 따라서 한 거래소가 다른 거래소에 비해 수요가 더 많으면 그 거래소의 비트코인은 프리미엄을 붙여 다른 거래소에서 거래될 수 있다. 주식시장에서 이런 가격 차이는 차익 거래에 의해 빠르게 해결될 것이다. 하지만 거래소 간 비트코인을 이동하는 데 걸리는 시간 지연 때문에 법정통화에 대한 자본 통제는 말할 것도 없이 이들 가격 차이도 지속된다.

비트코인에 대한 증가하는 관심과 강력히 규제된 비트코인 지수가 필요하다는 인식이 결합돼 주요 투자 시장인 뉴욕증권거래소와 시카고상품거래소Chicago Mercantile Exchange(CME)는 자체적으로 비트코인 지수를 만들게 되었다. 뉴욕증권거래소는 2015년 5월에 비트코인 가격지수인 'NYXBT NYSE Bitcoin Index'를 출시했다.[33] 당시 뉴욕증권거래소 토머스 팔리 소장은 다음과 같이 말했다. "비트코인 가치는 고객들이 최근에 생겨난 자산 클래스를 거래하거나 투자하려고 할 때 고려하는 기준점이 돼가고 있습니다. 리보 금리, 인터콘티넨털익스체인지 선물거래소ICE Futures의 미국 달러 지수, 기타 많은 벤치마크 지수의 글로벌 리더로서 우리는 이 시장에 투명성을 가져오게 되어 기쁩니다."[34]

NYBXT 지수는 '객관적이고 공정한 1 비트코인 가격'을 산출해낸다고 생각되는 데이터 기반 산출법을 사용한다. NYBXT 지수는 뉴욕증권거래소가 소액 투자를 했던 코인베이스에서 처음 데이터를 가져와 시작되었다.[35] 이후에는 다른 거래소들의 데이터도 포함했다.

2016년 후반 시카고상품거래소는 또한 'CME CF 비트코인 레퍼런스 레이트CME CF Bitcoin Reference Rate(BRR)', 'CME CF 비트코인 리얼 타임 인덱스CME CF Bitcoin Real Time Index'와 같이 자체적으로 비트코인 가격지수를 발행했다.[36] 또한 시카고상품거래소는 비트코인 전도사인 안드레아 안토노풀로스가 가격 모델을 감독하는 독립적인 자문위원회도 만들었다. 가격 모델은 전 세계 다양한 거래소의 가격을 활용했다.[37] 많은 이들이 이 지수가 여느 시카고상품거래소 지수가 그랬듯이 비트코인 선물과 기타 파생상품을 선도하게 될 것이라 생각했다.

우리는 보통 주요 비트코인 인덱스인 '트레이드블록 인덱스Tradeblock XBX index'를 사용한다.[38] 이 지수는 비트코인 기관 투자자들이 거래일 동안 가장 정확한 자산 가격을 알기 위해 사용한다. 기관 투자자들 용도로 설계된 이 지수는 전 세계 거래소에서 일어나는 시장 유동성, 조작 시도, 기타 이례적 사항들을 설명하는 알고리즘을 사용해 비트코인 가격을 산출한다.[39]

앞서 언급한 지수들이 모두 비트코인과 관련 있는 지수지만, 우리는 성숙해가는 기타 크립토애셋에 기반을 둔 지수들의 등장도 기대한다. 이는 보다 많은 자본시장 비이클의 등장을 예시할 것이다.

크립토애셋 재무상담 시 유의점

디지털통화협의회Digital Currency Council를 설립한 데이비드 버거는 재무상담사가 고객의 포트폴리오와 관련해 비트코인과 크립토애셋에 대해 논의할 수 있는 시점이 되었다고 말한다. "재무상담사는 비트코인의 보유, 안전한 보관과 활용뿐 아니라 기술적 기반에 대해서도 알아야 할 필요가 있습니다. 또한 디지털 통화 생태계와 생태계 내에서의 위험 평가, 현명한 투자 방법에 대해 알아야 합니다. 법적 이슈와 제도적 이슈뿐 아니라 그에 따른 재무적 영향과 세금에 대한 영향도 잘 알고 있어야 합니다. 이 모든 것들이 하루가 다르게 발전하고 있습니다."[40]

현재 일반 투자자들은 증권회사를 통해 비트코인 투자신탁 펀드 GBTC를 구입할 수 있다. 투자자는 인터넷과 투자계좌로 GBTC의 시세를 파악하고 자신들의 계좌를 사용해 자산을 구입할 수 있어야 한다.

투자자가 자산관리 회사의 상담사를 통해 GBTC를 주문하려면 상담사와 상의해 회사가 구입할 수 있다. 독립적인 재무상담사이든 증권회사에 속한 상담사이든 이 투자 대상에 대해 잘 몰라서 부정적 반응을 보이는 경우는 없을 것이다. 이때 혁신적 투자자는 비트코인과 기타 크립토애셋이 자신의 투자 포트폴리오에 긍정적인 영향을 미칠 수 있음을 인식해야 한다. 재무상담사와 투자회사는 이 투자 대상에 대해 고객과 적절히 논의할 수 있을 정도로 많은 지식과 정보를 가지고 있을 것이다.

다행히 금융 서비스 산업은 이들 투자 대상에 호의적이며 상담사들에게 필요한 정보를 제공해야 한다고 생각하고 있다. 2014년 재무설계협회Financial Planning Association(FPA)는 "투자자의 포트폴리오 효율성을 증진하는 비트코인의 가치"라는 제목의 보고서를 통해 이 점에 대한 견해를 구체적으로 나타냈다.[41] 재무설계협회는 재무 상담사와 공인재무설계사CFP™ 자격증을 가진 기타 관련 상담사들을 지원한다. 보고서는 비트코인이 투자자들의 포트폴리오를 다양하게 증진할 수 있는 가능성이 있다고 주장했다.

상담사들이 비트코인과 크립토애셋 투자에 대해 더욱더 알아가고 지식을 쌓아가겠지만, 이들에게 크립토애셋 주제를 꺼낼 때 즉각적으로 무시하거나 가벼운 반응을 보일 수도 있다. 이런 경우 다음 몇 가시 고려할 사항이 있다.

1. 좋은 상담사는 고객의 이익을 진심으로 생각한다. 비트코인과 크립토애셋은 새롭게 등장해서 짧고 변동적인 실적을 보인다. 따라서 즉각 부정적인 반응을 보이거나 무시하는 것은 상담사의 자질을 의심케 한다.
2. 투자자는 상담사에게 정보를 전달할 수 있도록 인터넷 링크와 자료 출처를 준비해 가는 것이 좋다. 이 책 뒷부분에 소개한 참고 사이트가 큰 도움이 될 것이다.
3. 모든 자금을 이 투자 수단에 쏟겠다는 뜻이 아니며, 상담사가 이미

만들어놓은 자산 배분 모델에 이 자산들을 어떻게 적절히 할당할 수 있을지에 대해 상담하는 것임을 상담사에게 알려라(상담사가 참고할 할만 자산 배분 모델이나 재무 계획이 없다면 이는 경계를 요하는 신호다).

4. 상담사가 이들 자산을 믿지 않거나 투자자 대신 투자하기를 거부할 경우에는 14장에서 다뤘듯이 직접 구입하거나 자기 주도 계좌를 통해 GBTC를 구입할 수 있다. 투자자가 이런 방법으로 투자할 경우 상상담사가 기록해서 자산 배분 계획에 참고할 수 있도록 알려라. 좋은 상담사라면 자신의 회사가 관리하지 않는 고객의 자산도 기록해둬야 한다.

5. 재무상담사가 이 주제에 대해 너무 놀라는 반응을 보이면 이 책을 건네라.

개인 재무상담사와 증권회사 상담사 비교

미국의 상위 재무상담사 중 한 사람인 릭 에덜먼은 디지털통화협의회 데이비드 버거의 의견에 동의한다. 저자이자 강연가이기도 한 에덜먼은 《배런Barron》에서 미국의 톱 독립 재무상담사로 세 번이나 선정된 인물이다. 비트코인을 믿고 지지하는 그는 "투자자라면 비트코인에 대해 잘 알고 있어야 합니다"라고 말한다. 에덜먼은 비트코인 외에도 블록체인 기술이 수많은 기업에 해결책을 제시해줄 것이라고 생각한다. "블록체인 기술이 발전하면서 기업에 많은 혜택이 돌아갈 것입니다."[42]

상담사로서 에덜먼의 견해는 독특할지도 모른다. 그가 독립적인 개인 재무상담사이기 때문에 그렇다. 독립 재무상담사는 웰스파고, 모건스탠리, 메릴린치와 같은 증권회사 소속의 재무상담사와는 다르다. 증권회사 상담사는 비트코인 또는 크립토애셋 관련 투자 종목을 추천하는 데 제한을 많이 받을 수도 있다. 이는 내부 연구팀이 완전히 평가하지 않은 상품에 대한 추천을 금지하는 이들 회사의 내부 규정 때문이거나 이들 자산을 투자 대상으로 보는 인식과 관심의 부족 때문일 수도 있다.

크립토애셋 투자의 향방

우리는 크립토애셋 투자 종목이 계속 급증해서 가장 보수적인 투자자들조차 결국 이 새로운 자산 클래스의 부가가치를 깨닫게 되리라고 믿는다. 미국 증권거래위원회가 비록 윙클보스 ETF와 솔리드엑스 ETF를 승인하지 않았지만, 국제 규제 기관들이 이 혁신적인 자산 클래스를 계속해서 조사 검토할 것이라고 믿는다. 이는 궁극적으로 미국 증권거래위원회로 하여금 비트코인과 크립토애셋을 보다 편안하게 받아들이게 할 것이다. 물론 미국 증권거래위원회의 우선순위는 소비자 보호다. 비트코인과 기타 크립토애셋과 관련해 소비자 보호가 충분하지 않다고 생각하면 어떤 상장지수상품도 승인하지 않을 것이다.

비트코인의 증권화 노력은 세계적으로 계속될 것이며, 이는 이더리움과 같이 진정한 가치를 가진 크립토애셋이 자본시장 투자 대상에 추가될 수 있는 문지기 역할을 할 것이다. 그레이스케일은 '이더리움 클래식 인베스트먼트 트러스트ETC Investment Trust'를 내놓았다. 비트코인이 아닌 이더 클래식이라는 점만 빼고 BIT와 유사하게 운용된다. 훨씬 더 큰 자산인 이더리움이 아닌 이더리움 클래식이라는 점에 유의해야 한다.

우리는 궁극적으로 크립토애셋을 금융화하는 자본시장 투자 수단에 대한 여러 옵션이 있으리라고 전망한다. 예컨대 다각화를 목표로 한 크립토애셋 연계 멀티애셋 뮤추얼펀드가 등장할 수도 있을 것이다. 암호상품 펀드나 모네로, 대시, 제트캐시와 같이 프라이버시가 특화된 암호화폐 기반 펀드처럼 특성을 살린 크립토애셋 펀드가 생겨날 가능성도 있다. 마지막으로 지수가 발전해가는 추세와 디불이 크립토애셋 분야가 급격히 성숙해감에 띠리 상위 5위, 10위, 20위권 크립토애셋의 네트워크 가치를 반영한 크립토애셋 상장지수펀드의 등장도 기대할 만하다.

앞서 14~15장에서 우리는 혁신적 투자자가 다양한 투자 수단을 통해 비트코인과 크립토애셋에 접근하는 방법을 논의했다. 채굴,

거래소에서 직접 구입, GBTC와 기타 펀드 등 자본시장 투자 수단
에 대해 살펴봤다. 혁신적 투자자가 알아야 할 크립토애셋 세계의
또 다른 흥미로운 부분으로 개발팀, 준비와 출시 과정에 직접 참여
할 수 있는 방법도 살펴봤다. 과거에 이런 부분은 소수의 자본력을
가진 이들만 접근할 수 있었지만 이제는 크라우드펀딩, 토큰 발행,
일자리 법안과 같은 혁신적인 규제 완화 정책 등을 통해서 혁신적
투자자들이 다양하게 접근할 수 있는 기회가 열려 있다.

16

암호화폐공개란 무엇이며
왜 중요한가

기술기업이 생겨나던 초기 시절에 스티브 잡스, 빌 게이츠, 마이클 델 같은 인물은 자신의 아이디어를 수십억 달러 규모의 비즈니스로 변화시킨 혁신의 아이콘이었다. 지난 십수 년간 일론 머스크, 피터 틸, 마크 저커버그와 같은 선구자들도 역시 같았다. 이들은 세상을 바꿨다. 이들의 비전을 믿은 초기 지지자들은 자본을 투자해 이들의 아이디어를 현실로 바꾸는 데 일조했다. 지지자들의 투자는 거대한 수익을 거뒀다. 그들이 이타주의자여서 그런 모험을 감행한 것은 아니었다. 초기 투자자들은 위험을 감수하고 투자한 만큼 그에 상응하는 상당한 수익을 추구했다.

초기 단계에서 투자를 받은 비공개 기업(기업공개를 하지 않은 기업,

즉 정규 증시에 상장하지 않은 기업—옮긴이)은 벤처캐피털venture capital
이라 불린다. 용어 자체가 위험의 의미를 내포하고 있다. 동사 '벤
처'는 미지의 영역으로의 여행이라는 의미를, '캐피털'은 자본과 자
원을 말한다. 벤처캐피털은 말 그대로 상당한 수익을 쫓아 알려지
지 않은 영역에 모험적으로 뛰어들지만 실패할 확률이 높다는 것
도 안다.

벤처캐피털은 상대적으로 젊은 산업으로 실리콘밸리와 밀접하
게 얽혀 있다. 실리콘밸리가 벤처캐피털을 오늘날과 같이 유명한
산업으로 만들었고, 동시에 벤처캐피털이 오늘날의 실리콘밸리를
만들었다. 벤처 산업이 시작할 수 있도록 기여한 최초의 회사 가운
데 잘 알려진 곳으로 인텔이 있다. 인텔은 오늘날 대부분의 컴퓨터
에 내장되는 칩을 생산하고 있다. 저명한 과학자인 고든 무어('무어
의 법칙'으로 유명한)[1]와 로버트 노이스(집적회로를 공동 발명)가 캘리포
니아 주 샌터클래러에 설립했는데, 당시 이들은 새롭게 시작한 회
사의 자금을 모집하는 데 난항을 겪고 있었다. 결국 인텔은 아서
록(벤처 투자자venture capitalist[2]라는 용어를 만들어낸 미국 자본가)이라는
후원자를 만난다. 그는 자신의 돈 1만 달러를 포함해 250만 달러의
무담보 전환사채 발행을 도왔다.[3] 인텔은 2년 후인 1970년대 후반
에 기업공개를 한 뒤 687만 달러를 모금했고, 록과 전환사채를 샀
던 이들은 상당한 수익을 거두게 되었다. 이렇듯 인텔은 스타트업
이 자금을 모으는 방법으로 벤처캐피털을 처음 활용한 회사들 가
운데 하나였다. 인텔의 성공은 실리콘밸리에서 벤처캐피털 개념을

선구적으로 알리는 데 기여했다.

벤처캐피털의 역사가 상대적으로 젊은데도 크립토애셋 기업은 이 모델로부터 고개를 돌리고 있다. 파괴적 혁신 산업인 벤처캐피털이 파괴될 위험에 처했다. 혁신적 투자자라면 현재 크립토애셋이 열정 넘치는 기업가에게 쉽게 자금을 모으는 방법을 제공할 뿐 아니라 일반 투자자에게도 차세대 페이스북 또는 우버가 될 기업에 투자 기회를 제공한다는 점을 알아야 한다. 크라우드펀딩과 크립토애셋이 충돌하고 있는 세계를 지금부터 알아보자.

오래된 투자 방법

최근까지 일반 투자자가 회사 초기 단계에 투자할 수 있는 기회는 나스닥이나 뉴욕증권거래소와 같이 잘 알려진 거래소에서 그 회사의 주식이 처음 거래되는 기업공개를 통해서였다. 하지만 기업은 기업공개에 이르기까지 수많은 비공개 펀딩을 시도했을 것이다. 비공개 기업이 성장함에 따라 투자금 유치 단계를 가리키는 각기 다른 이름이 있다. 시드 라운드^{seed round}로 시작해 시리즈 A, B, C, D 등으로 이어진다. 회사에 투자하는 각 단계에서 투자자들은 보통 주식으로 회사의 지분을 받는다. 이런 펀딩은 보통 벤처 투자자와 기타 사모펀드 투자자, 재력이 있는 개인에게만 열려 있다. 기업공개는 이들 비공개 주식을 공개 주식으로 전환시킨다. 그리고 일반 투자자가 접근할 수 있는 공개된 거래소에서 주식이 거래된다.

혁신적 투자자라면 짐작할 수 있듯이 가장 위험이 높은 초기 투자는 회사가 성공할 경우 가장 큰 수익을 안겨준다. 이런 라운드에서 일반 투자자를 배제하는 것이 초기 투자 단계의 내재적 위험으로부터 그들을 보호하기도 하지만, 한편으로는 기회를 배제하기도 한다. 이 문제와 더불어 지난 수십 년 동안 기업들은 기업공개에 이르기까지 점점 더 오래 기다려야 하는 비공개 시장에 더 많은 수익을 안겨주고 있다.

유명 벤처캐피털 회사 중 하나인 앤드리슨호로비츠의 분석가인 벤 에번스는 2015년 사모시장으로의 이동을 분명히 보여주는 보고서를 펴냈다. 1999년 기술기업의 평균 기업공개 기간은 4년이었던 반면에 2014년에는 11년이었다.[4] 일반 투자자가 기업 주식을 취득할 수 있기까지 과거에 비해 거의 세 배에 이르는 기간을 기다려야 한다는 뜻이었다. 기술기업 붐이 일어났던 때보다 기업공개에 대한 열정이 줄어들었는데도 지연되는 이유는 2008년 금융위기뿐 아니라 기술기업 및 통신기업 붐(1990년대 말~2000년 초 닷컴 버블 시기―옮긴이)의 결과로 일어난 규제 변화가 가장 큰 이유로 보인다. 1990년대 후반 기업공개를 한 회사의 연매출은 2,000만 달러였다. 반면 2014년 평균 연매출은 1억 달러를 조금 넘었다. 이는 금융위기 동안 거의 2억 달러에 달했던 규모에 비하면 줄어든 금액이다.[5] 이런 추세는 기업공개를 보다 안정적으로 이루어지게 했고 자본시장 투자자의 위험을 감소시켰지만, 위험이 줄어든 만큼 수익도 줄어들었다.

벤 에번스는 보고서에서 "거의 모든 수익이 현재 사모시장으로 돌아가고 있다. 구세계의 거대 기술기업들은 공개시장에 많은 수익을 돌려줬다. 신세계의 기업들은 그렇지 않다"라고 썼다. 그가 말하는 구세계의 거대 기술기업이란 마이크로소프트, 오라클Oracle, 심지어 아마존까지 지칭하며 이들 기업은 사모시장보다 공개시장에서 훨씬 더 많은 가치를 창출했다. 한편 링크드인, 옐프YELP, 페이스북, 트위터 같은 경우에는 개인 투자자들이 대부분의 수익을 거뒀다. 예컨대 마이크로소프트의 비공개 투자금은 2만 퍼센트 증가했고 주식을 통한 투자금은 6만 퍼센트 증가했다. 페이스북의 비공개 투자금은 8만 퍼센트 증가했고 주식을 통한 투자금은 1,000퍼센트 미만 증가에 그쳤다. 벤 에번스는 보고서에서 "페이스북이 마이크로소프트처럼 주식을 통해 투자금을 유치했다면 주식 투자자들에게 돌아갈 수익은 45조 달러였을 것이다"라고 썼다. 미국 GDP의 두 배 반의 규모였다.[6]

오래된 자금유치 방법

일반 투자자는 지난 수십 년간 기회를 배제당한 것 같지만, 대부분의 회사 또한 위에서 언급한 펀딩 모델에서 제외되었다. 벤처캐피털 확보는 대단히 경쟁적인 과정이고, 공개시장으로 가는 길은 훨씬 더 엄격하기 때문이다. 처음 창업한 사업가가 투자금 확보를 위해 벤처 투자자를 찾고자 원할 경우에는 지인의 지인을 통해야 한다. 수백 건의 콜드 콜cold call(모르는 고객에게 투자 또는 상품을 권유하는 임의 방문이나 접촉—옮긴이)을 받는 벤처 투자자로서는 지인을 통한 접촉을 피하지 않게 마련이고 자세한 소개도 받는다. 지인을 아는 지인을 아는 것부터가 딜레마이긴 하다.

자금 모집을 위해 공개시장으로 방향을 돌려도 이 또한 거의 불가능한 방법이다. 기업공개 과정은 힘들고 비용이 많이 들기 때문이다. 기업공개를 하려면 미국 증권거래위원회에 증권신고서(S-1)를 제출하고, 주식 공개를 홍보하기 위해 투자자들을 만나고, 적정 상장주식 가격을 정하기 위해 투자은행에 비싼 비용을 지불하는 등, 여러 가지 일을 해내고 관리할 수 있어야 한다.

기업공개의 어려움 때문에 보통 가장 크게 성공한 기업들만이 이 펀딩 과정을 실행한다. 기업이 성숙해지고 공개시장이 제공하는 훨씬 큰 자본 풀에 접근하고자 할 때 이들 기업은 기업공개를 한다. 초기의 개인 투자자들은 기업공개 후 보다 유동적인 주식시장에 자신의 주식을 매각해 수익을 얻을 수 있다.

스타트업이 벤처 투자자 또는 공개시장에 접근할 수 없을 때 자금을 모으는 방법은 대개 가족, 친구, 신용카드 빚, 기타 신뢰 관계를 통해서이다. 인터넷 붐이 야심 있는 사업가들을 낳았고 혁신적 투자자와 혁신적 사업가가 새로운 아이니어로 만닐 수 있도록 규제가 변화하고 있다는 점은 좋은 소식이다.

스타트업 펀딩이라는 새로운 방법

2008년 금융위기 동안 채권시장은 개인 투자자들의 심각한 손실을 야기하며 얼어붙었고 주식시장은 붕괴했다. 이후 유사한 사태로부터 투자자들을 보호하기 위해 새로운 규제가 만들어졌다. 많은 은행이 쓰러지고 영향을 받으면서 스타트업이 대출과 차입을 포함해 자본시장과 기타 전통적 펀딩 방법에 접근하기가 어려워졌다. 부분적으로 이런 규제는 기업이 기업공개를 하기까지 걸리는 시간을 증가시킨 이유이기도 하다.

하지만 재계의 일부 리더들은 규제가 혁신을 옥죄는 것이 아니라 오히려 혁신에 박차를 가하게 해야 한다는 점을 인식했다.[7] 이들은 규제에 의문을 제기하기 시작했고, 어떻게 미국의 혁신이 미국을 위대하게 만들었는지에 대해 스티브 잡스, 빌 게이츠, 마이클 델과 같은 유명 인터넷 기업 설립자들을 예로 들어 설명했다. 리더들은 창업과 자금 확보가 더 어려워지면 미국 경제가 악화되리라는 것을 알고 있었다.

이와 동시에 많은 기업가들이 시드머니를 모으기 위해 더 이상 벤처캐피털, 가족, 대출, 기타 자본시장에 의존할 필요가 없다는 것을 깨닫게 되면서 자금 모집 방법에 변화가 생겨나기 시작했다. 인터넷이 크라우드펀딩 과정을 통해 사업가와 투자자를 연결해주는 주요 동력이 된 것이다. 크라우드펀딩은 아이디어와 플랜을 가진 이들이 투자를 원하는 이들을 찾을 수 있도록 해줬다. 소규모이거나 잘 알려지지 않은 프로젝트의 사업가들은 보다 전통적인 자본 모금 방법에 접근하기가 힘들었지만 이들을 다양한 투자자들에게 연결해주는 새로운 방법이 등장한 것이다.

킥스타터Kickstarter, 인디고고Indiegogo와 같은 크라우드펀딩 플랫폼이 스타트업과 투자자를 연결해주고 있다. 투자자의 투자금에 대한 대가로 프로젝트를 추진하는 개인 또는 기업은 투자 금액에 비례해 노력의 결실을 되돌려줄 것을 약속한다. 이런 사이트에서 사기가 번창할 수 있음을 잘 인식하고 있기에 해당 사이트는 투자자를 보호하기 위한 정책과 절차를 시행한다. 예컨대 킥스타터는 충분한 투자자가 모여 투자가 성사되지 않으면 펀딩을 멈추고 투자자들에게 돈을 되돌려준다.

펀드 참여를 통해 수익을 기대하는 투자자도 있지만 해당 프로젝트가 그저 현실로 이루어지기를 바라는 투자자들에 의해 투자가 조성되기도 한다. 킥스타터가 비트코인과 블록체인 분야에 관심 있는 투자자들에게 무엇을 제공할 수 있는지 알아보려면 단지 킥스타터 사이트의 검색창에서 '비트코인' '블록체인' 이런 단어들을 입력하면 된다.[8] 다큐멘터리, 책, 게임, 앱 개발에 투자할 기회 또한 검색할 수 있다. 예컨대 비트코인을 다룬 다큐멘터리 펀드에 참가해 다큐멘터리가 완성되면 투자자들은 다큐멘터리를 담은 DVD를 받는다.

크라우드펀딩의 매력적인 측면 중 하나는 사업가에게는 자신의 제품이나 비즈니스를 만드는 꿈을 실현하게 해주고 다양한 일반 투자자에게는 사업가들의 꿈이 실현되는 데 참여하게 해준다는 것이다. 크라우드펀딩 전에는 스타트업의 주식에 참여할 수 있는 기회가 공인 투자자에게만 주어졌다. 스타트업 단계의 투자자는 공인된 투자자여야만 한다는 의도는 좋지만 일반 투자자가 높은 수익을 얻을 수 있는 초기 투자에서 배제된다는 부작용이 있었다.

2012년 크라우드펀딩 현상은 미 정부 규제 당국의 시선 전면에 세워졌다. 다행히 정부는 크라우드펀딩 아이디어를 꺾지 않고 스타트업을 도울 수 있도록 정책을 마련했다. 일명 잡스법The Jumpstart Our Business Startups (JOBS) Act(신생벤처육성지원법)이 2012년 4월 5일 제정되었다.[9] 이는 스타트업을 위한 대안적 재원 조달 방식인 크라우드펀딩의 가능성을 인정한 것이었다. 게다가 법안은 공인 투자자가 아닌 다양한 일반 투자자가 지분에 기반해 참여할 기회를 제공했다.[10]

모든 투자자를 위한 크라우드펀딩 포털 사이트

공인 투자자가 아닌 일반 투자자들에게 크라우드펀딩과 암호화폐 공개ICO 투자를 통해 벤처캐피털의 문을 열어준 잡스법JOBS Act은 점점 더 많은 사람들이 참여할 수 있는 시발점이 되었다. 잡스법으로 생겨난 이점 중 하나는 투자자들이 투자 기회를 찾을 수 있는 온라인 플랫폼일 것이다. 이런 포털 사이트(위펀더Wefunder가 그중 하나)

는 미국 증권거래위원회와 미국 금융산업규제당국FINRA의 승인을 받아야 한다.[11] 현재 그 수가 많지는 않지만 차차 증가하면서 투자자와 사업가들에게 훨씬 더 많은 기회를 제공하게 될 것이다.[12] 또한 증권 중개인들이 투자 기회 정보 및 상담을 제공해주는 포털 사이트도 등장할 것이라 기대한다.

잡스법은 80년[13] 만에 처음으로 비공인 투자자에게 스타트업 투자로 주식을 구입할 수 있는 기회를 제공했다. 법안은 2012년 제정됐지만 비공인 투자자의 투자를 허락하는 법안 3장은 2016년 5월에서야 시행되었다.[14] '회사가 크라우드펀딩을 통해 주식을 제공하고 팔 수 있도록 허가하는 최종 규정'을 미국 증권거래위원회가 채택해 포함시키느라 시행이 늦어졌었다.[15] 법안 3장의 일부 규정에는 자금 조달 기간과 투자 금액 제한, 미국 증권거래위원회의 규제를 받는 증권 중개사 또는 자금 중개 포털을 통해 투자가 이루어져야 한다는 규정이 포함되어 있다.[16]

이렇게 제한 사항도 있지만 투자자들은 크립토애셋 기반 투자를 포함해 새로운 사업에 대한 주식 기반 투자를 통해 수익을 올릴 수 있는 보다 많은 기회를 가지게 되었다. 대안적 자금 조달 방법이 크게 열려 있고, 크립토애셋 기반 프로젝트는 이미 자본을 무으는 방법을 찾기 위해 자신들의 기술을 사용하기 시작했다.

크립토애셋과 스타트업의 차이

크립토애셋 공개가 구체적으로 어떻게 진행되는지 알아보기 전에 혁신적 투자자는 크립토애셋 크라우드펀딩 모델이 두 가지 면에서 파괴적이라는 점을 이해할 필요가 있다. 크립토애셋 공개는 크라우드펀딩을 활용함으로써 일반 투자자가 벤처 투자자와 동등한 위치에 설 수 있게 하며, 크라우드펀딩 구조는 벤처 투자자와 자본 시장에 전적으로 의존할 필요를 사전에 제거한다. 크라우드펀딩과 크립토애셋이 합쳐지면 두 배의 파괴력이 생기며, 이는 암호화폐 공개를 킥스타터와는 완전히 다른 차원에 위치하게 한다. 플레이스홀더벤처스Placeholder Ventures의 공동설립자이자 유니온스퀘어벤처스Union Square Ventures(USV)에서 블록체인 부문을 이끈 조엘 모네그로는 "팻 프로토콜Fat Protocols"이라는 제목의 블로그에서 처음으로 이런 개념을 쉽게 정리했다.

모네그로의 논지는 다음과 같다. 웹Web은 'TCP/IPtransmission control protocol/Internet protocol', 'HTTPhypertext transfer protocol', 'SMTPsimple mail transfer protocol'와 같은 프로토콜의 지원을 받는다. 이들 프로토콜은 인터넷 라우팅routing 정보의 표준이 되었다. 하지만 이들 프로토콜은 인터넷의 중추를 담당하고 있음에도 상품으로서는 불완전하다. 대신에 프로토콜에 기반을 둔 응용 프로그램이 상품화된다. 이들 애플리케이션은 페이스북과 아마존 같은 거대 기업으로 변화했다. 이들 기업은 웹 기반 프로토콜에 의존하지만 가치의 대부분을 차지한다. 우리가 현재 아는 웹의 구조는 〈그림 16.1〉에서 볼 수 있다. Y축은 벤처캐피털 회사 유니온스퀘어벤처스에서 사용하는 개념인 '가치확보value captured'를 나타낸다.

이 모델을 크립토애셋 모델과 비교해보자. 크립토애셋 모델에서는 프로토콜에 기반해 작동하는 애플리케이션을 위해 프로토콜 층이 직접 상품화되어야 한다. 비트코인이 좋은 예다. 프로토콜은 비트코인이라는 네이티브 자산을 통해 상품화된 비트코인 자체다. 코인베이스, 오픈바자OpenBazaar, 퍼스Purse.io와 같은 애플리케이션이 비트코인에 의존하고 비트코인의 가치를 끌어올린다. 다시 말해서 블록체인 생태계 내에서 애플리케이션이 가치를 가지려면 프로토콜이 가치를 저장해야 한다. 그럼으로써 더욱 많은 애플리케이션이 프로토콜에서 가치를 얻게 되면 프로토콜 층의 가치도 증

〈그림 16.1〉 얇은 프로토콜과 두꺼운 애플리케이션 (웹에서 가치확보의 비중)

출처 : www.usv.com/blog/fat-protocols

가한다.

많은 애플리케이션이 이들 프로토콜에 기반해 구축되리라는 것을 고려하면, 프로토콜은 프로토콜에 기반을 둔 단일 애플리케이션보다 더 큰 금전적 가치를 가질 수 있도록 커져야 한다. 〈그림 16.2〉는 블록체인 아키텍처 내에서 가치가 어떻게 확보되는지를 보여준다.

흥미롭게도 이들 블록체인 프로토콜이 일단 출시되면 자체의 생명력을 가진다. 일부 프로토콜은 이더리움 재단이나 제트캐시 재단과 같이 재단의 지원을 받기도 하지만, 프로토콜 자체는 회사가 아니다. 프로토콜에는 손익계산서, 현금 유동성, 보고해야 할 주주들이 없다. 이들 재단을 만든 의도는 일정 수준의 구조와 조직을 통해 프로토콜의 증진을 꾀하려는 것이지 프로토콜의 가치가 재단

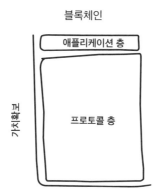

〈그림 16.2〉 두꺼운 프로토콜과 얇은 애플리케이션 (블록체인에서 가치확보의 비중)

출처 : www.usv.com/blog/fat-protocols

에 달려 있는 것은 아니다. 게다가 오픈소스 소프트웨어 프로젝트처럼, 적합한 소질을 가진 사람은 누구나 프로토콜 개발팀에 참여할 수 있다. 이들 프로토콜은 자본시장이 필요 없다. 자체적인 재강화 경제 생태계를 만들기 때문이다. 더 많은 사람들이 프로토콜을 사용할수록 생태계 내의 네이티브 자산은 더 많은 가치를 가지게 된다. 프로토콜을 사용하는 사람들을 더 끌어오고 스스로 재강화하는 긍정적인 순환 고리를 만들어낸다. 코어 프로토콜 개발자는 대체로 프로토콜을 사용하는 애플리케이션을 제공하는 회사에서도 일할 것이다. 이는 프로토콜 개발자가 장기적으로 보상받을 수 있는 방법이다. 개발자들은 또한 출시 이후에 네이티브 자산을 보유함으로써 이익을 얻을 수 있다.

암호화폐공개로 크립토애셋 출시하기

암호화폐공개Initial Coin Offering(ICO)는 새로운 크립토애셋 출시를 위한 크라우드펀딩을 가리키는 말이다. 우리는 이 용어를 크립토애셋공개Initial Cryptoasset Offering로 확장하고 싶다. '화폐coin'라는 용어를 특정하게 사용하면 화폐만 의미하게 되기 때문이다. 4장에서도 다뤘듯이 화폐가 곧 크립토애셋은 아니다. 우리가 내리는 정의는 보다 광범위하다. 많은 수의 암호화폐공개가 새로운 임호토큰 빛 안효상품의 출시와 관련되어 있다.

지난 몇 년간 암호화폐공개가 증가한 현황을 알아보자(〈그림 16.3〉). 이 도표에서 두 가지 중요한 암호화폐공개가 해당 기간 동안 발표된 점에 주목하라. 2014년에는 이더리움이 성공적으로 출시되었고 2016년에는 악명 높았던 다오가 출시되었다. 다오 재앙이 일어나고 몇 개월 뒤 급격히 암호화폐공개가 감소했다. 그러나 2016년 말에 집계한 1년간 암호화폐공개 누적 자금 조달액은 2억 3,600만 달러로, 2016년 전통적 벤처캐피털을 통해 조달한 4억 9,600만 달러의 거의 50퍼센트에 이르렀다.[17] 암호화폐공개의 증가율을 고려하면 2017년에 전통적 벤처캐피털에 비해 자금을 더

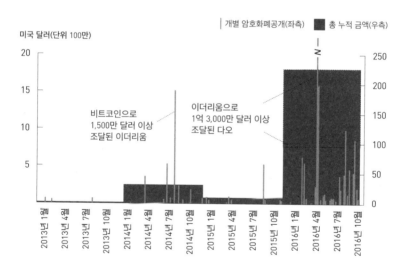

〈그림 16.3〉 2013년 이후 암호화폐공개
(옅은 회색 선은 개별 암호화폐공개와 개별 모금액,
짙은 회색 선은 1년간 암호화폐공개를 통한 누적 자금 조달액)
출처 : https://www.smithandcrown.com/icos-crowdsale-history/

많이 조달하리라는 것을 예상할 수 있다.

암호화폐공개 발표

새로운 크립토애셋은 컨퍼런스, 트위터, 레딧, 미디엄, 비트코인토크 등 다양한 채널을 통해 발표된다. 설립자와 자문위원회에 관해 백서에 자세히 기술하고 초기 크라우드세일 구조 개요를 명확하게 정리해서 발표해야 한다는 점이 중요하다. 앞서 언급한 소셜 미디어 채널들 또는 슬랙, 텔레그램으로 설립팀과 쉽게 연락할 수 있어야 한다. 암호화폐공개 시 정보가 부족하다면 즉각 조심해야 할 신호로 보아도 좋다.

암호화폐공개가 건전한 투자 수단인지 검토하려면 12장에서 소개한 틀 가운데 해당되는 부분을 검토하라. 현재 출시되어 유통되고 있는 크립토애셋에 비해 암호화폐공개는 더 조심해서 살펴봐야 한다. 암호화폐공개는 자금을 모은 후 네트워크를 구축하는 크라우드펀딩 모델을 사용하기 때문에 실제로 운영되고 있는 네트워크, 블록체인, 해시레이트, 유저 기반 또는 회사가 없다. 이 단계에서는 모든 것이 아이디어 상태로 있다. 따라서 설립팀과 자문위원회의 진실성과 이력이 훨씬 더 중요하다. 해당 암호화폐공개가 시장과 비즈니스의 요구사항을 충족하는지 알아보는 것도 매우 중요하다.

암호화폐공개 구조와 시기

암호화폐공개는 시작일과 종료일이 정해져 있으며 조기 투자의 경우 혜택을 주는 보너스 구조를 가진다. 예컨대 초기 단계에 투자하면 10퍼센트에서 20퍼센트의 크립토애셋을 더 받을 수 있다. 보너스 구조는 조기에 구매하는 사람들에게 인센티브를 주는 것으로, 암호화폐공개가 목표액에 도달할 수 있도록 기획된다. 사람들이 사려고 몰려드는 경우라면 보너스를 마련할 필요는 없다.

암호화폐공개는 최대 모금액과 최소 모금액을 설정하는 것이 좋다. 최소 모금액은 개발팀이 실제적으로 크립토애셋을 만드는 데 쓰이고, 최대 모금액은 대중의 투기를 억제하는 역할을 한다. 예컨대 다오 암호화폐공개는 최대 자금 조달 한도액을 설정하지 않아서 무분별한 투기를 낳았다.

암호화폐공개는 새로 발행되는 크립토애셋의 배포 계획, 조달된 자금을 어떻게 사용할지를 제시해야 한다. 설립팀은 크립토애셋 일부를 자신들이 보유할 것이다. 이는 스타트업 설립팀이 회사의 지분을 보유하는 것과 유사하다. 이 경우 이들 팀이 타당하고 합리적인 설명을 제시하고 있는지가 중요하다.

크라우드세일

일반적으로 투자자는 비트코인 또는 이더리움을 개발팀이 알려주는 특정 주소로 보내 암호화폐공개에 자금을 댄다. 온라인 구입을 위해 비트코인 또는 이더를 지불할 주소로 보내는 것처럼, 혁신적 투자자는 비트코인 또는 이더를 자신들의 암호화폐공개 지분을 보관할 주소로 보낼 수 있다.

암호화폐공개에 따라 투자자는 초기 투자에 대한 보상으로 암호화폐, 암호상품, 암호토큰을 받을 수 있다. 어떤 방법으로 크립토애셋을 받는지는 각기 다를 수 있다. 거래소에서 판매하기에 앞서 자산을 보관할 지갑을 만들어야 할 수도 있고(지갑 만들기는 보다 기술적인 노력이 필요할 수 있고 암호화폐공개 기업의 자세한 지침을 따를 필요가 있다), 간단하게 거래소로 자산을 옮길 수도 있어도 한다(암호화폐공개가 끝난 직후 거래소에서 대량의 조기 판매가 이뤄질 경우 이 방법은 자산 가치에 영향을 미칠 수도 있다). 보통 암호화폐공개에 대한 정보는 크립토애셋 전달 과정에 대한 개요를 담고 있다. 투자에 앞서 이를 반드시 읽어야 한다.

암호화폐공개에 대한 지속적 파악

많은 온라인 사이트가 새로운 암호화폐공개와 현재 진행 중인 암호화폐공개, 그리고 예정된 암호화폐공개 목록을 소개하고 있다.[18] 스미스앤크라운Smith+Crown은 암호화폐공개 관련 정보를 제공하는 분야에서 입지를 잘 다진 회사다. 이 회사는 현재와 과거, 그리고 곧 있을 암호화폐공개에 대한 업데이트된 목록을 제공한다.[19] 기타 정보 제공 업체로는 ICO카운트다운ICO Countdown[20]과 사이버펀드Cyber-Fund[21]가 있다. 코인펀드CoinFund 또한 잘 갖춰진 슬랙 커뮤니티를 운영하고 있다. 많은 글들이 올라오고 있고 곧 있을 암호화폐공개의 세부 사항들을 주로 대화한다.

암호화폐공개 모델에 대한 비판

사토시연구소Satoshi Institute의 대니얼 크라위즈[22]는 암호화폐공개를 '가짜 만병통치약', '펌프 앤 덤프 사기'로 간주한다.[23] 디스트리뷰티드연구소Distributed Lab를 설립한 파벨 크라브첸코는 "정말 이 모든 코인이 필요한가?"라고 질문하면서 "코인 없이도 같은 문제를 같은 기술로 해결할 수는 없는지 암호화폐공개에 참여하기 전에 잠깐만 생각할 시간을 가져라"라고 충고한다.[24] 몇몇 암호화폐공개가 '폰지 사기'처럼 허위 발행으로 이루어질 수 있지만, 우리는 11장에서 이런 사기를 피하는 길을 제시한 바 있다. 어떤 이들은 펀딩 모델에 동의하지 않는다는 이유만으로도 암호화폐공개가 사기라고 외칠 것이며, 일부 비트코인 숭배자 또한 사기라고 목소리를 높일 것이다.

암호화폐공개에 관한 논쟁은 계속될 것이고, 현명한 투자자라면 암호화폐공개의 장점과 단점을 두루 살펴보며 신중하게 접근할 것이다.

하위테스트를 통한 암호화폐공개의 증권 여부 판별

하위테스트Howey Test는 1946년 미국 증권거래위원회와 하위 간에 벌어진 소송에서 미연방대법원이 판결한 결과로, 미국 증권거래위원회는 토지를 팔고 다시 임대하는 복잡한 방식이 '투자 계약' 또는 '유가증권'으로 볼 수 있는지를 검토했다. 이후 미국 증권거래위원회는 하위테스트를 통해서 증권 여부를 판별한다. 하위테스트는 규제를 피할 목적으로 설령 위장하더라도 유가증권으로 분류할 수 있는지를 따진다. 유가증권으로 분류되면 미국 증권거래위원회가 제시하는 수많은 규정을 준수해야 한다. 이는 크립토애셋 공개라는 새롭고 흥분되는 자본화 혁신의 기를 꺾을 가능성이 있다.

크립토애셋이 다음의 기준에 부합하면 유가증권으로 간주될 가능성이 크다.

1. 화폐money를 투자한다.[25]
2. 공동 기업에 대한 투자다.
3. 투자로부터 이익을 기대한다.

대부분 암호화폐공개를 진행하는 회사는 증권으로 분류되길 원하지 않는다. 상당한 법적 비용, 혁신 지체가 따르고 크립토애셋에 대한 계획을 재편해야 하기 때문이다. 대부분의 암호화폐공개가 첫 번째와 두 번째 조건은 충족하지만 세 번째 조건은 해석에 달려 있다. 투자자가 '수익에 대한 기대'를 하고 암호화폐공개에 응하는가? 아니면 블록체인 아키텍처가 제공하는 유틸리티를 이용하려는 것인가? 이런 질문에 대한 작지만 미묘한 해석의 차이가 엄청난 결과의 차이를 만든다.

코인베이스, 코인센터Coin Center, 콘센시스ConsenSys, 유니온스퀘어

벤처는 미국 법률회사 드비보이스앤플림턴Debevoise & Plimpton LLP의
법률 지원을 받아 '블록체인 토큰에 대한 유가증권법 프레임워크'
라는 문서를 공동으로 만들었다.[26] 암호화폐공개를 준비한다면 크
립토애셋 판매가 미국 증권거래위원회의 법률 규정에 부합하는지,
변호사와 함께 이 문서를 통해 검토해야 한다.[27]

　문서에는 암호화폐공개에 대한 평가와 유가증권으로서의 적용
가능성을 진단하는 틀이 포함되어 있으며, 따라서 그런 분류별 규
제에 대한 고려 사항도 포함되어 있다. 혁신적 투자자 또한 자신들
이 암호화폐공개에 대해 아는 내용에 비추어 이런 기준들을 스스
로 평가하고 싶을 수 있다. 암호화폐공개가 투자 계약으로 간주되
어야 한다고 투자자가 믿고 있는데 암호화폐공개 측이 그런 억측
에 대한 조치 없이 암호화폐공개를 추진한다면, 이는 암호화폐공
개의 적법성에 대한 위험 신호다. 미국 증권거래위원회는 2017년
7월에 일부 크립토애셋이 유가증권으로 간주될 수 있다는 점을 분
명히 밝혔다.[28]

　문서는 또한 암호화폐공개에 대한 모범적인 점검 사항을 제시하
고 있어서 혁신적 투자자에게 도움이 된다. 투자자가 암호화폐공
개 투자를 고려할 때 살펴봐야 할 내용을 아래와 같이 열거한다(이
중 많은 것이 이미 언급한 내용과 중복된다. 하지만 암호화폐공개와 관련해서
는 거듭 체크하는 것이 좋다). 여기서 크립토애셋은 토큰과 같은 뜻을
갖는다.

1. 백서가 발행됐는가?

2. 모든 적절한 자금 조달 방안을 포함해 자세한 개발 로드맵이 있는가?

3. 공개된 퍼블릭 블록체인을 이용하는가? 코드가 공표됐는가?

4. 토큰 세일이 투명하고 논리적이며 공정한 가격으로 이루어지는가?

5. 개발팀에 할당된 토큰의 양과 해당 토큰에 대한 발행 방법이 투명한가? 시간 경과에 따른 발행은 개발자들이 지속적으로 소속돼 일하게 하고 토큰에 대한 중앙 통제를 방지한다.

6. 토큰 세일을 투자 수단으로 과대 광고하는가? 과대 광고가 아닌 토큰의 기능과 사용 사례를 홍보해야 하며, 투자 수단이 아닌 상품으로 명시하는 적절한 주의문이 제시돼야 한다.

엔젤 투자자와 초기 투자자

공인 투자자로서 특정 스타트업에 엔젤 투자자angel investor가 되는 일은 잠재적으로 수익성 있는 좋은 기회다. 엔젤 투자자는 자본(또는 신용카드)을 대는 가족 구성원부터 벤처캐피털 회사와 제휴하거나 개인적으로 투자 기회를 모색하는 보다 공식화된 틀을 갖춘 투자자에 이르기까지 다양하다.

엔젤 투자는 초기 단계의 투자 기회를 통해 투자 규모에서도 수천 달러부터 훨씬 높은 수준에 이르기까지 다양하다. 벤처기업이 엔젤 단계를 넘어 보다 공식화된 자금 조달 단계로 넘어가면, 엔젤로 투자했던 이들은 자신들의 투자 가치가 적어도 서류상으로라도 증가하는 것을 볼 수 있다. 회사가 성장해 궁극적으로 기업공개 또는 기업인수라는 출구 전략에 도달하는 단계에 이르면 엔젤 투자자는 초기 투자를 통해 상당한 수익을 얻을 수 있다.

온라인 투자 플랫폼 뱅크투더퓨처BankToTheFuture.com는 공인 투자자에게 크립토애셋과 관련 회사에 대한 엔젤 투자 기회를 제공한다. 이 사이트는 팩텀Factom, 비트페이BitPay, 비트페스트BitPest, 셰이프시프트, 크라켄, 그리고 자사 뱅크투더퓨처 등 유명 스타트업에 엔젤(초기) 투자자가 될 기회를 제공해왔다. 사이트는 또한 비트코인과 이더 채굴 풀의 가입을 돕는 서비스도 제공한다. 투자자는 이런 풀들을 통해 크립토애셋으로부터 매일 이익 배당을 받을 수 있다.

엔젤 투자자는 공인 투자자를 스타트업과 연결해주는 엔젤리스트AngelList,[29] 크런치베이스Crunchbase[30]와 같은 초기 투자 플랫폼을 이용할 수도 있다. 두 플랫폼 모두 회사와 관련된 블록체인에 대한 탄탄한 목록을 가지고 있다. 사실 엔젤리스트는 기업 가치 평가액이 평균 400만 달러인 500개 이상의 블록체인 회사와 700명 이상의 블록체인 투자자 목록을 가지고 있다.[31] 이들 사이트에서 현존하는 스타트업과 벤처 투자자에 대한 정보를 찾을 수 있으며, 기존의 공인 투자자에게 엔젤 투자자가 가질 수 있는 기회를 알려주고 엔젤 투자자가 되기 위한 유용한 정보와 예비지식을 제공한다.

블록체인과 비트코인 분야에서 가장 오래된 엔젤 투자자 그룹 중 하나는 비트엔젤스BitAngels다.[32] 비트엔젤스의 마이클 터핀은 블록체인 회사들에 대해 기회가 있을 때마다 활동적으로 엔젤 투자를 해오고 있다. 터핀이 주관하는 연례 컨퍼런스인 코인어젠다CoinAgenda는 투자자들에게 블록체인 스타트업 경영진의 구상과 비즈니스 모델에 대한 발표를 보고 들을 기회를 제공한다. 매년 터핀은 이 분야의 톱 스타트업들을 한데 모아 다양한 투자자들에게 소개한다. 2016년에 베스트 쇼 부문 컨퍼런스 상[33]을 수상한 회사는 에어비츠였다. 이 회사는 블록체인 앱을 위한 싱글사인온single sign-on 플랫폼을 제공한다. 컨퍼런스가 끝난 직후 에어비츠는 뱅크투더퓨처를 통해 70만 달러를 조달했다.[34]

* * *

혁신적 투자자가 크립토애셋 관련 회사에 다가갈 기회는 계속해서 많아질 것이다. 이런 기회들은 투자자들의 투자 철학에 영향을 미칠 뿐 아니라 재무 전문가들과 협업하는 방식에도 영향을 미칠 것이다. 혁신적 투자자는 재무 목표와 목적을 잊어버려서는 안 된다. 고수익이 예상되는 기회에는 그에 따르는 위험이 동반된다는 점을 이해해야 한다. 이 책을 통틀어 이번 장은 현재 가장 빠르게 진행되고 있는 부분을 다뤘다. 따라서 암호화폐공개에 관심이 있는 혁신적 투자자는 이 책에서 제시한 정보를 토대로 충분한 자산 실사를 거쳐야 할 것이다. 이들 자산의 평가와 분류에 관련 있는 규제 당국의 최신 발표 동향도 놓치지 않고 챙겨야 한다.

지금까지 투자자들이 크립토애셋에 다가갈 수 있는 다양한 길, 여전히 진화하고 있는 방법들을 알아봤다. 혁신적 투자자가 크립토애셋이라는 토끼굴로 이만큼 깊게 빠져들었으니, 이제 다음 장에서는 지금까지 배운 내용들에 비춰 자신이 현재 가지고 있는 접근법과 투자 포트폴리오를 살펴보도록 하자.

17

블록체인 혁명 시대에 포트폴리오를 어떻게 정비할 것인가

미래학자 앨빈 토플러가 1970년대에 기하급수적 변화로 인해 수백만의 사람들이 미래와 갑작스럽게 충돌할 것이라고 말했을 때, 그것은 경고처럼 들렸다. 혁신적 투자자는 크립토애셋에 대한 투자를 고려할 때 비트코인이나 이더와 같은 개별 투자도 고려하면서, 이 새로운 자산 클래스와 블록체인 기술이 포트폴리오 내의 기타 자산에 어떤 영향을 미칠지도 고려해야 한다.

이번 장에서는 기하급수적 변화의 시대에 포트폴리오를 어떻게 구성하고 보호할 것인지에 집중한다. 크립토애셋이 투자 방식에 가져오는 변화를 고려할 때, 블록체인 기술이 기업과 산업에 상당한 파괴력을 가져온다는 점도 인식해야 한다. 이들 파괴적 기술은 대부분의 투자자가 이미 진행한 투자와 고려하고 있는 투자에 영향을 미칠 것이다.

예컨대 비트코인이 송금 방식에 영향을 미친다면 송금 분야의 일인자인 웨스턴유니온Western Union 주식에 어떤 영향을 미칠까? 이더리움의 탈중앙 월드 컴퓨터가 대단한 인기를 얻게 되면 아마존, 마이크로소프트, 구글과 같은 클라우드 컴퓨팅 서비스 제공 회사는 어떤 영향을 받을까? 기업들이 최신의 암호화폐로 더 저렴한 수수료를 더 빠르게 지불받는다면 비자와 아메리칸익스프레스 같은 신용카드 회사는 어떤 영향을 받을까?

기하급수적으로 증가하는 블록체인 기술

하버드 경영대학원의 클레이튼 크리스텐슨 교수는 기하급수적 변화 앞에서 대기업들이 어떤 좌절을 겪었는지에 관해 중요한 책을 저술했다. 《혁신가의 딜레마The Innovator's Dilemma》에서 그는 경영 관리가 탄탄한 기존 강자들조차 시장을 파괴하는 기술 앞에서 어떻게 무너질 수 있는지를 설명했다. 파괴적 기술은 새로운 성장의 토대를 놓으며 전기, 자동차, 인터넷, 블록체인과 같이 파급력 있는 범용 기술로 성장해나간다. 이런 성장은 많은 기회를 제공하고 대기업은 그런 기술의 잠재력을 인식하지만, 그것을 활용하려고 할 때면 종종 좌절하게 된다. 대기업이 직면하는 문제는 세 가지다.

첫째로 파괴적 상품은 더 단순하고 더 저렴하다. 보통 이윤과 수익이 적다. 둘째로 파괴적 기술은 보통 신흥시장 또는 중요하지 않은 시장에서 먼저 상품화된다. 셋째로 주요 기업의 주요 고객은 대개 파괴적 기술에 기반한 상품을 처음에는 사용하길 원하지 않고 사용할 수도 없다.[1]

새로운 시장에서 신제품 라인을 추구하는 일은 기업의 기존 사업에 크게 득이 되지는 않는다. 크리스텐슨이 설명한 바와 같이 파괴적 제품은 이윤이 적고 시장이 작으며 익숙하지 않은 고객층을 타깃으로 한다. 또 신제품 라인은 오히려 기존 제품의 매출을 줄어들게 할 수 있다. '자기시장잠식cannibalization'(자사의 신규·유사 상품끼리 서로 잡아먹는 현상—옮긴이)이 일어나는 것이다. 고객은 신제품이 기존 제품보다 낫기 때문에 기업에 보다 수익을 안겨주는 제품보다는 새로운 제품을 구매하기 시작한다. 자기시장잠식에 대한 이런 두려움 때문에 신기술을 피하면 기업은 결국 파국을 맞이할 수 있다. 크리스텐슨은 이 점을 경고한다.

기존 제품에 대해 자기시장잠식이 일어날지 모른다는 두려움은 기존 기업들이 신기술 도입을 늦추는 이유를 설명해준다. 하지만 파괴적인 상황에서는 조심스러운 계획보다는 행동이 앞서야 한다. 시장이 무엇을 원하는지, 시장의 크기가 얼마인지에 대해서는 서의 알 수 없기 때문이다. 계획은 전혀 다른 목적을 향해야 한다. 실행을 위한 계획이기보다는 학습을 위한 계획이어야 한다.

이런 이유 때문에 신기술을 활용한 제품 개발을 피하는 기존 강자들은 단기적으로는 수익이 극대화될지 몰라도 장기적으로는 제 발등을 찍게 된다. 크리스텐슨이 언급한 바와 같이 파괴적 기술의 초기 단계에서는 기업이 학습하고 실험하는 것이 아주 중요하다. 기업이 초기에 실험하지 않고 신기술이 회사의 성장에 영향을 미칠 때쯤이 되면(신기술의 시장이 기존 기업을 크게 변화시킬 정도로 커져버리면) 이미 너무 늦다. 이런 점 때문에 규모가 상대적으로 작은 기업이 신기술을 익히는 데 훨씬 더 민첩하고 경험이 많아서 성장하는 시장에서 기존 기업과 경쟁하는 데 유리하다.

기존 기업이 이들 성장 기회를 놓치면 자사 제품은 한물가버린다. 수익은 점점 줄어들고 시가총액도 줄어들면서 막다른 투자를 단행하게 된다. 이를 '가치함정value trap'이라고 한다. 기존 기업의 몰락에 가속도가 붙고 떠오르는 새로운 승자 역시 가속도가 붙는다. 기존 기업의 파괴력은 S&P 500에 얼마나 오래 머무는지, 즉 평균 수명으로 수량화될 수 있다. S&P 500에서 기업의 평균 수명은 60년(1960년대)에서 최근 20년 미만으로 떨어졌다.[2] 이는 분명히 투자자들이 현실에 안주하지 말아야 한다는 신호다. 현재 성공적인 기업이 수십 년 후에도 업계 선두 주자(수익 면에서도)로 남을지는 누구도 예상할 수 없다.

파괴적 기술의 등장 속도 또한 점점 가속화되고 있다. 지난 1,000년 동안 이런 추세를 목격해왔다. 예컨대 서기 900년과 1900년 사이, 새로운 범용 기술의 등장 속도는 100년이었다. 증기기관, 자동차, 전기가 이때 등장했다. 20세기에는 15년마다 새로운 범용 기술이 등장했다. 컴퓨터, 인터넷, 생명공학이 그 예다. 21세기에는 4년마다 새로운 범용 기술이 등장했다. 로봇자동화공학, 블록체인 기술이 가장 최근의 예다.[3]

파괴적 기술이 기존 기업들을 권좌에서 물러나게 하고 있지만, 수십 년간 계속해서 자기 혁신을 이뤄내는 기업도 있다. 파괴적 기술이 만들어내는 새로운 성장 시장을 기존 기업이 활용하는 데는 위험과 함께 기회도 따른다. 수익과 시가총액을 늘리는 기회가 될 수도 있다. 그리고 가치함정에 빠진 기업과 자기 혁신을 이룬 기존 기업을 분별할 수 있을 때, 혁신적 투자자로 남을 수 있다.

금융과 블록체인 기술

돈 탭스콧과 알렉스 탭스콧 부자는 2016년에 《블록체인 혁명》을, 윌리엄 무가야는 《비즈니스 블록체인》을 펴냈다. 제목에서 알 수 있듯이 이들 책은 블록체인 기술이 현재와 미래에 어떤 방식으로 기존 비즈니스를 파괴할 것인지를 다룬다. 이번 장에서는 크립토 애셋이 금융 부문에서 어떤 전복을 일으키는지, 기존 강자들이 어떻게 반응하고 있는지에 대해서 알아보겠다. 투자자들은 금융 부문에서 익힌 내용을 도약대로 삼아 다른 산업들에 적용할 수 있다.

금융 산업은 규제의 늪을 헤쳐 나가야 하며 때로는 새로운 기술에 적응하는 데 어려움을 겪는다. 최근 업계는 수많은 데이터 침해와 독점적 구조, 수십 년 전에 개발된 도구와 모델로 비효율적 자금 시스템을 운영하는 등, 오래된 나이를 실감하고 있다. 하지만 탭스콧은 앞으로 10년 동안 블록체인 기술로 말미암아 대변동·대혼란의 시기를 겪겠지만 기회를 포착하는 이들에게는 엄청난 시간이 될 것이라고 말한다. 또한 오랫동안 사용돼온 복잡하고 모순적이며 비이성적인 금융 시스템을 '프랑켄파이낸스Franken-finance'라 일컬으며 그것의 수명이 얼마 남지 않았다고 확신한다.4

앞서 2장에서 블록체인 기술을 사용하는 모든 경우가 반드시 크립토애셋(비트코인이나 이더와 같은)을 포함하는 것은 아니라고 이야기한 바 있다. 사실 지금까지 대다수 금융 서비스 기업이 크립토애셋을 포함하지 않은 블록체인 기술을 선택해왔다. 예컨대 분산원장 기술distributed ledger technology(DLT)을 사용하는 추세는 계속 늘어나고 있다. 이 기술을 사용하는 것과 비트코인, 이더리움, 기타 크립토애셋 블록체인 기술을 사용하는 것과는 차이가 있다. 분산원장 기술 전략을 추구하는 기업은 여전히 퍼블릭 블록체인 개발자들이 내놓은 많은 혁신을 활용한다. 하지만 이들 기업은 개발자 그룹과 교류하거나 네트워크를 공유할 필요가 없다. 기업들은 자사 네트워크에서 자사 소유의 하드웨어로 자신들이 선택한 소프트웨어를 사용한다. 인트라넷과 유사한, 앞서 언급했던 프라이빗·허가형 블록체인을 사용하는 것이다.

우리는 분산원장 기술이 다가오는 파괴에 대한 임시 처방일 뿐이라고 생각한다. 뒤의 보험 부분에서 다루겠지만, 기존 기업들은 유사한 서비스를 제공하기 위해 퍼블릭 블록체인 아키텍처를 사용할 수 있다. 하지만 자신들의 수익을 갉아먹을 것이다. 이런 자기시장잠식은 고통스럽다. 하지만 크리스텐슨이 제시한 바와 같이 장기 생존을 위해서는 필요하다. 게다가 규제는 기존 기업들을 구속하고 있고, 금융 서비스 산업의 기존 기업들은 2008년 금융위기 이후 규제 당국의 징계에 특히 민감하다.

기존 강자들은 크립토애셋을 일축함으로써 자신들을 보호한다. 잘 알려진 예가 제이피모건의 제이미 다이먼의 경우다. 그는 "비트코인은 저지될 겁니다"라고 주장했다.[5] 그러나 크리스텐슨이 보기에는 크립토애셋을 일축하는 다이먼끼 기다 금융세 기존 강자들이 위태롭다.

파괴적 기술은 이전과는 판이하게 다른 가치를 시장에 가져온다. 물론 주류 시장에 출시된 기존 제품들의 성과에는 미치지 못한다. 하지만 파괴적 기술은 (보통 새로운) 비주류 소비자들이 가치를 두는 다른 특징들을 가지고 있다. 파괴적 기술에 기반한 제품은 보다 저렴하고 간단하고 작아서 사용하기가 더 편리하다.

크립토애셋과 같은 파괴적 기술은 '저렴하고 간단하고 작기' 때문에 처음에 인기를 끈다. 초기에 주류가 아닌 비주류에서 이런 인기가 일기 때문에 다이먼과 같은 기존 금융업계 인사들은 파괴적 기술을 일축한다. 하지만 보다 저렴하고 간단하고 작은 것들은 비주류에 머물지 않고 기존 강자의 허를 찌르며 주류로 빠르게 이동한다.

송금 시장과 블록체인 기술

파괴적 기술이 적용될 시기가 왔다고 오랫동안 이야기되어온 분야 중 하나가 개인 송금 시장이다. 개인 송금 시장은 본국을 떠나 해외에서 일하는 개인이 가족 부양을 위해 고국의 가족에게 돈을 송금하는 시장이다. 세계은행이 송금액 규모를 보수적으로 잡아도 6,000억 달러 이상으로 추정할 정도로 이 시장의 규모는 엄청나게 크다. "공식적·비공식적 경로를 통해 기록되지 않은 송금액을 포함하면 실제 규모는 훨씬 더 클 것으로 보인다."[6]

대부분의 송금은 고소득 국가에서 개발도상국으로 보내진다. 개발도상국의 은행 제도는 모든 이가 쉽게 이용하기에는 힘들 수도 있다. 송금을 받는 국가의 가족이 보통 은행 업무 서비스를 받지 못할 때(은행 계좌나 전신환 서비스를 이용할 수 없을 때) 해결책을 제시하는 회사는 송금인과 가족 간의 구명 밧줄 역할을 한다.[7] 오랫동안 웨스턴유니온과 머니그램MoneyGram 같은 회사는 선택 수단이 거의 없는 상황에서 필수 서비스를 제공하는 생명줄과도 같은 자신들의 위치를 이용해 송금인들에게 높은 수수료를 부과해왔다.

예컨대 2016년 말 전 세계 평균 송금 수수료는 7.5퍼센트에 약간 못 미친다. 가중 평균은 6퍼센트 미만이었다.[8] 수수료 크기는 줄어들고 있고 당연히 그래야 한다. 2008년에 평균 수수료는 거의 10퍼센트였다. 이는 100달러를 송금하면 송금 회사가 10달러를 갖고 가족은 실제로 90달러를 받는다는 뜻이다.[9] 공정하다고 보기 힘들다. 그래서 어떤 이들은 이를 착취라고 표현하기도 한다.

인터넷 시대에 더 많은 경쟁사가 시장에 진입하면서, 사람들은 이와 같이 과다한 수수료가 부과될 이유가 거의 없다는 사실을 알고 있다. '전신환wire money'이라는 용어가 뭔가 정교하고 복잡한 서비스를 송금 회사가 제공하는 것처럼 들리게 할 수도 있지만, 실제로 전신망은 없다. 웨스턴유니온이 전신 회사였던 시절 전보를 보내기 위해 사용하던, 시대에 뒤처진 용어다. 이들 전신망은 오래전에 사라졌다. 대개 실제 송금 서비스에서는 중앙화된 회사들이 한 계정에서 돈을 인출해 수수료를 제하고 다른 계정에 입금하는 식으로 장부를 재조정한다.

그렇다면 저렴한 비용, 빠른 속도, 24시간 운영되는 네트워크를 가진 비트코인이 이런 국제적 처리 과정에 적합한 화폐가 될 수 있다는 생각은 확대 해석이 아니다. 물론 이를 위해서는 몇 가지 조건이 필요하다. 수취인이 비트코인 지갑을 갖고 있어야 하고, 수취인이 돈을 받을 수 있도록 해주는 중개업체가 필요하다. 중개업체의 경우 새로운 시대의 또 다른 중개인이 생겨나며 지체적인 문제점을 드러낼 수도 있지만, 아직까지는 이들 중개업체가 웨스턴유니온보다는 훨씬 더 저렴한 가격에 서비스를 제공하고 있다. 중개인은 비트코인을 받고 특정 수취인에게 국내 화폐를 주는, 핸드폰을 가진 전당포 주인일 수도 있다.

전 세계 송금액의 12퍼센트를 차지하며 수취금액이 가장 큰 국가인 인도에서는 최근 비트코인 거래소 간에 국내 송금 수수료를 0.5퍼센트 낮출 것으로 예상되고 있다.[10] 멕시코에서도 비트코인 거래소를 통해 이와 같이 저렴한 수수료로 송금이 가능해서 거래소 비트소의 거래량이 급격한 증가를 보이고 있다.[11] 기존 강자들이 힘없는 고객들로부터 고액의 수수료를 부과해 벌어들이는 수백억 달러를 이런 회사들이 노리고 있다.

혁신적 투자자는 송금 시장에서 일어나고 있는 이와 같은 거대한 파괴의 충격을 인식해야 한다. 웨스턴유니온과 같이 널리 이용되는 회사에 대한 위협인 동시에 기회가 만들어지기 때문이다. 예컨대 비트소는 16장에서 다룬 바와 같이 투자자를 크립토애셋 스타트업과 연결해주는 온라인 투자 플랫폼 회사인 뱅크투더퓨처를 통해 창업 자금을 확보했다.[12]

B2B 지불 결제와 블록체인 기술

국제적으로 개인 간에 송금이 이루어지고 있듯이 비즈니스 업계 또한 전 세계 비즈니스 파트너들에게 대규모의 돈을 송금한다. 이 분야는 대단히 방대하기 때문에 모든 내용을 세세히 다룰 수는 없지만, 개인 간 송금 시장이 갖고 있는 문제를 동일하게 갖고 있다.

수수료는 대개 비정상적으로 높고, 지불 속도는 비정상적으로 느리다. 예컨대 비자는 기회를 감지하고 블록체인 기술을 사용한 B2B business-to-business(기업 간) 지불 솔루션을 구축하기 위해 체인 Chain이라는 스타트업과 협업하고 있다.[13] 비트페사BitPesa는 아프리카 기업들(케냐, 나이지리아, 탄자니아, 우간다)이 전 세계로 지불 거래를 할 수 있도록 비트코인을 활용하고 있다.[14]

리플은 기존 업계가 협업하고 싶어 하는 인기 있는 스타트업이다. 리플의 네이티브 크립토애셋인 XRP를 활용한 프로젝트가 만들어지고 있다. 뱅크오브아메리카, 캐나다왕립은행, 스페인 산탄데르 은행, 캐나다의 몬트리올 은행, CIBC, ATB파이낸셜 등 기존 업계는 보다 신속하고 안전한 금융 거래를 위해 리플의 블록체인 기반 기술을 사용한다.[15] 이들 프로젝트가 현실화되면 리플을 활용하는 기업들에게 득이 될 뿐 아니라 리플의 자체 크립토애셋인 XRP에도 득이 된다. XRP는 리플 네트워크에서 정산을 도우며 가교 역할을 하는 통화로 사용될 수 있다.[16]

혁신적 투자자는 보다 저렴하게 이루어지는 국제 지불이 신흥 시장에서 기존의 사업과 새로운 사업에 어떤 기회를 창출할 것인지 지켜보려 할 것이다. 자본은 산업의 성장에 활기를 불어넣는다. 따라서 자금이 개인과 기업 간에 보다 자유로이 이동하게 되면 신흥 시장에서 상당한 경제 붐이 유발될 수 있다. 이는 또한 어느 지역에 대한 투자가 가장 이득이 되는지를 검토할 때 도움이 될 것이다. 투자하려는 지역에서 상장지수펀드와 뮤추얼펀드가 많이 판매되는지를 살펴보고 투자에 참고할 수 있다. 특정 지역에서 거시적 경제 혼란이 발생할 경우에는 지역적 다양성이 포트폴리오에 도움이 될 것이다.

보험업계와 블록체인 기술

지금까지 대부분의 보험회사는 분산원장 기술을 검토해왔지만 크립토애셋 분야에 깊이 뛰어드는 모험을 감행하지는 않고 있다. 대형 컨설팅 회사들은 분산원장 기술이 보험업계를 어떻게 바꿀 것인지에 대한 전망을 제시하는 선두 주자로 인식되고자 경쟁을 벌이고 있다. 잠재적 파괴력을 검토하는 데 도움을 필요로 하는 부자 고객인 보험회사들로부터 거액의 계약을 따내길 원하기 때문이다. 딜로이트는 "블록체인을 사용하면 전체적으로 처리 과정을 간소화하고 보험 청구를 해야 하는 고객에게 더 나은 사용자 경험을 제공할 수 있을 것"이라고 말한다.[17]

혁신적 투자자는 잘 알려진 컨설팅 회사의 예측을 고려해보면 어떤 보험회사가 단기 투자 대상으로 좋은 후보인지, 또 어떤 회사를 피해야 할지 파악할 수 있다. 하지만 이미 언급한 바와 같이 우리는 분산원장 기술이 앞으로 수십 년에 걸쳐 진부한 기술로 사라져 갈 시스템들의 생명을 연장해주는 임시방편이라고 본다. 따라서 장기 투자자의 경우에는 보험회사가 지속적이고 중요한 솔루션을 제공하는 분산원장 기술을 추구하고 있는지, 주의 깊게 판단하고 분석해야 한다. 일부 주요 컨설팅 회사들은 기존 강자 이데올로

기에 심취해 다가오는 파괴력을 보지 못할 수도 있다.

앞서 5장에서는 탈중앙 보험 정책을 제공하는 이더리스크와 같은 회사들이 이미 존재한다고 밝힌 바 있다. 파괴적 기술은 보험회사의 자본 조달과 보험 청구 관리 과정을 넘어 리스크 모델에 사용된다. 예컨대 이더리움에 기반한 어거의 예측 플랫폼은 현실에서 벌어진 사건의 결과를 중심으로 시장이 형성되도록 한다.[18] 보험 부문에서 이 플랫폼의 예측 애플리케이션은 다양하며, 보험 계리 산업에 직접적인 영향을 미칠 수 있다. 보험 계리는 보험 산업의 필수 부분이며 가격 결정 모델을 정한다.

보험회사가 크립토애셋 솔루션을 사용하는 중개자를 찾으려면 여러 선택지가 있다. 예컨대 팩텀은 개선된 보안과 신원 확인 기능으로 보험 정책을 만들 수 있는 스마트 계약 플랫폼을 도입했다. 팩텀의 공동설립자인 피터 커비는 팩텀이 사기와 신원 도용으로부터 보험 계약자를 보호할 수 있으며, 적어도 플랫폼이 기반하고 있는 블록체인 기술의 변경 불가능성을 통해 사기와 신원 도용의 범인을 찾아내는 기능을 제공할 수 있다고 말한다.[19] 사기와 신원 도용을 줄일 수 있다면 보험회사의 순이익에 대단히 도움이 될 것이다. 게다가 퍼블릭 네트워크가 가진 투명성 속에서 운영하면 운영에 대한 신뢰가 더욱 강화돼 더 많은 고객이 유입될 것이다.

가라앉는 타이타닉 호의 갑판 의자를 재배치하지 마라

2016년 도널드 트럼프가 대통령으로 선출된 직후, 전임 행정부와 다른 정책을 실시할 것이라는 기대로 금융회사들의 주가가 상승했다.[20] 포트폴리오에 금융회사 주식을 가진 투자자는 당시 수익을 올렸고, 상담사의 권고에 따르거나 '트럼프 시대'에 금융주가 틀림없이 득이 될 것이라는 금융 전문 매체의 주장에 이끌려, 많은 투자자가 트럼프 당선 이후 자신의 포트폴리오에 이들 주식을 더 많이 추가했다. 하지만 이런 단기 동향에 집중하는 것은 가라앉는 타이타닉 호의 갑판 의자를 재배치하는 일이나 같다.

혁신적 투자자는 이런 이득이 실제 정책 때문인지 아니면 정책에 대한 기대 때문인지를 따져봐야 한다. 정책들은 금융계의 현 상황을 강화하는 데 일시적으로 효과적일 수 있다. 그러나 장기적 추세 변동 앞에서는 임시방편일 뿐이다. 비트코인과 크립토애셋이 전체 글로벌 금융 시스템에 가져올 파괴력을 인식하는 것이 중요하다. 혁신적 투자자는 이런 인식으로 무장한 뒤 신기술이 금융 부문에 곧 가져올 파괴력에 대한 고려나 인식 없이 현재의 운영 모델을 고수하는 금융회사에 장기적으로 투자할 것인지 고려해야 한다. 요컨대 갑판 의자를 어디다 놓을지를 놓고 초조해하기보다 블록체인 기술과 그것이 금융 산업을 크게 변화시킬 가능성에 대해 자신이 알고 있는 정보를 고려하면서, 자신이 이들 기존 은행과 금융회사에 대한 장기적 구매자인지를 따져봐야 한다.

파괴적 기술 앞에서 생존하기 위한 세 가지 전략

기존 업계가 블록체인 기술을 기회로 삼아 생존할 수 있는 세 가지 전략을 살펴보자.

이길 수 없으면 사라

2015년 말부터 2016년까지 말 그대로 모든 금융 서비스 기업이 금융 산업을 파괴할 블록체인 기술의 가능성에 깨어나고 있는 것 같았다. 기존 강자들이 자신들이 뒤처지고 스타트업이 압도하고 있다고 느낄 때, 이들은 스타트업에 투자하거나 아예 사버린다. 비트코인과 블록체인 스타트업에 투자하는 기존 강자들의 수가 2015년 말부터 시작해 2016년 상반기까지 미친 듯이 늘어났다. 시티CITI, 비자, 마스터 카드, 뉴욕생명보험New York Life, 웰스파고, 나스닥, 트랜스아메리카Transamerica, 아비엔암로은행ABN AMRO, 웨스턴유니온이 그런 강자들이었다.[21]

기존 강자들은 파괴를 피하기 위해 투자나 인수 전략을 사용하지만, 효과는 기대에 거의 못 미친다. 대기업이 스타트업을 삼키거나 관여하기 시작하면 스타트업이 원래 가지고 있던 빠르고 유연한 문화를 유지하기가 어려워진다. 민첩한 문화는 파괴적 기술의 초기 단계에서 성공을 거둘 수 있는 열쇠이며, 스타트업이 대기업의 관료주의에 오염되면 그 강점을 빠르게 잃어버리게 될 것이다.

습격에 대비하여 마차로 원진을 만들어라

업계 컨소시엄은 분산원장 기술을 업계에 어떻게 적용시킬지를 검토하는 기존 강자들 사이에서 가장 보편적으로 실시하는 방법이다. 컨소시엄은 합리적인 방법이기도 하다. 분산원장이 그것을 사용하는 당사자들 사이에서 공유되어야 하기 때문이다. 협업 컨소시엄은 금융 서비스 기업이 공유하는 법을 학습하는 데 도움이 된다. 이들 많은 기업이 서로서로 오랫동안 자신들의 비즈니스 프로세스를 숨겨온 경쟁자였다. 물론 유명 기업이 너무 많이 참가하고 기업 간 자만심이 충돌하면 이들 컨소시엄은 난관에 봉착할 수도 있다.

가장 유명한 컨소시엄 중 하나가 2015년 9월 15일에 설립된 'R3'다. 제이피모건, 바클레이, 스페인계 투자은행 BBVA, 호주연방은행, 크레디트스위스, 골드먼삭스, 로열스코틀랜드뱅크, 글로벌 3위 상장지수펀드 운용사인 스테이트스트리트, 스위스 UBS와 같은 이름난 회사들로 구성되어 있다. 9월 말에는 뱅크오브아메리카, BNY멜론, 시티, 도이체방크, 모건스탠리, 토론토도미니온뱅크를 포함한 13개 금융회사가 추가로 가입했다. R3는 세계 유수의 금융회사들로 구성되어 있으며, 개인 투자자가 주식이나 채권으로 또는 뮤추얼펀드나 상장지수펀드와 같은 관리형 자금 투자로 이들 회사의 지분을 보유하고 있다.

또 다른 컨소시엄 '하이퍼레저 프로젝트The Hyperledger Project'22는 R3보다 더 많은 오픈 멤버십을 제공한다. 블록체인 프로젝트를 규정하는 요소이자 강점 중 하나가 오픈소스 정신이라는 것을 다시 한 번 떠올려보자. 하이퍼레저 프로젝트는 리눅스 재단Linux Foundation을 중심으로 금융회사뿐 아니라 여러 업계가 함께할 수 있는 협업 오픈소스 플랫폼을 만들고자 2015년 12월에 출범했다.[23] 에어버스, 아메리칸익스프레스, 다임러, IBM, SAP와 같은 기업들이 현재 프로젝트를 지원하고 있다.

이 프로젝트는 "하이퍼레저 회원사와 스태프는 개념증명POC 테스트, 사용 사례 개발, 하이퍼레저의 채택에 대한 지원을 제공하고 모범 사례를 공유하는 데 최선을 다합니다"라고 명시하고 있다.[24] 금융 산업과 건강 산업 회사들이 이 프로젝트를 처음에 기획했으며 공급망 솔루션 구축 계획도 가지고 있다. 이 산업 간 오픈소스 협업 과정이 어떻게 진행될지 그리고 어떤 결과가 나올지가 흥미롭다. 혁신적 투자자는 결과물로부터 이득을 얻을 수 있는 특정 회사를 선별하기 위해 프로젝트의 결과물 추이를 잘 지켜보는 것이 현명하다.

보다 흥미로운 최근의 컨소시엄으로는 '이더리움 기업 연합Enterprise Ethereum Alliance(EEA)'이 있다. 2017년 2월 말에 공개된 이 컨소시엄은 액센츄어, BNY멜론, CME그룹, 제이피모건, 마이크로소프트, 톰슨로이터, 스위스 UBS 등이 설립 회원사로 참여하고 있다.[25] 이 연합의 가장 흥미로운 점은 민간 기업을 이더리움 퍼블릭 블록체인과 융합시키려는 것이다. 컨소시엄은 이더리움 퍼블릭 블록체인 외의 소프트웨어에 대해서도 협력할 예정이지만, 향후 이더리움의 오픈 네트워크를 활용하길 원하는 기업이 있을 경우를 대비해서 모든 소프트웨어가 앞으로도 계속 상호 운용될 수 있게 하려는 목적을 가지고 있다.

이노베이션 연구소를 만든 뒤 내버려두라

세 번째 전략은 기존 강자들이 이노베이션 연구소를 설립하는 것이다. 학생과 산업계 간의 협업 노력을 통해 혁신을 촉진하는 일환으로 하버드를 포함한 몇몇 대학이 이노베이션 연구소를 설립해오고 있다. 기업계 또한 창의적인 아이디어를 탄탄한 실무 능력에 불어넣기 위해 토론의 장을 제공하는 이 독특한 방법에 뛰어들고 있다. 다만 이노베이션 연구소를 설립한 기존 업계는 연구소를 보통 간섭하지 않고 내버려둔다. 크리스텐슨의 다음과 같은 권고를 잘 따르고 있는 것 같다.

주류 기업들이 파괴적 기술 앞에서 시기적절한 입지를 성공적으로 구축한 유일한 사례가 있다. 바로 기업 경영자들이 파괴적 기술을 중심으로 독립적인 신사업 구축을 목적으로 한 자율적인 조직을 설립한 경우였다.

21세기에 이노베이션 연구소 사례를 활용한 기업으로는 구글이 가장 유명하다. 구글은 직원의 현재 지위와 상관없이 창의력과 혁신을 촉진한다. 구글은 직원들이 회사 내의 다른 직원들과 혁신을 추구할 수 있는 공식 조직 '구글 개러지Google Garage'26를 만들었다. 여기서 자율주행 차량과 같은 프로젝트가 나왔고, 미래 수익을 추가로 제공할 것이라는 기대를 갖고 구글은 프로젝트들을 유기적으로 육성하고 있다.

크리스텐슨의 말을 인용한 글에서 다시 한 번 강조해야 할 것은 '자율적인 조직을 설립'할 필요성이다. 단순히 이노베이션 연구소를 기업 내에 설립한다고 해서 그것이 성공을 보증하는 것은 아니다. 이들 연구소는 기존의 사업 모델과 수익 모델로 보는 좁은 시야가 배제된 자율적인 조직으로 제대로 기능할 수 있어야 한다.

여전히 커다란 기회가 기다리고 있다

퍼블릭 블록체인과 관련 크립토애셋에 대한 투자 기회는 분명 커지고 있다. 장기적으로 가장 이득을 얻을 곳은 크립토애셋을 내싱으로 전력을 다하는 기업일 것이다. 다만 회사가 자체적인 분산원장 기술을 추구한다면 투자자는 그 솔루션이 장기적으로 볼 때 그 회사의 가치를 증진시킬지를 판단해야 한다.

기회는 끊임이 없을 테지만 창의적인 선지자, 개발자, 업계 리더만이 이 기회를 잡을 것이다. 앞으로 흥미로운 혁신이 일어날 것이고, 다가올 기회를 알아차리고 대비하는 혁신적 투자자에게 큰 보상이 돌아갈 것이다.

크립토애셋은 자산인가 상품인가 : 과세 문제

재무 전문가 또는 성공한 투자자라면 투자 포트폴리오 관리에서 투자 결정에 따르는 (손익 측면 모두에서) 관련 세금에 대한 이해와 접근법이 필요하다는 것을 알고 있다. 이런 과세 문제도 포트폴리오에 크립토애셋을 추가하려는 혁신적 투자자에게 중요하다. 일부 투자 결정은 이들 자산에 대한 과세를 이해한 상태에서 내렸겠지만 대체로는 과세에 대한 이해가 명확하지 않고, 심지어 납세 안내를 하는 당국조차 이해가 부족하다. 크립토애셋이 널리 알려지고 인정받게 되면서 정부 규제 당국과 세무 당국의 인식이 점점 더 개선될 것이다.

모든 크립토애셋은 가치를 가지고 있어서 사고팔 때 투자자에게 소득 또는 손실을 발생시킨다. 미 국세청IIRS이 전자화폐에 대해 과세를 부과하기로 한 것은 전혀 놀라운 일이 아니다. 2014년 미 국세청은 비트코인에 대한 이해를 마쳤다고 판단해 과세 지침 'IRS Notice 2014-21'을 발표했다. 결정에 대한 세목은 없었지만,[27] 비트코인이 가상화폐로 불리더라도 미 국세청은 과세 목적상 비트코인을 자산으로 간주한다는 것이 주요 내용이었다. 전통적으로 주식, 채권, 부동산이 자산으로 간주된다. 국세청 지침은 "자산 거래에 적용하는 과세 원칙을 가상화폐를 사용하는 거래에 적용한다"라고 명시했다.[28]

따라서 투자자 또는 비트코인 사용자는 주식, 채권, 부동산과 마찬가지로 가상화폐도 과세 대상임을 알아야 한다. 이런 자산들에 따른 양도소득은 과세 대상이 될 것이다. 따라서 양도손실의 경우도 마찬가지로 활용될 수 있다. 비트코인, 이더의 거래 또는 투자 시에 중요한 점은 구매 가격과 판매 가격을 기록해야 한다는 점이다. 장기 보유냐 단기 보유냐에 따라 적절하게 과세 처리하고, 양도소득이나 손실로 나눠질 것이다. 규정 또한 비트코인으로 인한 소득과 비트코인 채굴도 다루며, 이런 소득들은 보유하게 된 시점의 시장가치에 따라 즉시 발생한 소득으로 취급된다.

2014년 미 국세청 지침은 흥미롭게도 비트코인에 대한 결정을 주로 담고 있는데도 "비트코인과 같은 가상화폐"라고 언급하고 있다. 모든 크립토애셋이 '가상화폐' 범주 안에 들어간다는 의미일까?

가상화폐가 무엇을 의미하는지 지침의 설명을 살펴보자.

일부 환경에서 가상화폐는 '실질'화폐, 즉 법정통화로 지정된 미국 또는 기타 국가의 주화나 지폐처럼 거래되고 유통되며 발행된 국가의 교환 수단으로 관습적으로 사용되고 받아들여지지만, 어떤 관할 지역 내에서도 법정통화의 지위를 가지지 못한다.

'IRS Notice 2014-21'에서는 비트코인과 가상화폐와 관련된 과세 지침에 대해 좀 더 많은 정보를 명확하게 제공하고 있다.

실질화폐에 상응하는 가치를 지니거나 실질화폐의 대체 화폐 역할을 하는 가상화폐는 태환성이 있는 가상화폐여야 한다. 비트코인이 태환성 있는 가상화폐의 한 예다. 비트코인은 사용자 간에 디지털 방식으로 미국 달러, 유로, 기타 실질화폐나 가상화폐로 거래될 수 있고 구매 또는 교환될 수 있다.[29]

이 경우 비트코인은 '태환성 있는' 가상화폐로 간주된다. 결정 내용은 또한 미 재무부 소속인 금융범죄처벌기구FinCEN가 2013년에 제시한 '태환성 있는 전자화폐에 대한 포괄적인 설명'을 담고 있다.[30] 금융범죄처벌기구의 의견이 과세와 관련성이 적고 불법 행위를 위한 전자화폐의 오용에 대해 보다 많이 다루고 있긴 하지만, 미국의 여러 규제 당국이 비트코인과 크립토애셋을 어떻게 분류할지에 대해서는 통일된 목소리와 명확성을 보여주지 못하고 있다.

상품선물거래위원회 또한 비트코인 기반 옵션을 제공하려는 스타트업에게 상품으로 등록하지 않은 것에 대한 벌금을 부과하며 이 논쟁에 참여했다. 위원회는 크립토애셋을 자산이 아닌 상품으로 규정했다. 이 규정에 따라 비트코인은 이후 상품거래소법CEA의 규제 범위에 포함되었다.[31]

상품선물거래위원회의 집행 운영자인 아이탄 골맨은 다음과 같이 의견을 밝히고 있다. "비트코인과 기타 가상화폐를 둘러싼 여러 기대와 흥분이 있지만, 혁신 상품이라고 해서 파생상품 시장의 모든 참여자들에게 동일하게 적용되는 규정을 예외적으로 적용해서는 안 된다."[32] 비트코인을 상품으로 규정한 위원회의 집행 운영자도 비트코인을 '가상화폐'라고 불렀다는 점은 분명 혼란스럽다.

일부 크립토애셋이 상품이라면 순전히 자산으로 간주되는 경우에 비해 다른 과세가 부여될 가능성이 생긴다. 상품에는 60/40 과세 규정이 있다. 상품 거래 수익의 60퍼센트가 장기 양도소득으로 간주되고 40퍼센트는 단기 양도소득으로 간주된다는 의미다. 이는 12개월 후에 팔면 장기 양도소득으로 간주되어 현재 세율인 15퍼센트가 부과되는 주식과는 다르다. 12개월이 되지 않아 팔면 단기소득으로 간주하고 투자자의 일반소득세율에 기초해 과세한다.

모든 크립토애셋은 비슷하지 않다. 이들 차이를 보다 분명하게 인식하고 이해하는 정부 당국의 노력과 새로운 규정(세금 과세를 포함해)이 필요하다. 현재로서는 미 국세청과 상품선물거래위원회가 이들 자산을 다르게 보고 있어 적절한 방향을 제시하기 위해 미 국세청이 보다 명확한 규정을 내려야 할 것이다. 빠르게 이루어질 것이라는 생각은 하지 않는 게 좋다. 미 국세청이 파생상품에 대해 과세 지침을 내리는 데도 15년이 걸렸기 때문이다.[33]

현재로서는 이들 자산에 대한 과세 문제는 투자자와 회계사의 책임이다. 미 국세청은 크립토애셋을 자산으로 간주하고 있으므로 주식 또는 채권과 유사한 방식으로 소득과 손실로 기록하는 것이 신중한 방향으로 보인다.

우리는 모두 회계사가 아니어서 정부 규제 당국이 궁극적으로 어떻게 이 문제를 조정할 것인지 예측하기는 어렵다. 세금과 관련해 투자자가 가장 먼저 해야 할 일은 자신이 보유하고 있는 비트코인 또는 크립토애셋에 대해 회계사와 함께 상의하고 회계사가 제공하는 정보와 권유에 의지하는 것이다. 그다음으로는 가장 중요한 것일 텐데, 이들 자산에 대한 모든 활동을 기록해야 한다(매수와 매도뿐 아니라 상품 또는 서비스 구입 기록까지).[34] 일반적인 자산 구매 날짜와 가격을 기록하는 엑셀 문서나 서류를 유지 관리하는 것만큼이나 크립토애셋 구입과 판매에 대한 기록이 간단해질 수 있다. 머지않아 보다 잘 알려진 거래소와 블록체인 세금 보고를 위한 기록과 리소스 툴을 만드는 스타트업이 출범하여 자세한 보고 툴과 리소스를 제공할 것이다.

크립토애셋 관련 규정들이 바뀌더라도 한 가지는 분명하다. 다른 자산들과 마찬가지로 미 국세청은 이 자산의 움직임을 주시하고 있다는 것이다.

18

투자의 미래는
크립토애셋에 있다

우리는 이 책 전반에 걸쳐 투자와 크립토애셋의 역사적 맥락을 제공하고자 노력했다. 크립토애셋이 다른 전통자산 및 대체자산과 마찬가지로 평가받아야 한다는 인식이 독자들에게 생겨났기를 바란다. 다른 자산 클래스와 마찬가지로 크립토애셋에도 좋은 투자 자산이 있고 나쁜 투자 자산이 있다. 따라서 크립토애셋 투자에 대해서도 동일한 수준의 자산 실사와 조사를 할 필요가 있다.

크립토애셋에 대한 투자 기회가 증가하고 있지만 현재 대부분의 투자가 거래소에서 개별 크립토애셋 구매와 거래를 통해서 이루어지고 있다. 15장에서 다룬 바와 같이 일부 자본시장 투자 수단이 현재 존재하고 있고 향후에는 보다 많은 투자 수단이 시장에 나올 것이다. 이런 투자 수단들이 어떤 형태로 전개될지는 아직 알 수 없다. 뮤추얼펀드가 다양한 크립토애셋으로 구성될까? 모네로, 대시, 제트캐시처럼 프라이버시 기술이 특화된 크립토애셋을 포트폴리오로 묶어 이들 크립토애셋의 지수를 추종하는 상장지수펀드가 나올까? 새로 발표되는 암호화폐공개를 포함해 각기 다른 크립토애셋을 적극 관리하는 헤지펀드를 투자자들이 구매할 기회가 이미 등장하고 있다. 하지만 헤지펀드 구조는 멜론포트Melonport 같은 플랫폼을 통한 탈중앙 자산관리 인프라가 등장함에 따라 대개 과거의 유물이 될 것이다. 잠재적으로 등장할 상품과 투자 대상은 무한하며 투자자와 자산관리자에게 커다란 수익 기회를 제공한다.

자산에 대한 전문성과 적극적인 관리로 무장한 개별 자산관리자들이 유명해질까, 아니면 전문지식과 개별 자산관리자들은 자신들의 전문지식으로 유명해질까? 혹은 크립토애셋에 대한 규칙 기반으로 구성된 수동적 투자, 이를테면 패시브 투자passive investment(코스피 200 등 주요 지수의 등락에 따라 기계적으로 편입된 종목을 사고파는 투자방식—옮긴이)가 선택의 수단이 될까?

1980년대에 '피델리티 마젤란 펀드Fidelity's Magellan Fund'는 많은 투자자들이 원했던 펀드다. 이유는 피터 린치 한 사람 때문이었다. 그가 맡은 기간 동안 펀드는 2,000만 달러에서 140억 달러로 증가했고, 13년이라는 기간 중 11년 동안 S&P 500 지수를 앞지르는 수익을 보였다. 투자자들은 액티브 펀드매니저들과 뮤추얼펀드의 전성기여서 주식이 아닌 자산관리자들을 선택했다. 특정 자산관리자에 대한 이런 열정은 1980년대의 채권에 국한되지 않았다. 최근 2015년에 '채권왕' 빌 그로스가 핌코를 떠나 야누스로 옮겼을 때 많은 것이 1980년대와 비슷했다. 그로스가 떠나면서 21퍼센트의 자금이 핌코를 이탈한 것이었다.[1]

피터 린치가 피델리티를 떠난 25년 후, "아는 걸 사세요"라고 권했던 그의 투자 기법을 여러 금융 전문가와 작가들이 비판했다. 그 말은 그의 투자 철학의 초석이었다. 자신이 고객으로서 사용한 제품에 기초해 주식을 사고 실제로 해당 회사의 비즈니스 모델을 경험했기 때문이다. 액티브 펀드에 대한 비난에 맞서 린치는 어떤 투자라도 기본 분석이 필요하다는 것을 강조하며 잘 알려진 말을 했다. "사람들은 전혀 모르는데도 그 주식을 삽니다." "그건 도박이고 좋지 않습니다."[2]

혁신적 투자자는 지식이 없는 상태에서는 어떤 투자도 하지 말아야 한다는 생각은 현명할 뿐 아니라 상식이라는 점을 인식해야 한다. 여기에 또 하나의 '버니스크 타터 법칙'을 추가한다. 단지 지난 몇 주 사이에 가격이 두 배 또는 세 배로 급등했다고 비트코인이나 이더, 기타 크립토애셋에 투자하지 마라. 투자를 하기 전에 친구에게 자산의 기본 사항에 대해 설명할 수 있도록 갖춰라. 해당 크립토애셋이 자신의 투자 포트폴리오 목표와 리스크 프로파일에 적합한지 확인하라.

밀레니얼 세대의 투자

이 책에서 크립토애셋과 관련된 상당한 분량의 역사적 맥락을 설명했다. 장기 투자자들은 이런 정보를 어렵게 익혀왔을 자신만의 투자 접근법과 전략을 반추하는 기회로 삼을 수 있을 것이다. 이들 투자자들에게는 크립토애셋 투자에 대한 고려가 자신의 투자 전략을 한 단계 변화시키고 혁신적 투자자가 되는 계기가 될 것이다. 일부 밀레니얼 세대는 이미 이 기회를 인식하고 크립토애셋 분야에 진입하며 새로운 투자자가 되고 있다.

밀레니얼 세대 또는 21세기로 넘어오면서 성인기에 접어든 이들에 대해서는 많은 분석과 예측이 이루어져왔다. 밀레니얼 세대는 금융과 투자에 대해서 닷컴 붕괴 기간과 2008년 경제 위기 동안 투자했던 베이비부머 세대와 확연히 다른 접근법을 취한다.

시장의 위기를 경험하며 자란 밀레니얼 세대는 자신의 금융 웰빙에 대해 놀라울 정도로 의식하고 있다. 페이스북이 진행한 최근의 연구를 보면 밀레니얼 세대의 교육 수준이 매우 높고, 학자금 대출을 통해 이런 교육 수준을 얻었으며, 경제 상황이 이들의 삶에서 중요한 고려 사항이라는 사실을 알려준다. 실제로 밀레니얼 세대의 86퍼센트가 매달 저축을 한다.[3] 마찬가지로 골드먼삭스의 조사에 따르면 흥미롭게도 밀레니얼 세대의 33퍼센트가 2020년이면 은행이 필요 없어질 거라고 생각한다고 한다.[4]

이런 통계들을 보면 많은 금융기관이 밀레니얼 세대를 금융과 투자 고객으로 유치하려는 방안을 모색하고 있다는 점이 전혀 놀랍지 않다. 문제는 많은 자산관리자의 비즈니스 모델이 밀레니얼 세대의 구미에 맞지 않다는 것이다. 지난 20년간 자산관리 회사들은 자사의 재무상담사에게 모든 투자자가 아니라 25만 달러 이상의 자산을 가진 투자자만 유치하도록 권고해왔다.[5] 소수의 고객층에 집중해 보다 나은 서비스를 제공할 수 있고 이윤폭을 늘릴 수 있다는 이유였다. 하지만 문제는 고객층의 노화다. 이런 영업 방침 때문에 이들 회사는 가장 도움을 필요로 하는 젊은 투자자들을 상대적으로 덜 유치하게 된다.

자산관리 회사는 개인 재무상담사 서비스 제공보다는 온라인 투자 사이트 제공에 집중하는 방식으로 밀레니얼 세대가 자사 사업 모델에 가져오는 파괴력에 대처했다. 이 연령대에 대한 이런 지원은 비즈니스 측면에서 비용이 효과적이었다. 하지만 이런 접근은 밀레니얼 세대를 '사로잡기'보다는 밀레니얼 세대에 '대처'했다. 밀레니얼 세대는 자신들의 향후 재정 상황을 논의할 정도로 때로는 베이비부머 부모 세대보다 재정적 관심이 높다는 사실이 여러 조사 결과를 통해 분명히 드러났다. 트랜스아메리카의 연구보고서 중 일부를 소개하겠다.

밀레니얼 세대 직장인 네 사람 중 세 명(76퍼센트)이 저축, 투자, 은퇴 설계에 대해 부모와 친구들과 논의하고 있다. 놀랍게도 밀레니얼 세대(18퍼센트)는 베이비부머(9퍼센트) 세대에 비해 이런 주제에 대해

두 배 더 '자주' 이야기하는 것으로 보인다.[6]

　자신들의 부모가 대침체Great Recession(2009년 9월 서브프라임 모기지 사태 이후 미국과 전 세계가 겪은 불황—옮긴이)의 영향으로 투자 포트폴리오를 대폭 축소하거나 심각하게 손실을 입는 것을 지켜본 세대였기 때문이다. 이들 중 많은 젊은이가 주식시장이 카지노의 도박과 유사하다고 인식한다. 동시에 이들은 저축, 투자, 미래에 대한 계획의 가치를 잘 인식하고 있다. 자산관리 회사들은 온라인 투자 사이트가 이들이 더 나이 들고 보다 많은 재산(재무상담사가 상담할 수 있을 최소한의 재력)을 일궈내기 전까지 밀레니얼 세대를 달래줄 것이라 보고 있다. 하지만 이는 파괴력이라는 중요한 포인트를 놓치는 생각이다. 많은 자산관리 회사가 이들을 무시함에 따라 밀레니엄 세대 또한 이들 회사에 등을 돌리게 될지도 모른다. 편하게 느낄 수 있는 투자 수단과 자산관리 회사를 이들 밀레니얼 세대가 기대하고 있다는 것은 전혀 놀랍지 않다. 실제로 디지털 네이티브 세대는 디지털 네이티브 자산의 가치를 받아들이는 데 전혀 문제가 없어 보인다. 〈허핑턴포스트〉에 실린 최근 기사는 이렇게 언급하고 있다.

　밀레니얼 세대는 비트코인 스타트업 벤처캐피털이라는 사회적으로 주의를 요하는 핵심 그룹의 지원 아래 지적 자본과 금융 자본을 비트코인, 이더리움 등 모든 암호화폐에 쌓고 있다. 'e'가 앞에 붙은 명사의 기업들이 1990년대에 기술 분야 투자자들의 흥분을 자아냈듯이 오늘날에는 '크립토'와 '블록체인'이 그런 것 같다.[7]

밀레니얼 세대가 투자 수단으로 비트코인과 크립토애셋에 의지하고 있는 걸까? 뱅가드 펀드 또는 애플에 대한 소액 투자가 나을까? 뱅가드 펀드에 최소 투자 한도가 있고 주식 매수에 수수료가 드는 반면, 밀레니얼 세대는 크립토애셋 시장이 적당한 돈으로 투자를 시작하고 소액으로 불릴 수 있는 방법이라고 생각한다. 주식과 펀드로는 그처럼 할 수 없다.[8]

중요한 점은 적어도 이들이 자신의 돈을 투자하기 위해, 그리고 앞날을 대비한 기초 작업으로 무언가를 하고 있다는 것이다. 우리는 득징 기가에서 이익을 실현하고 복수의 자산에 대해 투자를 다각화하는 등, 크립토애셋 구매를 통해 투자 경험을 직접 배우고 투자 접근법을 사용해본 밀레니얼 세대를 봐왔다. 지역 비트코인 미트업을 통해서는 해시레이트와 작업 증명과 지분 증명 사이의 장점에 대해 의견을 나누는 컴퓨터광뿐 아니라, 최근에 자신들이 진행한 크립토애셋 투자에 대해 깊이 있으면서 건전한 대화를 나누는 다양한 연령대의 참가자들을 만날 수 있을 것이다.

지금 크립토애셋은
골디록스 시기에 있다

밀레니얼 세대는 크립토애셋이 제공하는 기회를 인식하고 있다. 반면에 일반 투자자와 재무상담사, 대형 기관 투자자를 포함해 대부분의 금융회사가 크립토애셋 분야에 아직 합류하지 않았다. 하지만 이들은 지켜보고 있다. 일부 대형 투자자들은 발을 담그기 시작했다. 언제라도 곧 투자 수단을 늘릴 것이라는 의미다.

크립토애셋에 다가가 투자 수단을 만들어내고 있는 기관 투자자들은 보다 폭넓은 투자자들 사이에서 이들 자산에 대한 인식에 엄청난 영향을 미칠 것이다. 이런 투자 수단에 대한 투자의 필요성 인식은 크립토애셋 수요에 영향을 미칠 것이며, 관련 시장에 대해 상당한 가격 상승 압력을 가할 수 있다. 보다 많은 기관이 참여하게 되고 정보 유통 수단이 활성화되면 크립토애셋 시장은 보다 경쟁적인 시장이 될 것이다. 지금은 고학력의 예리한 혁신적 투자자가 크립토애셋 시장에서 강점을 보이고 있다. 앞으로는 그렇지 않을 수도 있다.

크립토애셋은 지금 골디록스Goldilocks(뜨겁지도 차갑지도 않은 이상적인 경제 상황을 가리키는 말—옮긴이) 시기에 있다. 인프라와 규제가 상당히 성숙해 있다. 하지만 월가와 기관 투자자가 아직 경쟁에 뛰어들지 않았다. 따라서 크립토애셋 시장에 지금 진입하는 예리한 혁신적 투자자에게 여전히 정보와 거래의 강점이 있다. 모든 투자자가 이 기회를 깨닫게 되기 전에 지금이 올라탈 수 있는 기회다. 확고한 재무 계획, 목표, 목적을 가지고 우리가 제공한 지식을 바탕으로 발을 내딛는다면 보통의 투자자로 머물지 않는 혁신적 투자자가 될 것이다.

꾸준히 학습하는 혁신적 투자자가 되라

사상 최고치의 가격과 함께 시장에 나와 있는 크립토애셋의 수가 급증하고 있다. 암호화폐공개가 증가하고 그에 따른 크립토애셋이 급증하면서 이 분야의 전문 기자 또는 열렬한 지지자가 따라갈 수 있는 수준을 넘어섰다. 크립토애셋은 움직이는 목표물이다. 다른 자산 클래스와 투자 수단도 그렇지만 크립토애셋이라는 목표물은 대부분의 목표물보다 빠르게 움직인다. 그렇기 때문에 우리는 이 책을 통해 혁신적 투자자가 현대 포트폴리오 이론과 자산 배분과 같이 시간의 검증을 거친 투자 도구 및 기법과 역사적 맥락을 통해서 이들 자산을 이해하고 평가할 수 있도록 무장시켰다.

혁신적 투자자는 금융의 미래에 적극 참여하지만 혼자서 여행에 나설 필요는 없다. 재무 전문가의 도움을 받는 것이 효과적일 수 있다. 이들이 자료와 방향을 제시해줄 수 있기 때문이다. 혁신적 투자자가 경험 있는 전문가의 도움을 받더라도 물론 최종 책임은 자신에게 있다. 투자자 자신이 투자 접근법과 전략을 조정한다. 이는 우리가 살고 있는 기하급수적 변화의 시대에 특히 필요하다.

투자 후 보유는 효과가 있다. 그러나 효과가 더 이상 없을 때까지다. 장기 투자는 은퇴 후 수입이 필요해질 때까지만 유효하다. 시대는 변한다. 시장은 올라갔다 다시 내려간다. 때로는 극적으로 변한다. 상황이 변하기도 한다. 가족이 아프거나 실직하게 되면 재무 계획에 큰 혼란이 생길 수 있다.

혁신적 투자자는 소신 있는 투자 철학과 접근법으로 자신의 상황에서 최적의 투자가 어떤 것인지, 주관을 가진다. 다른 사람의 의견을 일축하기보다는 풍부한 지식과 정보, 경험으로 다른 사람의 권고를 평가한다.

우리는 혁신적 투자자들과 함께 크립토애셋의 세계와 흥미진진한 역사에 대해 알아봤다. 여전히 역사는 쓰이는 중이다. 이 세계의 한 부분으로 참여하는 것은 대단히 흥미로운 일이며, 이 세계를 처음 접한 독자들에게 이 책이 좋은 출발점을 제공했기를 바란다. 크립토애셋이 투자자에게 제공하는 기회뿐 아니라 크립토애셋을 둘러싼 커뮤니티에 제공하는 기회도 우리는 기대한다.

사토시가 비트코인을 만들었을 때, 그는 미래에 대한 모습도 함께 그렸을 것이다. 미래는 이미 여기에 와 있다. 그 미래에 대해 이 책이 좀 더 설명해주고 독자에게 미래의 일부분이 되는 방법을 제공했기를 바란다.

크립토애셋 추천 사이트

비트코인 매거진 Bitcoin Magazine(https://bitcoinmagazine.com)
크립토애셋 분야에서 일어난 중대한 개발들을 깊이 있게 다루는 장문의 기사를 쓸 때 찾는 사이트다. 그날그날의 사안을 다루고 있지만 복잡한 주제들에 대해 깊이 있게 알아볼 때 유용하다.

비트인포차트 BitInfoCharts(https://bitinfocharts.com)
유저 인터페이스가 눈에 거슬리긴 하지만 외양만 보고 판단할 일은 아니다. 어디서도 찾기 어려운 자료들을 모아놓았다. 이름이 알려진 크립토애셋들의 거래 특징, 해시레이트, 풍부한 참고 목록 등을 제공한다.

블록체인인포 Blockchain.info(https://blockchain.info/charts)
비트코인 네트워크의 통계 도표와 쉽게 내려받을 수 있는 CSV 파일이 풍부하다.

브레이브뉴코인BraveNewCoin(https://bravenewcoin.com)
분석부터 API, 직접 만든 각종 지표까지 다양한 자료를 제공한다. 전문가 수준의 참고 자료를 제공하는 데 중점을 두고 있다.

코인캡CoinCap(https://coincap.io)
모든 크립토애셋의 시장 움직임과 관련해 최신 정보를 빠르게 볼 수 있다. 웹사이트도 있지만 모바일 앱을 추천한다. 사신에게 낮춤한 크립토애셋 포드폴리오 정보를 볼 수 있는 기능이 있다.

코인댄스 CoinDance(https://coin.dance)

'커뮤니티가 주도하는 비트코인 통계 서비스'로 자신들의 사이트를 소개한다. 로컬비트코인스Localbitcoins(비트코인 P2P 거래 사이트—옮긴이) 거래량, 노드 활동, 의견 조사, 사용자 인구 등에 대한 통계 자료와 독자적으로 만든 비트코인 도표를 제공한다.

코인데스크 CoinDesk(http://www.coindesk.com)

최신 비트코인, 블록체인, 크립토애셋 소식을 제공한다. 지난 24시간 동안 일어난 일을 살피려면 코인데스크를 훑어보는 것이 가장 좋다.

코인마켓캡 CoinMarketCap(https://coinmarketcap.com)

모든 크립토애셋 시장의 거래량과 가격, 전체 크립토애셋 움직임에 대한 차트를 제공한다. 시장이 뜨거울 때 우리가 가장 많이 방문하는 사이트다.

크립토컴페어 CryptoCompare(https://www.cryptocompare.com)

가장 많은 종류의 크립토애셋 자료를 가장 많이 내려받을 때마다 이용한다. 크립토컴페어는 거래량과 거래 패턴에 대한 무료 자료뿐 아니라 기술적 지표, 소셜 미디어 통계, 개발자 활동 등을 제공한다.

코세라 온라인 강의 Coursera(https://www.coursera.org/learn/cryptocurrency)

비트코인과 크립토애셋에 대한 깊은 이해를 제공하는 양질의 온라인 강의가 증가하고 있다. 그중 하나가 프린스턴대학이 코세라를 통해 제공하는 '비트코인과 암호화폐 기술' 과목이다.

이더스캔 Etherscan(https://etherscan.io/charts)

이더리움 네트워크 통계에 대한 CSV 파일과 차트를 쉽게 내려받을 수 있는 사이트다. 이더리움 기반 암호토큰에 대한 통찰력도 참고할 만하다.

익스체인지워 Exchange War(https://exchangewar.info)

전 세계의 다양한 크립토애셋 거래소의 활동을 볼 수 있고, 다양한 거래쌍에 대한 각 거래소의 상태와 크기를 총망라했다.

구글 알리미 Google Alerts(https://www.google.com/alerts)

비트코인과 크립토애셋에 대한 최신 소식을 놓치지 않고 접하려면 구글 알리미 기능을 사용하라. 자신이 많이 사용하는 키워드를 중심으로 한 최신 뉴스 목록이 이메일로 거의 매일 온다.

스미스앤크라운 Smith+Crown(https://www.smithandcrown.com)

암호화폐공개에 대한 모든 것을 살펴보기에 가장 완벽한 사이트다. 과거와 현재, 그리고 곧 있을 암호화폐공개에 대한 정보와 함께 사이트 곳곳에 많은 조사 자료가 있다.

트레이드블록 TradeBlock(https://tradeblock.com/markets)

트레이드블록은 블룸버그 느낌을 주는 사용자 인터페이스를 제공한다. 비트코인BTC, 이더리움ETH, 이더리움 클래식ETC, 라이트코인LTC의 상대 암호화폐에 대한 교환율을 볼 수 있다.

우리는 이들 웹사이트 외에도 정보를 얻기 위해 트위터를 많이 이용하고, 그 다음으로 레딧, 슬랙, 텔레그램을 이용한다. 우리의 트위터 계정은 다음과 같다.

크리스 버니스크 : @cburniske

잭 타터 : @JackTatar

더 많은 정보는 다음 사이트를 참고하라.

http://www.BitcoinandBeyond.com.

크립토애셋 그림 자료

그림 1.1   기하급수적 변화율 vs 선형 변화율……29

그림 2.1   하드웨어, 운영 체계, 응용 프로그램, 최종 사용자에 비유한 비트코인……71

그림 3.1   '비트코인'에 대한 구글 검색 급증……78

그림 3.2   '블록체인'에 대한 전 세계 구글 검색 트렌드 증가……85

그림 4.1   비트코인 공급 스케줄(단기적 관점)……103

그림 4.2   비트코인 공급 스케줄(장기적 관점)……103

그림 4.3   라이트코인과 비트코인의 공급 스케줄 비교……108

그림 5.1   가상 분산앱 기반 항공 보험……141

그림 5.2   다오 버그 결과에 따른 이더리움 포킹……149

그림 6.1   표준편차 정규 분포 곡선……163

그림 6.2   현대 포트폴리오 이론의 효율적 투자선……167

그림 7.1   마운트곡스 개장 이후 미국 주요 주가 지수와 비교한 비트코인 움직임……180

그림 7.2   마운트곡스 개장 이후 비트코인 연간 복합 수익률 vs 미국 주요 시장 지수……183

그림 7.3   페이스북 기업공개 이후 비트코인 움직임과 팡 주식 비교……184

그림 7.4   페이스북 기업공개 이후 비트코인 연간 복합수익률 vs 팡 주식……185

그림 7.5   비트코인 가격 상승 vs 다른 주요 자산 클래스……186

그림 7.6   2013년 11월 비트코인 가격 최고점 이후 비트코인의 성과와 미국 주요 주식 지수 비교……188

그림 7.7   2013년 11월 비트코인 가격 최고점 이후 비트코인의 성과와 팡 주식 비교……189

그림 7.8   2013년 11월 가격 정점 후 비트코인의 성과와 비주식 자산 간 비교……190

그림 7.9   폴로닉스의 이더 매도·매수 주문장……192

그림 7.10   마운트곡스 개장 이후 비트코인 일일 가격 변동률……194

그림 7.11   2016년 비트코인 일일 가격 변동률 vs 트위터, AT&T……195

그림 7.12   2016년 비트코인, 트위터, AT&T의 변동성……196

그림 7.13   페이스북의 기업공개 이후 비트코인과 팡 주식의 변동……197

그림 7.14   페이스북 기업공개 이후 비트코인과 팡 주식의 샤프지수……199

그림 7.15   마운트곡스 개장 이후 비트코인의 연간 샤프지수……200

그림 7.16   비트코인의 연간 가격 상승……201

그림 7.17   마운트곡스 개장 이후 미국 주요 주가 지수와 비트코인 샤프지수 비교……203

그림 7.18   2016년 미국 주요 주가 지수와 비트코인 샤프지수 비교……204

그림 7.19   상관계수와 위험 다각화의 영향……205

그림 7.20   리밸런싱한 포트폴리오와 리밸런싱하지 않은 포트폴리오의 결과 비교……208

그림 7.21   비트코인을 1% 할당한 포트폴리오와 그렇지 않은 포트폴리오 간의 4년간 성과 비교……209

그림 7.22   비트코인을 1% 할당한 포트폴리오와 그렇지 않은 포트폴리오 간의 2013년 11월 이후 성과 비교……211

그림 7.23   비트코인을 1% 할당한 포트폴리오와 그렇지 않은 포트폴리오 간의 2년간 성과 비교……211

그림 8.1   비트코인, 미국 달러, 금의 공급 스케줄 비교……226

그림 8.2   비트코인 가격과 효용가치 비교……233

그림 8.3   추정가치에서 효용가치로 크립토애셋의 성숙……233

그림 9.1   100 비트코인 구매가 다른 거래소들 가격에 미치는 영향 비교
         ……239

그림 9.2   비트코인 거래량 추이……240

그림 9.3   모네로 거래량 추이……242

그림 9.4   비트코인 거래량의 다양한 통화쌍(2017년 1월 중국 위안화가
         차지하는 비율이 급락함을 보여줌)……245

그림 9.5   이더의 거래쌍 다양성 증가와 법정통화 사용……247

그림 9.6   이더의 일일 변동성 감소……249

그림 9.7   리플의 일일 변동성 감소……249

그림 9.8   모네로의 일일 변동성 감소……249

그림 9.9   비트코인, 이더, 대시의 일일 변동성……250

그림 9.10   신흥 자산 클래스로서 크립토애셋……252

그림 9.11   2011년 1월부터 2017년 1월까지 평균 30일간 비트코인과 다른
         주요 자산과의 상관관계……253

그림 9.12   성숙한 자산 클래스로서 크립토애셋……253

그림 9.13   위안화의 가치하락과 관련한 비트코인 가격 추이……254

그림 9.14   미국 증권거래위원회가 윙클보스 ETF 승인을 거부한 직후 비
         트코인과 이더, 라이트코인, 모네로와의 상관관계……256

그림 10.1   마운트곡스 개장 이후 2017년 초까지 비트코인의 가격 움직
         임……273

그림 10.2   1개월 만에 가격이 두 배 오른 비트코인의 역사……273

그림 10.3   비트코인의 가격 거품……275

그림 10.4   투기로 과열된 스팀잇 가격 거품……277

그림 12.1   10년간 비트코인의 본질가치 평가……329

그림 13.1   출시 이후 비트코인의 해시레이트 증가……339

그림 13.2   출시 이후 이더리움의 해시레이트 증가……339

그림 13.3   이더리움의 해시레이트 분포……343

그림 13.4   라이트코인의 해시레이트 분포……343

그림 13.5   비트코인의 해시레이트 분포……344

그림 13.6   HHI로 본 비트코인, 이더리움, 라이트코인의 채굴 생태계 건전
성……345

그림 13.7   시간의 흐름에 따른 비트코인 HHI……346

그림 13.8   2017년 4월 기준 비트코인 노드 분포……348

그림 13.9   각 크립토애셋의 코드 저장소 점수(2017년 3월 29일)……351

그림 13.10   각 크립토애셋의 개발자 활동 빈도(2017년 3월 29일)……353

그림 13.11   각 크립토애셋의 코드 저장소 점수당 달러 가치(2017년 3월
29일)……353

그림 13.12   오픈허브에서 볼 수 있는 비트코인, 이더리움, 모네로에 쓰인 명
령 행수……355

그림 13.13   코인데스크를 통해 검색된 블록체인 벤처캐피털 투자……357

그림 13.14   이더의 통화쌍 다양성 증가……358

그림 13.15   시간의 흐름에 따른 블록체인인포 지갑 사용자 수……361

그림 13.16   우의 법칙(비트코인 사용자 수가 12개월마다 두 배 증가)……361

그림 13.17   이더리움 고유 수소의 승가……363

그림 13.18   비트코인 블록체인을 사용한 일일 거래 수……364

그림 13.19   이더리움 블록체인을 사용한 일일 거래 수……364

그림 13.20   비트코인 블록체인을 사용한 일일 추정 거래액……365

그림 13.21   추정 거래액으로 나눈 비트코인의 네트워크 가치(30일 연속 평
균)……367

그림 13.22   2015년 비트코인의 지지선과 저항선……369

그림 13.23   비트코인 초기의 단순이동평균……372

그림 14.1   크립토애셋을 안전하게 보관하는 네 가지 방법……394

그림 15.1   가격과 비교한 GBTC의 순자산가치……412

그림 16.1   얇은 프로토콜과 두꺼운 애플리케이션(웹에서 가치확보의 비
중)……445

그림 16.2   두꺼운 프로토콜과 얇은 애플리케이션(블록체인에서 가치확보

　　　　의 비중)⋯⋯446
그림 16.3　　2013년 이후 암호화폐공개⋯⋯448

들어가는 말

1 http://www.worldwidewebsize.com/.

2 Paul Baran, *On Distributed Communications: I. Introduction to Distributed Communications Networks*(Santa Monica, CA: RAND Corporation, 1964), http://www.rand.org/pubs/research_memoranda/RM3420.html.

3 http://www.Internetsociety.org/Internet/what-Internet/history-Internet/brief-history-Internet.

4 http://www.Internetlivestats.com/google-search-statistics/.

5 https://www.textrequest.com/blog/texting-statistics-answer-questions/.

6 https://www.lifewire.com/how-many-emails-are-sent-every-day-1171210.

7 https://hbr.org/2016/05/the-impact-of-the-blockchain-goes-beyond-financial-services.

8 https://dailyfintech.com/2014/08/28/hey-banks-your-fat-margin-is-my-opportunity/.

9 http://www.coindesk.com/microsoft-blockchain-azure-marley-gray/.

10 http://fortune.com/2016/08/19/10-stocks-beaten-googles-1780-gain/.

11 https://en.wikipedia.org/wiki/Dot-com_bubble#cite_note-40.

12 https://coinmarketcap.com/historical/20161225/.

13 https://www.fool.com/investing/general/2013/12/25/buffettbooks.aspx.

1장

1 https://www.stlouisfed.org/financial-crisis/full-timeline ; http://

historyofbitcoin.org/.

2 http://www.gao.gov/assets/660/651322.pdf.

3 http://wayback.archive.org/web/20120529203623/http://p2pfoundation.
ning.com/profile/SatoshiNakamoto.

4 http://observer.com/2011/10/did-the-new-yorkers-joshua-davis-
nail-the-identity-of-bitcoin-creator-satoshi-nakamoto/.

5 https://en.wikipedia.org/wiki/Satoshi_Nakamoto#cite_note-betabeat
-12.

6 http://www.economist.com/news/business-and-finance/21698060-
craig-wright-reveals-himself-as-satoshi-nakamoto.

7 https://www.wired.com/2016/05/craig-wright-privately-proved-hes-
bitcoins-creator/.

8 http://www.economist.com/news/finance-and-economics/21698294-
quest-find-satoshi-nakamoto-continues-wrightu2019s-wrongs.

9 http://www.nytimes.com/2008/03/17/business/17bear.html?_r=0.

10 https://www.federalreserve.gov/newsevents/reform_bearstearns.htm.

11 http://www.wsj.com/articles/SB123051066413538349.

12 모기지담보부증권만이 위기의 주범은 아니었기에 상황은 훨씬 좋지 않
았다. 부채담보부증권CDO 같은 더 복잡한 금융 상품이 상황을 더욱 악
화시켰다.

13 http://www.wsj.com/articles/SB123051066413538349.

14 http://historyofbitcoin.org/.

15 http://blogs.wsj.com/deals/2008/09/10/live-blogging-the-lehman-
conference-call/.

16 http://www.nytimes.com/2008/09/10/business/10place.html?_r=1&hp&
oref=slogin ; http://old.seattletimes.com/html/businesstechnology/
2008171076_weblehman10.html.

17 http://www.wsj.com/articles/SB123051066413538349.

18 http://som.yale.edu/sites/default/files/files/001-2014-3A-V1-Lehman Brothers-A-REVA.pdf.

19 https://www.stlouisfed.org/financial-crisis/full-timeline.

20 https://bitcoin.org/bitcoin.pdf.

21 http://www.mail-archive.com/cryptography@metzdowd.com/msg09980.html.

22 https://www.fdic.gov/news/news/press/2006/pr06086b.pdf.

23 http://www.mail-archive.com/cryptography@metzdowd.com/msg09959.html.

24 http://www.mail-archive.com/cryptography@metzdowd.com/msg09971.html.

25 http://www.mail-archive.com/cryptography@metzdowd.com/msg10006.html.

26 http://www.nytimes.com/packages/html/national/200904_CREDIT CRISIS/recipients.html.

27 https://en.bitcoin.it/wiki/Genesis_block.

28 http://www.thetimes.co.uk/tto/business/industries/banking/article2160028.ece.

29 http://historyofbitcoin.org/.

30 http://p2pfoundation.ning.com/forum/topics/bitcoin-open-source?xg_source=activity.

31 http://archive.is/Gvonb#selection-3137.0-3145.230.

32 http://www.nytimes.com/interactive/2009/02/04/business/20090205-bailout-totals-graphic.html?_r=0.

2장

1 https://papers.ssrn.com/sol3/papers.cfm?abstract_id=2808762.

2 https://99bitcoins.com/bitcoinobituaries/.

3   Simon Singh, *The Code Book*(Anchor, 2000).

4   위 인용구는 마크 트웨인의 것으로 알려져 있지만 실제 저자는 불분명
    하다. 다음의 사이트를 참고하라. http://quoteinvestigator.com/2014/
    01/12/history-rhymes/.

5   https://www.bloomberg.com/view/articles/2016-09-01/maybe-blockchain
    -really-does-have-magical-powers.

6   https://www.cbinsights.com/blog/industries-disrupted-blockchain/.

7   http://www.washington.edu/news/2015/09/17/a-q-a-with-pedro-
    domingos-author-of-the-master-algorithm/.

    3장

1   http://gawker.com/the-underground-website-where-you-can-buy-
    any-drug-imag-30818160.

2 . CoinDesk BPI.

3   https://www.bloomberg.com/news/articles/2013-03-28/bitcoin-
    may-be-the-global-economys-last-safe-haven.

4   http://money.cnn.com/2013/11/27/investing/bitcoin-1000/ ; http://
    money.cnn.com/2013/11/18/technology/bitcoin-regulation/?iid=EL.

5   http://www.nytimes.com/2013/12/06/business/international/china-
    bars-banks-from-using-bitcoin.html.

6   https://www.fbi.gov/contact-us/field-offices/newyork/news/press-re-
    leases/ross-ulbricht-aka-dread-pirate-roberts-sentenced-in-manhattan-
    federal-court-to-life-in-prison.

7   https://www.theguardian.com/money/us-money-blog/2014/feb/25/
    bitcoin-mt-gox-scandal-reputation-crime.

8   http://www.bbc.com/news/technology-24371894.

9   비트코인 지지자들을 말한다.

10 14장에서 지갑의 역할과 종류에 대해 자세히 설명할 것이다.

11 http://www.bankofengland.co.uk/publications/Documents/quarterlybulletin /2014/qb14q3digitalcurrenciesbitcoin1.pdf.

12 http://insidebitcoins.com/new-york/2015.

13 https://www.bloomberg.com/news/features/2015-09-01/blythe-masters-tells-banks-the-blockchain-changes-everything.

14 http://www.economist.com/news/leaders/21677198-technology-behind-bitcoin-could-transform-how-economy-works-trust-machine.

15 프라이빗 블록체인을 지원하는 컴퓨터는 채굴기가 아니다. 컴퓨터는 새로운 자산을 주조하지 않고 작업에 대해 직접적으로 보상받지 않는다.

16 http://www.nyu.edu/econ/user/jovanovi/JovRousseauGPT.pdf.

17 http://www.gartner.com/newsroom/id/3412017.

18 http://www.gartner.com/technology/research/methodologies/hype-cycle.jsp.

4장

1 네트워크 가치=(발행된 크립토애셋 단위)×(크립토애셋당 달러 가치). 네트워크 가치를 흔히들 자산의 시가총액이라고 하지만, 저자들은 이 용어를 더욱 정확히 크립토애셋의 총 가치를 전달하는 용어로 선호한다.

2 https://coinmarketcap.com/.

3 http://cryptome.org/jya/digicrash.htm.

4 위와 동일.

5 위와 동일.

6 https://bitcoinmagazine.com/articles/quick-history-cryptocurrencies-bbtc-bitcoin-1397682630/.

7 http://karmakoin.com/how_it_works.

8 'MoIP'는 'VoIP'와 비슷한 개념의 용어이고, VoIP는 음성 오버 인터넷 프로토콜Voice-over-Internet-Protocol을 의미한다. 스카이프, 페이스타임, 구글 행아웃이 VoIP 서비스 사례다.

9 코인베이스 트랜잭션은 작업·증명 과정을 통해 블록을 발견한 채굴자에게 돌아간다.

10 네트워크상에서 더 많은 기계가 채굴용으로 사용될수록, 작업 증명 퍼즐을 풀기 위한 더 많은 '(정답) 추정'이 있게 되는데, 이는 문제의 난이도가 증가하지 않으면 수학 퍼즐이 더 빨리 풀린다는 것을 의미한다. 블록에 대해 10분이라는 일정한 시간을 유지하는 것은 거래가 비트코인 블록체인으로 시기적절하게 통합될 것임을 의미하며, 또한 비트코인의 공급 발행을 수학적으로 측정해 조절한다.

11 채굴자에게 지불하는 블록의 트랜잭션을 말한다. 하지만 코인베이스라는 거래소를 가리키는 말로 더 자주 사용된다.

12 예리한 투자자는 반감기가 정확히 4년마다 일어나지 않는다는 점을 알 것이다. 다수의 채굴기가 채굴 네트워크에 연결되면, 난이도가 다시 리셋되기 전에 블록 타임이 평균 10분보다 더 빨라지기 때문이다. 따라서 21만 개의 블록 생성에 4년이 걸리는 것보다 빨라진다.

13 https://blockchain.info/charts/total-bitcoins.

14 '디지털 골드'라는 용어는 비트코인을 다룬 최초의 저서들 가운데 다음 책에서도 사용되었다. Nathaniel Popper, *Digital Gold: Bitcoin and the Inside Story of the Misfits and Millionaires Trying to Reinvent Money*(Harper Collins, 2015).

15 https://namecoin.org/.

16 https://bit.namecoin.org/.

17 https://bitcointalk.org/index.php?topic=1790.0.

18 https://litecoin.info/History_of_cryptocurrency.

19 https://litecoin.info/Comparison_between_Litecoin_and_Bitcoin/Alternative_work_in_progress_version.

20 https://coinmarketcap.com/historical/20170101/.

21 http://ryanfugger.com/.

22 https://www.americanbanker.com/news/disruptor-chris-larsen-

returns-with-a-bitcoin-like-payment-system.

23 위와 동일.

24 https://bitcointalk.org/index.php?topic=128413.0.

25 http://www.marketwired.com/press-release/opencoin-developer-ripple-protocol-closes-funding-from-andreessen-horowitz-ff-angel-1777707.htm.

26 https://bitcoinmagazine.com/articles/introducing-ripple-1361931577/.

27 https://charts.ripple.com/#/.

28 https://coincap.io/.

29 https://ripple.com/.

30 https://bitcointalk.org/index.php?topic=361813.0.

31 What's a meme? https://www.merriam-webster.com/dictionary/meme.

32 https://www.wired.com/2013/12/best-memes-2013/.

33 http://www.businessinsider.com/what-is-dogecoin-2013-12.

34 위와 동일.

35 https://github.com/dogecoin/dogecoin/issues/23.

36 http://www.businessinsider.com/what-is-dogecoin-2013-12.

37 http://www.financemagnates.com/cryptocurrency/education-centre/what-is-dogecoin/.

38 http://www.abc.net.au/pm/content/2013/s3931812.htm.

39 https://99bitcoins.com/price-chart-history/.

40 https://motherboard.vice.com/en_us/article/worth-1-billion-icelands-cryptocurrency-is-the-third-largest-in-the-world.

41 https://coinmarketcap.com/currencies/auroracoin/.

42 https://medium.com/the-nordic-web/the-failed-crypto-currency-experiment-in-iceland-251e28df2c54#.retvu6wp2.

43 https://www.reddit.com/r/auroracoin/comments/223vhq/someone_

just_bought_a_pint_of_beer_for_1/.

44 https://www.nytimes.com/2016/04/06/world/europe/panama-papers-iceland.html.

45 https://pirateparty.org.au/wiki/Policies/Distributed_Digital_Currencies_and_Economies.

46 https://news.bitcoin.com/polls-iceland-pro-bitcoin-pirate-party/.

47 http://bitcoinist.com/iceland-election-interest-auroracoin/.

48 https://cryptonote.org/inside.php#equal-proof-of-work.

49 https://cryptonote.org/.

50 https://twitter.com/adam3us/status/447105453634641921.

51 https://bitcointalk.org/index.php?topic=512747.msg5661039#msg5661039.

52 https://bitcointalk.org/index.php?topic=512747.msg6123624#msg6123624.

53 https://bitcointalk.org/index.php?topic=512747.msg6126012#msg6126012.

54 https://bitcointalk.org/index.php?topic=563821.0.

55 https://lab.getmonero.org/pubs/MRL-0003.pdf.

56 https://cryptonote.org/inside#untraceable-payments.

57 https://www.reddit.com/r/Monero/comments/3rya3e/what_are_the_basic_parameterscharacteristics_of/cwsv64j/.

58 https://imgur.com/a/De0G2.

59 https://www.dash.org/wp-content/uploads/2015/04/Dash-Whitepaper V1.pdf.

60 https://dashdot.io/alpha/index_118.html?page_id=118.

61 https://www.coindesk.com/what-is-the-value-zcash-market-searches-answers/.

5장

1 https://bitcoinmagazine.com/articles/smart-contracts-described-by-nick-szabo-years-ago-now-becoming-reality-1461693751/.

2 드미트리 부테린 또한 블록긱스Blockgeeks와 기타 영향력 있는 스타트업의 공동설립자로서 크립토애셋 분야에서 깊이 활동하고 있다.

3 http://fortune.com/ethereum-blockchain-vitalik-buterin/.

4 http://www.ioi2012.org/competition/results-2/.

5 https://backchannel.com/the-uncanny-mind-that-built-ethereum-9b448dc9d14f#.4yr8yhfp8.

6 https://blog.ethereum.org/2014/01/23/ethereum-now-going-public/.

7 http://counterparty.io/platform/.

8 https://steemit.com/ethereum/@najoh/beyond-bitcoin-and-crypto-currency-ethereum.

9 https://blog.ethereum.org/2014/01/23/ethereum-now-going-public/.

10 https://github.com/ethereum/wiki/wiki/white-paper.

11 '튜링 완전Turing complete'은 범용 컴퓨터의 전체 기능을 효율적으로 수행할 수 있는 시스템을 말한다. 비트코인은 복잡성을 억제하고 보안을 우선적으로 고려하기 위해 의도적으로 구축되었다.

12 https://ethereum.org/ether.

13 Nathaniel Popper, *Digital Gold*.

14 http://www.coindesk.com/peter-thiel-fellowship-ethereum-vitalik-buterin/.

15 http://www.wtn.net/summit-2014/2014-world-technology-awards-winners.

16 http://ether.fund/market.

17 https://www.ethereum.org/foundation.

18 https://blog.ethereum.org/2015/03/14/ethereum-the-first-year/.

19 http://ethdocs.org/en/latest/introduction/history-of-ethereum.html.

20 http://ether.fund/market.

21 http://ethdocs.org/en/latest/introduction/history-of-ethereum.html.

22 위와 동일.

23 https://medium.com/the-future-requires-more/flight-delay-dapp-
    lessons-learned-a59e4e39a8d1.

24 https://www.wired.com/2016/06/biggest-crowdfunding-project-
    ever-dao-mess/.

25 https://www.nytimes.com/2016/05/28/business/dealbook/paper-
    points-up-flaws-in-venture-fund-based-on-virtual-money.html.

26 https://docs.google.com/document/d/10kTyCmGPhvZy94F7VWyS-
    dQ4lsBacR2dUgGTtV98C40/edit#heading=h.e437su2ytbf9.

27 https://github.com/TheDAO.

28 https://bitcoinmagazine.com/articles/the-ethereum-community-
    debates-soft-fork-to-blacklist-funds-in-wake-of-m-dao-
    heist-1466193335/.

29 http://www.forbes.com/sites/francescoppola/2016/07/21/a-painful-
    lesson-for-the-ethereum-community/#724124515714.

30 https://forum.daohub.org/t/hard-fork-implementation-update/6026.

31 https://twitter.com/Poloniex/status/757068619234803712.

32 https://blog.lawnmower.io/in-the-aftermath-of-the-ethereum-hard-
    fork-prompted-by-the-dao-hack-the-outvoted-15-are-rising-up-
    ea408a5eaaba#.baachmi2w.

33 https://ethereumclassic.github.io/.

34 https://youtu.be/yegyih591Jo.

35 http://blog.augur.net/guide-to-augurs-rep/.

36 https://twitter.com/search?q=%40brian_armstrong%20augur&src=typ.

37 https://twitter.com/vitalikbuterin/status/649698251197804545.

38 https://www.smithandcrown.com/rootstock-raises-1-million-bring-

ethereum-like-smart-contracts-bitcoin/.

6장

1 http://www.marketwatch.com/story/do-bitcoins-belong-in-your-retirement-portfolio-2013-08-29.

2 에릭은 그 후에 크립토애셋 투자자가 됐다.

3 https://www.sec.gov/investor/pubs/assetallocation.htm.

4 http://www.aaii.com/o/assetallocation.

5 https://www.nuffield.ox.ac.uk/economics/papers/2009/w4/HF%20 Working%20Paper.pdf.

6 Bob Rice, *The Alternative Answer* (Harper Collins, 2013).

7 https://www.baltercap.com/wp-content/uploads/2016/12/26.-The-Value-of-the-Hedge-Fund-Industry-to-Investors-Markets-and-the-Broader-Economy.pdf.

8 H. Kent Baker and Greg Filbeck, *Alternative Investments: Instruments, Performance, Benchmarks and Strategies* (Wiley, 2013).

9 https://www.cnbc.com/id/46191784.

10 http://www.forbes.com/sites/advisor/2013/05/22/what-is-an-alternative-investment/#1290702fdb81.

11 http://etfdb.com/type/alternatives/all/.

12 https://www.morganstanley.com/wealth/investmentsolutions/pdfs/ altscapabilitiesbrochure.pdf.

13 https://olui2.fs.ml.com/Publish/Content/application/pdf/GWMOL/ Q1MarketQuarterly04172013.pdf.

14 https://www.pershing.com/our-thinking/thought-leadership/advisor-perceptions-of-alternative-investments.

15 https://www.thebalance.com/cryptocurrencies-are-the-new-alternative-investment-4048017.

7장

1 http://www.marketwatch.com/story/do-bitcoins-belong-in-your-
   retirement-portfolio-2013-08-29.

2 http://us.spindices.com/indices/equity/sp-500.

3 http://www.investopedia.com/terms/d/djia.asp.

4 모든 데이터는 총 수익 자료다. 이는 투자자의 자산이 어떻게 증가했는
   지를 전체적으로 보여주기 위해 배당금이 재투자됐음을 의미한다. ETF
   와 달리 시장 지수는 비트코인 가격에 관리 수수료가 포함되지 않는 것
   과 유사하게 관리 수수료가 없어서 사용되었다. 이처럼 광범위한 시장
   지수를 나타내는 비트코인이나 ETF에 투자할 경우 다양한 수수료가 존
   재할 것이다.

5 http://pages.stern.nyu.edu/~adamodar/New_Home_Page/datafile/
   histretSP.html.

6 페이스북의 최근 기업공개 이후가 5년에 가장 가까워 저자들이 이 기간
   을 선택했다.

7 미국 채권, 미국 부동산, 금, 석유를 나타내기 위해 다음을 각각 사용했
   다. Bloomberg Barclays US Aggregate Bond Index, the Morgan Stanley
   Capital International US Real Estate Investment Trust Index, the gold
   index underlying the SPDR Gold Shares ETF, crude oil futures.

8 마이너스 무위험이자율.

9 표준화하기 위해 주간 수익을 사용했다. 이전의 모든 도표는 일일 데이
   터를 사용했다.

10 http://www.coindesk.com/bitcoin-price-2014-year-review/.

11 http://corporate.morningstar.com/U.S./documents/Methodology
   Documents/MethodologyPapers/StandardDeviationSharpeRatio_
   Definition.pdf.

12 대형주 기업large market cap(시가총액이 100억 달러 이상인 기업)의 'market
   cap'은 시가총액market capitalization의 줄임말이다.

13 http://www.aaii.com/asset-allocation.

8장

1 https://www.bloomberg.com/news/articles/2015-09-17/bitcoin-is-
officially-a-commodity-according-to-u-s-regulator.

2 https://www.irs.gov/uac/newsroom/irs-virtual-currency-guidance.

3 https://www.sec.gov/litigation/investreport/34-81207.pdf.

4 이들 자산 클래스에 대한 논쟁은 여전히 지속되고 있다. 예컨대 통화를
자산 클래스로 보지 않는 견해도 있다.

5 http://www.iijournals.com/doi/abs/10.3905/jpm.23.2.86?journalCode
=jpm.

6 http://research.ark-invest.com/bitcoin-asset-class.

7 다른 블록체인을 활용하는 분산앱 내의 크립토토큰에 대해서는 조금 더
단순화된다. 분산앱은 블록체인 채굴자들과 직접 연동될 필요가 없다.
대신에 채굴사들과 긴런 블록체인을 관리하려면 다른 커뮤니티와 그 커
뮤니티의 크립토애셋에 의존한다.

8 http://research.ark-invest.com/hubfs/1_Download_Files_ARK-Invest/
White_Papers/Bitcoin-Ringing-The-Bell-For-A-New-Asset-Class.
pdf.

9장

1 http://factmyth.com/factoids/the-dutch-east-india-company-was-
the-first-publicly-traded-company/.

2 Fernand Braudel, *The Wheels of Commerce*, Civilization and Capitalism
15th-18th Century, vol. 3(New York: Harper & Row, 1983).

3 Nathaniel Popper, *Digital Gold*.

4 뉴리버티스탠더드는 1 비트코인 블록을 채굴하는 데 드는 전기료와 채
굴기 값에 기초해서 미국 1달러당 1,309.03 비트코인으로 교환율을 발

표했다.

5 https://www.cryptocoincharts.info/markets/info.

6 https://data.bitcoinity.org/markets/exchanges/USD/30d. Screenshot taken February 18, 2017.

7 CryptoCompare, Log scale.

8 https://www.wired.com/2017/01/monero-drug-dealers-cryptocurrency-choice-fire/.

9 http://www.coindesk.com/chinas-central-bank-issues-warnings-major-bitcoin-exchanges/.

10 유동성과 거래량을 약화시킨 규제들 중 한 예가 2008년 금융위기 이후에 생긴 새로운 규제다. 도드 프랭크 법안Dodd-Frank과 같은 규제는 훨씬 엄격한 준수 절차를 요구해서 특히 채권 시장의 거래량 감소를 야기했다.

11 http://www.nytimes.com/2013/12/06/business/international/china-bars-banks-from-using-bitcoin.html.

12 https://www.cryptocompare.com/coins/eth/analysis/BTC?type=Currencies.

13 정확히 말하면 이는 절대수익률-무위험률로서 3개월 만기 재무부 채권이 대표적이다.

14 자본 시장의 다양한 투자 옵션에 대해서는 15장에서 다룰 것이다.

15 https://www.washingtonpost.com/news/wonk/wp/2017/01/03/why-bitcoin-just-had-an-amazing-year/?utm_term=.64a6cfdf7398.

10장

1 Edward Chancellor, *Devil Take the Hindmost: A History of Financial Speculation*(Farrar, Straus and Giroux, 1999).

2 위와 동일.

3 http://www.perseus.tufts.edu/hopper/morph?la=la&l=speculare.

4 Benjamin Graham and David Dodd, *Security Analysis*(McGraw Hill,

1940).

5   Benjamin Graham, *The Intelligent Investor*(HarperBusiness [2006]).

6   https://blogs.cfainstitute.org/investor/2013/02/27/what-is-the-difference-between-investing-and-speculation-2/.

7   http://www.presidency.ucsb.edu/ws/?pid=14473.

8   Gustave Le Bon, *The Psychology of Revolution* ; http://www.gutenberg.org/ebooks/448.

9   Niall Ferguson, *The Ascent of Money: A Financial History of the World* (Penguin, 2008).

10 Edward Chancellor, *Devil Take the Hindmost*.

11 http://penelope.uchicago.edu/~grout/encyclopaedia_romana/aconite/semperaugustus.html.

12 Edward Chancellor, *Devil Take the Hindmost*.

13 위와 동일.

14 http://www.bbc.com/culture/story/20160419-tulip-mania-the-flowers-that-cost-more-than-houses.

15 Edward Chancellor, *Devil Take the Hindmost*.

16 http://www.economist.com/blogs/freeexchange/2013/10/economic-history.

17 http://penelope.uchicago.edu/~grout/encyclopaedia_romana/aconite/semperaugustus.html.

18 Edward Chancellor, *Devil Take the Hindmost*.

19 https://www.theguardian.com/technology/2013/dec/04/bitcoin-bubble-tulip-dutch-banker.

20 https://coinmarketcap.com/currencies/steem/.

21 https://z.cash/.

22 코인베이스는 앞에서 언급한 대로 블록체인에 새로운 블록을 추가한 채굴자에게 보상으로 새롭게 주조된 크립토애셋을 지급하는 트랜잭션을

말한다.

23 https://cryptohustle.com/zcash-launch-breaks-records.

24 http://www.coindesk.com/bitcoin-breaks-700-zcash-steals-show/.

25 https://www.cryptocompare.com/coins/zec/charts/BTC?p=ALL.

26 http://www.zerohedge.com/news/2015-05-29/robert-shiller-unlike-1929-time-everything-stocks-bonds-and-housing-overvalued.

27 https://hbr.org/2014/01/what-alan-greenspan-has-learned-since-2008.

28 Edward Chancellor, *Devil Take the Hindmost*.

29 http://query.nytimes.com/gst/abstract.html?res=9806E6DF1639E03A BC4E52DFB6678382639EDE&legacy=true.

30 http://time.com/3207128/stock-market-high-1929/.

31 Edward Chancellor, *Devil Take the Hindmost*.

32 위와 동일.

11장

1 Edward Chancellor, *Devil Take the Hindmost*.

2 http://www.thebubblebubble.com/mississippi-bubble/.

3 http://www.thebubblebubble.com/south-sea-bubble/.

4 Edward Chancellor, *Devil Take the Hindmost*.

5 위와 동일.

6 위와 동일.

7 위와 동일.

8 위와 동일.

9 Carmen M. Rinehart and Kenneth S. Rogoff, *This Time Is Different* (Princeton University Press, 2011).

10 https://www.washingtonpost.com/news/wonk/wp/2015/06/08/ bitcoin-isnt-the-future-of-money-its-either-a-ponzi-scheme-or-a-pyramid-scheme/?utm_term=.39f7a8895637.

11 http://documents.worldbank.org/curated/en/660611468148791146/pdf/WPS6967.pdf.

12 https://cointelegraph.com/news/one-coin-much-scam-swedish-bitcoin-foundation-issues-warning-against-onecoin.

13 https://news.bitcoin.com/beware-definitive-onecoin-ponzi/.

14 https://www.fca.org.uk/news/news-stories/beware-trading-virtual-currencies-onecoin.

15 https://www.sec.gov/investor/alerts/ia_virtualcurrencies.pdf.

16 Edward Chancellor, *Devil Take the Hindmost*.

17 Niall Ferguson, *The Ascent of Money: A Financial History of the World*.

18 https://dashdot.io/alpha/index_118.html?page_id=118.

19 위와 동일.

20 위와 동일.

21 https://coinmarketcap.com/historical/20170402/.

22 http://www.bitcoinmutualfund.net/.

23 http://www.digitalhistory.uh.edu/disp_textbook.cfm?smtID=2&psid=3173.

24 Edward Chancellor, *Devil Take the Hindmost*.

25 http://www.civilwar.org/education/history/faq/?referrer=https://www.google.com/.

26 http://www.nytimes.com/learning/general/onthisday/harp/1016.html.

27 위와 동일.

28 https://www.forbes.com/sites/timreuter/2015/09/01/when-speculators-attack-jay-goulds-gold-conspiracy-and-the-birth-of-wall-street/#58d0b3afcda2.

29 Edward Chancellor, *Devil Take the Hindmost*.

30 http://www.history.com/news/the-black-friday-gold-scandal-145-years-ago.

31 위와 동일.

32 Edward Chancellor, *Devil Take the Hindmost*.

33 http://www.history.com/news/the-black-friday-gold-scandal-145-years-ago.

34 위와 동일.

35 Edward Chancellor, *Devil Take the Hindmost*.

36 위와 동일.

37 http://www.nytimes.com/learning/general/onthisday/harp/1016.html.

38 Edward Chancellor, *Devil Take the Hindmost*.

39 http://www.usinflationcalculator.com/inflation/historical-inflation-rates/.

40 https://priceonomics.com/how-the-hunt-brothers-cornered-the-silver-market/.

41 http://www.investopedia.com/articles/optioninvestor/09/silver-thursday-hunt-brothers.asp.

42 John Kenneth Galbraith, *The Great Crash 1929*.

43 Edward Chancellor, *Devil Take the Hindmost*.

44 http://www.nytimes.com/1991/08/19/world/upheaval-salomon-salomon-punished-treasury-which-partly-relents-hours-later.html?pagewanted=all.

45 https://dashpay.atlassian.net/wiki/spaces/DOC/pages/5472261/Whitepaper.

46 https://bitinfocharts.com/top-100-richest-bitcoin-addresses.html.

12장
1 2016년 가을부터 2017년 봄까지.

2 http://www.cfapubs.org/doi/pdf/10.2469/cfm.v14.n1.2789.

3 https://twitter.com/VitalikButerin/status/832299334586732548.

4   https://steemit.com.

5   https://www.yours.org/.

6   https://swarm.city/.

7   http://www.gartner.com/newsroom/id/3412017.

8   https://coinmarketcap.com/historical/20170402/.

9   https://techcrunch.com/2016/03/16/why-latin-american-economies-are-turning-to-bitcoin/.

10 https://bitinfocharts.com/top-100-richest-bitcoin-addresses.html.

11 https://fred.stlouisfed.org/series/M1V.

12 여기서 M1(기본 통화 공급량), M2(M1에 각 금융 기관의 정기 예금을 합친 화폐 공급량), MZM(우리나라의 협의통화M1에 해당하며, M1에 예금과 머니마켓펀드MMF를 합해서 계산된다)은 의도적으로 배제했다. 크립토애셋과 관련성이 없기 때문이다.

13 https://www.gold.org/sites/default/files/documents/gold-investment-research/liquidity_in_the_global_gold_market.pdf.

14 워런 버핏은 위험한 주식의 경우 12퍼센트 정도를 좋아한다. 하지만 우리는 15퍼센트를 선호한다.

15 http://ethereum.stackexchange.com/questions/443/what-is-the-total-supply-of-ether.

13장

1   이더리움은 2018년 상반기에 작업 증명에서 지분 증명으로 전환할 것이다.

2   대부분의 크립토애셋 해시레이트 차트는 여기에 있다.

3   http://www.ebay.com/itm/like/262677542123?lpid=82&chn=ps&ul_noapp=true.

4   https://www.justice.gov/atr/herfindahl-hirschman-index.

5   https://www.justice.gov/atr/15-concentration-and-market-shares.

6 위와 동일.

7 블록체인 네트워크 채굴의 집중화 정도를 측정하는 데 HHI를 사용하는 것에 반대하는 의견도 있다. 주된 이유는 이들 중 많은 독립체가 실제로 많은 독립체로 구성된 채굴 풀이기 때문이다. 따라서 탈중앙화는 이런 네트워크 분석을 통해 나타나는 것보다 훨씬 더 크다.

8 https://litecoin.info/Spread_the_Hashes.

9 https://www.thebalance.com/bitcoin-mining-in-the-beauty-of-iceland-4026143.

10 노드가 채굴기인 것은 아니지만 하드웨어 유지 관리의 지리적 분포를 알아내고 블록체인을 구축하는 데 여전히 유용한 지표다.

11 http://startupmanagement.org/2015/02/15/best-practices-in-transparency-and-reporting-for-cryptocurrency-crowdsales/.

12 크립토컴페어에서 비트코인의 코드 저장소 점수를 볼 수 있다. 이 주소에서 해당 크립토애셋의 점수를 보려면 'BTC' 대신에 그 애셋의 심볼을 치면 된다.

13 https://help.github.com/articles/about-stars/.

14 출시 후 얼마나 지났는지를 측정하기 위해 비트코인, 이더리움, 대시, 리플, 모네로에 대한 다음의 시작일이 사용됐다. 비트코인 : 2008년 10월 31일, 사토시가 백서를 발행한 날. 이더리움 : 2014년 1월 23일, 부테린이 이더리움 블로그에 공식 발표한 날. 대시 : 2014년 1월 18일, 네트워크가 활성화된 날. 리플 : 2012년 11월 29일, 라이언 퍼거가 리플 작업팀을 발표한 날. 모네로 : 2014년 4월 9일, 곧 다가오는 '비트모네로'의 출시를 예고 발표한 날. 대시, 리플, 모네로의 시작일은 비트코인, 이더리움에 비해 느슨하게 잡았다. 시작일로 우리가 꼽은 날짜 전에 이미 작업은 시작되고 있었다. 날짜를 쉽게 확인할 수 없지만 논쟁을 피하기 위해 새로운 크립토애셋을 알리는 가장 정확한 발표 날짜를 사용했다.

15 https://www.openhub.net/p?query=bitcoin&sort=relevance.

16 http://spendbitcoins.com/.

17 https://coinmarketcap.com/currencies/volume/24-hour/.

18 https://blockchain.info/charts.

19 https://etherscan.io/charts.

20 http://www.coindesk.com/using-google-trends-estimate-bitcoins-user-growth/.

21 평방 인치당 트랜지스터의 제조 밀도가 18개월마다 두 배씩 증가할 것이라는 예측으로 유명하다.

22 https://blockchain.info/charts/n-transactions.

23 https://etherscan.io/chart/tx.

24 블록체인인포는 '추정 거래액'이라는 꽤 괜찮은 분석을 시도했다. 비트코인 블록체인을 사용한 일부 거래가 '변경 거래'이므로, 사용자에게 되돌려준 금액은 제외해서 보다 정확한 추정 거래액을 계산하기 때문이다.

25 https://www.therationalinvestor.co/에서 브라이언이 행한 조사를 볼 수 있고, http://bitcointrading.net/podcast/에서 그의 팟캐스트를 볼 수 있다.

26 https://www.cryptocompare.com/exchanges/guides/how-to-trade-bitcoin-and-other-crypto-currencies-using-an-sma/.

27 https://www.coindesk.com/bitcoin-traders-know-technical-analysis/.

14장

1 https://www.sec.gov/investor/alerts/bulletincustody.htm.

2 핼 피니는 유명한 비트코인 초기 지지자로, 안타깝게도 루게릭병으로 사망했다. 사토시의 구상이 백서의 형태로 처음 나왔을 때 그 가능성을 가장 먼저 알아봤다. 2008년 말에 사토시와 함께 코드를 다듬었다.

3 이전 블록의 해시를 포함하면 블록체인을 함께 연결하고 변경 불가능하게 한다.

4 http://www.nvidia.com/object/what-is-gpu-computing.html.

5 https://en.bitcoin.it/wiki/Category:History.

6   http://garzikrants.blogspot.com/2013/01/avalon-asic-miner-review.
     html.

7   https://99bitcoins.com/2016-bitcoin-mining-hardware-comparison/.

8   http://bitcoinist.com/bitcoin-hash-rate-exceeds-1-ehs-for-the-first-
     time/.

9   기타 크립토 채굴에 관련된 자세한 사항을 이해하려면 http://whattomime.
     com에서 계산기를 사용하면 된다.

10   https://en.bitcoin.it/wiki/Comparison_of_mining_pools.

11   http://www.coinwarz.com/calculators/bitcoin-mining-calculator.

12   http://fc15.ifca.ai/preproceedings/paper_75.pdf.

13   https://www.genesis-mining.com/.

14   다양한 크립토 채굴 간의 잠재 이익 평가 비교를 위한 사이트가 있다.

15   비트코인 관련 해킹, 거래소 폐쇄 등에 대한 목록은 다음 웹사이트에서
     볼 수 있다. 다소 시일이 지난 자료지만 특히 초창기의 '서부 개척 시대'
     와 관련해 여전히 흥미로운 읽을거리다. https://bitcointalk.org/index.
     php?topic=576337#post_toc_22.

16   Nathaniel Popper, *Digital Gold*.

17   https://www.cryptocompare.com/exchanges/#/overview.

18   이 글을 읽고 있는 동안에 이들 거래소가 여전히 운영되고 있을 것이라
     고 보장할 수는 없다. 거래소에 가입하기 전에 반드시 먼저 확인하고
     하라.

19   비트코인 선물 거래소와 관련해 '손실의 사회화'에 대한 보다 많은 정
     보는 여기서 볼 수 있다. https://www.reddit.com/r/BitcoinMarkets/
     comments/3gb9tu/misconceptions_regarding_socialized_losses_bitmex/.

20   http://www.marketwatch.com/story/why-bitcoin-investors-need-
     education-and-regulation-2014-12-12.

21   https://bravenewcoin.com/news/insurance-polic-now-available-for-
     bitcoin-exchanges/.

22 https://support.coinbase.com/customer/portal/articles/1662379-how-is-coinbase-insured.

23 https://www.coinbase.com/security.

24 https://commons.wikimedia.org/w/index.php?curid=1028460.

25 https://www.wired.com/2014/03/bitcoin-exchange/.

26 2016년 말 비트코인 가격을 1,000달러라고 하면, 2016년 말 기준으로 85만 비트코인에 대한 손실액은 8억 5,000만 달러다.

27 마운트곡스에 대한 보다 자세한 이야기는 로버트 맥밀런의 기사에서 볼 수 있다.

28 http://www.thedailybeast.com/articles/2016/05/19/behind-the-biggest-bitcoin-heist-in-history-inside-the-implosion-of-mt-gox.html.

29 http://fusion.net/story/4947/the-mtgox-bitcoin-scandal-explained/.

30 http://fortune.com/2016/08/03/bitcoin-stolen-bitfinex-hack-hong-kong/.

31 https://news.bitcoin.com/bitfinex-us-regulation-cold-storage/.

32 http://avc.com/2014/02/mt-gox/.

33 https://bitcoin.org/en/choose-your-wallet.

34 https://bitcoin.org/en/full-node#what-is-a-full-node.

35 http://www.dummies.com/software/other-software/secure-bitcoin-wallets/.

36 하드웨어 지갑에 대한 보다 상세한 목록은 다음 사이트에서 볼 수 있다. https://en.bitcoin.it/wiki/Hardware_wallet.

37 http://www.ibtimes.co.uk/hardware-bitcoin-wallet-keepkey-integrates-shapeshift-1576590.

15장

1 https://www.americanbanker.com/news/from-toxic-assets-to-digital-currency-barry-silberts-bold-bet.

2   수수료를 감안하면 각 지분의 내재 가치는 1 비트코인 가치의 10분의 1보다 작았다.

3   http://www.coinfox.info/news/company/2683-xapo-will-store-the-assets-of-the-bitcoin-investment-trust.

4   https://grayscale.co/bitcoin-investment-trust/.

5   OTCQX를 포함한 장외거래 시장을 나스닥 시장과 혼동해서는 안 된다. 나스닥은 뉴욕증권거래소와 같은 주식 거래소다. 여기서 거래는 주로 자동 시스템으로 이루어진다. 장외거래 시장은 거래되는 자산의 가격을 정하는 면허를 받은 딜러들로 잘 구성되어 있다. 뉴욕증권거래소나 나스닥만큼 잘 알려져 있지 않지만 OTCQX는 규제를 받고 있는 시장이며, 오직 높은 재무 기준과 공시를 가진 회사들만 요건을 거쳐 거래 가능 기업이 될 수 있다.

6   https://www.trustetc.com/self-directed-ira/rules/indirect-benefits.

7   http://www.cnbc.com/2015/03/04/bitcoins-golden-moment-bit-gets-finra-approval.html.

8   https://bitcoinmagazine.com/articles/bitcoin-investment-trusts-gbtc-begins-trading-public-markets-1430797192/.

9   http://performance.morningstar.com/funds/etf/total-returns.action?t=GBTC&region=USA&culture=en_US.

10   http://www.forbes.com/sites/laurashin/2016/09/06/tyler-and-cameron-winklevoss-on-why-they-fell-in-love-with-bitcoin/#209cc1f83a08.

11   http://www.businessinsider.com/the-winklevoss-twins-bitcoins-2013-4.

12   Nathaniel Popper, *Digital Gold*.

13   https://www.sec.gov/Archives/edgar/data/1579346/000119312513279830/d562329ds1.htm#tx562329_12.

14   http://www.CoinDesk.com/needham-bitcoin-etf-attract-300-million-

assets-approved/.

15 https://www.scribd.com/document/336204627/Bitcoin-Investment-Trust-Spencer-Needham#from_embed?content=10079&campaign=Sk imbit%2C+Ltd.&ad_group=&keyword=ft500noi&source=impactradius &medium=affiliate&irgwc=1.

16 https://www.bloomberg.com/gadfly/articles/2017-02-27/winklevoss-bitcoin-etf-bet-is-a-countdown-to-zero-or-less.

17 http://www.coindesk.com/sec-email-winklevoss-bitcoin-etf/.

18 https://www.sec.gov/rules/sro/batsbzx/2017/34-80206.pdf.

19 http://blogs.wsj.com/moneybeat/2017/03/10/lets-be-real-bitcoin-is-a-useless-investment/.

20 http://www.CoinDesk.com/solidx-bitcoin-trust-filing/.

21 http://money.usnews.com/money/personal-finance/mutual-funds/articles/2015/09/04/which-are-better-etfs-or-etns.

22 이론상 ETN이 기초 지수의 가치를 가깝게 추종해야 하지만, 발행기관은 ETN의 시장 가격에 대처하기 위해 채권을 발행하거나 상환하는 유연성을 가진다. 보다 자세한 정보는 미국 금융산업규제당국의 ENT 투자자에 대한 주의사항을 참고하라.

23 http://announce.ft.com/Announce/RawView?DocKey=1330-502640 en-0SJISU5E6EOFJURBIMQU8C7OGS.

24 https://www.bloomberg.com/quote/COINXBT:SS.

25 Bitcoin Tracker One-Ticker: COINXBT ; Bitcoin Tracker Euro-Ticker: COINXBE.

26 https://xbtprovider.com/.

27 https://bitcoinmagazine.com/articles/publicly-traded-bitcoin-fund-xbt-provider-resumes-trading-following-acquisition-by-global-advisors-1467821753/.

28 http://globaladvisors.co.uk/.

29 https://bitcoinmagazine.com/articles/publicly-traded-bitcoin-fund-xbt-provider-resumes-trading-following-acquisition-by-global-advisors-1467821753/.

30 http://www.cmegroup.com/confluence/display/EPICSANDBOX/Exchange+Traded+Instruments+on+CME+Globex.

31 http://www.ibtimes.co.uk/gibraltar-stock-exchange-welcomes-bitcoineti-1572361.

32 https://www.gsx.gi/article/8292/gibraltar-stock-exchange-welcomes-bitcoineti.

33 https://www.nyse.com/quote/index/NYXBT.

34 https://bitcoinmagazine.com/articles/new-york-stock-exchange-launches-bitcoin-pricing-index-nyxbt-1432068688.

35 https://www.ft.com/content/b6f63e4c-a0af-11e4-9aee-00144feab7de.

36 http://www.cmegroup.com/trading/cf-bitcoin-reference-rate.html.

37 https://www.cmegroup.com/trading/files/bitcoin-frequently-asked-questions.pdf.

38 https://tradeblock.com/markets/index.

39 위와 동일.

40 https://www.thebalance.com/what-do-financial-advisers-think-of-bitcoin-391233.

41 https://www.onefpa.org/journal/Pages/SEP14-The-Value-of-Bitcoin-in-Enhancing-the-Efficiency-of-an-Investor%E2%80%99s-Portfolio.aspx.

42 https://www.thebalance.com/what-do-financial-advisers-think-of-bitcoin-391233.

16장

1 https://en.wikipedia.org/wiki/Moore%27s_law.

2 https://www.britannica.com/topic/Intel-Corporation.

3 https://en.wikipedia.org/wiki/Intel.

4 http://ben-evans.com/benedictevans/2015/6/15/us-tech-funding.

5 https://site.warrington.ufl.edu/ritter/ipo-data/.

6 http://ben-evans.com/benedictevans/2015/6/15/us-tech-funding.

7 http://www.forbes.com/sites/johnchisholm/2013/08/06/the-regulatory-
   state-is-strangling-startups-and-destroying-jobs/2/#1d88e9112651.

8 다음의 사이트에서도 시도해볼 수 있다. http://www.indiegogo.com.

9 https://www.sec.gov/spotlight/jobs-act.shtml.

10 http://www.inc.com/andrew-medal/now-non-accredited-investors-
   can-place-bets-like-the-ultra-wealthy.html.

11 미국 금융산업규제당국은 법안 3장에서 투자자들이 고려해야 할 사항
   들에 대해 가이드라인을 제시한다.

12 https://www.crowdfundinsider.com/2016/08/88857-now-14-finra-
   approved-funding-portals-created-title-iii-jobs-act/.

13 https://www.forbes.com/sites/chancebarnett/2013/10/23/sec-jobs-
   act-title-iii-investment-being-democratized-moving-online/
   #6baf33b840f5.

14 http://www.huffingtonpost.com/josh-cline/the-six-things-nonaccredi_
   b_10104512.html.

15 https://www.sec.gov/news/pressrelease/2015-249.html.

16 http://www.huffingtonpost.com/josh-cline/the-six-things-nonaccredi_
   b_10104512.html.

17 http://venturebeat.com/2016/05/15/blockchain-startups-make-up-
   20-of-largest-crowdfunding-projects/.

18 http://www.coindesk.com/6-top-trends-coindesks-2017-state-block
   chain-report/.

19 윌리엄 무가야는 다음의 사이트에 기업공개 참고자료와 웹사이트 목

록을 잘 정리해놓았다. http://startupmanagement.org/2017/03/13/
the-ultimate-list-of-ico-resources-18-websites-that-track-initial-
cryptocurrency-offerings/.

20 https://www.smithandcrown.com/icos/.

21 http://www.icocountdown.com/.

22 https://cyber.fund/.

23 http://nakamotoinstitute.org/.

24 http://nakamotoinstitute.org/mempool/appcoins-are-snake-oil/.

25 https://medium.com/@pavelkravchenko/does-a-blockchain-really-
need-a-native-coin-f6a5ff2a13a3#.6u8xjtn55.

26 '화폐money'라는 단어를 사용해 투자자들이 전자화폐 또는 크립토애셋
에 적용할 생각을 잊게 하지 마라. 크립토애셋이 화폐의 의미를 확장시
켰기 때문이다.

27 https://www.coinbase.com/legal/securities-law-framework.pdf.

28 https://www.sec.gov/oiea/investor-alerts-and-bulletins/ib_coinofferings.

29 www.angel.co.

30 www.crunchbase.com.

31 https://angel.co/blockchains.

32 http://bitangels.co

33 http://bitcoinist.com/coinagenda-startup-winners/.

34 https://bnktothefuture.com/pitches/airbitz.

17장

1 Clayton M. Christensen, *The Innovator's Dilemma: When New Technologies
Cause Great Firms to Fail Harvard*(Business Review Press, 2016).

2 http://www.aei.org/publication/charts-of-the-day-creative-destruc-
tion-in-the-sp500-index/.

3 http://research.ark-invest.com/thematic-investing-white-paper.

4 Don and Alex Tapscott, *Blockchain Revolution: How the Technology Behind Bitcoin Is Changing Money, Business and the World* (Portfolio/Penguin, 2016).

5 http://fortune.com/2015/11/04/jamie-dimon-virtual-currency-bitcoin/.

6 http://blogs.worldbank.org/peoplemove/impactevaluations/digital-remittances-and-global-financial-health.

7 https://siteresources.worldbank.org/INTPROSPECTS/Resources/334934-1199807908806/4549025-1450455807487/Factbookpart1.pdf.

8 http://www.imf.org/external/pubs/ft/fandd/basics/remitt.htm.

9 https://www.cryptocoinsnews.com/india-see-bitcoin-blockchain-remittance-new-partnership/.

10 https://news.bitcoin.com/why-volume-is-exploding-at-mexican-bitcoin-exchange-bitso/.

11 https://bnktothefuture.com/pitches/bitso.

12 https://usa.visa.com/visa-everywhere/innovation/visa-b2b-connect.html.

13 https://bnktothefuture.com/pitches/bitpesa-2.

14 https://ripple.com/network/financial-institutions/.

15 https://ripple.com/xrp-portal/.

16 https://www2.deloitte.com/content/dam/Deloitte/ch/Documents/innovation/ch-en-innovation-deloitte-blockchain-app-in-insurance.pdf.

17 https://augur.net/.

18 http://insidebitcoins.com/news/how-blockchain-technology-could-revolutionize-the-1-1-trillion-insurance-industry/28516.

19 http://www.businessinsider.com/us-bank-stocks-update-november-

9-2016-11.

20 https://www.cbinsights.com/blog/financial-services-corporate-block
chain-investments/.

21 https://www.hyperledger.org/about/members.

22 https://www.hyperledger.org/.

23 https://www.hyperledger.org/industries.

24 http://www.coindesk.com/big-corporates-unite-for-launch-of-enterprise-
ethereum-alliance/.

25 https://www.fastcompany.com/3017509/look-inside-google-garage-
the-collaborative-workspace-that-thrives-on-crazy-creat.

26 https://www.irs.gov/pub/irs-drop/n-14-21.pdf.

27 https://www.sec.gov/oiea/investor-alerts-and-bulletins/ib_coinofferings.

28 https://www.irs.gov/uac/newsroom/irs-virtual-currency-guidance.

29 https://www.irs.gov/pub/irs-drop/n-14-21.pdf.

30 https://www.fincen.gov/sites/default/files/shared/FIN-2013-G001.
pdf.

31 http://www.CoinDesk.com/cftc-ruling-defines-bitcoin-and-digital-
currencies-as-commodities/.

32 http://www.cftc.gov/PressRoom/PressReleases/pr7231-15.

33 https://bitcoinmagazine.com/articles/tax-day-is-coming-a-primer-
on-bitcoin-and-taxes-1459786613/.

34 코인베이스는 소비자의 세금 보고를 돕기 위해 특화된 취득원가를 제공
한다.

18장

1 http://www.pionline.com/article/20150921/PRINT/309219982/a-
year-later-pimco-still-feels-effect-of-gross-exit.

2 http://www.foxbusiness.com/markets/2015/12/07/peter-lynch-

25-years-later-it-not-just-what-know.html.

3 https://fbinsights.files.wordpress.com/2016/01/facebookiq_millennials_
   money_january2016.pdf.

4 http://www.businessinsider.com/millennials-dont-think-they-will-
   need-a-bank-2015-3.

5 http://www.thinkadvisor.com/2012/01/05/merrill-lynch-boosts-
   client-minimum-earns-experts.

6 http://www.transamericacenter.org/docs/default-source/resources/
   center-research/tcrs2014_sr_millennials.pdf.

7 http://www.huffingtonpost.com/david-seaman/strange-bedfellows-
   millen_b_10836078.html.

8 각 비트코인은 1억분의 1 비트코인으로 나눌 수 있다. 따라서 2분의 1,
   10분의 1, 100분의 1, 1,000분의 1 비트코인 등으로 쉽게 구입할 수 있다.

옮긴이 고영훈

성균관대학교 경영학과와 동대학원 신문방송학과에서 공부했다. 캐나다 중소기업에서 근무하다 지금은 바른번역 소속 번역가로 활동하고 있다.

크립토애셋,
암호자산 시대가 온다

펴낸날 초판 1쇄 2018년 6월 5일
　　　　초판 2쇄 2018년 7월 25일

지은이 크리스 버니스크 · 잭 타터
옮긴이 고영훈
펴낸이 김현태

펴낸곳 비즈페이퍼
주소 서울시 마포구 잔다리로 62-1, 3층(04031)
전화 02-704-1251(영업부), 02-3273-1334(편집부)
팩스 02-719-1258
이메일 bkworld11@gmail.com

홈페이지 chaeksesang.com
페이스북 /chaeksesang
트위터 @chaeksesang
인스타그램 @chaeksesang
네이버포스트 bkworldpub

등록 1975. 5. 21. 제1-517호

ISBN 979-11-5931-242-7 03810

이 도서의 국립중앙도서관 출판시도서목록(CIP)은 서지정보유통지원시스템 홈페이지
(http://seoji.nl.go.kr)와 국가자료공동목록시스템(http://www.nl.go.kr/kolisnet)에서
이용하실 수 있습니다.(CIP제어번호: CIP2018013976)